Thea Beckman • Karen Simonstochter

OMNIBUS

© privat

DIE
AUTORIN
Thea Beckman, geboren 1923, ist eine der großen Jugendbuchautorinnen der Niederlande. Als sie 1970 mit dem Schreiben von Jugendbüchern begann, hatte sie bereits seit mehr als zwanzig Jahren kleine Geschichten und journalistische Beiträge für Zeitschriften verfasst. Ihre Bücher, hauptsächlich historische Jugendromane, waren sofort sehr erfolgreich und wurden mit zahlreichen Preisen ausgezeichnet.

Thea Beckman

Karen
Simonstochter

Aus dem Niederländischen
von Siegfried Mrotzek

 Band 20337

Der Taschenbuchverlag
für Kinder und Jugendliche
von C. Bertelsmann,
München

Von Thea Beckman ist bei
OMNIBUS erschienen:
Stadt im Sturm (20338)

Genehmigte Taschenbuchausgabe Januar 1998
Gesetzt nach den Regeln der Rechtschreibreform
Alle Rechte dieser Ausgabe vorbehalten durch
C. Bertelsmann Jugendbuch Verlag GmbH, München
Die Originalausgabe erschien 1983 unter dem Titel
»Hasse Simonsdochter« bei Lemniscaat b. v., Rotterdam
© 1983 Lemniscaat b. v., Rotterdam
© 1986 für die deutschsprachige Ausgabe
Verlag Urachhaus GmbH, Stuttgart
Übersetzer: Siegfried Mrotzek
Umschlagbild: Stefan Oppermann
Umschlagkonzeption: Klaus Renner
kk · Herstellung: Stefan Hansen
Satz: Uhl + Massopust, Aalen
Druck: Presse-Druck Augsburg
ISBN 3-570-20337-9
Printed in Germany

10 9 8 7 6 5 4 3 2 1

Inhalt

~ 1 ~
Das Elfenkind

Oh, der rauschende Wind im jungen Schilfrohr! Karen Simonstochter konnte nie genug davon kriegen. Vor allem im Frühling, wenn es noch grün und biegsam war, liebte sie das Schilfrohr. Der Südwestwind, frisch und salzig, bog die Halme und rieb sie aneinander, sodass es unter dem hohen Himmel flüsterte, raschelte und sang. Das Wasser der IJssel kabbelte, der Himmel schien höher denn je zu sein. Manchmal bildete Karen sich ein auf den vorübersegelnden Wolken Engel sitzen zu sehen, mit Musikinstrumenten und wallenden Schleiern. Der tiefe Orgelton der Rohrdommel, vermischt mit dem Flöten, Piepen und Hämmern der Riedvögel, schien die himmlische Musik zu beantworten. Das IJsseldelta im Frühling... für Karen war es das Paradies. Aber es war ein gestohlenes Paradies. Eigentlich sollte sie zu Hause in der Korbflechterhütte sein, bei Vater, Mutter, Bruder und den Schwestern. Sie hatte Körbe zu flechten, ihrer Mutter beim Frühjahrsputz zu helfen, tausend Aufgaben zu erledigen. Stattdessen schlenderte sie nun hier auf dem niedrigen Deich am Nordertief herum, ließ sich die Sonne auf den Kopf scheinen und schaute auf das unübersehbare Riedland.

Als sie am Morgen zum Wasserholen aus der Hütte gekommen war, ging am Horizont gerade die Sonne auf. Karen hatte tief Luft geholt, den violetten Himmel gesehen und sofort gewusst: Dies wird ein strahlend schöner Tag! Sie hatte den Holzeimer fallen gelassen und war losgelaufen – über den alten

Seedeich ins weite, helle Land. Sie war über Gräben gesprungen und über noch sumpfige Weiden gerannt, immer weiter, bis zum breiten Riedgürtel am Nordertief. Das Ried hatte sie singend begrüßt: »Willkommen, Karen, Elfenkind!«

»Willkommen, Karen, Elfenkind!«, sangen auch die Vögel in den Erlen am Deich und sie flogen über sie hinweg, hatten Halme und Reisig in den Schnäbeln, waren fleißig, fleißig, fleißig… In der verschwommenen Ferne, jenseits des glitzernden Flusses, streckte die Stadt Kampen ihre Türme in die Luft und für einen Moment meinte Karen, über dem Tschilpen der Vögel Glockengeläut zu hören. Die Glocken der Bovenkirche? Vor vielen Jahren war Karen einmal mit ihrer Mutter dort gewesen und das war ihr unvergesslich geblieben. Die ungeheure Größe von St. Nikolaus, von den Bürgern von Kampen Bovenkirche genannt, hatte einen unauslöschlichen Eindruck auf sie gemacht.

Jeder in IJsselmuiden und dem Warftdörfchen Grafhorst wusste, dass Karen Simonstochter kein normales Mädchen war. Als sie noch ein kleines Kind war, hatte eine Nachbarin, erschrocken über Karens Wutanfälle, ihre dunklen Augen und blitzenden Zähne, zu ihrer Mutter gesagt:

»Aber Frau Marte, das ist kein normales Kind. Das ist ein Wechselbalg!«

Karen hatte daneben gestanden und sie erinnerte sich jetzt noch an das entsetzte Gesicht ihrer Mutter, als die die Hände über dem Kopf zusammenschlug.

»Was sagt Ihr da, Griete?«

»Ihr seid betrogen worden, Frau Marta. Man hat euer ältestes Kind, als es vielleicht noch nicht einmal einen Tag alt war, aus der Wiege geraubt und euch dafür ein Elfenkind hineingelegt! Das tun sie manchmal, die Riedelfen. Wenn man ein schönes Kind hat, muss man es sorgsam hüten, sonst kommen die bösen Elfen und stehlen es. Sie legen einem dafür ihre eigene

Brut in die Wiege, und wehe der Familie, der so etwas widerfährt! Die Familie hat Jahr um Jahr den Ärger mit dem Elfenkind, einem nicht zu bändigenden Scheusal, das zu nichts Nutze ist … Arme Frau Marte, was hat man euch doch hinters Licht geführt.«

Karens Mutter wollte es nicht gleich glauben, obwohl die Nachbarin als weise Frau bekannt war.

»Hätte ich das denn nicht merken müssen?«, stammelte sie.

»Denkt nach! War euer Kind so dunkel? Hatte es so rabenschwarze Haare und so stechende, dunkle Augen?«

»Das … das weiß ich nicht mehr. Mein Kind war kahl, als es geboren wurde, und es hatte blaue Augen, aber das ist doch bei allen Neugeborenen so?«

Frau Griete schüttelte den Kopf.

»Seht Euch eure anderen Kinder an, Marte! Die haben blonde Haare und graue Augen. Ähneln sie Karen? Ähnelt Karen euch oder eurem Mann? Nein, wirklich nicht! Wie kommt Karen dann an die braune Haut und die schlanken Finger?«

»Sie ist dauernd draußen«, versuchte Mutter sich noch zu verteidigen, »ich kann sie nicht drinnen halten. Dauernd muss sie zum Riedgürtel.«

»Kein Wunder, da ist sie zu Hause! Sie gehört nicht in die Hütte achtbarer, hart arbeitender Leute. Ein Wechselbalg ist sie, das schwöre ich euch!«

Zum Glück für ihre Mutter kannte Frau Griete auch ein Mittel gegen untergeschobene Elfenkinder.

»Ihr müsst so 'ne Göre schlecht behandeln«, hatte sie geraten. »Schlagt sie und gebt ihr wenig zu essen, bringt sie dauernd zum Heulen. Das können die bösen Riedelfen nicht mit ansehen. Eines Nachts werden sie dann ihre Brut holen kommen und euch euer eigenes Kind zurückbringen.«

Sollte das wahr sein? Voller Zweifel und Ängste war ihre Mutter bald darauf mit Karen an der Hand nach IJsselmuiden gelaufen zu Pastor Damme, einem kleinen, dicken Mann mit runden Augen und etwas heiserer Stimme. Er erinnerte Karen immer an einen Frosch.

Frau Marte erzählte dem Geistlichen, was Nachbarin Griete gesagt hatte, und der Pastor schüttelte besorgt den Kopf und musterte mit kritischem Blick seiner hervorquellenden Augen das kleine Mädchen.

»Vielleicht hat Nachbarin Griete Recht, Frau Marte. Wir wissen, dass so etwas manchmal vorkommt. Und da ihr es nun sagt… Im Laufe der Jahre habe ich dutzende von Kindern getauft und alle beginnen leise zu plärren, wenn das heilige Wasser ihren Kopf benetzt. Aber jetzt erinnere ich mich plötzlich daran, dass eure Karen bei der Taufe Spektakel machte und schrie, als würde ihr der Hals durchgeschnitten. Sie riss die Augen auf, sah mich hasserfüllt an und auf ihrer Stirn erschienen rote Flecken, als hätte das heilige Wasser sie verbrannt.«

»Jaja«, flüsterte ihre Mutter, die sich überhaupt nicht mehr erinnern konnte. Sie hatte danach noch drei Kinder taufen lassen, aber was Pastor Damme da sagte oder erfand, das passte zu Karen, mit der nicht gut Kirschenessen war.

»Was soll ich machen?«, fragte sie verzweifelt. »Wenn es wahr ist…«

Mit ernstem Blick legte Pastor Damme Karen die Hand unters Kinn und zwang sie ihn anzusehen. »Wer bist du wirklich, Karen«, murmelte er. Karen rümpfte die Nase. Sie hatte Lust ihm in die Hand zu beißen. Sie mochte den Priester nicht; er roch sauer und sein Priestertalar war voller Flecken. Zornig zog sie den Kopf zurück und knirschte mit den Zähnen.

»Sie ist wild und ungehorsam«, murmelte der Priester, »ganz anders als eure anderen Kinder. Tja… dann gibt es nur eine Möglichkeit, dafür zu sorgen, dass die Elfen euch euer eigenes Kind zurückbringen: Ihr müsst diese Elfenbrut schlecht behandeln.«

10

Frau Marte fröstelte.

»Das sagte Frau Griete auch schon, aber das klingt so... so hart. Karen ist doch noch ein kleines Kind.«

Der Priester seufzte und wie alle unsicheren Menschen suchte er Hilfe bei einer höheren Autorität, um von dem Problem befreit zu werden.

»Nehmt sie mit nach Kampen, zur Bovenkirche, und lasst das Kind dort von Pastor Bernardus, der ein heiliger Mann ist, anschauen. Der wird euch sagen können, ob eure Vermutungen richtig sind, und er kann euch Rat geben, gute Frau.«

So geschah es, dass die kleine Karen zum ersten Mal in ihrem Leben nach Kampen kam und an der Hand ihrer Mutter die Bovenkirche betrat. Aber Pastor Bernardus war kurz zuvor verstorben: Es fand gerade ein Trauergottesdienst statt. Während ihre Mutter enttäuscht an einem Pfeiler kniete und betete, lief Karen staunend in dem riesigen Bauwerk umher. Voller Bewunderung schaute sie hinauf zu den Fenstern, durch die das Licht in hundert Farben in die Kirche fiel. Als die Orgel zu spielen begann, lauschte sie bebend vor Ergriffenheit den Klängen, die sie umrauschten. Und dann entdeckte sie das Gemälde. Es stellte die Marterung des heiligen Sebastian dar. Karen sah einen nackten, gekrümmten Mann, der an einen Pfahl gebunden und von Pfeilen durchbohrt war. Das Blut floss ihm in Strömen am Körper hinunter, sein Gesicht war im Todeskampf verzerrt; aber das war es nicht, was sie so fesselte. Still stand sie da, den Daumen im Mund, und blickte auf zu dem Grauen, und als ihre Mutter sie am Arm zog und schimpfte: »Wo steckst du denn wieder!«, nahm Karen den Daumen aus dem Mund, zeigte auf das Gemälde und sagte mit klarer Stimme: »Sieh nur, Rohrpfeile.«

»Aber nein«, brummte Mutter, »die sind aus Eisen.«

Aber Karen glaubte ihr nicht. Sie ließ sich mit nach draußen ziehen, auf den sonnigen Platz, und dort gerieten sie sofort in die Betriebsamkeit und den Lärm einer Weltstadt. Kampen im fünfzehnten Jahrhundert: In der ganzen bekannten Welt war das ein Begriff.

Die kleine Karen hatte Mühe, alles, was sie sah, in sich aufzunehmen. Es war zu viel auf einmal. Eine Kirche, so groß und so hoch wie der Himmel. Straßen und Gassen voller prächtig gekleideter Menschen, die gesittet miteinander sprachen und manchmal in Häuser aus Stein gingen. Hohe, schwere Tore, von Pferden gezogene Wagen, neben denen die Fuhrmänner herliefen und die Fußgänger anschrien, zur Seite zu treten. Ein gewaltiges Rathaus mit dem Schöffenturm, an dem der eiserne Käfig hing. Darin wurden die Verbrecher zur Schau gestellt. Der Fischmarkt am Fischtor, wo der Gestank einem den Atem benahm. Und dann all die Lagerhäuser, wo Güter hineingebracht und herausgetragen wurden, und die unzähligen Schiffe am IJsselkai, voller Flaggen, Wimpel und aufgerollter Segel. An der berühmten Brücke über die IJssel stand das Zollhaus, auch ganz aus Stein gebaut, und daneben das Sonderbarste überhaupt: ein Kran mit einem Rad, das größer war als das einer Wassermühle und in dem Männer liefen. Sie liefen und liefen, traten mit bloßen Füßen auf die Speichen und kamen doch nicht vorwärts, aber das Rad drehte sich und rollte das Seil auf, mit dem schwere Lasten aus den Schiffen gehoben wurden. Karen stand lange da und schaute andächtig zu, bis ihre Mutter sie am Arm nahm und fortzerrte. Das Kind stampfte mit dem Fuß auf, schrie und widersetzte sich, wurde aber wieder gefügig, als es begriff, dass sie nun wieder über die Brücke gehen würden, über das glitzernde Wasser, wo Karen die Schiffe mit geblähten Segeln auf der IJssel fahren sehen konnte. Noch einmal schaute sie sich um, sah die Stadt mit ihren imponierenden Toren und dicken Mauern, Rondellen und Türmen und dahinter die Baumwipfel. So schön, so farbenprächtig! Sie wollte eigentlich sofort wieder zurück, aber als sie dann am anderen

Flussufer waren, IJsselmuiden hinter sich hatten und auf dem Alten Seedeich liefen, empfing sie die rauschende Stille der Polder und konnte sie in der Ferne hinter den Weiden den Neuen Seedeich sehen. Trotz ihrer sechs Jahre wusste sie wieder: Dort ist das Riedland, in das meine Mutter mich nicht gehen lassen will, wo aber die Vögel wohnen, wo die Riedelfen zu Hause sind und wo es im Sommer so herrlich singt. Sie vergaß die Stadt mit all ihrem Lärm und Betrieb und winkte ausgelassen den Kühen auf der Stadtweide zu.

»Lass das«, sagte Mutter streng. »Das sind keine Riesen, das ist Vieh.«

Sie fand es unpassend, dass ein Menschenkind eine Kuh grüßte. Trotzdem beantwortete eine Kuh den Gruß mit tiefem Muhen und die kleine Karen lachte lauthals. »Sie antwortet!«

»O heilige Maria«, seufzte Mutter. »Womit habe ich das verdient, dass sie mir die Elfenbrut ins Nest gelegt haben?«

Und sie kniff Karen so fest, dass das Kind laut aufschrie. Zu Hause angekommen, in der Hütte, die dicht an den Deich gebaut war, bekam Karen eine Tracht Prügel. Sie schrie aus Leibeskräften, aber keine Riedelfe kam entrüstet hereingestürmt, um sie zurückzufordern…

Auch später, als sie älter wurde, kam Karen noch ab und zu in die Stadt. Dann musste sie ihrem Vater helfen Körbe, Matten und Stuhlsitze zum Markt zu bringen, denn obwohl sie ein Mädchen war, so war sie doch für ihr Alter groß und kräftig. War sie erst einmal innerhalb der Stadtmauer, verstand es Karen, ungestüm und ungehorsam, wie sie nun einmal war, immer wieder, der Aufsicht des Vaters zu entkommen, um durch Straßen und Gassen zu laufen und beim Bau der neuen Mauer zuzuschauen. Vor kurzem hatten die Stadtväter beschlossen weiter westlich eine neue Mauer errichten zu lassen, denn Kampen war so sehr gewachsen, dass viele Bürger außerhalb

13

der Mauer bauen mussten, und dort waren sie nicht sicher. Vor allem nicht vor den Seeräubern aus Kuinre, die mit ihren Schiffen angesegelt kamen, um die Vorstädte von Kampen zu plündern. Zwar hatten die Kampener zu Beginn des Jahrhunderts die meisten Raubnester der Umgebung ausgeräuchert, die Raubritter vertrieben und ihre Burgen dem Erdboden gleichgemacht, aber Kuinre war zu weit weg und zu gut geschützt. Eine Strafexpedition, die die Kampener Schiffer einmal unternommen hatten, hatte wenig Erfolg. Darum musste die Stadt vergrößert werden, damit jeder Kampener innerhalb der Mauern in aller Sicherheit seiner Arbeit nachgehen, Handel treiben und seine Waren auf dem Markt anbieten konnte. Der Bau der neuen Mauer machte Fortschritte, aber ganz fertig war sie noch nicht. Handwerker mit Schubkarren und Baumaterialien verstopften die Straßen. Der Burgel, einst der westlichste Stadtgraben, war nun zum Binnengewässer geworden, auf dem sich aber immer noch die Schiffe drängten, die Steine und Mörtel transportierten. Die Mauer wachsen zu sehen, so hoch, so dick und stark, während die Maurer auf dem Gerüst herumturnten, das war für Karen ein fesselnder, aber unbegreiflicher Anblick. Was brachte die Städter dazu, sich vom weiten, weiten Horizont abzuschließen? Den Wind daran zu hindern, durch die Straßen zu wehen und den Gestank der Misthaufen wegzublasen? Die kleine Karen war neidisch auf die gut gekleideten Frauen, neben denen sie in ihrem einfachen Rock ärmlich aussah. Aber wenn sie dann die neue Mauer sah, die immer mehr wuchs und wuchs, war sie gleich wieder versöhnt mit ihrem einfachen Leben im Polder und im Ried.

Zum Fischtor zurückgekehrt, wo ihr Vater die Körbe an Schiffer und Fischer zu verkaufen versuchte, wurde sie mit Vorwürfen und Schlägen empfangen. Sie machte sich kaum noch etwas daraus. Ein Elfenkind musste nun einmal schlecht behandelt werden, das wusste sie seit ihrem sechsten Jahr. Sie vertraute darauf, dass es den Riedelfen einmal zu Ohren kommen würde, dann würden sie sich ihr Kind wieder holen kommen. Geduldig ließ Karen sich durchrütteln, blaue Flecken kneifen – das schien sich so zu gehören, wenn man dunkle Augen und schwarze Haare hatte und alle einen hässlich fanden.

Aber als sie älter wurde und ihren Glauben an die Riedelfen verlor, verlor sie auch diese Geduld. Sie wurde immer wilder und aufbrausender und fing an die Misshandlungen mit Kreischen, Beißen und Treten zu beantworten. Sie schlug zurück. Sobald sie eine Möglichkeit fand, aus der Hütte zu entwischen, floh sie quer über die Stadtweiden zum Neuen Deich oder zu den kleinen Buchten am Nordertief. Dort versteckte sie sich in den Ried- und Rohrsümpfen und dann bekamen ihre Eltern und Geschwister sie tagelang nicht zu sehen. Karen kannte die Sümpfe wie ihre Rocktasche. Sie kannte die Stellen, die nach den Winterüberströmungen als Erste trocken wurden; und auf der äußersten Zunge einer kleinen Erhöhung, die früher, als das IJsseldelta noch nicht so groß wie jetzt war, einmal eine Sandbank gewesen sein musste, baute sie sich aus Erlenzweigen und Ried eine Hütte. Hier, in diesem Versteck, das sie ihre »Riedburg« nannte, fühlte sie sich sicher und geborgen, und hier bewahrte sie auch ihre Schätze auf: ein Messer, einen eisernen Kochtopf, ihren Bogen mit Pfeilen.

Denn nie hatte sie das Bild von St. Sebastian in der Bovenkirche vergessen können. Als kleines Mädchen hatte sie gedacht, er würde von Schilfrohrpfeilen durchbohrt. Jetzt war sie zwar klüger, aber das Bild hatte sie doch auf den Gedanken gebracht, sich selbst aus zähen Weidenzweigen einen Bogen zu machen und aus dicken Rohrstengeln nadelspitze Pfeile zu schnitzen, mit denen sie Krickenten, Blässhühner, Brachvögel und Graugänse jagte. Und darin wurde sie immer geschickter, sodass sie nicht mehr zu hungern brauchte.

Aber nie sah sie eine Riedelfe; nicht am Tage, wenn die Sonne schien oder der Regen herabrauschte, nicht einmal nachts, wenn der Vollmond sein geheimnisvolles Licht auf das stets flüsternde Ried und das kabbelnde Wasser warf. Schon bald glaubte sie nicht mehr daran, ein Wechselbalg zu sein. Riedelfen existierten nicht, sie hätte sie sonst bestimmt schon einmal zu sehen bekommen. Aber wie konnte sie das ihrer Familie verständlich machen? Selbst wenn die Eltern sie als eigen Fleisch und Blut anerkennen sollten: Karen schlecht zu behandeln war ihnen so zur Gewohnheit geworden, dass sie nie mehr damit aufhören könnten. Und ehrlich gesagt, war es ihr auch ziemlich egal, was die Riedschneider und Korbflechter am Alten Seedeich von ihr dachten. Sie hatte sich daran gewöhnt, für sich selbst zu sorgen, sich vor Menschen zu verstecken, während sie sie insgeheim verachtete.

So wuchs Karen Simonstochter ungezähmt heran. In den wärmeren Jahreszeiten lebte sie von rohen Enteneiern oder von dem, was sie mit ihren Rohrpfeilen zu erlegen verstand. Nur mitten im Winter, wenn große Teile des Kamperlandes unter Wasser standen und zur eisigen Wildnis erstarrten, blieb sie in Vaters Haus hinter dem Deich, bei ihren Geschwistern, die Angst vor ihr hatten. Gefürchtet und verachtet saß sie dann spinnend oder flechtend auf einem fünfbeinigen Schemel und träumte von der See und den Möwen. Die Möwen mit ihren eleganten Flugkünsten, ihrer Rücksichtslosigkeit und ihren kämpferischen Köpfen waren für sie die schönsten Vögel der Welt. Mit den Möwen, diesen von den Menschen gehassten Vögeln, fühlte sie sich verbunden. Oh, so frei sein zu können!

An diesem strahlenden Frühlingstag im April des Jahres 1477 hatte sie sich wieder ihre Freiheit erobern können. Vorbei war der lange, kalte Winter! Sie ging hinunter zum breiten Riedgürtel am Nordertief, und obwohl sie Hunger hatte, wollte sie vorläufig nicht weitergehen und ihre Waffen holen. Das glitzernde Flusswasser, die blaue Ferne und das Säuseln des Windes erfüllten ihr Herz so sehr mit Frieden, dass sie es als Sünde empfunden hätte, die nistenden Vögel zu belästigen. Am Nachmittag würde sie aber doch zu einer der nördlichen kleinen Buchten gehen und versuchen ein paar Flusskrebse zu überlisten.

»Riedelfen«, ging es ihr fast unbemerkt durch den Kopf, »das ist doch Aberglaube…«

Die geheimnisvollen Laute, die aus dem unübersehbaren Riedland aufstiegen, rührten von Tieren her, von Fröschen oder von Flusskrabben, oder vom Wind und dem rauschenden Wasser. Im Ried war es niemals still, immer säuselte und raschelte es mit hauchzarten Geräuschen, die den abergläubischen Polderbewohnern Angst und Schrecken einjagten, die Karen aber so vertraut waren wie das Abendgebet. Oh, was hätte sie nicht für zwei Möwenflügel gegeben, um über dem Ried umherfliegen und das Leben darin erkunden zu können!

Sie seufzte, stand auf und streckte die steif gewordenen Glieder.

Ihr knurrte der Magen. Sie schaute hinauf zur Sonne, die schon ziemlich hoch stand, und beschloss dann Krebse zu fangen. Aber als sie gerade kehrtgemacht hatte und auf den Flussdeich klettern wollte, blieb sie mit schräg gestelltem Kopf stehen und lauschte. Aus dem Erlenwäldchen kamen Leute mit einer Viehherde. Ein Bauernhaus, das auf einer hohen Warft genau in der Kurve des Deiches stand, nahm ihr die Sicht, aber sie erkannte die Geräusche: das Stampfen und Schnauben von einigen hundert Ochsen.

Sie lief wieder hinunter zum Riedgürtel, schlüpfte in das Röhricht und versteckte sich. In jedem Frühjahr kamen aus Groningen oder Drente Viehtreiber mit hunderten magerer Ochsen zum Kamperland, wo sich die Tiere an dem saftigen

Gras der Stadtweiden fett fressen sollten. Sie waren für die Schlachthäuser des Bistums Utrecht und Hollands bestimmt. Die jedes Jahr größer werdenden Weiden des Kamperlandes, auf denen das Gras so üppig und saftig war, waren für die großen Viehhändler der Stadt das Fundament ihres Wohlstandes. Im Norden kauften sie die Herden auf, ließen sie nach Kampen treiben und auf die sicheren Stadtweiden bringen. Sechs Monate nach ihrem langen Weg waren die Tiere dreimal so schwer wie bei ihrer Ankunft.

Vor den Ochsen hatte Karen keine Angst, sie fürchtete die Viehtreiber. Das waren rohe, ungehobelte Kerle, vor denen kein Mädchen sicher war.

Den Kopf in Höhe der Rispen behielt sie den Deich im Auge. Schon bald sah sie auf der Deichkrone die dunklen Rücken der Ochsen. Brüllend und stampfend trotteten die Tiere vorbei. Sie hörte die Rufe der Treiber: »Los! Los! Vorwärts! Hopp! Hopp...« Und die Tiere, bei denen die Knochen fast durch das Fell stachen, protestierten durstig.

Zu Karens Entsetzen hörte sie plötzlich einen anderen Ruf: »Prr, prr! Hört ihr! Prr! Stehen bleiben!«

Jetzt sah sie auch die Männer. Sie rannten über den Deich, brachten mit Schreien und Knüppeln die Herde zum Stehen. Als die Tiere begriffen, dass eine Rast eingelegt werden sollte, hörten sie auf zu brüllen und verstreuten sich über den ganzen Deich, der mit Gras und wilden Kräutern bewachsen war. Sie begannen gierig zu grasen, während die Treiber nicht weit von Karen entfernt in der Böschung lagen.

Karen vermutete, dass die Herde zum Traaspolder sollte. Das würden sie bis Sonnenuntergang bestimmt noch schaffen. Aber gerade jetzt war es den Treibern eingefallen, eine kurze Mittagspause zu machen... fast genau vor Karens Nase.

Ziemlich unbequem hockte sie im Ried. Regungslos, um ja nicht die Aufmerksamkeit zu erregen. Die drei Kerle hatten nicht die geringste Ahnung, dass sich ganz in ihrer Nähe ein Mädchen versteckt hatte. Sie legten sich ins Gras, öffneten den Knappsack und holten große Brotkanten, einen Krug Bier und ein Stück Käse heraus. O heiliger Nikolaus, das konnte lange dauern! Karen, die bis über die Knöchel im kalten Wasser stand, merkte, wie sich langsam die Oberschenkelmuskeln verkrampften, aber sie wagte es nicht sich zu bewegen.

Zwischen dem Deich und dem Riedgürtel war noch ein recht großes Stück Grasland und auch dort liefen nun Ochsen herum, die mit ihren langen Zungen die Halme rupften. Sie kamen immer dichter an Karen heran. Gleich würden sie direkt vor ihr sein, sie vielleicht riechen und erschrecken. Das würde bestimmt die Aufmerksamkeit der Treiber erregen! Karen kauerte sich noch enger an den Boden.

»Pass auf, der dumme Ochse steckt gleich im Sumpf fest«, hörte sie einen der Kerle rufen. »Wilhelm, geh runter und treib ihn da weg.«

Der Jüngste der Treiber wischte sich den Schnauzbart ab, stand gehorsam auf und ließ sich die Deichböschung hinuntergleiten. »He, zurück da, Ried kannst du nicht fressen, blöder Ochse! Da schneidst du dir die Zunge dran kaputt. Zurück!«

Junge Ochsen können ganz schön eigensinnig sein. Das Tier muhte, schüttelte den Kopf, reckte den Hals weit vor, um eine Butterblume zu erreichen. Sein Kopf teilte das Ried, hinter dem Karen am Boden kauerte. Karen blickte ihm direkt in die dummen Augen.

»He, zurück, zurück, sag ich!« Endlich gehorchte das Tier, aber Wilhelm achtete schon nicht mehr darauf. Er hatte etwas anderes im hohen Ried entdeckt …

»Nanu, was haben wir denn da?« Er kam zwei Schritte näher, sein Arm schoss vor, packte Karen bei der Schulter, zog sie aus der Deckung.

»He, Kobus, sieh doch mal!«, schrie er.

»Lass mich los!«, brüllte Karen. Sie trat ihn, aber da sie barfuß war, machte ihm das nichts aus. Dann schlug sie ihm ins Gesicht, fuhr ihm mit den Fingernägeln über die Wangen.

»Au! Das ist ja 'ne Wilde!«, brüllte er, ließ sie aber nicht los. Die anderen Treiber waren aufgesprungen und kamen angelaufen.

»Lass mich«, schrie Karen wieder. Sie biss dem Mann in die Hand, so fest sie konnte. Sie schmeckte Blut und Ochsenmist.

»Du meine Güte, das ist vielleicht ein Biest«, jammerte Wilhelm. Verblüfft starrte er auf seine blutende Hand und Karen nutzte die Gelegenheit sich loszureißen. Sie versuchte zu fliehen, doch nun versperrten ihr die beiden anderen den Weg und hielten sie fest. Da ihre Beinmuskeln immer noch steif waren, war sie nicht so behände wie sonst.

Die drei Treiber, Wilhelm, Kobus und Jochum, waren so sehr damit beschäftigt, sie zu überwältigen, dass sie nicht wahrnahmen, was auf dem Deich geschah. Dort war ein Reiter erschienen, dessen weißes Pferd sich einen Weg durch die herumirrenden Ochsen bahnte. Als er die Hilferufe eines Mädchens hörte und sah, was sich da unten abspielte, gab er seinem Pferd die Sporen, trieb es zum Ort des Geschehens, sprang aus dem Sattel, und bevor die Viehtreiber begriffen, was ihnen geschah, hatte Kobus schon einen kräftigen Boxhieb zu verdauen, wurde Wilhelm zehn Meter weit weg gestoßen und bekam Jochum einen Dolch in die Rippen, dass er blutend und röchelnd ins Gras fiel. Wilhelm und Kobus, die sehr überrascht waren und schreckliche Angst hatten, nahmen die Beine in die Hand ... Zitternd und mit wackligen Knien rappelte Karen sich auf und schaute mit großen Augen ihren Retter an. Sie sah einen stolzen jungen Mann, der ein Wams trug, dazu eine rotgelb gestreifte Pumphose, einen stählernen Brustpanzer, einen Helm auf dem Kopf, ein Schwert am Gürtel und eisenbeschlagene Stiefel. Ein Krieger! Er nickte ihr beruhigend zu, wischte mit einem Grasbüschel das Blut von seinem Dolch und schaute sich um.

»Wie's aussieht, kam ich zur rechten Zeit«, sagte er. »Die Kerle hätten dich ermordet, wenn ich nicht zufällig vorbeigekommen wäre.«

Karen, die noch kein Wort hervorbringen konnte, strich sich mit schmutziger Hand die Haare aus den Augen. Dann starrte sie entsetzt auf ihre zerrissenen Kleider, die blutbeschmiert und voller Schlamm waren.

»Das ist nur sein Blut«, sagte der Soldat verächtlich. »Ich glaube nicht, dass du ernstlich verletzt bist.«

Karen schüttelte den Kopf. Sie wusste, dass sie überall blaue Flecken haben musste, aber das war sie gewöhnt.

»Ist … ist er tot?«, flüsterte sie heiser.

Der Krieger sah sich nach dem Viehtreiber um.

»Was macht das schon«, murmelte er. Trotzdem beugte er sich über den bewegungslos daliegenden Mann. Als er sich wieder aufrichtete, hatte er einen grimmigen Zug um den Mund.

»Möge seine Seele in der Hölle schmoren … er hat es nicht besser verdient.«

Karen fröstelte über so viel Härte. Die Ochsen liefen immer noch ungestört grasend umher und die anderen beiden Viehtreiber waren nicht mehr zu sehen.

Karen gab sich Mühe nicht mehr an den Toten zu denken. Mit zitternden Händen versuchte sie ihr zerrissenes Mieder zuzuhalten. Sie schämte sich ihres zerlumpten Aussehens, während ihr Retter so prachtvoll gekleidet war. Er war bestimmt Hauptmann. Doch nach der enormen Kraftanstrengung, mit der sie sich gerade gewehrt hatte, wollte das Zittern ihrer Glieder einfach nicht aufhören. Ein grasender Ochse stieß sie in den Rücken und fast wäre sie wieder hingefallen.

Der Krieger reichte ihr eine Hand.

»Komm«, sagte er nicht unfreundlich, »lass uns hier weggehen. Diese dürren Gerippe um mich herum, das gefällt mir ganz und gar nicht.« Er pfiff und gehorsam kam sein Pferd an. Ohne lange zu fragen, hob er Karen in den Sattel und setzte sich dann hinter sie.

»Nicht nach Hause«, stieß Karen hervor. So durften ihre Eltern sie nicht sehen, das gäbe einen unglaublichen Aufruhr!

»Wo wohnst du denn, liebes Kind?«

»Ach, nicht weit von hier, zwischen IJsselmuiden und Grafhorst, im Polder.«

Mit größter Ruhe suchte sich der weiße Hengst seinen Weg quer durch die grasenden Ochsen und nach einem Weilchen waren sie von der Herde erlöst. Der Soldat lenkte sein Pferd weiter auf den Deich hinauf.

»Eine halbe Meile von hier ist eine kleine Bucht«, flüsterte Karen, »da kann ich mich waschen.«

»Gute Idee.«

»Ich … ich muss mich noch bei Euch bedanken.«

»Dummes Mädchen, das ist doch nicht nötig. Ich habe noch nie eine Frau in Not ihrem Schicksal überlassen. Wozu das Viehtreibergesindel fähig ist, das brauchst du mir nicht zu erzählen. Ich kenne die Gauner auch nicht erst seit heute.«

Seiner Sprache nach musste er aus Drente kommen.

Als sie die kleine Bucht erreicht hatten, stieg er ab, hob sie aus dem Sattel und hielt sie einen Moment lang fest. Wie es schien, war er etwas besorgt.

»Kannst du stehen, Mädchen?«

Sie nickte wortlos. Er führte sein Pferd zum Wasser, sodass es saufen konnte, und kam dann zu ihr zurück. Karen hatte sich ins Gras fallen lassen und massierte sich die Arme und Beine, die voller blauer Flecke waren. Sie ekelte sich vor sich selbst und vor dem Blutgeruch.

»Hier, trink erst einmal etwas.«

Der Reiter hatte aus seiner Satteltasche eine Feldflasche geholt, die er ihr reichte. Karen trank. Zu ihrem Erstaunen war in der flachen Flasche kein Wasser und auch kein Bier, sondern eine säuerliche Flüssigkeit, die in der Kehle brannte. Aber sie schien ihr auch neue Kräfte zu geben. Das Zittern ihrer Glieder hörte auf und der Nachgeschmack war angenehm. »Was ist das?«, fragte sie verwundert.

»Echter Rheinwein, natürlich. Was! Willst du mir erzählen, du hättest noch nie Wein getrunken?« Er lachte, aber er lachte sie nicht aus. Es was nichts anderes als unbesorgte Fröhlichkeit.

Aus den Augenwinkeln musterte sie ihn, wie er im Sonnenlicht am funkelnden Wasser der kleinen Bucht neben ihr im Gras kniete. Was für ein stattlicher Mann! Wenn er lachte, wurden seine Zähne entblößt, und die waren sehr schön. Jetzt nahm er seinen Helm ab und Karen bewunderte sein kurz geschnittenes, sich leicht kräuselndes, glänzendes blondes Haar.

»Wieder ein bisschen erholt?«, fragte er freundlich. »Dann geh dich waschen. Ich verspreche dir, ich werde nicht heimlich gucken.«

Er drehte ihr den Rücken zu.

Karen zögerte kurz, fing dann aber an sich auszuziehen. Sie ging zum Wasser und sprang hinein. Das Elfenkind, das einen großen Teil des Jahres im Riedland und in den vielen kleinen Buchten des Deltas verbrachte, konnte gut schwimmen. Sie hatte es ohne fremde Hilfe gelernt, weil sie manchmal eine getroffene Krickente aus dem Wasser holen musste.

Das Wasser im Seitenarm der IJssel war noch sehr kalt. Sie spülte sich den Schlamm und das Blut aus den Haaren, und als sie sich langsam an das kalte Wasser gewöhnt hatte, schwamm sie ein Weilchen umher. Das tat ihr offensichtlich gut. Mit dem Schmutz wusch sie auch ihren Schreck und ihre Angst. Endlich, wassertriefend, nackend und fröstelnd, kletterte sie wieder ans

Ufer. Sie spülte auch die Kleider aus und wollte sie klatschnass wieder anziehen, als der Reiter ihr auf die bloße Schulter tippte.

»Du kannst doch die nassen Kleider nicht tragen«, sagte er ernst. »Hier, leg dir das um.«

Er reichte ihr einen weiten roten Mantel, der sich herrlich warm anfühlte. Dann bückte er sich, hob ihre zerrissenen Kleider auf, wrang sie aus und breitete sie auf dem Gras aus.

»Hunger?«, fragte er munter. »Vom Schwimmen kriegt man Hunger.« Karen wagte es nicht ihn anzusehen. Er hatte selbstverständlich gesehen, wie sie splitternackt an Land kam, dachte sie, und er hatte auch gesehen, wie sie mit den Zähnen klapperte...

Er war ein Krieger. Der Ruf der Krieger war nicht viel besser als der von Viehtreibern. Karen fühlte sich noch nicht sicher. Weit und breit war kein Mensch zu sehen...

Aber der Reiter beachtete sie kaum. Er hatte Brot und Fleisch aus der Satteltasche geholt und mit dem Dolch – demselben, mit dem er gerade einen Menschen getötet hatte – schnitt er kleine Stücke ab. Scheinbar unbekümmert saßen sie danach in der hellen Mittagssonne und aßen: der Offizier und das wilde Kind aus dem Riedland, als wäre es ein Sonntagsausflug.

»Wie heißt du?«, fragte er mit vollem Mund.

»Karen. Karen Simonstochter.«

»Karen? Das ist ein schöner Name, der klingt wie das Rauschen des Windes im Ried.«

Das machte sie ganz verlegen. »In dieser Gegend ist das ein ganz normaler Name«, sagte sie leise. Und in einer Aufwallung bekannte sie: »Sie sagen, ich müsste im Schilf geboren worden sein. Ich bin ein Wechselbalg, denken sie, ein Elfenkind.«

Darüber musste er wieder lachen. Er warf den Kopf in den Nacken, sodass sich sein Adamsapfel heftig bewegte.

»Ich würd's beinahe glauben. Du bist so schlank und leicht. Wie alt bist du eigentlich?«

»Ich wurde im Jahr der großen Überschwemmung geboren. Das ist fast fünfzehn Jahre her.«

»Warum passen sie zu Hause nicht besser auf dich auf? Weißt du nicht, dass du die Beine in die Hand nehmen musst, wenn du die Viehtreiber auf dem Deich ankommen siehst?«

»Ja, sicher, das wusste ich. Ich hatte mich im Ried versteckt. Aber sie entdeckten mich und dann...« Sie zitterte vor Abscheu.

»Denk nicht mehr dran. Das ist vorbei und noch einmal gut gegangen.«

»Nicht für den einen Viehtreiber.«

»Ach, der. Tja, der kriegte, was er verdient hatte.«

Karen wagte es nicht ihm zu widersprechen. Der Reiter strich ihr kurz über das nasse Haar, holte dann einen Knochenkamm aus seinem Beutel.

»Hier, versuch doch mal, etwas Ordnung in den Krausschopf zu kriegen«, schlug er vor.

Mindestens eine halbe Stunde lang war Karen damit beschäftigt, den Kamm durch die verklebten Haare zu ziehen. Sie tat sich weh, wollte sich aber nichts anmerken lassen. Als sie endlich das Gesicht zu ihm hob, lachte er sie strahlend an.

»Es kräuselt sich!«, rief er. »Weißt du, dass du eigentlich ein hübsches Mädchen bist? Jetzt, wo du gewaschen und gekämmt bist, siehst du erst richtig schön aus.«

So etwas hatte ihr noch nie jemand gesagt. Das ging ihr so zu Herzen, dass ihr Tränen in die Augen schossen.

»Hier finden mich alle hässlich«, sagte sie mit zittriger Stimme. »Auch Pastor Damme in IJsselmuiden. Vielleicht, weil sie mich für ein Elfenkind halten. Aber ich wohnte hier schon mein ganzes Leben. Ich bin immer draußen und ich habe noch nie eine Elfe gesehen.«

»Die gibt es auch gar nicht«, beruhigte sie der Reiter. »Das sind Märchen, die die alten Weiber den Kindern erzählen, um sie ruhig zu halten.«

Brot und Fleisch waren vertilgt. Karen wurde wieder wärmer, die weiche Wolle des Mantels streichelte ihre Haut, alle Unbehaglichkeit fiel von ihr ab. Aber als er ihr plötzlich einen Arm um die Schulter legte, kroch wieder die Furcht in ihr hoch.

Er schüttelte den Kopf. »Vor mir brauchst du keine Angst zu haben, Mädchen. Ich hab dich nicht aus den Klauen von drei Gewalttätern befreit, um dir nun selbst etwas anzutun. Was für eine Arbeit machst du eigentlich?«

»Mein Vater ist Riedschneider. Aber das ist Arbeit für den Spätsommer und den Herbst. Aus dem Ried, das er nicht verkauft, werden Fischkörbe geflochten. Dabei helfen zu Hause alle mit. Aber ich gehe lieber auf Jagd.«

»Auf Jagd?«

»Muss ich doch. Glaubt Ihr, die Leute geben einem Wechselbalg anständig zu essen? Als ich noch ganz klein war, da sagten schon alle, dass ich nichts tauge. Und ich tauge auch nichts! Denn ich halte es nicht aus in so einer engen Hütte und unter den Menschen, die mich nicht leiden können.«

Betroffen schaute er sie an.

»Armes Mädchen, wie unglücklich du sein musst.«

Sein Mitleid erweckte ihren Stolz.

»Ich bin nicht unglücklich! Ich habe die Sonne und das Ried und die Vögel und …« Aufgeregt, sich verhaspelnd, erzählte sie von ihrer Riedburg hinter dem Neuen Seedeich, von ihrem Bogen und den Pfeilen und wie sie auf Jagd ging.

Der Reiter hörte schmunzelnd zu und klopfte ihr auf die Schulter.

»Du bist tatsächlich ein sonderbares Mädchen.«

Er war so freundlich! Freundlichkeit brachte die so oft misshandelte Karen ganz durcheinander.

»Ihr habt ein schönes Pferd und so schöne Kleider«, murmelte sie. »Seid Ihr ein Edelmann?«

Sie traute sich kaum so etwas zu fragen, aber schließlich siegte doch ihre Neugier.

»Ein Edelmann! Nein ... richtiger: zur Hälfte. Meine Mutter war ein ganz einfaches Mädchen, aber sie war schön und der Herr von ... Na ja, das ist doch egal. Mein Vater sorgte jedenfalls dafür, dass ich gut erzogen wurde, und als meine Mutter starb, gab er mir ein Pferd und riet mir in die weite Welt zu ziehen und mein Glück zu versuchen.«

Karen hielt den Atem an. Ein adeliger Bastard!

»Darf ich ... darf ich wissen, wie Ihr euch nennt?«, fragte sie scheu.

»Papperlapapp, liebes Kind, sei doch nicht so verlegen. Du darfst fragen, was du willst. Ich habe dich doch auch ausgehorcht. Ich nenne mich Jan van Schaffelaar, einfach Jan. Ich bin unterwegs nach Zutphen, wo der Herr Weinand von Arnheim Truppen für den Herzog von Geldern anwirbt.«

Ein adliger Bastard, der zugleich Söldner war ... Söldner hatten einen noch schlechteren Ruf als Stadtsoldaten. Warum war er dann so nett zu ihr?

»Soll ich dich gleich nach Hause bringen und deinen Leuten erzählen, wie es kommt, dass deine Kleider zerrissen sind?«, schlug er vor.

»Nein, nein, sie dürfen uns nicht zusammen sehen!« Karen war sehr erschrocken. »Im Dorf sind alle so misstrauisch und argwöhnisch, das gäbe einen nicht endenden Skandal. Ich kann's jetzt schon niemandem recht machen, niemandem ...«

Er brummte: »Beschränkte Dorftrottel.«

Darüber musste Karen lachen.

»Darf ich dich küssen?«, fragte er plötzlich.

Sie nickte atemlos, ihr Herz klopfte. Van Schaffelaar nahm ihr Gesicht in beide Hände und küsste sie respektvoll. Dann ließ er sie los, stand auf und sah nach, ob ihre Kleider schon trocken waren.

»Zieh dich wieder an, Mädchen. Ich werde dich ein Stück begleiten und dann müssen sich unsere Wege trennen, denn ich will noch vor dem Abend in Kampen sein.«

Karen fühlte sich erleichtert. Während sie sich anzog, steckte van Schaffelaar den schönen Mantel wieder in die Satteltasche und nickte ihr zu.

»Sag nur, wie weit ich dich bringen kann. Den Rest des Weges wirst du dann allein gehen können, denke ich.«

Er setzte sie wieder aufs Pferd, sprang hinter ihr in den Sattel und ritt dann der Sonne entgegen. Karen lehnte sich etwas zurück, an seine Brust. Hoch über ihnen jubilierte unsichtbar eine Lerche. Das stille Wassr des Nordertiefs funkelte und glänzte. Einen kurzen Moment lang kam sich das Elfenkind wie eine Prinzessin in einem Märchen vor. Dann, im Schatten der Weiden, stellte er sie wieder auf den Deich.

»Leb wohl, liebes Kind.«

Sie schaute ihm nach, als er davontrabte und sich noch einmal umdrehte und ihr zuwinkte. Sie hob die Hand und flüsterte: »Leb wohl, Ritter!«

~ 2 ~

Zum Tode verurteilt

Karens Heimkehr an diesem Nachmittag brachte die ganze Riedschneiderfamilie in Aufregung. Ohne um Erlaubnis zu fragen, war sie am frühen Morgen einfach fortgelaufen, und nun stand sie ebenso unerwartet auf der Schwelle der Hütte: grün und blau geschlagen und mit zerrissenen Kleidern. Was hatte das Teufelsmädchen nun wieder angestellt? Sie bekam eins hinter die Ohren, Vater schimpfte mit ihr, Mutter bestürmte sie mit Fragen und Vorwürfen. Die Schwestern mieden ihre Nähe, als könnte die Berührung mit dem Elfenkind irgendwie ansteckend sein. Sogar ihr Bruder Jochum verspottete sie; er war zwar das jüngste Kind, aber er war der einzige Sohn und glaubte darum einen großen Mund riskieren zu können.

Karen schwieg. Sie weigerte sich zu erzählen, was ihr passiert war. Ihr war plötzlich klar geworden, dass Jan van Schaffelaar in Schwierigkeiten kommen könnte, wenn sie etwas von dem toten Viehtreiber sagen würde.

Das trotzige Schweigen wurde ihr besonders übel genommen. Wenn eines der Kinder ungehorsam war, wurde es sofort, und ohne etwas zu essen zu bekommen, ins Bett geschickt: eine harte Strafe in einem Haus, in dem es knapp genug zuging. Doch Vater war zu sehr auf die Hilfe seiner großen Tochter angewiesen. Er setzte Karen vor einen Haufen getrockneter und vorbereiteter Riedstängel und befahl ihr, mit der Arbeit zu beginnen.

Am nächsten Tag schwirrten wilde Gerüchte durch das Kamperland. Am Nordertief war ein toter Viehtreiber gefunden worden und die Mutmaßungen über den Mord flogen von Hütte zu Hütte. Auch bei Karen zu Hause wurde darüber gesprochen und der Vater sah seine Tochter nachdenklich an. »Weißt du womöglich mehr davon, Teufelskind?« Karen zuckte die Schultern und schwieg.

Das machte die einfachen Leute in der Riedschneiderhütte ganz nervös. Angenommen, Karen hatte etwas mit dem Mord zu tun, würde das dann nicht schreckliche Folge haben für die schwer arbeitenden Leute, die keiner Fliege etwas zu Leide taten? Könnten sie Karen doch verheiraten! Sie war nun ungefähr alt genug dafür, aber wer würde sie haben wollen, so ein hässliches Entlein mit funkelnden Augen, rabenschwarzen Haaren und unberechenbarem Wesen? Der Riedschneider und seine Frau kamen mehr und mehr zu der Überzeugung, dass dieses Kind noch einmal ihr Untergang werden würde. Als sie nicht mehr aus noch ein wussten, ging Mutter Marte nach IJsselmuiden zu Pastor Damme, um dort Trost zu suchen.

Schweigend und aufmerksam hörte sich Pastor Damme an, was Mutter Marte über Karen zu erzählen wusste, über das verflixte Elfenkind, das scheinbar die schrecklichsten Abenteuer erlebte. Am Tag des Mordes war sie mit Schrammen, Beulen und blauen Flecken nach Hause gekommen und ihre Kleider waren auch zerrissen, aber sie hatte sich halsstarrig geweigert, dafür eine Erklärung zu geben. Heiliger Antonius, was sollte aus dem Mädchen nur werden? Was konnte die arme Mutter tun, um ihre Familie zu schützen gegen den teuflischen Einfluss dieses Elfenkindes? Erst gestern hatte sich der kleine Jochum erdreistet seinem Vater zu widersprechen… Und der Bengel war noch nicht einmal acht Jahre alt!

Der Geistliche versuchte der Mutter Mut zu machen. Salbungsvoll verkündete er, Gott würde alles zum Guten wenden.

Er wüsste schließlich, wie ehrlich und fromm die Familie des Riedschneiders Simon sei. Mutter Marte sollte ihre widerspenstige Tochter doch einmal zu ihm schicken, vielleicht wüsste Pastor Damme ja eine Lösung für alle Probleme.

Und so wurde Karen ein paar Tage darauf gegen ihren Willen von ihrer Mutter nach IJsselmuiden geschleppt und in die kleine Kirche gedrängt.

»Der Pastor will dich sprechen. Und benimm dich respektvoll, hörst du! Ich will nicht, dass du noch mehr Schande über mich bringst, vermaledeite Elfe!« Für Mutter Marte stand schon lange fest, dass Karen nicht ihr Kind war. Sie wich zu sehr von dem ab, was Marte für normal menschlich hielt.

Karen ließ ihre Mutter auf dem sonnigen Platz unter den Linden stehen und ging mit hoch erhobenem Kopf auf den Priester zu, der vor dem Altar kniete und betete. Als er sie kommen hörte, stand er schnell auf. Er sah in ihrem Gesicht die Zeichen trotziger Abwehr, aber auch das Verträumte in ihren Augen. Karen machte sich auf alles gefasst. Sie erwartete, dass der Geistliche, wie schon so oft, eine ganze Litanei über ihren Ungehorsam und ihr unmögliches Benehmen herunterleiern würde. Aber so schlimm wurde es diesmal nicht. Er zwang sie nicht auf die Knie, er predigte nicht von Hölle und Verdammnis und anderen Schrecken; er stand ihr nur gegenüber, schaute sie mit hervorquellenden Augen an und fragte:

»Wie alt bist du nun, meine Tochter?«

»Fünfzehn, ehrwürdiger Vater.«

»Richtig. Und haben deine Eltern schon über eine Ehe gesprochen?«

Verblüfft schüttelte sie den Kopf.

»Ich habe gehört, du bist stark, Karen, und du kannst gut arbeiten, wenn du willst. Doch Gott sei es geklagt, du versäumst wohl auch oft deine Pflicht und läufst von zu Hause weg, um dich in den Poldern herumzutreiben. Warum tust du das?«

Verwundert zog Karen die Augenbrauen hoch. Davon, dass jemand an ihrem Leben Interesse zeigte, hatte sie nie etwas gemerkt, und bei Pastor Damme bestimmt nicht. Darum gab sie nun ihre Zurückhaltung ein wenig auf.

»Warum sollte ich zu Hause bleiben, wo sie mich schlecht behandeln, prügeln und mich hungern lassen?«, sagte sie etwas reserviert.

»Wer nicht arbeitet, der soll auch nicht essen, Tochter.«

»Wer nicht zu essen bekommt, wird schon bald zum Arbeiten zu schwach sein«, schnauzte sie zurück. Pastor Damme hatte sichtlich Mühe sich zu beherrschen.

»Die Riedschneider glauben, du seiest kein Menschenkind«, sagte er salbungsvoll. »Aber du! Hast du jemals versucht die Menschen davon abzubringen? Nein, im Gegenteil, du hast sie in ihrem Glauben bestärkt. Dann darfst du dich auch nicht darüber beklagen, dass sie dich wie einen Wechselbalg behandeln und nicht wie ihresgleichen.«

Das hörte sich so vernünftig an! Karen war sehr froh. »Aber ich liebe die Polder und das Riedland doch so sehr«, flüsterte sie beinahe vertraulich. »Da ist Weite und frische Luft. Ich mag die Rohrdommeln, die Graugänse, die Möwen, die Rohrammern, die Haubentaucher… Im Ried ist es immer so still und trotzdem sind da Geräusche, manchmal wie Orgelmusik.« Sie konnte nicht so recht erklären, worin dort für sie der Zauber lag, ihr fehlten die Worte dafür. Und das ließ sie erröten. Die Sonnenstrahlen, die schräg durch die Kirchenfenster hereinfielen, widerspiegelten sich in ihren Augen, sodass tief darin ein Feuer zu lodern schien. Höllenfeuer? Pastor Damme erschauderte und bekreuzigte sich schnell, dann sagte er ihr, aus welchem Grunde er sie zu sich befohlen hatte.

Es stellte sich heraus, dass er einen Mattenflechter in Genemuiden kannte, der seit drei Monaten Witwer war und nun Ausschau nach einer zweiten Frau hielt. Der Mann hatte einen guten Ruf, war kein Trinker, verdiente genug, um eine Familie zu ernähren. Er war noch keine dreißig Jahre alt und Vater von vier kleinen Kindern. Hier wartete eine schöne Pflicht auf Karen. Pastor Damme würde mit ihrem Vater darüber reden, der bestimmt seine Zustimmung geben würde, von Mutter Marte wusste der Pastor schon, dass sie sicher nichts einzuwenden hätte. Die Ehe würde Karens Herumtreiberei in den Poldern beenden und sie Folgsamkeit lehren. Mit vier Kindern, die zu versorgen wären, und wer weiß, vielleicht schon bald ein paar eigene dazu, hätte sie alle Hände voll zu tun …

Karen hörte versteinert zu. Schon seit Jahren wusste sie, dass sie eines Tages verheiratet werden würde, aber noch nie hatte sie so richtig darüber nachgedacht. Jetzt wurde sie vor die Tatsache gestellt und das ließ sie erstarren, innerlich und äußerlich.

Ein Mann, der doppelt so alt war wie sie, ein Witwer mit Kindern … ach, konnte sie etwas Besseres verlangen? Sie räusperte sich, lauschte der Fistelstimme, senkte den Kopf und stand unbeweglich. Beschwörend hob der Geistliche einen fleischigen Finger.

»Dies, meine Tochter, ist deine beste Gelegenheit für ein ehrsames Dasein an der Seite eines guten Mannes«, sagte er nachdrücklich. »Ein Mattenflechter ist nicht einmal eine so schlechte Partie für eine wie dich. Was meinst du dazu?«

Andere Mädchen wurden nicht nach ihrer Meinung gefragt, doch bei Karen, deren Zornesausbrüche und Wildheit man kannte, musste man eine Ausnahme machen. Sogar Pastor Damme hatte ein wenig Angst vor ihr, darum hatte er beschlossen sie vorzubereiten, bevor er mit ihren Eltern sprach. Streng kreuzte er die Arme auf der Brust und schaute auf sie herab. Wag's nur mir zu widersprechen, sagte sein Blick. Karen schwieg. Schweigen ist auch eine Form des Unwillens. Pastor Damme räusperte sich. Er hatte seine Polterpredigt schon auf der Zunge, hielt sie aber noch zurück, um es erst mit Überredung zu versuchen. Damit war Karen beizukommen, hatte er festgestellt.

»Ich fürchte, meine Tochter, meine Worte haben dich überrumpelt. Du warst so sehr mit deinen Riedvögeln beschäftigt, dass du wenig über den Ernst des Lebens nachgedacht hast. Doch glaube nicht, Mädchen, dass ich nicht wüsste, wovon die jungen Frauen träumen, wenn sie statt ihre Pflicht zu tun vor sich hinstarren oder miteinander kichern! Ihr seid so leichtherzige Geschöpfe. Ihr träumt alle von einem Reiter in rot-gelber Uniform, mit einem Schwert an der Seite! Er sieht so schön und kriegerisch aus, er führt ein so glorreiches und heldenhaftes Leben! Ja, das denkt ihr armen Dorfmädchen, doch glaube mir, Tochter, der Schein trügt.«

Karens Atem stockte. Mich hat also doch jemand mit Jan van Schaffelaar gesehen, schoss es ihr durch den Kopf, und dann hat man es natürlich Pastor Damme erzählt. Sie spürte, wie wieder kalte Wut in ihr aufstieg, während die Stimme des Priesters weiter auf sie einhämmerte:

»… es ist böses Volk, Tochter, das Soldatengesindel. Denk nur an den Fremden, der vor einer Woche hier durch die Stadt gezogen ist. Viele Menschen in IJsselmuiden haben ihn gesehen. Er sah aus wie ein junger Kriegsgott und die Mädchen liefen auf die Straße, um ihm nachzuschauen und ihn zu bewundern. Doch kaum reitet dieser Mann in die Stadt Kampen ein, da lässt ihn der Schultheiß unter Mordbeschuldigung arretieren.«

Karen fühlte, wie sie blass wurde.

»… denn der herausgeputzte Hauptmann auf seinem prächtigen Hengst war nichts anderes als ein feiger Mörder! Hier, ausgerechnet hier im Kamperland, hatte er eine Ochsenherde und die Treiber überfallen und die Tiere stehlen wollen. Die Viehtreiber verteidigten tapfer die Ochsen, die ihrer Obhut anvertraut waren, und einer von ihnen hat seinen Mut mit dem Leben bezahlen müssen. Die beiden anderen wurden verwundet und konnten gottlob der mörderischen Klinge entkommen. Sie reichten sofort eine Klage gegen den Krieger ein, der die Frechheit hatte, kurz darauf in die Stadt Kampen geritten zu kommen, als wäre nichts passiert. Ha, das wird ihm schlecht bekommen! Er wurde in den Kerker unter das Richthaus geschlossen und bekannte schon bald: Ja, er hätte mit den Viehtreibern gekämpft und einen von ihnen erstochen. Aber er behauptete, es sei ihm nicht um die Herde gegangen, er hätte es getan, weil die Viehtreiber ein Mädchen belästigt hätten. Was selbstverständlich niemand glaubte, denn wer sollte das Mädchen sein? Das wüsste er nicht ... Und es meldete sich auch kein Mädchen, um sich über die Viehtreiber zu beklagen. Wie es auch sei: Der Schuft wird übermorgen auf dem Kornmarkt hingerichtet werden. Eigentlich verdient er den Strick, doch weil er adliger Abstammung und außerdem Hauptmann zu sein scheint, wird er nicht aufgehängt, sondern enthauptet. So siehst du wieder einmal, dass das wüste Kriegsvolk nichts taugt. Es glaubt tun zu können, was ihm gerade in den Kopf kommt! Nein, Karen, du solltest lieber einen ehrlichen Mattenflechter heiraten, der zu Hause seine Arbeit hat und sich nicht in zweifelhafte Abenteuer stürzt.«

Karen zitterte.

»Nein«, flüsterte sie entsetzt, »nein ...«

»Ich sehe, auch du bist entsetzt über die schreckliche Missetat«, stellte der Priester zufrieden fest. Er musterte sie mit verschlagenem Blick. »Du bist leichenblass, meine Tochter. Hat meine Geschichte dich so angegriffen?«

Karen schwieg. Sie sah den Reiter wieder vor sich: blond, freundlich, fröhlich. Nun sollte er sterben, weil er sie gerettet hatte. Trotz ihrer zerfetzten Kleider und obwohl sie verdreckt war, hatte er sie respektvoll behandelt, als wäre sie die Tochter eines reichen Kaufmanns und nicht ein armes Riedschneiderkind. Warum hatte er während des Prozesses ihren Namen nicht genannt, sie nicht als Zeugin rufen lassen, die seine Schilderung hätte bestätigen können? Um ihren Ruf, der schon schlecht genug war, nicht noch mehr zu verderben? Sie hatte ihn beschworen, sie nicht weiter zu begleiten, weil sie so entsetzliche Angst vor dem Skandal hatte… und das hatte er nicht vergessen. Er hatte ihren Namen nicht genannt. Für diese Ritterlichkeit würde er nun büßen müssen, sein schönes blondes Haupt auf den Block legen müssen! Pastor Damme redete immer noch oder schon wieder… Er sprach wieder von dem Mattenflechter in Genemuiden, aber Karen hörte nicht zu. Ohne ein Wort zu sagen, mit gesenktem Kopf und schlürfenden Schritten verließ sie die Kirche und ließ den Pastor mitten in einem langen Satz stehen.

Draußen stand ihre Mutter und wartete ungeduldig.

»Und, was wollte er? Hat er dir mal so richtig die Wahrheit gesagt? Na los, Mädchen, antworte. Du siehst aus, als hättest du einen Geist gesehen. Was hat der Pastor gesagt?«

Hier draußen war das Licht so grell, dass Karen die Augen schloss. Ihre Kehle war wie zugeschnürt. Wild rüttelte ihre Mutter sie an den Schultern. Karen öffnete die Augen und guckte ihre Mutter verzweifelt an. Sie sah eine ärmliche Frau, schon recht alt, mit gekrümmten Schultern, verschossenen Kleidern, sorgenvollem Gesicht. Karen, die Menschen hasste und ihnen, wenn es nur ging, entfloh, fühlte sich plötzlich von Mitleid überwältigt. Mein Gott, was war dies doch für eine elende Welt! Und so sollte sie auch werden, während Jan van Schaffelaar, der schöne junge Kriegsgott, nicht am Leben bleiben durfte…

»Krieg ich noch 'ne Antwort?«

Karen holte tief Luft und sagte tonlos: »Pastor Damme will mich mit einem Mattenflechter aus Genemuiden verheiraten.«

36

Mutters Gesicht begann zu strahlen.

»Er weiß einen Mann für dich? Einen guten Mann?«

Mit Mühe unterdrückte Karen ihre Tränen.

»Ein Witwer, doppelt so alt wie ich. Mit vier Kindern.«

»Pastor Damme weiß, was gut für seine Schafe ist«, jubelte Mutter. »Ich hoffe, du hast ihm keine freche Antwort gegeben.«

Karen schluckte, konnte endlich sagen: »Und der Mörder von dem Viehtreiber ist in Kampen gefasst worden. Übermorgen schlagen sie ihm den Kopf ab. Es ist ein Soldat, ein Hauptmann.«

»Bei Gott!« Mutter bekreuzigte sich schnell. »Da weiß man aber, was das ist, schnell Recht sprechen.«

All diese Neuigkeiten hatten ihre Laune offensichtlich gebessert. Frau Marte entdeckte plötzlich, dass die Sonne schien und sie sich nicht länger wegen Karen zu schämen brauchte. Ihre Tochter würde heiraten und aus dem Haus gehen, doch nicht so weit weg, dass es wie eine Flucht hätte aussehen können. Ihre Ehre war gerettet! Und ein Mann in der Kraft seines Lebens, kein junger Stutzer, der würde Karen schon zu nehmen wissen. Aufgeweckt begann sie vom Kindbett einer Nachbarin zu erzählen, während Karen schweigend neben ihr herging und nicht zuhörte.

Die wildesten Gedanken schwirrten ihr durch den Kopf. Konnte sie etwas für Jan van Schaffelaar tun? Nachts aus der Hütte fliehen, zur Riedburg eilen, Pfeil und Bogen holen und damit den Henker vom Schafott schießen? Ach, das ging nicht… Nach Kampen gehen, den Schultheiß zu sprechen verlangen, ihm den wahren Hergang des Todes des Viehtreibers erzählen. Niemand würde ihr glauben. Pastor Damme hatte betont, dass es zwei Zeugen gab, die bei allem, was ihnen heilig war, geschworen hatten, dass sie unverhofft von dem Soldaten überfallen worden waren und gesehen hatten, wie ihr Kamerad erstochen wurde. Und beim heiligen Sankt Nikolaus, das war nicht gelogen! Wenn sie auch wohlweislich verschwiegen hatten, dass sie in dem Moment dabei waren, ein Mädchen zu überwältigen… Wenn nun plötzlich das Mädchen mit seiner Beschuldigung käme, kein Mensch würde darauf hören. Schließlich hatte van Schaffelaar den Mord bereits gestanden… Karen fühlte sich schuldig. Nicht, weil sie ungehorsam, aufsässig und unbequem war und Schande über die Familie brachte, sondern weil ein Mann sterben sollte, der sie gerettet hatte… weil er sie gerettet hatte. Und sie nahm sich vor: Am Tage der Hinrichtung gehe ich nach Kampen. Auch wenn ich wohl nichts für ihn tun kann, er muss wissen, dass es auf Erden einen Menschen gibt, in dessen Augen er kein Schuft ist, der um ihn trauern wird.

Am frühen Morgen des ersten Mai schlich sich Karen mit den Holzschuhen in der Hand aus der Hütte. Die ganze Familie schlief noch, und weil sie in den letzten Tagen wenig Ärger mit dem Elfenkind gehabt hatten, war Karen auch nicht wie sonst häufiger im Frühling, wenn ihre Lust, wegzulaufen, zu stark zu werden drohte, an den Türpfosten gebunden worden. Mutter Marte nahm an, dass ihre Tochter sich insgeheim auf die bevorstehende Hochzeit freute. Doch Karen ging etwas ganz anderes durch den Kopf. Zum letzten Mal wollte sie den Mann sehen, der sie gerettet hatte, den einzigen Menschen auf der Welt, der jemals freundlich zu ihr gewesen war, der sie nett fand. Sie wollte in seiner letzten Stunde bei ihm sein, ihn mit dem Anblick des einzigen Menschen trösten, der ihn *nicht* verurteilte. Danach …

… danach würde sie, um ihre Schuld an Jan van Schaffelaar zu büßen, den Mattenflechter heiraten und ihm eine gute Frau werden. Sie würde sich in das Unentrinnbare schicken. Vielleicht wurde es gar nicht so schlimm, vielleicht war der Mann ein ruhiger Kerl, den sie unter den Pantoffel kriegen konnte.

Sie hatte ihre schönsten Kleider angezogen: einen verschossenen braunen Überrock, eine graue Weste, und dazu hatte sie eine fahlweiße Mütze aufgesetzt. Sie ging schnell, und erst als sie sich der IJsselbrücke näherte und die Sonne schon über die Polder stieg, zog sie die Holzschuhe an. So früh es auch war, sie war nicht die Einzige, die zur Stadt eilte. Bei der Brücke entstand sogar Gedränge: einige dutzend Karren, beladen mit ganzen Familien, kamen aus IJsselmuiden, aus Grafhorst, sogar aus dem Polder Mastenbroek, und wollten zur Stadt, dazwischen waren zahllose Fußgänger, Männer auf Eseln und mit Hundekarren. Das Wasser stand hoch, wie stets im Frühling. Wie früher als Kind verspürte Karen die Neigung, von der Brücke zu springen und wegzuschwimmen, weg, weit weg, bis in die See, wo sie sich in eine Seejungfrau verwandeln würde.

Auf dem IJsselkai an der Stadtmauer herrschte schon viel Betrieb. An die hohen Mauern und Tore waren Strohhütten gebaut, aus denen abgemagerte Tagelöhner und verschmutzte Kinder gekrochen kamen. Sie freuten sich über das schöne Wetter und hofften an so einem Tag endlich wieder ein bisschen verdienen zu können. Der Kai war übersät mit Ballen, Fässern und Fischabfällen. Auch auf den angelegten Schiffen regten sich die ersten Frühaufsteher und vor dem noch geschlossenen Kornmarkttor stand eine lange Menschenschlange.

Endlich, es schlug sechs Uhr, ging das Tor auf. Aufgeregt und voller Erwartungen strömte die Menge in die Stadt. Man konnte ja nie vorhersagen, wie sich ein zum Tode Verurteilter auf dem Schafott benehmen würde. Es gab welche, die wurden vor Angst ohnmächtig. Und so einer wurde dann verspottet und verachtet. Andere führten sich gottlos auf, lehnten den Trost des Priesters ab, beharrten bis zum letzten Augenblick in ihrer Sünde. Das erregte allgemeine Entrüstung. Aber manchmal benahm sich auch einer würdig, wandte sich vom Schafott an das Publikum, sprach von Reue und bat die Leute, ihn, den armen Sünder, in die Gebete einzuschließen, um danach beruhigt den Kopf auf den Bock zu legen. Das fanden die Leute schön und erbaulich.

Wie würde sich dieser halb adlige Mörder angesichts des Todes benehmen?

Auf dem Kornmarkt, dicht hinter dem Tor, stand das gezimmerte Schafott, das von einem Henkersknecht mit langer Pieke bewacht wurde. Die Hinrichtung würde nicht vor der Mittagsstunde stattfinden.

Karen schlenderte umher, knabberte an einem harten Stück Brot, das sie zu Hause vom Regalbrett genommen hatte. Vor ihr stieg die gewaltige Bovenkirche auf. Sie erinnerte sich daran, wie sie als Kind unter dem Gewölbe gestanden und den Orgelklängen gelauscht und wie ein Gemälde sie auf den Gedanken gebracht hatte, mit Pfeil und Bogen auf die Jagd zu gehen. Die Erinnerung trieb ihr Tränen in die Augen, aber eigentlich weinte sie doch wegen Jan van Schaffelaar, für den es heute der letzte Tag seines Lebens war. Plötzlich hasste sie die Sonne, die so strahlend schien, als wollte auch sie das Schauspiel genießen.

Es würde noch lange dauern, bis etwas geschah. Was sollte sie die ganze Zeit machen? Sie drängelte sich durch die Menschen zum Eingang der Kirche, ging hinein, und sofort überfiel sie wieder die Rührung, obwohl die Orgel nun schwieg. Die Frühmesse wurde zelebriert, aber Karen achtete nicht darauf. Sie kniete neben einem Pfeiler und betete inbrünstig für Jan van Schaffelaar.

»Ich war sein Schicksal, Herr. Ich bitte Dich, nimm mein Leben für seines.«

Viel später ging sie wieder nach draußen, wo immer mehr Menschen die Straßen bevölkerten. Neben der Kirche und auf dem Münzplatz waren Buden aufgebaut, an denen gebackener Fisch,

Zuckerkuchen und andere Süßigkeiten verkauft wurden. Ein Straßenjunge huschte an ihr vorbei, zupfte frech an ihren Haaren, die unter der Mütze hervorlugten, was er aber besser nicht getan hätte, denn Karen drehte sich blitzschnell um und haute ihrem Peiniger so kräftig eine runter, dass er heulend davonzog. Sie hatte ihre ganze Wut und ihr ganzes Mitleid in den Schlag gelegt. Die Leute um sie herum wichen zurück und schauten sie erschrocken an. Sie sahen die funkelnden Augen, die wild blitzenden Zähne und flüsterten: »Pass auf!« Wovor sie aufpassen mussten, wussten sie nicht, aber dies war wohl kein normales Mädchen. Dies war eine Hexe oder eine Besessene.

Ein eiskalter Ton traf Karen wie ein Keulenschlag. Über ihr begann das Armesünderglöckchen zu läuten, was hieß, dass es bald elf Uhr war. Schnell drängelte Karen sich an stämmigen Bauern und dicken Bäuerinnen vorbei nach vorne, bis dicht vors Schafott. Vom Richthaus näherte sich ein Aufzug. Voran ging der Stadtausrufer, der das beschlagnahmte Pferd des Missetäters am Zügel führte. Nach erfolgter Hinrichtung würde das Tier mit Sattel und Ausrüstung zum Nutzen der Stadtkasse und als Entgelt für die Prozesskosten versteigert werden. Hinter dem Ausrufer ritten vier Stadtreiter in voller Rüstung, gefolgt vom Schultheiß in seiner besten Kleidung, zu Fuß begleitet von zwei Schöffen und vier Henkersknechten. Während das Volk ehrfurchtsvoll zurückwich, schritten sie würdevoll über den großen Platz. Hüte wurden abgenommen, die Frauen senkten den Kopf vor dem Schultheiß, der streng geradeaus starrte. Dann kam die flache Karre, gezogen von zwei schwarzen Pferden. Auf der Karre, schwer gefesselt und nur mit einem langen, grauen Hemd bekleidet, stand der Verurteilte, neben ihm standen die Priester und Gerrit Decker, der Henker. Der war in ein gelbes Wams und eine braune Hose gekleidet und trug um den Hals einen feuerroten, ausgezackten Kragen und hatte eine schwarze Kapuze über den Kopf gezogen. Das lange Henkersschwert, dessen Stahl in der Sonne blitzte, hatte er geschultert.

Karen schob und drängelte sich so weit wie möglich vor, wurde aber von einigen dicken Hausfrauen und einem Kerl mit Lederschürze eingeklemmt. Auf Zehenspitzen konnte sie dennoch sehen, wie Jan van Schaffelaar aufs Schafott geschubst wurde, gefolgt vom Priester und vom Henker.

Noch eine Stunde wurde dem Verurteilten gegönnt: Um seine Sünden zu bereuen, um Vergebung zu erflehen, aber vor allem, um dem Volk als abschreckendes Beispiel gezeigt zu werden. »Seht her, dies geschieht mit Schurken, die sich an anderer Leute Eigentum oder Leben vergehen.«

Die Frau neben Karen seufzte tief.

»Was für ein schöner Mann! Er kann nicht älter als fünfundzwanzig sein. Es wird erzählt, er hätte ganz allein drei ausgewachsene Kerle überfallen … dafür muss man schon Mut haben«, hörte Karen sie brummeln.

Der Schultheiß trat vor und verlas mit lauter Stimme das Urteil.

»Am dritten Tag nach Sankt Georg wurde zu Kampen von Kobus Redlich und Wilhelm van Kuhfurt, beide Viehtreiber aus dem Bistum Utrecht, gegen den Söldnersoldaten Jan van Schaffelaar, auch Bastard von Norg genannt, eine Klage eingereicht, am Vormittag kurz vor der Mittagsstunde die genannten Viehtreiber überfallen und dabei ihren Kameraden Jochum Geertsohn heimtückisch mit dem Messer in den Rücken gestochen zu haben, wonach der genannte Jochum Geertsohn verblutete. Gefangen genommen im Gerichtsbereich von Kampen, bekannte genannte Jan van Schaffelaar diesen feigen Mord und wurde schuldig befunden und zum Tode verurteilte. Heute, am Tage Sankt Jakobus Minor, soll das Urteil durch das Schwert vollstreckt werden. Möge Gott der Seele des Mörders gnädig sein. Amen. Aldus geschehen zu Kampen, am ersten Mai 1477.«

Die Menge um das Schafott murmelte und brummte; das klang sehr befriedigt. Die halb adligen Bastarde glaubten womöglich, sie könnten einfach arme Stümper erstechen! Obwohl alle wussten, was für ein rohes und streitsüchtiges Volk die Viehtreiber waren, fanden sie das Urteil gerecht.

Jan van Schaffelaar, die Hände auf den Rücken gebunden, stand in seinem grauen Hemd neben dem Block. Er sah blass aus, aber das konnte auch die Folge seines Aufenthaltes im Kerker sein. Mit seinen blauen Augen blickte er über die Menge und die Rufe mancher Frauen: »Wie jung er noch ist!«, und: »So ein schöner Mann!«, und das Kreischen anderer: »Dreckiger Mörder!«, mussten wohl bis zu ihm dringen. Doch allmählich verstummten die Rufer. Die Ruhe des Verurteilten machte Eindruck. Wie konnte jemand so gelassen seiner Enthauptung entgegensehen? Barhäuptig stand er da auf bloßen Füßen. Der Wind spielte in seinem blonden Haar, das graue Hemd flatterte ihm um die langen Beine. Er hielt den Kopf etwas in den Nacken gelegt, als wollte er die Sonnenstrahlen trinken. Karen, die Tränen in den Augen hatte, begriff plötzlich, dass er da stand und es genoss, zum letzten Mal die warmen Sonnenstrahlen auf seinem Kopf zu spüren.

Es gelang ihr, sich noch etwas weiter vorzudrängeln, und so war sie so dicht wie überhaupt möglich herangekommen, zwischen ihr und dem Schafott waren nur noch die Stadtreiter auf ihren Pferden. Sie schob sich nun auch an den großen Pferden vorbei, zog sich an einem Balken hoch, bis ihr Kopf über die Plattform ragte.

»Herr Schultheiß, Jan van Schaffelaar ist kein Mörder. Die Viehtreiber haben mich überfallen und er kam mir zur Hilfe. Er allein gegen drei Schurken ...«

Es war nicht sicher, dass der Schultheiß sie hören konnte. Ihre Stimme war heiser, ein wenig gepresst, während hinter ihr das Volk johlte. Die Leute zerrten sie herunter, schubsten sie weg. Sie wehrte sich, wie sie sich vor zehn Tagen gegen die Viehtreiber gewehrt hatte. Die Menge genoss so etwas, das war ein schönes Schauspiel! Karen wurde zugleich bejubelt und verspottet. Übrigens konnten vor allem die Frauen sich vorstellen, dass ein Mädchen – ein sehr junges und ziemlich ärmliches Mädchen – für den Verurteilten in die Bresche sprang. Sie fanden es komisch, so ein verzweifeltes Kind mit wilden Haaren und feurigen Blicken. Sogar der Missetäter schaute lächelnd auf sie herab.

Karen erlahmte, wurde zurückgedrängt, hob schluchzend ihr tränennasses Gesicht. Sie sah den Priester, der auf Jan van Schaffelaar einredete und ihm ein großes silbernes Kreuz vorhielt.

Jan schien kaum zuzuhören, seine Augen suchten Karen. Die Mittagsstunde rückte unausweichlich näher. Gab es denn keine Möglichkeit der Gnade mehr? Schon schaute der Henker vielsagend auf sein Schwert, bat den Verurteilten um Vergebung für das, was er ihm gleich antun müsste. Oh, nein ... Karen vergaß alles um sich herum, hob verzweifelt die Arme und schrie:

»Nein, nein, ich erbitte ihn, ich erbitte ihn!«

Da fiel tiefe Stille über den Kornmarkt.

Was alle bei einer Hinrichtung Anwesenden stets hofften, was aber selten vorkam, das geschah nun: Ein Mädchen versuchte den zum Tod Verurteilten zu retten, indem sie sich ihm als Braut anbot.

Wieder drängelte Karen sich nach vorn, versuchte auf das Schafott zu klettern und bekam diesmal dabei die Hilfe des grinsenden Henkersknechtes, der Spaß an dem ganzen Vorgang hatte. Dann stand sie endlich auf der Plattform.

»Ich, Karen Simonstochter, ich erbitte ihn«, wiederholte sie laut und fest entschlossen. Jan van Schaffelaar schaute sie überrascht an, dann schüttelte er fast unmerklich den Kopf. »Weißt du, was du tust, Mädchen?«, murmelte er. Karen hörte

44

nicht auf ihn. Sie wusste tatsächlich nicht, was sie tat, welche Folgen es für sie haben konnte. Sie hatte nur einen Gedanken im Kopf: Er durfte nicht hingerichtet werden. Der einzige Mensch, der jemals gut zu ihr gewesen war, durfte das nicht mit seinem Leben bezahlen müssen. Es war ihre Pflicht, ihn zu retten.

Sie drängelte sich am überraschten Henker mit seinem langen Schwert vorbei und warf sich vor den Füßen des Schultheißen auf den Boden.

»Ich bitte Euch, Herr, den Verurteilten für mich fordern zu dürfen. Ich werde ihm folgen, wohin er auch gehen mag. Ich werde seine gehorsame Frau sein.«

Unter den Zuschauern, die sich endlich von ihrer Überraschung erholt hatten, entstand Unruhe und Verwirrung. Manche lachten, andere begannen zu schreien, mit den Armen zu fuchteln. Wildes Rufen schallte über den Platz.

»Haut ihm den Kopf ab, er hat es verdient!«

»Ja, ja, sie soll ihn heiraten!«

»Gebt ihm die Gelegenheit!«

»Wir wollen sehen, dass Gerechtigkeit geübt wird!«

»Er muss leben bleiben!«

Vor allem die Frauen unter den Zuschauern fanden es rührend, wie das magere Mädchen um Gnade für den Krieger bettelte. Der Schultheiß hob gebieterisch die Hand.

»Ruhe!«

Schlagartig wurde es totenstill. Unsicher, neugierig starrten hunderte zu ihm hinauf.

»Weißt du sicher, Mädchen, dass du diesen Missetäter zum Manne willst?«, fragte der Schultheiß. »Bedenke, welche unauslöschliche Sünde er auf sich geladen hat.«

»Keine Sünde ist unauslöschlich«, antwortete Karen mit klarer Stimme. Sie stand auf, stellte sich neben Jan van Schaffelaar, sodass ihre magere Schulter seinen Oberarm berührte.

»Ich erbitte ihn im Namen aller Heiligen und der Gerechtigkeit. Er soll mein Mann sein, bis der Tod uns scheidet.«

»Wie alt bist du, Karen Simonstochter?«, fragte der Schultheiß zweifelnd.

»Sechzehn.«

»Und was werden deine Eltern dazu sagen?«

»Ich bin Waise, für meinen Lebensunterhalt muss ich betteln.«

Das war alles nicht wahr, aber was machte es schon, dass sie log? Es ging um das Leben von Jan van Schaffelaar. Um einen Mörder zu retten, *musste* man lügen!

Der Schultheiß wandte sich an Jan van Schaffelaar. Einmal hatte er es mitgemacht, dass ein Verurteilter, der gehenkt werden sollte, von einer Frau unter den Zuschauern »erbeten« wurde. Doch als der Verbrecher sah, welches verunstaltete Wesen ihn zum Manne wünschte, wendete er sich erschrocken an den Henker und rief: »O nein, hängt mich lieber auf!«, was auch prompt geschah. Eine Frau musste schon tief gesunken sein, um sich einen Verbrecher vom Schafott zu erbitten.

Aber Jan van Schaffelaar blickte Karen lächelnd an und allen war klar, dass er aus ganzem Herzen eine blutjunge Braut dem scharfen Schwert des Henkers vorzog. Laut, fast fröhlich, sagte er:

»Ja, Herr Schultheiß. Ich bin bereit dieses Mädchen als meine rechtmäßige Frau zu nehmen, und ich verspreche gut für sie zu sorgen.«

»So sei es«, sagte der Schultheiß. Dann wandte er sich an den Henker: »Befreit den Gefangenen von der Fessel, Gerrit Decker.«

Der Tumult auf dem Platz wurde ohrenbetäubend, aber der Henker riss sich verärgert die Kapuze vom Kopf und machte ein wütendes Gesicht. Mit der Begnadigung des Verurteilten verlor er auch den Anspruch auf dessen Kleidung. Und Jan van Schaffelaar war besonders gut gekleidet gewesen.

»Wer entschädigt mich für den Verlust?«, brummte er un-
wirsch. Trotzdem musste er gehorchen. Mit der Spitze seines
Schwertes durchschnitt er den Strick, mit dem Jan van Schaffelaar gefesselt war. Schmunzelnd rieb sich der Krieger die
wundgescheuerten Handgelenke.

»Ich werde dich entschädigen, Henker«, versprach er. Dann
schaute er Karen an, nahm ihre Hand, führte sie an die Lippen
und murmelte: »Danke, Kind. Das war sehr tapfer von dir.«

Inzwischen diktierte der Schultheiß, sodass alle Zuschauer es
hören konnten, einem Schreiber das geänderte Urteil:

»Heute, am Tage Sankt Jakobus Minor im Jahre 1477, er-
kläre ich, Bernard Oosterhaus, Schultheiß zu Kampen, im Namen unseres hochverehrten Fürsten, Bischof David von Burgund, dass der zum Tode verurteilte Jan van Schaffelaar, auch
Bastard von Norg genannt, begnadigt wird als Folge des Er-
bittens eines Mädchens, genannt Karen Simonstochter, ohne
festen Wohnsitz, sechzehn Jahre alt und Waise. Die Trauung
wird auf der Stelle stattfinden und damit wird die Todesstrafe
für vorgenannten Jan van Schaffelaar geändert in lebenslange
Verbannung vom Gebiet der Stadt Kampen, was auch für vorgenannte Karen Simonstochter gilt, solange sie Hausfrau des
vorgenannten Jan van Schaffelaar ist. Der vorgenannte und be-
gnadigte Mörder wird Gerrit Decker, Henker zu Kampen, eine
Buße von zwei Goldgulden zahlen und der Stadt Kampen einen
Beitrag von eintausend Backsteinen als Beitrag zu einer neuen
Mauer. Aldus beschlossen zu Kampen, am Tage Sankt Jakobus
Minor im Jahre 1477.«

Tausend Backsteine hatte Jan van Schaffelaar natürlich nicht
in seinem Beutel, aber stattdessen durfte er sich mit Geld aus
der Bußschuld kaufen. Sein Pferd bekam er ohne weiteres
zurück. Da nun das Urteil in Verbannung und Bußezahlung
geändert worden war, hatte die Stadt das Recht auf den Hengst
verloren.

Doch seine Kleider bekam er nicht wieder, bevor die Trauung vollzogen war. Denn so einfach ließ man einen frei gebetenen Schurken nicht laufen. Der Schultheiß gab dem Priester ein Zeichen. Und dann fand in Gegenwart von einigen hundert Menschen die Trauung von Jan van Schaffelaar, bekleidet nur mit einem Armesünderhemd, mit Karen Simonstochter statt. Hand in Hand knieten sie auf den rohen Planken des Schafotts, während die Glocken der Bovenkirche die Mittagsstunde läuteten und das Volk tief bewegt zuschaute. Karen fühlte ihr Herz bis zum Hals schlagen, sie war halb betäubt und wusste kaum, was sie tat. Die ganze Trauung, die Worte des Priesters, die Rufe der Zuschauer... sie erlebte alles wie einen Traum. Nur das kräftige Jawort Jan van Schaffelaars drang zu ihr und dann fand sie die Kraft, auch »Ja« zu flüstern. Der Priester sprach seinen Segen und danach durften sie aufstehen. Das Ganze war als erniedrigendes Schauspiel gedacht, aber das Volk jubelte ausgelassen und hielt es für die beste Darbietung seit Jahren. Auf dem Schafott nahm Jan van Schaffelaar seine Frau in die Arme und küsste sie. Die Frauen auf dem Platz brachen in Tränen aus und jammerten vor Rührung. Der Priester hielt dem jungen Paar ein Register vor, das sie unterschreiben mussten. Jan van Schaffelaar unterschrieb mit eleganten, schwungvollen Buchstaben, die arme analphabetische Karen zeichnete zitternd mit einem Kreuz. Mein Gott, er kann sogar schreiben!, dachte sie verwirrt. Was habe ich getan?

Woher kamen plötzlich die Blumen, die Frauen auf das Schafott warfen? Errötend hob Karen sie auf. Aber auch Geschenke wurden auf die Plattform geworfen: Münzen, ein kleines Holzkreuz mit einer Christusfigur aus Elfenbein, ein paar Schleifenbändchen, eine blanke Muschel, ein Hänger aus Alabaster, ein Halstuch aus Batist... Ein Brautschatz für ein tapferes Mädchen, das sich zwischen einen zum Tode Verurteilten und seinen Henker gestellt hatte. Jan half ihr alles aufzuheben. Dann kam der Stadtbote mit Jans Kleidern. Ohne Scham zog der Krieger das Armesünderhemd aus, denn das gehörte der Stadt. Für einen Augenblick konnten die Frauen auf dem Kornmarkt seine kräftige Gestalt und seine breite Brust bewundern. Oha, das arme Waisenkind war zu beneiden! Was für ein Mann... Dann zog er schnell seine Uniform an: das weiße Hemd, das rote Wams, den gestreiften Waffenrock, die rotgelbe Pumphose mit dem roten Gürtel. Er zog die eisenbeschlagenen Stiefel an, nahm sein Schwert... und unversehens stand da ein schmucker Offizier, den Helm unter dem Arm: Karens frisch vermählter Gatte! Die Frauen klatschten entzückt in die Hände, die Männer brummten nur, fanden aber doch auch, dass dies wunderschöne Schauspiel einen verlorenen Arbeitstag wert war. Lachend reichte Jan van Schaffelaar seiner Frau die Hand, verbeugte sich vor dem Schultheiß und den Schöffen und winkte dem ausgelassenen Volk zu.

»Lass uns gehen, liebes Kind.«

Er ging die Leiter hinunter und hob dann Karen vom Schafott. Das Volk empfing sie mit Glückwünschen und Jubelrufen. Jan und seine Frau wurden auf die Schultern genommen und im Triumph zum Pferd getragen, das bereits voll aufgezäumt auf sie wartete. Aus heiterem Himmel herrschte Feststimmung in Kampen. Die Hinrichtung, auf die die Leute sich gefreut hatten, hatte eine glückliche, rührende Wendung genommen, war zu einer unverhofften Hochzeit geworden. Und wer liebt nicht Überraschungen?

Jan stieg in den Sattel, bückte sich, hob Karen hoch und setzte sie vor sich aufs Pferd. Der Hengst hatte erfreut gewiehert, als er seinen Herrn erkannte, was die fröhliche Stimmung noch erhöhte.

Straßenjungen fassten sich bei den Händen und umtanzten das Brautpaar, obwohl einer von ihnen, die Spuren von Karens

Hand noch auf den Wangen, warnend rief: »Passt auf, ihr habt eine Hexe geheiratet, van Schaffelaar!«

Das junge Paar ritt langsam um die Kirche herum und dann in Richtung Venetor. Karen hatte sich an Jans Brust gelehnt. Sie erinnerte sich, dass sie schon einmal so mit ihm durch das weite, flache Kamperland geritten war.

Als sie aus der Stadt waren, begleitet von Straßenjungen und singenden Bürgern, drehte Karen sich um und sah die neuen Mauern und Türme von Kampen. Plötzlich wich ihre Benommenheit und es wurde ihr klar, dass dies das letzte Mal war, dass sie die Silhouette der Stadt sah.

Das Wort »Verbannung« lag ihr wie ein Mühlstein auf der Brust. Nie würde sie zurückkehren können zu ihrem Geburtsort, zu ihrer Riedburg, zu den Wasservögeln und den Riedsümpfen! Denn verbannt aus dem Kamper Gebiet hieß auch: Verbannt aus den großen Stadtweiden, vom Kamperland, von dem ganzen stets wachsenden Grundgebiet, das Eigentum der Stadt war.

»O mein Gott«, schluchzte sie überwältigt. »Jetzt kann ich nicht mehr zurück.«

Jan küsste ihren Hals und tröstete sie: »Nicht traurig sein, Frauchen. Die Welt ist groß und überall schön. Kampen und das Land drumherum sind nicht die ganze Welt.«

Aber es war ihre Welt gewesen. Hier war sie aufgewachsen und dem Land mit ganzem Herzen verbunden. Herausgerissen zu werden tat unsagbar weh.

Ihm bedeutete die Verbannung nichts. Kampen war ein beliebiger Ort auf der Durchreise gewesen. Er war froh, der Stadt, in der sein Leben an einem seidenen Faden gehangen hatte, den Rücken kehren zu können.

Karen konnte sich nicht mehr umdrehen. Sie starrte vor sich hin, zwischen den Ohren des weißen Hengstes hindurch auf die endlosen Weiden, und dann fiel ihr etwas ein, was sie ihren Schmerz fast vergessen ließ.

Sie war nun die Frau von Jan van Schaffelaar und das bedeutete, dass sie den Mattenflechter aus Genemuiden nicht mehr zu heiraten brauchte. Daran hatte sie überhaupt noch nicht gedacht. Die unumgängliche Notwendigkeit, Jan zu retten, hatte sie nicht nur der Heimat beraubt, sie war auch außer Reichweite der Menschen, die sie verachtet und gehasst hatten. Und das war ein beinahe beruhigender Gedanke.

Hinter sich, dicht an ihrem Ohr, hörte sie Jan van Schaffelaar flüstern:

»Ich muss mich noch bei dir bedanken, dass du mir das Leben gerettet hast. Du bist sehr lieb, weißt du das?«

Die Worte nahmen Karen den letzten Rest von Angst und Zweifel.

~ 3 ~

Die Hochzeitsnacht

Die Ereignisse, die sie selbst ausgelöst hatte, hatten Karen überrumpelt. In der ersten Stunde ihres Rittes sagte sie kaum ein Wort. Jan dagegen war recht gesprächig.

»Ich will so schnell wie möglich die Grenze nach Geldern erreichen. Du weißt, dass ich in Zutphen erwartet werde, und ich habe mit dem Zwischenfall in Kampen schon zu viel Zeit verloren. In diesem Teil des Bistums habe ich nichts mehr zu suchen. Aber ich glaube nicht, dass wir es noch vor dem Dunkelwerden bis Zutphen schaffen.«

Geldern? Für Karen war das »Ausland«. Sie verstand nicht viel von dem, was er sagte, aber sie traute sich nicht, ihre absolute Unkenntnis zu zeigen. Doch Jan schien zu verstehen, was in ihr vorging.

»Sieh mal«, sagte er, »der Bischof von Utrecht regiert die Provinz Utrecht, also auch Sticht und Oversticht, und dazu gehört Kampen, und dazwischen eingeklemmt liegt der nördliche Bezirk von Geldern.«

»Und da müssen wir hin?«

»Nein, wir gehen nach Zutphen, dem östlichen Bezirk von Geldern. Herzog Adolf wirbt Truppen an, um Maria von Burgund zu Hilfe zu eilen und für sie dem französischen König Doornik abzunehmen. Doornik liegt in Flandern.«

»Ja, aber … ist Geldern denn burgundisch?«

»Ja und nein. Der Vater unseres Herzogs hat Geldern vor einigen Jahren Karl dem Kühnen von Burgund verpfändet, und zwar gegen den Willen seines Sohnes Adolf. Kurz darauf starb Adolfs Vater und Karl der Kühne hat die Pfandsumme nie ausbezahlt. Kein Wunder, dass Herzog Adolf sich nun als rechtmäßiger Erbe von Geldern sieht.«

In Karens Kopf drehte sich alles.

»Und trotzdem will er den Burgundern in Flandern helfen?«

»Nur weil Herzog Adolf hofft, dann Maria von Burgund heiraten zu können. Das würde dann auf einen Schlag die alten Feindseligkeiten und Grenzstreitigkeiten beenden.«

»Aber was hast du damit zu tun?«

»Nichts«, lachte Jan van Schaffelaar. »Ich bin Söldner, mir ist es gleich, welchem Herren ich diene. Adolf wirbt Soldaten an und ich bin ein Soldat. Außerdem habe ich jetzt eine Frau, für die ich sorgen muss. In Zutphen wartet ein Fähnlein Söldner auf mich, das sich unter meinen Befehl begeben wird. Im Namen des Herzogs Adolf ziehen wir dann gegen Doornik. Das ist doch alles ganz einfach.«

»Eh … ja«, murmelte Karen. Dann schrak sie auf.

»Und ich? Muss ich auch mit nach … in den Krieg?«

»Du, mein liebes Kind, du bleibst ruhig in Zutphen und wartest, bis ich mit Ruhm und Beute überladen zurückkehre«, antwortete Jan munter.

»Oh.«

Wieder war sie eine ganze Weile still. Dann, zögernd, sagte sie:

»Jan, etwas verstehe ich aber nicht. Warum hast du während des Prozesses den Schöffen nicht erzählt, dass du die Viehtreiber nur angegriffen hast, weil sie mich … mich …«

»Das habe ich getan. Aber sie glaubten mir nicht.«

»Du hättest mich doch suchen lassen können!«

»Ja, sicher, wenn ich gewusst hätte, wo du zu finden gewesen wärest … Aber ich wusste deinen Namen nicht mehr.«

Karen schnappte nach Luft. Er hatte ihren Namen vergessen,

den Namen, von dem er gesagt hatte: der hört sich an, als wenn der Wind durch das Ried rauscht. Es war also nicht Ritterlichkeit gewesen, die ihn so in Schwierigkeiten gebracht hatte, sondern Ungeschicklichkeit, Vergesslichkeit. Er hatte sie überhaupt nicht ernst genommen an jenem sonnigen Apriltag im Polder. Als umklammere eine kalte Hand ihr Herz, so schmerzte sie die Enttäuschung.

»Ich hoffte«, fuhr Jan fort, ohne auf ihr plötzliches Erstarren zu achten, »du würdest dahinten auf dem Land etwas über den Prozess hören und dann von alleine kommen und für mich als Zeugin auftreten. Aber du kamst nicht. Als ich dich dann heute Morgen auf dem Kornmarkt sah, dachte ich, du wärest gekommen, um eine schöne Hinrichtung zu sehen.«

»Nein, nein!«, rief Karen aufgebracht. »Ich wurde zu Hause bewacht und festgebunden, als hätte ich sonst was auf dem Gewissen. Erst gestern hörte ich von unserem Pastor von dem Urteil und da…«

»Da war es zu spät. Aber ich bin dir aus ganzem Herzen dankbar, dass du für mich in die Bresche gesprungen bist und mich erbeten hast.«

»Was hätte ich denn tun können?«, flüsterte Karen. »Ich konnte doch nicht zusehen, wie du für mich sterben würdest… Aber um dein Leben zu behalten, musstest du mich heiraten. Und jetzt hast du deine Freiheit verloren. Ist das schlimm?«

»Schlimm! Mädchen, ich finde es großartig! Elfenkind oder Menschenkind, du bist ein hübsches Mädchen, ich hätte es schlechter treffen können. Frauen, die vortreten, um einen Verbrecher freizubitten, sind in der Regel schreckliche Geschöpfe, ekelhafte alte Weiber, die nie einen Mann kriegen konnten, oder Diebinnen, die einen Kumpanen brauchen. Kein liebes Mädchen wird je einen Finger für einen Mörder auf dem Schafott rühren. Aber du kommst plötzlich wie von einem Engel geschickt und holst mich aus den Klauen des Todes. Du verdienst es, in ein goldenes Bett gelegt zu werden. Stattdessen wirst du die Hochzeitsnacht unter freiem Himmel verbringen müssen, denn ich habe so viel Buße bezahlen müssen, dass ich kein Geld mehr für eine Herberge habe.«

Er küsste sie auf die Wange und drückte sie fest an sich. Karen seufzte. Vielleicht, dachte sie, ist die Verbannung aus dem Riedland doch kein zu hoher Preis gewesen.

Sie hatten den sicheren IJsseldeich verlassen und ritten durch endlose Wälder mit Kiefern und Fichten. Jan meinte, dies sei der kürzeste Weg, aber Karen verstand nicht, wie er das wissen konnte und warum sie sich nicht verirrten. Wegweiser gab es schließlich kaum. Aber am späten Nachmittag verließen sie plötzlich den Wald und kamen auf eine ausgedehnte Heide. Am Waldrand stand ein verfallener Schafstall, halb eingestürzt und mit kaputtem Strohdach. Jan hielt das Pferd an.

»Was hältst du davon? Hier können wir übernachten.«

»Hier?«

»Ja, ich weiß, es ist eine Ruine, aber der Himmel bezieht sich und ich habe Angst, dass wir bald Regen kriegen. Da drin sind wir im Trockenen. Komm.«

Er stieg ab und half ihr vom Pferd.

»Ich weiß«, lachte er, »die Kaufmannshäuser in Zutphen sind schöner, aber hier, Karenlieb, wird uns kein Mensch stören. Und viel weiter zu reiten hat keinen Zweck. In einer Stunde wird es dunkel und dann würden wir uns auf der Heide bestimmt verirren.«

Er nahm dem Hengst den Sattel ab und drückte Karen die Pferdedecken in die Hände.

»Schau mal nach, ob du da drinnen irgendwo ein Bett machen kannst.«

In der Hütte war ein unbeschreiblicher Dreck. Stinkendes Stroh, Kleinholz. Karen ließ Sattel und Decken draußen liegen, suchte sich einen kräftigen Zweig und fing an den Dreck so gut es ging auf einen Haufen zu fegen. Durch die Ritzen im Strohdach fiel noch etwas Licht. Jan, dessen erste Sorge es gewesen war, sein Pferd mit Gras abzureiben und es dann auf einen guten Fleck am Waldrand zum Grasen zu bringen, kam nun auch herein und sog hörbar Luft ein: »Puh, hier stinkt es.«

»Geh zur Seite, dann kann ich den Dreck nach draußen fegen«, meinte Karen ruhig. Sie fühlte sich unverhofft zu Hause. Mit ihrem Zweig schob sie den gröbsten Dreck über die Schwelle. »Du darfst ruhig helfen, Jan.«

Er lachte aus vollem Halse.

»Oh, Karen, Mädchen, wirst du jetzt schon zur herrischen Hausfrau?« Er ging nach draußen und kam schon bald darauf mit einem Arm voll frischen Zweigen zurück, die er in der Hütte auf den Boden warf.

»Dies wird unser Nachtlager«, sagte er froh. »Man liegt darauf vielleicht ein bisschen unbequem, aber als Krieger ist man nichts Besseres gewöhnt.« Er breitete die Zweige aus und legte die Decken darüber; der Sattel diente als Kopfkissen.

Mitten in der Hütte, direkt unter einem großen Loch im Dach, machte er ein Feuer, das Licht und Wärme spendete. Sie konnten aus seiner Feldflasche trinken, aber zu essen hatten sie nichts. Die verfallene Schafshütte hatte keine Tür mehr. Karen lauschte den Geräuschen, die aus dem Wald drangen. Eine Eule sagte Unglück voraus. Sie stand auf.

»Gib mir dein Messer, Jan.«

Fast eine Stunde arbeitete sie angespannt. Aus einem elastischen Birkenzweig machte sie einen Bogen, aus langem, gelbem Gras flocht sie eine Schnur. Die Pfeile machten mehr Mühe, dafür brauchte sie harte Zweige, die eine scharfe Spitze bekommen mussten. Sie härtete die Spitzen, indem sie sie kurz ins Feuer hielt. Jan van Schaffelaar schaute ihr verwundert zu.

»Was willst du damit machen?«

Lächelnd hob sie den Kopf.

»Jagen, was denn sonst.«

»Im Dunkeln? Damit kannst du doch noch nicht einmal ein Pferd aus zwei Schritt Entfernung treffen.«

»Ich kann's.«

Ach, was wusste er schon! Er kannte nur Waffen aus Stahl: Pieken, Schwerter, Dolche. Karen prüfte die Spannung des Bogens und musterte kritisch die Spitzen ihrer vier Pfeile.

»Hast du denn keinen Hunger?«, murmelte sie. »Aber ich! Ich habe heute früh einen Brocken Brot gehabt und sonst den ganzen Tag nichts. Ich bin es gewöhnt, mir meine eigenen Mahlzeiten zu schießen. Am Waldrand wimmelt es von Kaninchen. Ich habe ihre Spuren gesehen.«

Sie nickte ihm zu und verschwand in der Dunkelheit. Jan warf noch etwas Holz aufs Feuer, schüttelte den Kopf und wartete. Ob er sich wohl etwas daraus macht, ob ich zurückkomme oder nicht?, dachte Karen, als sie zwischen einigen Sträuchern auf der Lauer lag. Sie behielt eine kleine Lichtung im Auge, auf der unzählige Kaninchenkötel lagen. Kamen die Tiere abends zum Spielen hierher? Sie hoffte es.

In der halb zerfallenen Schafshütte saß Jan van Schaffelaar, starrte ins Feuer und fragte sich, ob er glücklich oder verzweifelt sein sollte. Er lebte noch. Sein Leben verdankte er einem merkwürdigen Mädchen, das vor nichts und niemandem Angst zu haben schien, das mit einem schlappen, unbrauchbaren Bogen in den dunklen Wald ging, das ohne zu klagen seinem Zuhause und Geburtsort den Rücken gekehrt hatte. Groß und mager war es, und mit seinen dunklen Augen und wilden Haaren hatte es etwas von einer Zigeunerin. Aber ohne dieses Mädchen wäre er nun ein enthaupteter Körper. Andererseits: Er hatte seine Freiheit verloren! Inwiefern würde Karen seine aufgegebene Sorglosigkeit wettmachen? Wenn sie ihm nur nicht lästig wurde… Sie blieb lange weg, zu lange. Plötzlich merkte er, dass er unruhig wurde. Sie konnte sich im dunklen Wald verirrt haben. »Ich hätte sie nicht gehen lassen dürfen«, murmelte er vor sich hin.

Er stand auf, um sie zu suchen. In dem Augenblick war sie unverhofft wieder da und legte ihm zwei gelb-braune Kaninchen zu Füßen, jedes mit einem Schuss in ein Auge getötet.

»Der Mond ging auf, ich konnte ihre Augen funkeln sehen, während sie da saßen und Gras fraßen«, sagte Karen fröhlich. »Das machte es einfacher, gut zu zielen. Zieh du ihnen das Fell ab, solange sie noch warm sind. He, du hättest in der Zwischenzeit einen Bratspieß machen können, ich sagte doch, dass ich auf die Jagd gehe!«

»Karen, du bist ein Wunder, du bist tatsächlich ein Elfenkind!«, lachte Jan.

Warum war er plötzlich so froh und erleichtert? Karen schien sich unendlich wohl zu fühlen. Hatte sie im dunklen Wald keine Angst gehabt? Jetzt musste er sie einfach küssen, lange und dankbar. Vertrauensvoll lehnte sich Karen an ihn, machte sich aber bald wieder los, schürte das Feuer und fertigte einen provisorischen Bratspieß, während Jan seine blutige Arbeit verrichtete. Bald darauf hingen die Kaninchen über dem Feuer. Es war schon tief in der Nacht, als sie endlich ihren Hunger stillen konnten. Der Wildbraten war nur halb gar, aber köstlich zart. Karen gähnte tief und laut.

»Ach, bin ich müde.«

Jan lächelte, wartete, bis sie sich im Zweigenbett unter die Decken gekuschelt hatte, und löschte dann das Feuer. Stockdunkel wurde es auf einmal in der Hütte. Tastend kroch Jan zu Karen und streichelte ihre Schulter.

Am nächsten Morgen wachte Karen auf, weil ihr Regentropfen ins Gesicht fielen. Sie schoss hoch.

»Jan, es regnet!«

Das kaputte Dach bot wenig Schutz. Schnell zog sie sich an und lachte über das verschlafene Gesicht ihres Mannes. Sie rüttelte ihn, zog ihm die Decke weg, klopfte sie aus und schleppte dann den Sattel vom platt gelegenen Laubbett. Jan fröstelte und kleidete sich schnell an. Dann sah er nach seinem Pferd, das er für die Nacht an einen Baum gebunden hatte. Der Regen fiel rauschend auf den Wald, die ganze Natur schien neu belebt zu sein. Er streckte sich, schaute zum Himmel hoch und lachte; er war der glücklichste Mann der Welt. Der Hengst stupste ihm die Nüstern in die Hände und Jan streichelte das Tier.

»Findest du sie auch so lieb?«, murmelte er.

Als er sich umdrehte, sah er Karen in der Türöffnung der Schafshütte stehen: eine Elfe, geschmeidig und schlank. Sie hatte etwas Unantastbares, als könnte sie sich beim ersten groben Wort in Luft auflösen. Zugleich schien sie jeder Schwierigkeit gewachsen zu sein. Er dachte daran, wie sie ihm von ihrem Leben im Riedland erzählt hatte: verhöhnt und verachtet, verabscheut, aber doch frei, selbstständig, nicht kaputtzukriegen.

Halb von den Bäumen gedeckt, beobachtete er sie mit einem Gefühl von Respekt und Zuneigung, wie er es nie zuvor einer Frau gegenüber empfunden hatte. Das Vertrauen, mit dem sie sich in der letzten Nacht in seine Arme geschmiegt hatte, hatte ihn tief gerührt. Das hatte er nicht zu erhoffen gewagt. Er hatte sie behutsam geküsst und sich fest vorgenommen, ihr immer ein liebevoller Mann zu sein und sie nie mit wilden Soldatensitten zu erschrecken.

»Wir müssen uns beeilen!«, rief er ihr zu. Karen nickte und trug den Sattel nach draußen.

Bald darauf ritten sie durch den Regen in südlicher Richtung. Sie kamen über ausgedehntes Heideland und Felder, durch Wälder und Dörfer und Weiler, bis sie wieder die sich schlängelnde IJssel erreichten. Und dort, am anderen Ufer, lag Zutphen!

Als sie da vor sich die Stadt am Fluss sah, die breite Ufer-
straße und die Landungsbrücken, dahinter die Mauern und
Tore und den Hafen und einen Hebekran, musste Karen ganz
kurz an Kampen denken. Es fehlte nur eine Brücke über den
Fluss. An einem Holzgerüst hing ein Horn aus Kupfer. Jan blies
aus voller Brust, während Karen auf den Fluss schaute, aus
dem der niederprasselnde Regen Luftblasen aufsteigen ließ.
Obwohl sie völlig durchnässt war, machte ihr das schlechte
Wetter nichts aus. Die Stadt Zutphen lag da so friedlich im
grauen Licht, und es war herrlich, wieder am Flussufer zu stehen, das grüne Ried sich im Regen niederbeugen zu sehen, das
Wasser an die Uferböschung plätschern zu hören.

Als die Fähre am Gerüst festmachte, schubste Jan erst sein
Pferd an Bord und streckte dann die Arme nach Karen aus.

»Komm nur, Frauchen, du brauchst keine Angst zu haben.
Dieser Fährmann beherrscht sein Fach.«

»Angst?« Karen konnte ein Lächeln nicht unterdrücken. Sie
sollte Angst vor Wasser haben? Das konnte ihr nicht tief und
breit genug sein!

Obwohl Jan van Schaffelaar gerade noch ein paar Münzen
für den Fährmann im Beutel hatte, zögerte er doch keinen Moment seine Frau und sein Pferd in der teuersten Herberge der
Stadt unterzubringen: der Rote Turm. Stolz brachte er Karen in
das schönste Zimmer im ersten Stock, von wo aus sie einen
herrlichen Ausblick auf die Stadt hatte. An einer Wand des Zim-
mers stand ein Himmelbett, an der anderen ein Tisch mit zwei
Stühlen, die senkrechte, mit Schnitzereien verzierte Lehnen hatten, und daneben war ein Wandbrett mit einer Waschschüssel
aus Zinn darauf. Entzückt betrachtete Karen den Luxus.

»Wovon sollen wir das bezahlen?«, fragte sie überrascht.

»Ach, ich werde gleich Herrn Weinand von Arnheim aufsu-
chen und ihn um Vorschuss auf meinen Sold bitten«, antwortete Jan van Schaffelaar leichthin.

Sie bewunderte ihn. Er nahm das Leben so leicht, machte sich über nichts Sorgen. Er war davon überzeugt, dass die Welt nur auf ihn wartete. Und vielleicht hatte er sogar Recht. Sie lächelte ihn strahlend an und probierte das Bett.

»So weich! Jan, was werden wir hier herrlich schlafen.«

Ein Hauptmann ist seinem Stand verpflichtet. Jan van Schaffelaar ließ eine Mahlzeit aufs Zimmer kommen, und als sie satt waren, band er sich das Schwert um und küsste Karen.

»Warte hier. Ich bin vor dem Dunkelwerden zurück.«

»Aber ich möchte mir die Stadt ansehen.«

»Morgen. Du wirst monatelang Gelegenheit haben in Zutphen heimisch zu werden. Ich habe erst ein paar dringende Sachen zu erledigen.«

Herr Weinand von Arnheim, der in einem großen Patrizierhaus am Gemüsemarkt wohnte, empfing seinen Offizier mit einem Gesicht, dem die Erleichterung anzusehen war.

»Ich hatte Euch schon eine Woche früher erwartet, van Schaffelaar«, sagte er.

»Das weiß ich, Herr Weinand, aber ich wurde unvorbereitet aufgehalten. Jedenfalls bin ich jetzt da und es gibt nichts, was mich daran hindert, so schnell wie möglich ins Feld zu ziehen«, erklärte Jan mit geziemendem Respekt.

Herr Weinand musterte die große, kräftige Gestalt, das entschlossene Gesicht, das lange Schwert und nickte dann zufrieden.

»Großartig. Die anderen sind inzwischen auch eingetroffen. Ich werde euch dem Fähnlein vorstellen.«

»Erst möchte ich um einen guten Vorschuss auf meinen Sold bitten«, sagte Jan. »Ihr müsst wissen, dass ich auf meinem Weg nach Zutphen geheiratet habe.«

»Geheiratet? So plötzlich …?«

»Die Gelegenheit war zu schön, sie ungenutzt zu lassen«,

antwortete Jan van Schaffelaar doppeldeutig. »Es wird mir eine Ehre sein, Euch meine junge Frau vorzustellen.«

»Ist sie schön – und reich?«

»Wäre sie reich, brauchte ich nicht um Vorschuss zu bitten. Aber schön ist sie! Sie kommt aus der Gegend von Kampen.«

»Aus dem Oversticht!«

»Ja, und sie ist etwas ganz Besonderes. Zu Hause hatte sie den Beinamen: die Riedelfe.«

»Das hört sich gut an. Ich freue mich schon darauf sie kennen zu lernen. Ihr könnt morgen Abend zum Essen kommen, ich empfange dann auch die anderen Hauptmänner, die sich bereit erklärt haben. Truppen unter Herzog Adolf anzuführen.«

Herr Weinand führte den Hauptmann zu den Ställen hinter dem Haus, wo die Söldner und die Pferde vorläufig untergebracht waren.

»Dies ist euer Hauptmann Jan van Schaffelaar, der Bastard von Norg«, stellte ihn Herr Weinand vor. »Ihr kommt unter seinen Befehl.«

Danach entfernte er sich. Jan van Schaffelaar und die Soldaten musterten sich.

Er sah zwanzig rohe Kerle, zusammengewürfelt aus allen Teilen des Landes. Einige kamen sogar aus deutschen Landen. Große und kleine, dicke und magere Männer waren es, die eine Mischung von Dialekten sprachen, unterschiedliche Beweggründe hatten, denen aber doch eines gemeinsam war: ihre Kampfeslust, ihre Kriegserfahrung und ihre Gier nach Beute. Wem sie dienten, das war ihnen gleichgültig, solange sie pünktlich ihren Sold bekamen, zu dem dann noch das kam, was ihnen während so eines Feldzuges als Beute in die Hände fiel. Sie waren der Schrecken der armen Bürger und braven Bauern. In ihren Augen war die ganze Welt nur Beute und Opfer. Jede Gegend, durch die sie zogen, war ein Beutegebiet, das nach Herzenslust geplündert und gebrandschatzt werden durfte.

Hunger? Klopf an einem Bauernhaus an und zwing den Pächter, seinen Vorratskeller zu öffnen! Durst? Stürm in eine Taverne, treib die Gäste zur Tür raus und zwing den Wirt mit dem Messer an der Kehle, sein bestes Fass Wein anzustechen! Kälte? Besetz einfach ein Bauerngehöft und richte dich da für den Winter ein, verheize das Brennholz der Familie, dreh ihren Hühnern den Hals um, schlachte ihren Ochsen; die Welt gehört den Brutalen mit den Waffen in den Händen!

Solche Kerle konnten nur von einem starken Anführer im Zaum gehalten werden, von einem Anführer, vor dem sie Respekt hatten, weil er besser mit dem Schwert umgehen konnte, eine bessere Ausbildung hatte und mit der nötigen Stärke auftreten konnte. Einen Kerl, der nicht davor zurückschrak, einen seiner eigenen Männer zu Boden zu schlagen und anzuspucken. Einen Kämpfer mit lauter Stimme, mit Muskelpaketen und zwingendem Blick, kurzum: einen, der sie verstand, von der gleichen Art war und dennoch ein bisschen besser. Fähnlein wie dieses wurden darum oft von unehelichen Söhnen adliger Herren geführt. Tollkühne Abenteurer, denen es nicht an Hochmut mangelte. Jan van Schaffelaar, seit seiner frühesten Jugend im Kriegshandwerk geübt, eignete sich ganz hervorragend für die Arbeit, die auf ihn wartete. Diese zwanzig Kerle hatten sehnsüchtig auf ihn gewartet, eine ganze Woche lang. Wo blieb der versprochene Anführer?

Jan van Schaffelaar lächelte sie an. Er sah ihre misstrauischen Blicke und beschloss, sofort seine Stärke deutlich zu machen.

»Hört her«, sagte er leichthin, »es geht euch eigentlich nichts an, aber ich wurde aufgehalten, weil ich mich unterwegs mit ein paar Viehtreibern anlegte, drei waren es, und die habe ich mir vorgenommen, dass einer es nicht überlebte. Leider konnten die beiden anderen entkommen und die rannten dann wie die Hasen zur Stadt Kampen, um mich des Mordes zu beschuldigen. Ich hätte nie geglaubt, dass sie das wagen würden. Aber gleichgültig... als ich in die Stadt ritt, ergriffen die Stadtsoldaten mich sofort und warfen mich in den Kerker. Sie machten wenig Umstände, schon nach ein paar Tagen kam es zum Prozess, und ich wurde zum Tode verurteilt. Das Urteil sollte durch das Schwert vollstreckt werden. Und wisst ihr, als der Henker sich gerade anschickte, mich einen Kopf kürzer zu machen, tritt ein allerliebstes Mädchen vor und ruft: Halt! Ich erbitte ihn! So kam es, dass ich jetzt verheiratet bin.«

Die Kerle brachen in schallendes Gelächter aus; das war eine Geschichte nach ihrem Geschmack. Die Ermordung des Viehtreibers berührte sie nicht. Totschlagen war ihr Beruf. Aber so 'n Mädchen...

»Wo ist sie denn jetzt?«, fragte Blaubacke, der Älteste der Soldaten. »Ihr habt sie bestimmt gleich wieder sitzen lassen!«

Jan van Schaffelaars Grinsen wich sofort einem Ausdruck von Zorn und tödlichem Ernst.

»Lasst euch das ein für alle Mal gesagt sein, Männer: In der Hinsicht dulde ich keinen Hohn und Spott! Das Mädchen hat mir das Leben gerettet und ich bin kein Schuft. Sie ist jetzt meine Frau und ich verlange von euch allen, dass ihr sie respektiert, wie sich das für eine Hauptmannsfrau gehört. Verstanden?«

»Ein Mädchen, das einen zum Tode Verurteilten vom Schafott holt, mit der kann nie und nimmer viel los sein«, meinte ein anderer. Aber sofort sah er eine Schwertklinge vor seinen Augen aufblitzen und der Anführer fauchte ihn an:

»Schweig, du verdammter Hund! Karen ist meine Frau und der Erstbeste, der eine respektlose Bemerkung über sie macht, dem jag ich die Klinge in den Bauch!« Verblüfft wichen die Soldaten zurück. »Und wehe, einer von euch Dummköpfen wagt es, auch nur einen Finger nach der Frau auszustrecken, die zu mir gehört, dem werde ich bei lebendigem Leibe das Fell abziehen. Muss ich noch deutlicher werden?«

»Wir wollten Euch ganz bestimmt nicht beleidigen, Hauptmann«, sagte ein schmucker junger Kerl, der Süßgrün genannt wurde. »Aber eine Geschichte, wie Ihr sie gerade erzählt habt, hören wir nicht oft.«

»Nehmt Ihr sie mit nach Flandern?«, fragte Langer Peter neugierig.

»Meine Frau bleibt vorläufig in Zutphen, und zwar unter dem Schutz des Herrn Weinand. Wir gehen nach Doornik, um die Stadt einzunehmen und auszuplündern, und wenn wir in ein paar Monaten zurückkehren, sind wir alle reich ... oder tot.«

Die Männer nickten. Jan van Schaffelaar hatte Eindruck auf sie gemacht, er ließ nicht mit sich spotten, er hatte ihnen kurz und deutlich gesagt, worauf es ankam, und sie hatten noch nie jemanden gesehen, der so schnell sein Schwert ziehen konnte. Das gefiel ihnen.

»Stillgestanden!«, sagte er jetzt streng. »Übermorgen brechen wir bei Tagesanbruch auf. Vergeudet die Zeit nicht in Tavernen, sondern sorgt dafür, dass eure Pferde gut im Futter sind, beschlagen sind und das Geschirr gut in Ordnung ist. Kontrolliert eure Ausrüstung. Ich ziehe nicht mit einem Haufen zerlumpter Bettler ins Feld. Mein Fähnlein hat tipptopp auszusehen. Und es gibt nur einen, der etwas zu sagen hat: Jan van Schaffelaar!«

Das verstanden sie. Dieser Kerl wusste, was er wollte. Brummend und murmelnd, aber äußerst zufrieden gingen sie auseinander.

Karen hatte den ganzen Nachmittag im Zimmer verbracht. Sie verstand, dass Jan erst seine Angelegenheit regeln musste, und ihr war auch klar, dass er schon bald abmarschieren und sie zurücklassen würde. Das war das Schicksal einer Soldatenfrau. Aber sich ganz damit abfinden, das konnte sie noch nicht. Für sie war alles neu, was sie seit dem Moment erlebt hatte, da sie auf dem Kornmarkt gerufen hatte: »Halt, ich erbitte ihn.« Sie konnte sich nicht einmal vorstellen, was in der nächsten Stunde mit ihr geschehen würde. Ein Mensch richtet seine Gedanken nach seinen Erwartungen und dem täglichen Gang der Dinge aus. Das galt nun nicht länger für sie, das Elfenkind aus dem Riedland. Entwurzelt und in eine fremde Umgebung gebracht, hatte sie nur noch einen Menschen, an den sie sich halten konnte: Jan van Schaffelaar. Doch was wusste sie von ihm? Konnte sie erwarten, dass er immer so freundlich zu ihr bliebe?

Sie hatte ihre durchnässten Kleider ausgezogen und zum Trocknen auf die Stühle gehängt und lief nun splitternackt durchs Zimmer. Als es ihr zu kalt wurde, kroch sie ins breite Himmelbett, und bevor es ihr bewusst wurde, schlief sie ein.

Sie wurde wach, als Jan van Schaffelaar mit einer brennenden Kerze und einem großen Paket unter dem Arm ins Zimmer kam. Erfreut richtete sie sich auf.

»Ich habe dich vermisst!«

Er stellte die Kerze auf den Tisch und drehte ihr sein lachendes Gesicht zu.

»Du lügst, du hast geschlafen.«

»Ich träumte von dir!«

»Großartig. Karen, ich habe etwas für dich.«

Er legte das Paket aufs Fußende des Bettes. Neugierig wickelte Karen es aus und jauchzte: »Für mich!«

Aufgeregt nahm sie einen wunderschönen blauen Tuchmantel heraus. Darunter lag eine mit Vögeln und Blumen in unzähligen Farben bestickte Bluse, ein blauer Tuchrock, eine leinengefütterte Kappe, zwei schneeweiße Leinenhemden, ein grauer Unterrock und das Schönste von allem: ein paar Stiefel aus Hirschleder.

»Oh.« Einen Moment lang war sie sprachlos. »Jan«, sagte

sie dann, »das muss dich ein Vermögen gekostet haben. Du bist verrückt, so viel Geld für mich auszugeben.«

»Hör zu«, erwiderte er lachend, »du bist eine Hauptmannsfrau, also musst du gut gekleidet sein.« Er schlug auf seinen Beutel und sie hörte die Gulden klimpern. »Im Dienste des Herzogs Adolf werde ich ein Vermögen machen.«

»Darf ich … darf ich das anziehen?«

»Dafür hab ich's gekauft.«

Wollte er sich immer noch dafür bedanken, dass sie ihm das Leben gerettet hatte, oder gefiel sie ihm tatsächlich? Zitternd vor Aufregung probierte Karen die neuen Kleider aus. Die Röcke waren zu weit, die Bluse passte genau, aber sie hatte etwas Schwierigkeiten die Stiefel anzuziehen. Ein seltsames Gefühl war das! Ihr Leben lang war sie barfuß gelaufen. Holzschuhe hatte sie nur getragen, wenn es schneite oder wenn sie ihren Vater nach Kampen begleiten musste. Die Stiefel drückten an den Zehen, die Schäfte umschlossen die Knöchel wie eine Hand. Sie würde sich daran gewöhnen müssen.

Begutachtend umkreiste Jan sie.

»Steht dir gut. Bürste jetzt dein Haar gut aus.«

»Warum bist du so gut zu mir?«

»Verflixt, liebes Kind, du bist meine Frau! Ich will Eindruck mit dir machen.«

Er fand mich zu hässlich, dachte sie, darum muss ich so herausgeputzt werden. Aber als sie ihm ins lachende Gesicht sah, wusste sie, dass das nicht stimmte. Es machte ihm Spaß sie zu verwöhnen und Dummheiten für sie anzustellen. Das war unglaublich!

An der Wand hing ein Spiegel. Karen drehte sich, musterte sich von allen Seiten. Sie dachte an die reichen Kaufmanns- und Schifferfrauen von Kampen, die sie so oft um ihre Pracht beneidet hatte. Behutsam fuhr sie mit der Hand über das weiche Tuch des Rockes.

»Das ist alles so schön. Viel zu schön für eine Riedschneidertochter.«

»Vergiss das Kamperland«, murmelte Jan. »Das ist endgültig Vergangenheit. Du gehörst jetzt zu mir.«

Er nahm ihre alten Kleider von den Stühlen und warf sie in eine Ecke. »Komm, wir werden in der Wirtsstube essen. Ich will, dass ganz Zutphen weiß, was für eine schöne Frau Jan van Schaffelaar hat.«

Am nächsten Vormittag nahm Jan van Schaffelaar sie mit in die Stadt. Durch Straßen und Gassen brachte er sie zum Salztor. Dicht dahinter, mit dem Rücken an die Stadtmauer gebaut, stand eine Reihe Häuser, niedrige Gebäude mit einem Fenster und einer Unter- und einer Obertür in der Giebelwand. Vor dem vierten Häuschen blieb Jan van Schaffelaar stehen. Aus seinem Beutel holte er einen Schlüssel, öffnete die Tür und ließ Karen eintreten. Eine Diele gab es nicht, sie stand sofort in einem quadratischen Zimmer, dessen Rückwand die Stadtmauer war. Rechts sah sie die Türen der schmalen Bettnische, links war mitten in der Holzwand ein schmaler, gemauerter Kamin. An der abweisenden Rückwand waren Regalbretter, darunter standen ein Holztisch und zwei fünfbeinige Schemel.

»Diese Wohnung habe ich für den Sommer für dich gemietet«, sagte Jan. »Der Eigentümer ist Jakob Sauermund, der Schlachter. Dem gehört die ganze Reihe Mauerhäuser. Ich muss zugeben, dass dies nur ein ganz bescheidenes Unterkommen ist, aber wenn ich Ende des Sommers wiederkomme, werde ich reich sein und dir alles geben können, was dein Herz begehrt.«

Karen sah das Zimmerchen jetzt mit anderen Augen. Es war nicht viel größer als ihre Riedburg, aber massiver – und bedrückender. Nein, dachte sie, ich muss nicht immer alles mit meiner Hütte vergleichen, die jedes Jahr, wenn die Herbststürme über das Land brausten, weggespült wurde. Jan legte ihr Schweigen falsch aus.

»Verglichen mit dem Zimmer, das wir im Roten Turm haben, sieht es hier ärmlich aus, aber denke daran, dass deine direkten Nachbarn auf gleichem Raum mit einer ganzen Familie wohnen ... Ich dachte, dass es für dich allein ...«

»Ja, es ist großartig«, sagte sie schnell. Sie wollte ihn nicht kränken, nicht undankbar erscheinen, auch wenn sie der geringe Lichteinfall und das Fehlen einer Aussicht bedrückten und sie davon überzeugt war, dass es in der Bettnische von Wanzen nur so wimmelte. Der Herd sah abgewetzt aus, schwarz und verrußt. Die Regalbretter waren ungehobelt, der Fußboden bestand aus gestampftem Lehm. Die Hütte ihrer Eltern war nicht viel besser ... aber aus der war sie auch immer bei jeder Gelegenheit geflohen. Von der anderen Seite der Zwischenwand konnte sie Gepolter, Stimmen und Klopfen hören. Die dünnen Zwischenwände waren aus Holz, genau wie die Vorgiebel.

»Ja«, sagte Karen so überzeugend sie konnte, »es ist schön. Hier werde ich diesen Sommer wohnen.«

Jan van Schaffelaar schlug auf seinen Beutel.

»Ich werde dir fünf Goldgulden geben, damit musst du mindestens drei Monate auskommen können. Meinst du, das ist genug? Mehr habe ich nicht ...«

Fünf Goldgulden von je einundzwanzig Silberstüver schienen ein unvorstellbares Vermögen zu sein.

»Das ist doch viel zu viel«, murmelte Karen, aber Jan schüttelte den Kopf.

»Weißt du, was das Leben in einer Stadt wie Zutphen kostet?« Sie hatte nicht die geringste Ahnung.

Sie guckte auf die Rückwand, die zugleich Stadtmauer war. Dahinter lag das freie Feld, da waren Äcker, Wälder, und da war jetzt im Frühjahrsmonat auch frisches Grün. In Kampen hatte sie auch solche Häuschen gesehen, die in breite Mauernischen gebaut waren und in denen Arbeiter, Tagelöhner und Handwerker mit ihren Familien wohnten. Sie hatte nie danach verlangt selbst darin zu hausen ... Aber es war nicht weit zum Salztor. Sie könnte so oft sie wollte aus der Stadt, überlegte sie.

»Hier ist der Schlüssel«, sagte Jan. »Heute wohnen wir noch im Roten Turm. Morgen früh marschiere ich mit meinem Fähnlein nach Flandern ab, dann kannst du hier einziehen.«

Mit offenem Mund starrte Karen ihn an, während ihr vor Schreck die Knie weich wurden.

»Morgen ... aber dann ... dann bleiben uns nur noch wenige Stunden«, stammelte sie blass. »Oh, Jan ...«

»Hoho, Karenlieb, Hauptmannsfrauen weinen nicht, wenn ihr Mann in den Krieg zieht.«

Tapfer, aber vergeblich versuchte sie ihre Tränen zurückzuhalten.

»Und wenn du mit dem Geld nicht auskommst, das ich dir hierlasse«, fuhr er fort, »dann kannst du dich an den Herrn Weinand von Arnheim wenden.«

»Wer ... wer ist das?«

»Heute Abend wirst du ihn kennen lernen, denn wir sind bei ihm zum Essen eingeladen. Er wohnt am Gemüsemarkt. Herr Weinand ist ein Edelmann und dem Haus Egmond sehr zugetan, das heißt: dem Herzog von Geldern. Natürlich ist er ein Haken.«

Von Karen aus hätte er ebenso gut lateinisch sprechen können.

»Ein Haken?«

»Herr Weinand ist auf der Seite der Haken. Nie davon gehört? Tja, wie soll ich das erklären? Merk dir, dass die Kabeljaue auf der Seite der Burgunder stehen und die Haken auf der Seite all derer, die die Burgunder als Eindringlinge sehen. Hast du das verstanden?«

Kaum, aber Karen hatte keine Lust, sich weiter damit zu beschäftigen. Ihr war nur völlig klar geworden, dass Jan morgen in aller Frühe weggehen und sie allein zurücklassen würde. Sie war es gewöhnt, einsam und auf sich angewiesen zu sein ... das war also nichts Neues. Doch nun hatte sie drei Tage lang einen Menschen gehabt, mit dem sie reden konnte, der sie achtete und verwöhnte. Drei Tage des Glücks. Das war viel ... und es war auch viel zu wenig.

Sie senkte den Kopf, starrte auf ihre Füße. Wegen der schlammigen Straßen trug sie, wie die meisten Bürger, Holzschuhe über den Stiefeln.

»Ich werde dich sehr vermissen«, flüsterte sie beklommen. Sie wagte es nicht zu weinen, aber es brannte ihr in der Kehle.

»Ich dich auch«, sagte Jan und nahm sie in den Arm. »Aber Ende des Sommers komme ich wieder, das schwöre ich dir. Keine Macht der Welt wird mich daran hindern können. Und du wartest auf mich wie eine treue Hausfrau.«

Sie versprach es. Sie hatte nicht die geringste Ahnung von den Gefahren, denen er sich in einem Feldzug aussetzte, vom Krieg konnte sie sich keine Vorstellung machen, aber sein Selbstvertrauen tat ihr gut, und sie zweifelte nicht daran, dass er sein Versprechen halten würde. Sie brauchte nur ein paar Monate zu warten, dann konnten sie wieder beieinander sein. Und das war etwas, worauf man sich herzklopfend freuen konnte. Sie schluckte und lächelte ihn dann herzlich an.

Am frühen Abend ging sie mit Jan van Schaffelaar durch die Stadt zum Gemüsemarkt. Karen rümpfte die Nase.

»Was stinkt hier denn so?«

»Bist du jemals in einer Stadt gewesen, die nicht stinkt?«, fragte Jan lachend.

Die einzige Stadt, die sie kannte, war Kampen, und da roch man das Meer, den Wind, der über die Polder blies, die Torffeuer in den Häusern, die Düfte von frisch gebackenem Brot, die Misthaufen der Winterställe, in denen in den kalten Monaten die Kühe standen… An warmen Tagen roch man den salzigen Gestank vom Fischmarkt, die Pechtonnen der Werften, die kochenden Malze der Bierbrauereien. Aber hier in Zutphen stank es anders, hier verfaulte etwas, versauerte, verrottete langsam. Jan schien nichts aufzufallen.

Da die meisten Bürger um diese Zeit zu Abend aßen, war es auf den Straßen ziemlich ruhig. Die Buden auf dem Gemüsemarkt waren schon leer geräumt, die Geschäfte hatten die hölzernen Vordächer heruntergeklappt, hier und da flackerte hinter einem Fenster eine Öllampe oder Kerze. Nur in den Tavernen herrschte noch reger Betrieb. Soldaten, Arbeiter, Schauerleute, Frauen und Flussschiffer saßen dort lärmend beim Bier oder Rheinwein und sangen und tanzten.

»Hier ist es.«

Befangen schaute sich Karen den reich verzierten Steingiebel des Patrizierhauses an, die Eichentür mit dem vergoldeten Klopfer in der Form eines Löwenkopfes, die Vortreppe aus Quadersteinen. Sollte sie hier herein? Vor Respekt war sie ganz befangen, als ein Diener sie hineinließ und ihr zu verstehen gab, dass sie ihre Holzschuhe auf der Treppe stehen lassen sollte. Zögernd setzte sie die Füße auf die schwarz-weißen Fliesen der Eingangshalle. Der Hausknecht nahm ihr den Mantel ab. Verlegen ordnete sie ihr Batisthalstuch, hob dann den Kopf und starrte in das rote Gesicht des Herrn Weinand. Sie sah einen dicken, prächtig gekleideten Mann mit Goldstickerei an den Ärmeln und am Kragen, mit einer italienischen Haube auf dem Kopf und rundem, glatt rasiertem Gesicht mit grauen Augen, die sie aufmerksam musterten.

Herr Weinand war wirklich überrascht. Karens ebenmäßige Gestalt und das schwarze Haar, das unter der Spitzenhaube hervorlugte, beeindruckten ihn. Doch am meisten fesselte ihn

Karens Gesicht. Was für Augen! Der verteufelte Jan van Schaffelaar, wo hatte er so einen Edelstein gefunden? Er lächelte, bot ihr den Arm und führte sie ins Esszimmer. Am langen, auf Böcken stehenden Tisch, umringt von verzierten Stühlen mit geraden Lehnen, saßen Frau Adelheid und Mechthild, Weinands Schwester, die mit einem reichen Kaufmann verheiratet war. Karen sah noch drei Hauptmänner und einen zehnjährigen Jungen, der Adolf hieß, nach dem Herzog, und der Weinands Sohn war. Neben dem Jungen saß sein Hauslehrer.

Karen wurde ein Stuhl auf der anderen Seite des Jungen angewiesen, Jan van Schaffelaar bekam den Platz zwischen Schwester Mechthild und dem Hauslehrer. Karen gefielen die Frauen in ihren Samtkleidern mit vielen Juwelen. Sie sahen sehr schön aus. Der Tisch war mit weißem Damast gedeckt und versetzte Karen in Panik. Was nicht alles darauf stand! Zinnteller, Porzellanschüsseln, Glasschalen mit Salz und Gewürzen, zierliche Weingläser und neben jedem Teller stand ein irdenes Schälchen mit Wasser. Daneben lag noch ein Läppchen aus Damast … wofür war das? Hausdiener und Mägde liefen mit silbernen Schüsseln hin und her, und um ihre Verlegenheit zu verbergen, nahm Karen das Fingerspülschälchen und setzte es an den Mund. Sie hatte es schon halb leer getrunken, als Frau Mechthild sie darauf aufmerksam machte, dass das Wasser dafür nicht bestimmt sei. Erschrocken schaute Karen in die Runde, sie sah lachende Gesichter, neben sich hörte sie den Jungen kichern und beinahe hätte sie das Schälchen fallen gelassen. Sie senkte den Kopf und wurde feuerrot.

»Gleich wird sie sich in der Sauciere die Füße waschen«, hörte sie jemanden spötteln. Karen wagte es nicht mehr den Kopf zu heben, aber da donnerte Jan van Schaffelaars schwere Stimme durchs Esszimmer:

»Ich hoffe, niemand wagt es, meine Frau auszulachen. Auch wenn sie wegen ihrer Jugend und Unerfahrenheit unsere Manieren nicht kennt, darum braucht sie noch nicht Gegenstand des Spotts zu werden.«

»Gut und ritterlich gesprochen, van Schaffelaar«, sagte nun auch kurz und scharf Herr Weinand. »Ein Gast an meinem Tisch wird nicht ausgelacht.«

Karen wurde es warm ums Herz. Dass Jan sich traute all dieser Vornehmheit zu trotzen und für sie einzutreten? Nie zuvor hatte jemand für sie Partei ergriffen, sie verteidigt oder entschuldigt. Sie war überwältigt.

Danach verlief das Essen ohne weitere Zwischenfälle. Karen achtete auf die anderen und folgte ihrem Beispiel, darum aß sie etwas langsamer und kaute sorgfältiger, während ihr alles Mögliche auf den Teller gelegt wurde, was sie nicht kannte und nie probiert hatte. Sie antwortete nur, wenn sie gefragt wurde, aber als der Fasan angeschnitten wurde, rief sie nach dem ersten Bissen begeistert:

»Oh, wie köstlich! Der schmeckt noch besser als die Krickenten aus dem Riedland!«

»Riedland?«, fragte Frau Adelheid verwundert. Karen errötete vor Schreck, aber wieder kam Jan van Schaffelaar ihr zu Hilfe.

»Meine Karen«, sagte er stolz, »war in ihrer Heimat eine berühmte Jägerin. Sie jagt wie Diana, mit Pfeil und Bogen. Ihr Pfeil verfehlt nie sein Ziel.«

Diana?, dachte Karen. Wer ist Diana? Sie wagte es nicht zu fragen, obwohl es sie sehr beunruhigte, dass in diesem Raum scheinbar jeder wusste, von wem die Rede war.

Sie bemerkte, dass die anderen die Knochen nicht achtlos auf den Boden warfen, sondern neben ihre Teller legten. Endlich begriff sie auch, wofür das Schälchen mit dem Wasser und das kleine Tüchlein waren.

Zwischen jedem Gang wurde von Herrn Weinand oder einem der Hauptmänner ein Toast ausgebracht: auf Herzog

Adolf, den »nationalen Thronanwärter«, auf seinen jungen Sohn Karl, noch ein Kind, auf den bevorstehenden Feldzug und die Belagerung von Doornik, auf die Gelderschen Fähnlein und sogar auf Maria von Burgund, der die Weisheit gewünscht wurde, einen Mann aus Geldern zu heiraten, damit endlich dauerhafter Frieden käme. Karen trank wenig, die weißen und roten Weine bekamen ihr nicht, und sie fand sie viel zu sauer. Aber Jan van Schaffelaar langte bei der Lammkeule tapfer zu und hatte überhaupt nichts dagegen, dass ihm immer wieder nachgeschenkt wurde. Er schien sich in dieser Gesellschaft sehr wohl zu fühlen und erörterte mit den anderen Hauptmännern die Lage der Stadt Doornik und die verschiedenen Belagerungsmethoden. Karen, die schon satt war, ließ ihre Blicke über den vollen Tisch wandern und musste plötzlich an die beiden mageren Kaninchen denken, die sie in ihrer Hochzeitsnacht geschossen hatte und auf die sie so maßlos stolz gewesen war.

Sie war froh, dass Jan nichts von ihrer Unsicherheit zu merken schien und ihr keine ärgerlichen oder vorwurfsvollen Blicke zuwarf. Konnte er ihr denn gar nichts übel nehmen? Sie ängstigte sich fast vor so viel Gutmütigkeit.

Benommen vom Wein und reichlichem Essen, gingen sie spät am Abend zurück zur Herberge. Jan van Schaffelaar mit schleppendem Schritt und klirrenden Sporen, Karen in ihren Mantel gekuschelt und auf klappernden Holzschuhen. Ihre Stiefel drückten. Der Wind blies kalt und feucht durch die dunklen Gassen von Zutphen, hier und da steckte in einer Mauer eine brennende Fackel, überall sonst war es stockdunkel. Jan hatte eine Laterne mitbekommen, damit sie unterwegs etwas Licht hätten. Endlich konnte Karen fragen, was sie schon die ganze Zeit beschäftigte.

»Wer ist Diana?«

»He?« Jan blieb überrascht auf der mit Kopfsteinen gepflasterten Straße stehen.

»Du sagtest vorhin, ich jage wie Diana mit Pfeil und Bogen. Herr Weinand schien sie auch zu kennen. Wer ist Diana?«

»Das sag ich dir lieber nicht«, sagte Jan neckisch.

Karens Augen begannen zu funkeln.

»Ich will wissen, wer Diana ist!«

»Hör zu, kleine Katze. Diana war eine heidnische Göttin, die kein größeres Vergnügen kannte, als mit ihren Freundinnen auf Jagd zu gehen. Die Jagd ging ihr sogar über die Liebe. Und mit dieser Diana, immerhin eine Göttin, habe ich dich verglichen. Verstehst du jetzt?«

Nein, sie verstand nichts.

»Eine Göttin? Du meinst: die Frau vom lieben Gott?«

»Eines heidnischen Gottes, ja. Und ich meinte den Vergleich als Kompliment, Karenlieb.«

»Ich bin aber auch so dumm.« Karen seufzte. »Vergib mir, Jan.«

Er nahm Karen bei der Hand und bald darauf betraten sie die Herberge. Hinter ihnen verriegelte der Hausknecht die Tür.

Eine halbe Stunde später, als sie im breiten Himmelbett lagen, sagte Karen halb lachend, halb weinend:

»Jan van Schaffelaar, du bist vielleicht ein Mörder und auch ein großer Schurke, aber ich liebe dich. Doch warum bist du immer so nett zu mir? Warum schlägst du mich nicht, schnauzt mich nicht an? Ich bin so ungeschickt und dumm! Ich sag und tu immer das Verkehrte.«

»Du bist überhaupt nicht dumm, Karen, nur unwissend, und das ist nicht deine Schuld. Du lernst schnell genug.«

»Ich begreife das einfach nicht«, flüsterte sie, »du bist ein Söldner. Mir hat man immer erzählt, Söldner seien schreckliche Kerle, schlecht, gewalttätig und gemein. Aber du weißt so viel und wirst nie wütend auf mich.«

»Warum sollte ich wütend auf dich werden? Du hast mir das Leben gerettet, also gehört es in Zukunft dir. Menschen erzählen so viel Unsinn über andere Menschen. Mir hat man immer weisgemacht, Frauen seien dazu da, gezähmt zu werden. Aber mir gefällt das nicht, dich zu zähmen, lieber Wildfang. So wie du bist, mit den feurigen Augen und den wilden Ausbrüchen, gefällst du mir besser als weich und unterwürfig. Versprich mir, Karen, dass du dich nie ändern wirst. Bleib, wie du bist, ein Elfenkind, leicht wie eine Wolke, dunkel wie die Hölle.«

Das war etwas ganz anderes als die Moralpredigten von Pastor Damme und die Vorwürfe ihrer Mutter!

Sehr früh am Morgen stand Jan van Schaffelaar auf und verbot Karen seinem Beispiel zu folgen.

»Bleib noch liegen, versuch etwas zu schlafen«, sagte er. »Eine weinende Frau am Tor könnte zur Folge haben, dass ich mich nicht wohl in meiner Haut fühle und darum womöglich kein guter Hauptmann mehr sein kann.«

Er umarmte sie, nahm seinen Helm und ging. Karen wartete eine Viertelstunde, in der sie mit den Tränen kämpfte, sprang dann aus dem Bett, zog sich schnell an und stürmte aus dem Haus. Sie wusste, wo das Fähnlein die Stadt verlassen würde: durch das Fischtor. Lange brauchte sie nicht zu warten. Im ersten Morgenlicht kamen die Fähnlein durch die Straßen. In voller Montur trabten sie auf ihren voll aufgezäumten Pferden durch die noch stille Stadt. Sie weinte nicht mehr. Halb hinter einem dicken Baum versteckt, schaute sie hinter den Soldaten her, bis sie durchs Tor waren, den Weg nach Süden einschlugen, wo gekämpft werden würde...

Karen blieb mindestens eine halbe Stunde auf derselben Stelle stehen, überließ sich ganz dem Gefühl hoffnungsloser Einsamkeit. Drei Monate, vielleicht vier... in denen ihr Mann sich in tausend Gefahren stürzen würde, wie sollte sie die durchstehen?

~ 4 ~
Diana

Der Regen der vergangenen Tage hatte die Luft gereinigt. Karen schlenderte über die IJsselkade, schaute auf das glänzende Wasser des Flusses, guckte beim Löschen und Beladen der Frachtschiffe zu, stand überall im Weg und wurde barsch weggescheucht. Möwen segelten über das Wasser und sie dachte wieder an ihre Riedburg, die so weit… Nein, daran durfte sie nicht mehr denken. Sie war eine Verbannte, Heimweh würde sie unglücklich machen. Sie ging wieder in die Stadt, holte ihre alten Kleider aus dem Roten Turm und brachte sie in ihr Häuschen am Salztor, das Jan für sie gemietet hatte. Sie starrte auf die Rückwand, die eigentlich Stadtmauer war, und schüttelte den Kopf. Dunkel war es hier, kalt und ungemütlich.

Sie verließ das Haus und stromerte durch die Stadt, in der sie sich noch nicht gut zurechtfand. Auf dem Salzmarkt herrschte reger Betrieb und da war es schmutzig, da stank es, aber die vielen Buden und schreienden Kaufleute boten Abwechslung; Karen schlenderte umher, als wäre sie eine einkaufende Hausfrau. Aber sie kaufte nichts.

Sie kam sich fremd und verloren vor in dieser Stadt. Niemand sprach sie an, nur einige Männer drehten sich nach ihr um und musterten sie. Dann erregte wildes Kläffen ihre Aufmerksamkeit. Etwas weiter hinten stand ein armer Bauer mit einem Wurf junger Hunde. Die Welpen waren nicht älter als acht Wochen, die Mutter war ein großes, kräftiges braunes

Mischlingstier mit langen Beinen. Karen blieb stehen. Entzückt betrachtete sie die kleinen molligen Tierchen, bückte sich und streichelte einem den Kopf.

»Allerbester Wachhund«, hörte sie den Bauern sagen.

Ja, dachte sie, mit einem Hund hätte ich Gesellschaft. Die Tiere sind noch so jung, ich kann ihnen noch alles beibringen, und einen Hund habe ich noch nie gehabt... Bevor sie richtig wusste, was sie tat, bot sie drei Stüver für einen jungen Rüden, der etwas dunkler war als die anderen Welpen. Die Mutter knurrte sie an, als sie das junge Tierchen in die Hände nahm, aber der kleine Rüde selbst hatte keine Angst. Mit kalter, nasser Nase beschnüffelte er ihr Gesicht und leckte ihr zutraulich die Wangen. Karen verliebte sich sofort in das Tier.

Mit dem jungen Hund in den Armen ging sie weiter; jetzt war sie nicht mehr so allein. Sie drückte das Tierchen an sich, legte das Gesicht auf den kleinen, warmen und sich bewegenden Körper, atmete den etwas säuerlichen Hundegeruch ein und war plötzlich glücklich, so glücklich...

»Ich werde dich Tieske nennen«, sagte sie. »Und weißt du was? Ich werde dir ein hübsches Halsband kaufen.«

Sie kaufte tatsächlich eins, wobei sie das Wachsen des Hundes gleich mit einrechnete, und auch einen langen Lederriemen. Dann fiel ihr ein, dass sie nichts im Hause hatte, nichts zu essen, kein Kochgeschirr...

Die drohende Langeweile fiel von ihr ab. Sie ging zum Gemüsemarkt, wo die Gemüsehändler, Kesselklempner und Kerzenzieher schrien und ihre Waren anpriesen, aber sie ging an ihnen vorbei, bis sie an einen Stand kam, wo aus Ried und Binsen geflochtene Körbe angeboten wurden. Ein buckliges Männlein kam angeschlurft und hielt einen tiefen Korb mit Tragebügel hoch.

»Gutes Handwerk, Frau«, sagte er. Karen zögerte. Hiervon verstand sie etwas. Sie sah die Fehler im Flechtwerk.

»Pah. Das kann ich selbst aber besser.«

Das Männlein begann vor Verärgerung zu hüpfen.

»Niemand kann bessere Körbe flechten als ich«, kreischte er. »Der Teufel soll Euch holen, Frau! Niemand macht bessere Körbe als ich!«

Über Tieskes Köpfchen hinweg schaute Karen ihn mit blitzenden Augen an.

»Sag mal, was denkst du denn, wer du bist, dass du mich verfluchst, du Missgeburt? Noch eine Beleidigung und ich rufe die Stadtwache, dass die dich mitnimmt.«

Erschrocken taumelte das Männlein zurück.

»So war's doch nicht gemeint, gnädige Frau ...«, stammelte das Männlein.

»Du bist ein ungehobelter Flegel, und wenn du alle Kunden so behandelst, wirst du nicht mehr lange hier auf dem Markt stehen.«

»Verzeihung, edle Dame, meine Augen sind so schlecht, ich sah nicht sofort, wen ich vor mir habe«, winselte der Kerl und katzbuckelte vor Unterwürfigkeit.

Noch nie war eine einfache Hausfrau so stolz und gebieterisch zu ihm gewesen und das verwirrte ihn.

»Schlechte Augen ... deswegen auch die Fehler im Flechtwerk«, murmelte Karen. »Sag, was willst du für den Korb haben?«

»Vier Stüver, edle Damen. Ich habe drei Tage daran gearbeitet.«

Das war gelogen und sie wusste es.

»Zwei Stüver sind genug.«

»Weil Ihr es seid, meine Dame, nur weil Ihr es seid. Aber die heilige Walburga weiß, dass ich dann nichts mehr daran verdiene.«

Er ist verrückt, dachte Karen, aber sie bezahlte die zwei Stüver, und mit dem Korb über dem Arm ging sie weiter. Sie hatte nun Gefallen daran gefunden. Erstmals in ihrem Leben verfügte sie über Geld und kaufte selbstständig ein. Sie fand es herrlich!

Sie kaufte frisches Brot und Heringe, außerdem Bohnen und getrocknete Erbsen, und für Tieske ein paar Rinderrippen. Außerdem Kerzen, einen Holzlöffel, einen Zinnbecher, einen eisernen Kochtopf. Das Geld rann ihr durch die Finger und das machte ihr immer mehr Spaß. Der Korb wurde langsam schwerer. Sie drückte Tieske vergnügt an sich und versprach ihm: »Du sollst es gut bei mir haben. Wenn Ende des Sommers mein Jan wiederkommt, wird er eine kräftige Frau und einen großen Hund vorfinden.«

Das größte Vergnügen bereitete es ihr, eine Ladung Brennholz zu bestellen und vor ihrer Haustür abladen zu lassen. Sie stapelte die Holzscheite neben dem Herd auf und damit war sie eingerichtet.

Abends, beim Licht einer Kerze, aßen Karen und Tieske gemeinsam aus dem Kochtopf. Tieske hatte gewaltigen Hunger. Danach zog Karen sich aus und legte sich mit Tieske in den Armen in die Bettnische.

Trotz ihres Mutes verlor Karen nach ein paar Tagen doch ihren Kampf gegen Einsamkeit und Heimweh. Tieske war zwar ein guter Kamerad, aber man konnte sich mit ihm nicht unterhalten. Außerdem bemerkte Karen, dass sie nicht mit Geld umgehen konnte. Die Stüver in ihrem Beutel wurden zusehends weniger. Wie sollte sie damit den ganzen Sommer über auskommen? Und wie sollte sie sich die Zeit vertreiben?

Zutphen gefiel ihr nicht. Die Wärme der Maitage blieb zwischen den Kaufmannshäusern, in den engen Gassen und unter den Bäumen des Salzmarktes, des Holzmarktes und des Gemüsemarktes hängen. Die Straßen waren schmutzig. An jeder Ecke lagen Abfallhaufen. Schweine, frei herumlaufende Hunde und halb kahl gerupfte Hühner wühlten und scharrten in den Gassen. Wenn es geregnet hatte, wurde aus den Lagen Staub und Mist ein stinkender Schlamm, in dem die Holzschuhe stecken blieben. Ihr fehlte die Frische des Kamperlandes, das singende Ried, das hohe Zwitschern der Vögel, die über den Poldern fliegenden Möwen. Nachts träumte sie von ihrer Riedburg, vom Riedgürtel und den kleinen Buchten. Aber jeden Morgen erwachte sie in dem schummrigen, beklemmenden Kämmerlein und sah vor sich die blinde Wand.

Auf einem ihrer Streifzüge kam sie in die Neustadt, wo die Waffenschmiede und Schwertfeger wohnten. Unter einem Vordach blieb sie stehen. Am Balken über ihrem Kopf hingen Messer, Dolche, Schilde, Speere und Brustpanzer. Das alte Jagdfieber überfiel sie wieder. Wenn sie nur eine Waffe hätte...

Sie betrat das Geschäft und fragte nach Pfeilen.

»Pfeile?«

Der Waffenschmied sah sie verblüfft an. Er war es nicht gewöhnt, Frauen an seinem Arbeitsplatz zu sehen. Verwirrt machte er eine halbe Verbeugung und murmelte: »Fast niemand fragt mehr nach Pfeilen.«

Aber er konnte ihr helfen. Aus einem wilden Durcheinander in der Ecke holte er einen Köcher mit ungefähr dreißig Pfeilen. Die Spitzen waren verrostet und schienen nicht sehr scharf zu sein, einige Holzschäfte waren gebrochen, die Federn waren geknickt und hingen schlapp herunter.

»Abfall«, sagte Karen, obwohl sie beim Anblick der eisernen Pfeilspitzen ihr begehrliches Verlangen kaum unterdrücken konnte. »Ich suche gute Pfeile, mit denen ich auf Jagd gehen kann.«

Damen jagten mit einem Falken oder überhaupt nicht. Der Schmied verzog das Gesicht.

»Ihr wollt auf die Jagd gehen? Im Monat Mai?«, brummelte er erstaunt. »Und wo denn wohl, wenn ich fragen darf?«

»Nein, das dürft Ihr nicht fragen. Das ist meine Sache.«

Kritisch musterte Karen die verrosteten Spitzen.

»Was wollt Ihr für den Krempel haben?«

Der Schmied lebte auf. »Zwei Batzen.«

Karen schnaubte.

»Ich gebe Euch dafür vier Stüver, mehr nicht. Und das ist dann noch gut bezahlt.«

»Allein der Köcher ist mehr wert«, protestierte der Schmied. »Seht doch, gnädige Frau, echtes Leder!«

»Dann eben nicht.« Karen drehte sich schon um.

»Gut, gut, nehmt es nur mit«, sagte der Schmied hastig.

Auf dem Heimweg kaufte sie Scheuerpaste und Nähzeug. Jetzt bekam sie eine Menge zu tun. Sie fing damit an, ihre alten Kleider umzuändern; aus dem weiten, grauen Rock wurde eine Pumphose, aus dem Unterrock machte sie enge Beinkleider, sie fädelte eine Schnur in die Kragenöffnung ihrer Jacke, sodass die oben geschlossen werden konnte und sie kein Halstuch mehr brauchte. Als sie alles anprobierte und ihre langen Haare unter die zum Barett veränderte Mütze steckte, sah sie fast wie ein armer Bauernknecht, aber nicht wie ein Mädchen aus. Dann putzte sie den Rost von den Pfeilspitzen, kratzte den Schimmel von den Schäften, und nach ein paar Stunden besaß sie fünfundzwanzig brauchbare Pfeile, die übrigen warf sie weg.

Sie wusste genau, was sie wollte. Am nächsten Morgen ging sie sehr früh mit Tieske und dem voll gepackten Korb durch das Berkeler Tor zur Stadt hinaus und wanderte ostwärts. In der Ferne sah sie die dunklen Umrisse eines Waldes. Das war ihr Ziel – dort verbrachte sie den Rest des Sommers.

In einer Eiche mit dichtem Laubwerk baute sie sich zwischen den Ästen eine Hütte. Wenn sie abends hinaufkletterte, legte sie sich Tieske wie einen Pelzkragen um den Hals. Ihre alte Lebensgewohnheit wieder aufzunehmen machte Karen nicht die geringste Mühe. Sie lebte hauptsächlich von der Jagd und im Spätsommer ging sie in mondhellen Nächten auf die Äcker, um Getreidehalme zu stehlen. Die Körner mahlte sie zwischen zwei großen Steinen und mit dem Mehl backte sie grobe Fladen. Manchmal ging sie mit Tieske zur Berkel hinunter, um im Fluss zu angeln.

Sie hatte es hingenommen, monatelang auf Jan van Schaffelaar warten zu müssen, bis er mit Beute beladen heimkehren würde, aber darüber, wie sie die Wartezeit verbringen sollte, hatte sie andere Vorstellungen als ihr Mann oder irgendjemand anders. Das Naturkind aus dem Riedland wurde im Sommer zur Waldelfe und sie genoss es.

Am meisten fürchtete sie die Waldhüter. Ihr war klar, dass dieser ausgestreckte Wald adligen Herren gehörte und Wilderei schwer bestraft wurde. Aber das Risiko ging sie ein. Im dichten Laubwerk der Eiche war ihre Hütte gut versteckt und Tieske zeigte sich als hervorragender Wachhund. Er warnte sie sofort, wenn sich jemand näherte. Er bellte nicht – das hatte sie ihm bald abgewöhnt –, sondern er drückte seine nasse Nase in ihre Hände und knurrte leise. Dann nahm sie den Hund und kletterte schnell in ihren Baum.

Natürlich gab es auch schwere Tage und angstvolle Nächte, wenn Gewitter im Wald tobten, wenn der Blitz in eine nahe Eiche schlug und die dann krachend zersplitterte, oder wenn der Sturm an ihrer Baumhütte rüttelte, das Dach aus geflochtenen Binsen zerfetzte und ihre Habseligkeiten klatschnass wurden. Dann verkroch sich Karen mit dem zitternden Tieske in die Büsche und eng aneinander geschmiegt ließen sie das Unwetter über sich ergehen. Aber dann folgten wieder die langen, warmen Tage, an denen sie die Hütte reparieren konnte und das Leben wieder angenehm wurde.

Außer der Sonne gab es für Karen nichts, was ihr zur Zeitbestimmung dienen konnte. Ihrem Gefühl nach war es immer noch Mai und Frühling. Aber als sie sah, dass das Laub sich hier und da schon verfärbte, war ihr klar, dass der Hochsommer schon lange vorbei sein musste. Häufig blieb der Morgennebel stundenlang zwischen den Bäumen hängen, die Nächte wurden kälter, das Getreide auf den Feldern südlich des Waldes wurde geerntet. Karen erkannte, dass der Herbst vor der Tür stand. Da packte sie ihre Siebensachen wieder zusammen, brach ihre Hütte ab und machte sich auf den Weg zurück nach Zutphen.

Sie ging schnurstracks zu dem Häuschen, das Jan van Schaffelaar für sie gemietet und für das sie immer noch einen Schlüssel hatte. Aber zu ihrer Überraschung war das Haus bewohnt, und zwar von niemand anderem als dem buckligen Korbflechter. Er erkannte sie nicht in ihrer Männerkleidung.

»O nein«, sagte Karen und stemmte die Hände in die Hüfte, »so haben wir nicht gewettet. Dies ist mein Haus und die Miete ist bis Oktober bezahlt. Raus mit dir!«

»Ha, was denkst du denn, wer du bist, bartlose Rotznase«, kreischte das Männlein beleidigt. »Hier wohn ich und hier bleib ich wohnen. Ich habe die Hütte ehrlich gemietet, die stand schon wochenlang leer. Verschwinde, du Lümmel, oder ich ruf die Stadtwache. Das hat mir gerade noch gefehlt! Einen armen Schlucker aus der Wohnung zu jagen, für die er sechs Stüver Miete bezahlt hat! Scher dich weg, sag ich!«

Krawall in der Straße! Erfreut kamen die Frauen der Tagelöhner, die Herumtreiber und ganze Kinderscharen angelaufen und freuten sich auf eine Keilerei.

»Schnapp dir den Buckligen, lass dich nicht beleidigen, Junge«, rief jemand, obwohl er gar nicht wusste, worum es hier ging. Aber hässliche Menschen – und der Bucklige war hässlich – bekommen eben für alles die Schuld.

»Gib dem frechen Lümmel sein Fett, Hänschen«, riefen andere. »Du hast Recht, wenn du dich nicht von so einem Milchgesicht aus der Wohnung jagen lässt. Die Grünschnäbel glauben, sie können sich alles erlauben.« Kurz und gut: Es bildeten sich sofort zwei Parteien, die durch Zurufe, Gebärden und Schimpfwörter die beiden Kampfhähne anspornten, sich an die Kehle zu springen. Karen stampfte wütend auf.

»Raus, sage ich. Mein Mann hat diese Hütte für mich gemietet, bis zum Oktober. Du hattest kein Recht hier einzuziehen.«

Sie holte den Schlüssel aus dem Korb und fuchtelte dem Korbflechter damit vor dem Gesicht herum. Der Bucklige begann zu schreien.

»Sein Mann, sein Mann! Wer soll das denn sein? Leute, dieser Bursche ist verrückt. Hört ihr das, sein Mann! Helft mir, Leute, helft einem armen Korbflechter, der sowieso schon im Elend steckt. Duldet es nicht, dass ich aus meiner Wohnung gejagt werde ...«

Außer sich vor Wut, gab er Karen einen Stoß, und da flog Tieske ihn an. Brüllend wälzte sich der Mann mit dem wütenden Hund im Schlamm.

»Hilfe, Hilfe, sie wollen mich ermorden!«

Karen ließ ihren Korb fallen, bückte sich und ergriff Tieske beim Halsband. Energisch zerrte sie den Hund vom Mann weg und nahm ihn schnell an die Leine, sodass Tieske ihn nicht noch einmal angreifen konnte. Aber er knurrte und entblößte die Zähne.

Als sie ihren Korb fallen ließ, kullerten der Pfeilköcher und das Messer heraus, und auch ihre wunderschönen Kleider lagen auf der Straße. Ein paar Straßenjungen bückten sich begierig, aber Tieske machte, soweit es die Leine zuließ, einen Satz vorwärts und blaffte sie zähnefletschend an.

»Halt den Hund fest!«, schrie der Bucklige, als er sich aufrappelte und zurückwich. »Leute, helft mir doch. Seht ihr denn nicht, dass der Bursche mir nach dem Leben trachtet?«

»Mann, ich gönn dir nur das Beste«, fauchte Karen ihn an. Dicht neben Tieske ging sie in die Knie und stopfte ihre Habseligkeiten wieder in den Korb. Als sie sich aufrichtete, hatte sie das Messer in der Hand.

»Und jetzt raus aus meinem Haus! Dass die Wohnung ein paar Wochen leer stand, geht dich nichts an, hässlicher Buckel! Ich habe hier gewohnt. Du hattest nicht das Recht, dich da ohne meine Zustimmung einzunisten. Mach, dass du wegkommst!«

Der Anblick des scharfen und spitzen Messers ließ die Gaffer zurückschrecken. Der Bucklige schrie vor Angst und fühlte sich ernstlich bedroht.

»Du bist wahnsinnig, Bursche ... dich müsste man einsperren. Hilfe!«

Karen hatte nicht vor ihm etwas anzutun, aber sie wollte ihn aus ihrer Wohnung vertreiben. Sie war im Recht, meinte sie. Mit vor Zorn blitzenden Augen ging sie einen Schritt auf den Bucklingen zu.

»He, he, was ist hier los?«, donnerte eine laute Stimme. Ein stämmiger Mann mit blutbefleckter Schürze drängelte sich vor.

»He, du da, Bursche ... das Messer weg! Warum bedrohst du einen armen Mann, der keiner Fliege etwas zu Leide getan hat, he?«

»Er will mich aus meinem Häuschen jagen, Jakob Sauermund«, wimmerte der Bucklige. Er suchte hinter dem großen Metzger Deckung.

»Das ist mein Haus«, schnaubte Karen. »Der da hat sich darin breit gemacht, als ich ein paar Wochen unterwegs war ... und dazu hatte er kein Recht.«

Der Metzger holte tief Luft.

»Unsinn«, sagte er verärgert. »Dieser arme Mann hat die

Wohnung von mir gemietet, schon vor drei Monaten. Erst war da ein Hauptmann, der sie für sein Liebchen mietete, aber das Mädchen verschwand spurlos, und als sie nicht zurückkam, fand ich es schade, das Häuschen leer stehen zu lassen. Wenn das Mädchen zurückkommt, kann sie die zu viel bezahlte Miete von mir haben, aber du hast hier überhaupt nichts zu suchen, und wenn du nicht ganz schnell davonziehst, werde ich dir Beine machen, verstanden? Oder muss ich die Stadtwache rufen?«

»Aber ich bin ...«, begann Karen und dann begriff sie, dass alle sie für einen Jungen hielten und ihr doch nicht glauben würden. »Still, Tieske«, ermahnte sie den Hund, der immer noch knurrte. Sie nahm den Korb und zeigte die Frauenkleider.

»Ich bin das Mädchen, von dem ihr sprecht.«

»Das musst du beweisen, das musst du beweisen!«, kreischte der Bucklige.

Karen musterte die Zuschauer, um einen ihrer früheren Nachbarn zu finden, der sie vielleicht erkennen könnte, aber sie blickte nur in leere und neugierige Gesichter. Außer den Straßenjungen, die den Buckligen wegen seiner Verkrüppelung schon immer geärgert hatten, war niemand mehr bereit, Partei für sie zu ergreifen. Der Metzger und Hauseigentümer drohte wieder mit der Stadtwache. Karen warf einen Blick durch die offene Tür der kleinen Wohnung, dachte an die nackte Wand, die zugleich Stadtmauer war und die sie so bedrückt hatte, sie dachte an die Bettnische, in der es vor Ungeziefer nur so wimmelte, und schüttelte dann den Kopf.

»Lass nur«, murmelte sie. Sie ruckte an der Leine, steckte das Messer weg und drehte sich um.

»Komm mit, Tieske.«

Die Gaffer, plötzlich alle auf der Seite des Korbflechters, begannen zu johlen. Karen schaute sich nicht mehr um und ging die Straße hinunter. Noch lange verfolgten sie die Schimpfworte des Buckligen.

Was nun? Zurück in den Wald? Ausgeschlossen. Sie musste hier in der Stadt auf Jan warten. Aber wo? Sie dachte an die Herberge, in der Jan und sie in dem schönen Zimmer mit dem blank polierten Fußboden zwei Tage so herrlich gewohnt hatten. Und Geld hatte sie dank ihres Diana-Sommers noch genug.

Selbstbewusst und ungeniert betrat sie bald darauf mit Tieske an der Leine die Herberge. Der Wirt musterte sie geringschätzig.

»Hier logieren? Das hast du dir so gedacht, Bürschchen. Dies ist ein anständiges Haus, hier steigen nur wirkliche Herren ab.«

Karen nickte, nahm das Barett vom Kopf und schüttelte den Kopf, dass ihr die Haare auf die Schultern fielen.

»Damen nicht?«, fragte sie freundlich. »Ich bin weit gereist, guter Mann, und um das sicher tun zu können, habe ich mich verkleidet.« Sie hielt ihm den Korb vor die Nase und ließ ihn einen kurzen Blick auf ihre schönen Kleider werfen. »Ich versichere Euch, dass ich eurer Herberge zur Zierde gereichen werde, sobald ich Gelegenheit gehabt habe, mich umzuziehen.«

Sie nahm den Beutel und klimperte mit dem Geld. Das Klimpern von Geld lässt viele Vorurteile schwinden. Obwohl der Wirt der Sache noch nicht so recht traute, sah er doch schon weniger abweisend aus.

»Das Zimmer im zweiten Stock hinten ist noch frei«, sagte er etwas zögernd.

»O nein. Ich will das Zimmer nach vorne raus, das mit dem blanken Fußboden und den schönen Stühlen.«

»Aber das kostet vier Stüver pro Tag!«, rief der Wirt irritiert.

»Mahlzeiten inbegriffen?«

»Selbstverständlich nicht.«

»Ich nehme trotzdem das vordere Zimmer.« Sie legte zwölf Silberstüver vor ihm auf den Tisch. »Ich bezahle im Voraus ...«

Da bekam sie ihren Willen. Der Wirt rief einen Knecht, der sie nach oben brachte und ihren Korb trug. Mit klopfendem Herzen betrat sie das Zimmer. Einen Moment lang schaute sie sich stumm um; sie war nicht in der Lage ein Wort herauszubringen. Dann schluckte sie und fragte von oben herab:

»Ist das Bett frisch bezogen?«

»Jawohl, gnädige Frau.«

»Gut. Ich habe Hunger. In einer halben Stunde komme ich nach unten. Sorgt dafür, dass ein gutes Frühstück bereitsteht, für mich und den Hund.«

»Der Hund, gnädige Frau... der muss in den Stall.«

»Keine Widerworte, Mann. Der Hund bleibt bei mir und ich wünsche, dass er genauso gut zu essen bekommt wie ich.«

»Ja, aber...«, protestierte der Knecht kleinlaut. Sie sah, dass er noch ein Junge war, kaum älter als zwölf Jahre. »Wenn Ihr das Tier, so schmutzig, wie es ist, bei Euch behaltet, wird der Wirt mich schlagen... Der Hund... das ist nicht erlaubt...«

Ein wenig überrascht schaute Karen auf ihren besten Freund. Tieske guckte sie schwanzwedelnd an. Was ihr bisher nicht aufgefallen war, bemerkte sie jetzt. Der Hund war verdreckt. Sein braunes, struppiges Fell war voller Kletten und dreckverklebt, sein buschiger Schwanz sah völlig unmöglich aus.

»Moment.« Sie fuhr wieder mit der Hand in den Korb und holte einen Stüver heraus. »Nimm ihn mit auf den Hof, wasche und bürste ihn gut. Das Geld ist für dich. Pass auf, denn der Hund ist das nicht gewöhnt und wird versuchen dich zu beißen. Wenn er wieder schön sauber ist, wird der Wirt nichts dagegen haben, dass ich ihn auf dem Zimmer behalte.«

Erfreut nahm der Junge das große Trinkgeld und zog den widerstrebenden Tieske mit sich aus dem Zimmer.

»Und jetzt bin ich dran...«

Eine Dienstmagd brachte eine Kanne mit frischem Wasser, eine Waschschüssel und saubere Handtücher. Sie starrte erst verblüfft auf die schmutzige Kleidung des neuen Gastes, aber Karen drückte ihr einen Heller in die Hand und legte den Finger an die Lippen. »Sst, Mädchen, nichts sagen. Ich bin eine Zauberin. Gleich sehe ich aus wie eine Prinzessin, schöner als Adelheid von Arnheim.«

Die Magd verstand überhaupt nicht, was hier vor sich ging. Sie bekreuzigte sich und machte, dass sie wegkam. Karen streifte die Männerkleidung ab und bemerkte da erst, wie schmutzig und zerlumpt sie war. Sie hatte sie den ganzen Sommer über getragen, war damit auf Bäume geklettert, durch Schlamm gewatet. Sie hatte in Sträuchern auf der Lauer gelegen, Kaninchen und Hasen enthäutet, wilde Tauben und Rebhühner gerupft. Ganz selten, wenn sie selbst in der Berkel badete, hatte sie auch die Kleider gewaschen, aber so richtig darum gekümmert hatte sie sich nicht. Erst jetzt verstand sie die misstrauischen Blicke des Wirtes und auch die Wut des buckligen Korbflechters, der sein Wohnrecht durch einen Bettler bedroht sah. Sie schmunzelte, warf die Lumpen in eine Ecke und begann sich gründlich zu waschen. Dann breitete sie ihre schönen Kleider aus. Die waren ziemlich zerknittert, aber sonst war nichts daran auszusetzen. Sie kämmte sich, machte sich die Fingernägel sauber, begann sich anzukleiden. Geschmeidig glitten ihr die weiten Röcke über den Kopf, aber als sie sich in die bestickte Bluse zwängen wollte, stellte sie fest, dass ihr die zu eng geworden war.

»Stell dir vor, ich bin gewachsen!«

Sie lachte und schaute an sich herunter. Mit Hilfe einiger Nadeln und nach Opferung des Batisthalstuches gelang es ihr endlich, ein akzeptables Oberteil zu basteln. Jetzt noch das geklöppelte Mützchen, dann war sie fertig. Sie fand es schön, mal wieder in Frauenkleidern herumzulaufen. Sie legte die stinkenden Lumpen zum Einweichen in das schmutzige Waschwasser und zog dann die Stiefel an.

»Und jetzt frühstücken. Herrje, hab ich Hunger!«

Unten in der Wirtsstube war für sie schon ein Tisch gedeckt. Ein Krug mit Milch, frisches Brot, ein großes Stück Käse und vier Heringe auf einem Zinnteller.

Für Tieske stand da ein Holznapf mit Rinderrippen.

Da kam auch schon der Knecht mit dem Hund an der Leine herein. Tieskes Fell glänzte und hatte auch wieder die fröhlichen Locken. Gewaschen und gebürstet sah er plötzlich wie ein ganz anderer Hund aus, dicker und gutmütiger. Der Junge gab ihr schnell die Leine.

»Er hat dich nicht gebissen?«, wollte Karen wissen.

Die Segeltuchschürze des Jungen war klatschnass.

»Nein, gnädige Frau … aber gefallen hat's ihm nicht.«

Hoffte er, noch einen Stüver zu bekommen? Karen meinte, sie hätte an diesem Morgen schon genug Trinkgeld verteilt, und tat so, als bemerke sie die Anspielung nicht.

Trotz der frühen Stunde war es ziemlich voll in der Wirtsstube. In dieser besseren Herberge wohnten normalerweise reiche Kaufleute oder Abgesandte anderer Hansestädte, die etwas mit der Stadtverwaltung zu besprechen hatten. Frauen sah man hier selten, und wenn schon, dann gehörten sie zu einer größeren Gesellschaft. Als alleinstehende Frau erregte Karen ziemliches Aufsehen. Nicht weit von ihrem Tisch saßen drei Herren ebenfalls beim Frühstück. Einer guckte ein paar Mal zu ihr herüber, flüsterte seinen Freunden etwas zu, stand dann auf und kam an ihren Tisch. Er war gut gekleidet und nahm vor ihr schwungvoll den Hut ab.

»Vergebt mir meine Dreistigkeit, gnädige Frau, aber seid Ihr nicht Margarethe van Brummen, Nichte des Herrn van Bronkhorst?«

Mit vollem Mund schüttelte Karen den Kopf.

»Nein? Oh, aber Ihr seht ihr verblüffend ähnlich. Erlaubt mir, dass ich meinen Krug Wein mit Euch teile?«

Morgens um neun Uhr? Karen schluckte und schaute ihm ins Gesicht.

»Ich denke gar nicht daran!«

In Gedanken sah sie Jan van Schaffelaar in dem Moment hereinkommen, da sie hier saß und mit einem fremden Herrn Wein trank. Er würde die Herberge kurz und klein schlagen! Bei dem Gedanken musste sie kurz lachen.

»Ihr werdet mich doch nicht…?«, fuhr der Mann hartnäckig fort, aber unter dem Tisch gab Karen mit einem leichten Stupser in die Flanke Tieske das Zeichen: Knurren! Tieske, der genüsslich an einem Knochen nagte, schoss hoch und knurrte gehorsam. Der Mann verschwand und setzte sich wieder zu seinen Freunden.

Als sie sich satt gegessen hatte, nahm Karen Tieske an die Leine und ging nach draußen. Zutphen empfing sie mit dem normalen, betriebsamen Leben und Lärm… und mit Gestank. Als die Leute hörten, dass sie mit dem Hund redete, drehten sie sich lachend nach ihr um.

»Erst werden wir Herrn Weinand besuchen, Tieske. Der muss mir sagen, wie lange ich noch warten muss, bis mein Mann aus dem Krieg zurückkommt.«

Es begann zu nieseln. Langsam suchte Karen den Weg durch die Straßen und über den Gemüsemarkt, bis sie vor dem Patrizierhaus stand. Mit seinem vorgestreckten und verzierten Giebel, den in Blei gefassten Scheiben und der Steintreppe vor der Tür sah es noch genauso imposant aus wie vor vier Monaten. Karen band Tieske an einen Pfahl, ging die Treppe hinauf und schlug den Klopfer mit dem Löwenkopf an die Eichenholztür. Eine Dienstmagd öffnete.

»Ich möchte Herrn Weinand von Arnheim sprechen«, sagte Karen ruhig. »Du kannst mich als Gnädige von Schaffelaar melden.«

Verwundert musterte die Dienstmagd Karen. Sie sah eine gut

gekleidete Bürgersfrau, noch sehr jung, mit Zigeuneraugen und sonnengebräuntem Gesicht. Da stimmte doch etwas nicht! Zögernd ließ sie Karen eintreten und bat sie, eben in der kleinen Vordiele zu warten. Ziemlich verwirrt ging sie dann zu ihrem Herren, um dem zu melden, da wäre eine Frau, die ihn zu sprechen wünschte. Die Frau sähe nicht arm oder zerlumpt aus, aber sie hätte ein Gesicht wie eine junge Heidin. Wollte Herr Weinand sie empfangen?

»Hat sie ihren Namen genannt?«, fragte der Edelmann, während er zerstreut mit einem Gänsekiel spielte. Er war gerade dabei, Rechnungen zu überprüfen.

»Sie nennt sich Gnädige van Schaffelaar.«

»Gnädige...« Herr Weinand brach in Lachen aus und ließ den Gänsekiel fallen. »Gnädige! Wagt sie sich so zu nennen? Bei allen Heiligen, welch ein Dünkel!« Er wischte sich die Lachtränen aus den Augen und schüttelte den Kopf. »Gnädige!«, murmelte er amüsiert. »Die Hausfrau eines Söldners... Gnädige!«

Er erinnerte sich plötzlich an Karens mangelhafte Tischmanieren.

»Ein einfaches Mädchen aus dem Volk, das der vermaledeite van Schaffelaar irgendwo aufgelesen hat... Sie will natürlich Geld haben. Warte«, sagte er zu der verwirrten Dienstmagd, »ich werde sie in der Vordiele abspeisen.«

Er stand auf, zog sich das Wams glatt, rieb sich das glattrasierte Kinn, setzte eine strenge Miene auf und ging ins Nebenzimmer. Gleich darauf stand er groß und vornehm vor Karen. Dann stockte er. Denn er sah eine blühende, große und schlanke junge Frau. Sie war gewachsen, die Teufelsbraut! Sie war eine Frau geworden. Unter der weißen Haube sahen ihre feucht glänzenden Haare noch dunkler aus, als er sie in Erinnerung hatte, und die schwarzen Augen blickten ihn furchtlos an. Als er hereinkam, machte Karen einen kleinen Knicks, senkte dabei aber nicht den Kopf. Ehrerbietig sagte sie:

»Ich grüße Euch, Herr Weinand. Erinnert ihr Euch noch an mich? Ich bin Karen, Jan van Schaffelaars Frau.«

Sie lächelte ihn an.

»Ja«, antwortete er kurz. Er konnte den Blick nicht von ihr wenden und musterte sie wohlgefällig. Karen errötete leicht.

»Ich möchte Euch fragen, ob Ihr schon etwas von meinem Mann gehört habt. Ist er noch in Doornik oder ist er unterwegs nach Zutphen?«

Herr Weinand schluckte, riss sich aus seinen Gedanken und schaute sie verwundert an.

»Doornik?«

Karen nickte freundlich.

»Die Stadt in Flandern, die er belagern wollte.«

»Ich weiß, wo Doornik liegt ... Wo seid Ihr gewesen, Karen van Schaffelaar, dass Ihr von nichts etwas wisst?«

Er sah, dass unter ihrer gebräunten Haut das Blut aus ihrem Gesicht wich.

»Ist ... ist etwas passiert?«, stammelte sie.

Plötzlich stand da nicht mehr eine blühende junge Frau vor ihm, sondern ein zitterndes junges Mädchen.

»Ob etwas passiert ist! Das würde ich meinen! Wisst Ihr denn nicht, dass Herzog Adolf beim Sturm auf Doornik gefallen ist – Gott sei seiner Seele gnädig – und dass seine Truppen völlig aufgerieben wurden?«

Karens Hände tasteten die Wand hinter sich ab, dann fand sie Halt an der Fensterbank.

»Was ... wollt Ihr damit sagen?«, fragte sie zitternd.

»Damit will ich sagen«, brummte der Edelmann bitter, »dass alle Hoffnung für Geldern im Schlamm erstickt wurde. Maria von Burgund hat dem österreichischen Windbeutel Maximilian ihre Hand gegeben, und Karl, der Sohn von Herzog Adolf, der rechtmäßige Erbe des Herzogtums Geldern, wird in Gent als Geisel festgehalten.«

Seine Stimme klang zornig, aber Karen begriff nicht den Zusammenhang.

»Und Jan? Jan van Schaffelaar?«, fragte sie bohrend. Herr Weinand zuckte die Schultern.

»Nach der Niederlage fiel Herzog Adolfs Armee auseinander, das sagte ich ja schon. Der Himmel mag wissen, wo die vermaledeiten Söldner sich jetzt rumtreiben, soweit sie noch am Leben sind. Die Verluste müssen groß gewesen sein. Viel zu groß...«

»Ich verstehe das nicht«, sagte Karen mit erstickter Stimme und machte eine hilflose Gebärde. Ungeduldig runzelte der Edelmann die Augenbrauen.

»Ihr müsst davon gehört haben«, sagte er scharf. »Ganz Zutphen stand auf dem Kopf, als der Tod von Herzog Adolf bekannt wurde.«

Was kümmerte sie ein Herzog, den sie nie gesehen hatte?

»Ich... ich war während des Sommers nicht in der Stadt.«

»Das ist mir klar geworden. Wo wart Ihr denn?«

Sie schwieg, denn sie wusste nicht, was sie tun oder sagen sollte. Herr Weinand wartete einen Augenblick, und als sie nicht antwortete, sagte er:

»Jan van Schaffelaar war ein gebildeter Mann. Er konnte lesen und schreiben. Trotzdem hat er mir keinen Bericht geschickt. Ich nehme also an, dass auch er gefallen ist, mit seinem ganzen Fähnlein.«

»Nein!« Das klang wie ein Notschrei.

»Das ist nun einmal das Los der Soldatenfrauen... jung Witwe zu werden.«

Karen schüttelte wild den Kopf.

»Ich glaube es nicht. Nicht Jan van Schaffelaar.« Sie schluchzte. Wieder zog der Edelmann die Schultern hoch. Er dachte an die Gerüchte, die in Geldern über Raubzüge Gelderscher Söldner in Brabant kursierten. Dort gingen Dörfer in

Flammen auf, dort klagten die Bauern und verteidigten sich mit Sensen und Heugabeln ...

Karen starrte ihn verzweifelt an. Während sie mit Tieske durch den Wald streifte, Kaninchen wilderte, Tauben schoss, während sie in der Berkel angelte und mit dem Hund im Gras herumtollte, während sie ganz ihrem Freiheitsdrang und ihrer Lebenslust nachgab, hatte ihr Mann auf dem Schlachtfeld vor Doornik, einer Stadt, von der sie bis vor kurzem noch nie etwas gehört hatte, die aber doch sehr wichtig zu sein schien, ein blutiges Ende gefunden. Sie holte tief Luft, stemmte die Hände in die Hüfte und fragte mit zittriger Stimme:

»Wisst Ihr genau, dass Jan van Schaffelaar tot ist?«

»Er muss tot sein. Er hätte mir eine Nachricht zukommen lassen, wenn er noch lebte.«

»Ich glaube es nicht.«

Beide schwiegen. Sie senkte den Kopf, ihre Tränen fielen auf die Fliesen und zerplatzten. Je länger das Schweigen dauerte, desto mehr wuchs in ihr die Überzeugung, dass der Edelmann die Wahrheit gesagt hatte. Jan gefallen! Der blonde Riese, der ihr kein einziges Mal ein böses Wort gesagt hatte ... Hatte sie den Mann vom Schafott geholt, um ihn sofort wieder zu verlieren? Es war zu schrecklich, um es in Worte zu fassen.

»Ihr müsst davon gehört haben, Frau«, sagte Herr Weinand endlich. Nein, sie hatte nichts gehört. Im Wald war kein Wort zum Elfenkind gedrungen. Plötzlich hob sie den Kopf.

»Aber ... wenn es wahr ist, dass ... dass Jan van Schaffelaar gefallen ist, dann ... dann bin ich seine Erbin. Dann steht mir sein noch nicht ausbezahlter Sold zu«, konnte sie mit Mühe hervorbringen. Es hörte sich nüchtern und habgierig an ... aber der Winter stand vor der Tür.

Herr Weinand lachte bitter.

»Frau, Ihr wisst nicht, was Ihr sagt. Jan van Schaffelaar hat für drei Monate Vorschuss genommen, bevor er Zutphen verließ. Wusstet Ihr das nicht? Eigentlich habe ich das Recht, einen Teil des Vorschusses von Euch zurückzufordern. Seid froh, dass ich aus Mitleid darauf verzichte.«

Jetzt meldete sich ihr Stolz. Mitleid! Das war etwas, was sie noch nie hatte vertragen können und worum sie auch nie gebeten hatte. Und ganz sicher wollte sie das Wort nicht von diesem unnahbaren Edelmann mit seinem dicken Bauch hören. Was bildete der sich ein?

Wütend fuhr sie mit der Hand in die Rocktasche und warf ihm verächtlich ihre letzten beiden Goldgulden zu. »Da! Da habt Ihr Euer Geld, Herr Weinand. Ich kann alleine für mich sorgen«, schnaubte sie zornig.

Ihr Verhalten überraschte ihn. Was war das für eine Frau, wo kam sie her, dass sie so stolz und aufbrausend war?

Ohne auch nur daran zu denken, die Goldmünzen aufzuheben, sagte er:

»Ich werde meine Frau fragen, ob sie Euch als Dienstmagd gebrauchen kann. Ihr könnt doch nähen und mit dem Besen umgehen?«

»Ich brauche Euer Mitleid nicht, Herr Weinand.«

Ohne zu warten, bis er die Magd rief, um sie hinauszulassen, raffte sie die Röcke, rauschte an ihm vorbei und verließ das Haus.

Draußen saß Tieske zitternd und nass im Regen und wartete auf sie. Freudig sprang er an ihr hoch, als sie ihn vom Pfahl losband. Mit regen- und tränennassem Gesicht sah sie den Hund an. »Oh, Tieske, er ist tot...« Sie konnte es immer noch nicht glauben.

Als sie wieder in der Herberge war, ließ sie sich rücklings aufs breite Himmelbett fallen. Tieske leckte ihr die Hände, aber das nahm sie kaum wahr.

Der Hund spürte, wie traurig sie war. Er legte eine Pfote auf ihren herunterhängenden Arm und schaute sie mit flehenden

Hundeaugen an. Bitte, Karen, schien er sagen zu wollen, nun wein doch nicht so. Ich bin doch auch noch da.

Was sollte sie tun? In Zutphen kannte sie niemanden, und den Winter in der freien Natur durchzubringen, das wäre unmöglich. Musste sie betteln gehen?

Stets hatte sie sich angewidert von Bettlern abgewendet. Die waren so schmutzig, häufig mit Geschwüren übersät, sie stanken und aus den schmutzverkrusteten Gesichtern blinzelten listige Augen. Sie hatten keinen Stolz, keine Selbstachtung. Sie schmeichelten, jammerten, winselten um eine Brotrinde, um eine Münze. Wer nichts zum Leben hatte, musste sich erniedrigen.

Nein, dachte sie wild entschlossen, das niemals. Es muss einen Weg geben, am Leben zu bleiben, ohne Geld, ohne Familie ... einen Weg, auf dem ich trotzdem ich selbst bleiben kann. Ich habe es Jan versprochen mich nicht zu ändern. Ich will nicht von Menschen abhängig werden, die grausam, dumm und gehässig sind.

Als Kind hatte sie sich im Riedland zu behaupten gewusst, mit selbst gemachten Waffen, mit einem Messer und einer Angel. Die Fertigkeiten hatten ihr auch über den letzten Sommer geholfen ... worüber machte sie sich denn jetzt Sorgen? Jan van Schaffelaar hatte sie einmal mit Diana verglichen, der Göttin der Jagd. Gut, dann würde sie eben als Diana weiter durchs Leben gehen! Wo? Ihr Herz zog sie in die Gegend der Ijsselmündung, aber von dort – das war Kampener Gebiet – war sie verbannt worden. Oder ...

Aus weiter Ferne hörte sie die Stimme: »... und damit wird die Todesstrafe für vorgenannten Jan van Schaffelaar geändert in lebenslange Verbannung vom Gebiet der Stadt Kampen, was auch für vorgenannte Karen Simonstochter gilt, solange sie Hausfrau des vorgenannten Jan van Schaffelaar ist ...«

Hieß das, dass sie nach Jans Tod in ihr Geburtsland zurückkehren durfte? Selbstverständlich! Karen Simonstochter hatte niemanden getötet, sie wurde nur verbannt, weil sie freiwillig die Frau eines Mörders geworden war. Wenn sie wollte, konnte sie zurückgehen zu ihrer Riedburg, zu ihren Brachvögeln und Rohrdommeln. Und zu ihren Verwandten? Sie war davon überzeugt, dass ihre Eltern und ihre Verwandtschaft, übrigens auch die ganze Nachbarschaft, nichts mehr mit ihr zu tun haben wollten. Und mitten im Winter war es praktisch unmöglich, im Kamperland zu leben.

Dann strömte das Wasser der Zuidersee über die niedrigen Deiche und verwandelte die Weiden in ein Meer, in Morast, bis der Frost kam, der alles erstarren ließ. Dann standen die Kühe der Bauern in der Stadt Kampen im Stall und in strengen Wintern kam sogar die Schifffahrt auf der Ijssel zum Erliegen. Aber hinter dem Alten Meerdeich und im Polder Mastenbroek könnte sie vielleicht ein Unterkommen für den Winter finden ...

Zu wissen, was man zu tun hat, verschafft einem enorme Erleichterung. Karen spürte, dass sie trotz ihres Kummers und ihres Verlustes wieder sicherer wurde. Sie sprang vom Bett und schaute nach ihren alten Männerkleidern, die sie in der Waschschüssel eingeweicht hatte. Das Wasser war nur noch eine schlammige Brühe. Sie machte sich daran die Kleider tüchtig auszuwringen. Sehr sauber waren sie nicht geworden, aber sie stanken nicht mehr, und wenn sie erst wieder trocken waren, würde sie sie noch tragen können. Das schmutzige Wasser kippte sie aus dem Fenster auf die Straße.

Ganz unten im Henkelkorb lagen noch sechs brauchbare Pfeile. Den Bogen hatte sie im Wald zurückgelassen, aber sie konnte sich ja jederzeit einen neuen machen. Sie besaß ein Messer, einen guten Jagdhund ... worüber machte sie sich noch Sorgen! Lieber käme sie in einem überfluteten und zugefrorenen Polder um, als Leute, die sie hasste, um Hilfe zu bitten. Und in Zutphen hatte sie nichts mehr zu suchen.

So geschah es, dass Karen am frühen Morgen des nächsten Tages die Stadt verließ; als Gepäck hatte sie nur den Henkelkorb voll Lumpen und zwei Brote, als einzigen Weggenossen einen struppigen Hund. Sie ließ sich über die IJssel setzen und beim ersten Bach, den sie erreichte, verschwand sie im Ufergebüsch, zog ihre schönen Kleider aus und verkleidete sich wieder in einen zerlumpten Bauernburschen.

Als sie zum Vorschein kam, beschnupperte Tieske sie misstrauisch, aber als er ihren Geruch erkannte, bellte er ausgelassen.

»Ja, Freund … und jetzt gehen wir nach Kampen, zurück ins Riedland.« Sie wusste nur ungefähr die Richtung, die sie einzuhalten hatte. Am einfachsten wäre es wohl dem Bach abwärts zu folgen, trotz all der Windungen und Biegungen, dann würde sie garantiert nach Kampen kommen. Eine andere Möglichkeit wäre, geradeaus nach Norden zu gehen, wobei die Sonne die Richtung angeben müsste, quer durch die Wälder, über die Weiden, vorbei an bebauten Feldern … mit dem Risiko, sich hoffnungslos zu verirren. Aber …

Bevor sie nach Kampen zurückging, hatte sie noch etwas vor: Sie wollte die alte Schafshütte suchen, in der sie mit Jan van Schaffelaar ihre Hochzeitsnacht verbracht hatte. Die wunderliche Nacht, in der sie auf Jagd gegangen war, um ein Hochzeitsmahl aufzutreiben, die Nacht, in der sie den Mann, den sie erst einige Stunden zuvor vom Schafott geholt hatte, erst richtig kennen lernte. Nun war er tot, aber in ihrem Herzen lebte er weiter, und sie wollte seiner an der Stelle gedenken, wo sie sich so nahe gewesen waren. Eine stinkende alte Schafshütte, halb eingestürzt, so undicht wie ein Sieb …

Sie konnte sich nur noch daran erinnern, dass die Ruine auf der Grenze zwischen einem großen Wald und einer ausgedehnten Heide stand. Irgendwo südlich von Oldenbroek. Es musste doch möglich sein die Stelle wieder zu finden, und wenn sie tagelang suchen müsste.

~ 5 ~
Wo ist Karen?

Zwei Tage später, am Nachmittag des Sankt Cornelius, dem 14. September, entstand beim Spitaltor von Zutphen großer Tumult. Vierzehn Reiter in den Farben von Geldern und auf der Fahne das Wappen des Herzogs von Geldern – ein schwarzer Löwe auf goldenem Feld –, denen ein Hauptmann mit blondem Bart voranritt, meldeten sich beim Tor und verlangten gebieterisch sofortigen Einlass. Viele Leute kamen erschrocken angelaufen. Aber als sie die Farben und das Wappen des Herzogs von Geldern erkannten, ließen die Wachen den unordentlichen Haufen nach einigem Zögern durchs Tor.

Zutphen feierte an diesem Tag. Es feierte das Fest des heiligen Cornelius, des Schutzheiligen der Fleischer und Viehhändler. Straßen und Gassen waren mit Menschen in allen möglichen Kostümierungen verstopft. Gruppen von Gassenjungen, die Gesichter hinter Papiermasken sicher verborgen, liefen singend und tanzend durch die Straßen, ärgerten Handwerker, neckten Passanten und machten sich dann sofort aus dem Staub. Auf dem Holzmarkt war eine Bühne aufgebaut worden, auf der die Gildenbrüder das Leben ihres Heiligen darstellten. Höhepunkt des Spiels war der Moment, in dem Cornelius von Teufeln bedrängt wird und Erzengel Michael mit dem Flammenschwert erscheint, um die Teufel in die Hölle zu jagen. Das Volk liebte solche Vorstellungen, bei denen viel geschrien und mit Fackeln geschwenkt wurde und bei denen herrlich herausgeputzte Gildenbrüder auf der Bühne herumsprangen.

Sollten sie einigermaßen erfolgreich sein, mussten in religiösen Laienspielen Teufel und Dämonen auftreten, die von einem Helden oder Heiligen besiegt wurden. Das Gute musste über das Böse siegen. Jakob Sauermund, Gildemeister der Fleischer, spielte den Erzengel. Sein ältester Sohn, Tienus, hatte die Rolle des sanftmütigen, von Teufeln bedrängten Cornelius. Für die Schöffen, den Schultheiß und die Ratsherren von Zutphen war eine Tribüne erbaut worden, von der sie das Schauspiel genießen konnten. Neben Herrn Weinand saß der Pfarrer der Walburgiskirche, an seiner anderen Seite hatten Weinands Frau, seine Schwester Mechthild und deren Mann, Schöffe Wilhelm van Boendale, Platz genommen.

Gerade in dem Moment, da der Erzengel Michael sein Flammenschwert erhob, um die Teufel, die den sanftmütigen Cornelius bedrängten, in die Unterwelt zurückzuschlagen, gerade an diesem Höhepunkt des Schauspiels trabten die fünfzehn Reiter auf den Holzmarkt und rief ihr Anführer laut nach dem Herrn Weinand, dem Statthalter des Herzogs von Geldern. Die Teufel, die kaum mit viel Gekreische in einer Luke im Boden der Bühne verschwunden waren, reckten neugierig die Köpfe aus der Öffnung.

Jakob Sauermund ließ perplex sein Schwert sinken, während sein Sohn Tienus über eine niedrige Bank stolperte und der Länge nach zwischen die wieder hervorgekrochenen Teufel fiel. Die Reiter trieben ihre Pferde in die Menge und riefen unaufhörlich: »Herr Weinand, Herr Weinand!«

Der Edelmann war verärgert aufgestanden, aber er wurde blass, als er den Führer des wüsten Trupps erkannte.

»Jan van Schaffelaar!«

»Weiterspielen, weiterspielen!«, riefen ein paar tiefe Männerstimmen aus dem Publikum.

Aber die Reiter drängten sich immer weiter vor, bis Jan van Schaffelaar seinen Hengst bis dicht vor die Tribüne manövriert hatte und den Herrschaften alle Sicht nahm. Herr Weinand regte sich auf:

»Was hat das zu bedeuten, Jan van Schaffelaar? Seht Ihr nicht, dass Ihr eine heilige Vorstellung stört?«

»Mit Eurer Vorstellung habe ich nichts am Hut, Herr Weinand. Wo ist Jakob Sauermund?«

»Da«, antwortete der Edelmann und deutete am Pferdekopf vorbei auf den Engel Michael.

»Aha! Jakob Sauermund, wo ist meine Frau? Ich mietete im Mai eines Euer Mauerhäuschen für sie und nun, da ich aus dem Krieg heimkehre, finde ich dort nur einen buckligen Korbflechter, der behauptet, nichts von einer Karen von Schaffelaar zu wissen. Sprich, Jakob Sauermund, was habt Ihr mit meiner Frau gemacht?«

Der Engel Michael trat in seinem Pappharnisch an den Rand der Bühne vor und schaute den Hauptmann auf seinem Pferd wütend an.

»Was stört Er hier Ruhe und Ordnung, Windbeutel?«, rief er. »Reicht es nicht, dass fünf Fähnlein nicht verhindern konnten, dass unser Herzog Adolf von Doornik gefallen ist? Wo wart ihr, als die Franzosen auf ihn einschlugen? Habt ihr euch um ihn geschart, um sein Leben mit euren Leibern zu schützen? O nein! Die Franzosen haben nur eure Rücken gesehen; den Herzog habt ihr im Stich gelassen. Söldner! Bah, die denken nur an Sold und Beute, aber wenn's ans Kämpfen geht, müssen sie nach Hause, weil sie Hunger haben. Und dann wagt es so ein Hauptmann noch, mir gegenüber eine große Lippe zu riskieren wegen einer Mietwohnung, in der jemand anders sitzt, als er erwartet hat ... Soll ich womöglich auf Eure Frau aufpassen? Das müsst Ihr selber machen, Kerl ...«

Das ließ sich Jan van Schaffelaar nicht gefallen. Er sprang vom Pferd direkt auf die Bühne und zog sein Schwert. Jakob Sauermund, der vergessen hatte, dass seines nur aus Holz war, hob sein Schwert, um sich zu verteidigen. Doch sogleich, während das Publikum laut johlte, wurde ihm die Holzwaffe aus der Hand geschlagen und setzte ihm Jan van Schaffelaar die Spitze eines echten Schwertes aus Stahl an die Kehle.

»Auf die Knie!«, schrie er ihn an. Der Fleischer kniete nieder und schielte argwöhnisch auf den tödlichen Stahl unter seinem Kinn.

»Wie kann Er es wagen, mich einen Feigling zu nennen, Er fetter Bürger Er! Gekämpft wie die Löwen haben wir und dabei verlor ich fünf Mann meines Fähnleins. Sechs wurden schwer verwundet und es hat Monate gedauert, bis sie wieder reiten konnten. Was weiß Er vom Elend des Schlachtfeldes, von Feuer und Schwert und Tod, Ochsenabdecker! Er kann doch nur Därme ausschaben und sich wichtig machen. Sag Er, wo ist Karen, meine Frau, für die ich zu Beginn des Sommers ein Häuschen von ihm gemietet habe? Warum wohnt sie da nicht mehr, warum sitzt da ein bösartiger Buckel drin, der mit jedem Krach anfängt?«

»Herr Krieger, vergebt mir«, stammelte der Schlachter, »ich weiß es nicht. Ich habe Eure Frau nicht gesehen. Ich weiß, dass sie dort gewohnt hat, aber nur ganz kurz. Schon nach ein paar Wochen haben die Nachbarn mir erzählt, dass die Wohnung leer wäre und die Mäuse ihr Paradies daraus gemacht hätten. Meine eigene Dienstmagd hat das Haus sauber gemacht und danach hab ich es wieder vermietet, an Hänschen, den Korbflechter. Ihr könnt die zu viel bezahlte Miete wiederhaben und ...«

»Lüg mich nicht an, Kerl! Eine Frau kann doch nicht einfach verschwinden. Sie besaß fünf Goldgulden und ich verdächtige Euch sie ermordet und beraubt und dann unter dem Fußboden vergraben zu haben. Ich verlange, dass die Sache sofort untersucht wird.«

Die Beschuldigung verursachte ziemliche Aufregung sowohl

auf der Tribüne als auch unter dem Volk, das seinen Zorn über die gestörte Aufführung vergaß. Was hier geschah, war auch spannend, ein regelrechtes Spektakelstück.

In diesem Moment griff Herr Weinand ein, denn nun hatte er erkannt, worum es ging. In all seiner Pracht aus Samt und Seide hob er beschwörend die Arme.

»Beruhigt Euch, van Schaffelaar, Eurer Frau ist nichts Schlimmes passiert, das kann ich Euch versichern. Vor einigen Tagen erst hat sie mich besucht und sie sah gut aus. Gesund und wohlauf.«

Mit einem Ruck wandte sich van Schaffelaar an den Statthalter.

»Ihr wisst also, wo sie ist?«

»Leider nicht. Sie kam zu mir und bat mich um Geld, und als ich ihr das nicht geben konnte, ist sie verärgert gegangen.«

»Aber sie ist in Zutphen?«

»Da bin ich sicher.«

»Sie war gesund, sagtet Ihr. Und sie sah gut aus?«

»O ja.« Der Edelmann seufzte unwillkürlich; in Gedanken sah er die hübsche junge Frau wieder vor sich. »Kommt morgen früh zu mir, van Schaffelaar. Wir haben noch etwas abzurechnen und ich habe einen Auftrag für Euch und Euer Fähnlein. Aber hört damit auf, hier einfach alle Leute zu beschuldigen. Ihr könnt Eure Männer wie damals bei mir im Stall einquartieren.«

Er griff in seinen Beutel, holte die zwei Gulden von Karen heraus und warf sie van Schaffelaar vor die Füße. »Hier, gebt Euren Männern Bier und was zu essen aus, heute wird gefeiert. Und zieht so schnell wie möglich mit Euren Rabauken ab, damit sie hier nicht länger die Vorstellung stören.«

»Einverstanden, Herr Weinand, wir gehen. Aber ich schwöre Euch, wenn meine Frau in Zutphen ist, werde ich sie finden, und wenn ich jedes Haus auf den Kopf stellen müsste. Und wenn sich herausstellt, dass sie Unannehmlichkeiten gehabt hat, mache ich Euch dafür verantwortlich. Ihr hattet versprochen Euch während meiner Abwesenheit ein wenig um sie zu kümmern.«

Er stieg wieder auf sein Pferd, wendete und gab ein Handzeichen. »Kommt, Männer.«

Allen fiel auf, wie blindlings die rohe Bande dem Anführer gehorchte. Die Aufführung konnte fortgesetzt werden, aber der Spaß daran war allen vergangen. Sankt Michael mit seinem Papppanzer und seinem Holzschwert konnte sie nicht mehr überzeugen. Alle sahen ihn nun so, wie er war: ein dicker Kerl in komischer Verkleidung, der bestimmt nicht in der Lage war, eine ganze Schar von Teufeln zu vertreiben. Und die Teufel, die schon in den Luken der Bühne verschwunden und dann wieder aufgetaucht waren, als die Söldner auf den Platz gestürmt kamen, fanden das auch und kletterten wieder auf die Bühne, um abermals den heiligen Cornelius zu bedrängen. Erst als sie mit dem Holzschwert ein paar kräftige Hiebe auf den Rücken bekamen und merkten, dass auch Prügel mit einer Theaterwaffe wehtun können, spielten sie wieder bereitwillig ihre Rolle. Jammernd krochen sie über die Bühne. Ihr Wehklagen war echt, zum großen Vergnügen des Publikums, obwohl das ja eigentlich nichts anderes sah als einen wütenden Schlachter, der einigen Gesellen eine tüchtige Tracht Prügel verabreichte…

Währenddessen brauste Jan van Schaffelaar mit seinen Reitern durch die feiernde Stadt und suchte Karen. Er fragte jeden, dem er begegnete, stürmte in Herbergen und Tavernen und stieß schließlich auf eine Spur. Ein magerer Knecht, Faktotum im Roten Turm, hatte ein paar Stunden frei bekommen, um sich die Aufführung auf dem Holzmarkt ansehen zu können, doch stattdessen hatte er die Gelegenheit wahrgenommen und seine Mutter in einer Taverne besucht. Dieser Herbergsknecht konnte dem zornbebenden Jan van Schaffelaar von einer vornehmen Dame erzählen, die mit ihrem Hund eine Nacht im besten Zimmer verbracht hatte und vor zwei Tagen abgereist war. Wohin, das konnte er nicht sagen. Aber die Frau entsprach der Beschreibung, die Jan van Schaffelaar von der Gesuchten gab: ein weiter blauer Mantel, ein blauer Überrock, eine bestickte Bluse, rabenschwarze Haare, dunkle Augen…

Ja, das musste Karen gewesen sein. Aber warum war sie fortgegangen? Jan van Schaffelaar fand keine Erklärung dafür.

Nach Beendigung der Theatervorstellung verstreute sich das Publikum singend und tanzend. Der Duft gebratener Gänse wehte durch die Stadt. Für die Bürger von Zutphen war Sankt Cornelius kein gewöhnlicher Feiertag. Für sie war das Gildefest der Anlass, das Ende des Sommers und den Beginn des Herbstes zu feiern. Die Ernte war eingebracht, die Wildgänse bereiteten sich auf ihren Flug nach Süden vor, nach diesem Tag begann der Herbst, wurden die Tagelöhne herabgesetzt, die Vorräte gezählt. Es war auch der Tag, an dem die Bauern in die Stadt kamen, um ihre Pacht zu zahlen. Herr Weinand, der große Besitzungen in Geldern hatte, war darum auch stark beschäftigt, aber Jan van Schaffelaar dachte gar nicht daran, bis zum nächsten Vormittag auf Nachricht über seine verschwundene Frau zu warten. Er wartete auf den Edelmann vor dessen Haustür. Als Herr Weinand erschien, bahnte sich der Hauptmann seinen Weg durch die in ihren Sonntagskleidern dicht gedrängt dastehenden Bauern und sprang auf die Vortreppe.

»Erst bin ich dran!«, rief er. »Herr Weinand, erzählt mir alles, was Ihr über Karen wisst. Wie war sie angezogen und was hat sie genau gesagt? Ich muss sie finden.«

»Immer mit der Ruhe.« Der Edelmann beherrschte sich, weil er van Schaffelaar für seine Pläne noch brauchte, aber das Auftreten des Hauptmanns ärgerte ihn maßlos. »Kommt rein, dann erzähl ich euch alles.« Er gab den Bauern zu verstehen, dass sie noch ein Weilchen warten müssten, und führte Jan in dieselbe kleine Vordiele, in der er vor ein paar Tagen Karen empfangen hatte.

»Erst seid Ihr mir eine Erklärung dafür schuldig, van Schaffelaar, dass Ihr Euch in all den Monaten nicht einmal die Mühe gemacht habt, mir einen Bericht zu schicken«, sagte Herr Weinand streng.

»Das habe ich getan! Nach der Schlacht, die so fürchterlich für uns ausging und in der ich fünf meiner Männer verlor, haben wir uns nach Brabant zurückgezogen. Aber da einige von uns schwer verwundet waren, sind wir lange Zeit in einem Heidedörfchen geblieben, bis meine Männer wieder genesen waren… Wir hatten uns geschworen, zusammenzubleiben, wir bildeten eine größere Einheit. Und es ist nie meine Art gewesen, meine Soldaten ihrem Schicksal zu überlassen, wenn sie krank oder verwundet waren. Ich habe einen Rapport geschrieben, diesen in einen Lederköcher gesteckt und Ferdinand um den Hals gehängt und den damit nach Zutphen geschickt. Das war Ende Juli.«

»Nie hier angekommen«, brummte Herr Weinand.

»Und meine Frau…«, begann van Schaffelaar wieder, aber der Edelmann fiel ihm aufgeregt ins Wort.

»Darauf kommen wir gleich. Ich will erst noch eines sagen: Morgen früh werde ich Euch und Euren Soldaten den Sold ausbezahlen, auf den Ihr Recht habt, und dann erwarte ich einen ausführlichen Bericht über den Kampf bei Doornik und den Tod des Herzogs. Ihr habt fünf Männer verloren, sagt Ihr? Ich werde versuchen Ersatz für Euer Fähnlein zu bekommen, denn ich habe einen neuen Auftrag für Euch. Aber jetzt habe ich nicht genug Zeit euch darüber zu informieren. Und was Eure Frau angeht: Ja, die ist vor ein paar Tagen hier gewesen, hier in diesem Raum, und sie fragte nach Euch. Ich konnte ihr nur von der Niederlage und dem Tod des Herzogs Adolf erzählen. Seltsamerweise wusste sie noch gar nichts davon, obwohl das schon im Juli hier in Zutphen bekannt und Stadtgespräch war.«

Beunruhigt schwieg Jan van Schaffelaar.

»Sie bat mich auch um Geld, aber ich sagte ihr, sie müsse warten, bis ich Genaueres über die Ereignisse bei Doornik wüsste. Da brauste sie auf und verschwand wütend.«

Misstrauisch musterte der Hauptmann seinen Auftraggeber.

»Ich glaube Euch nur halb, Herr Weinand. Das passt nicht zu Karen.«

Der Edelmann biss sich kurz auf die Unterlippe.

»Ich muss Euch sagen, van Schaffelaar, dass mich das Auftreten Eurer Frau überraschte. Sie war ziemlich frech und … und … sie sah so seltsam aus. Ihre Haut war so braun, als … als hätte sie den ganzen Sommer auf dem Feld gearbeitet und …«

»Karen ist ein Kind der freien Natur«, murmelte der Hauptmann.

»Möglich. Aber obwohl ich eindringlich fragte, wollte sie nicht sagen, was sie den ganzen Sommer über getan oder wo sie gesteckt habe. Jedenfalls war sie nicht in der Wohnung, die ihr für sie gemietet hattet, das ist mir heute klar geworden. Aber wo sie war, was sie getrieben hat … ich weiß es nicht. Sie weigerte sich auch nur ein Wort darüber zu sagen, als wäre es etwas Verwerfliches.«

Jan brauste sofort auf.

»Achtet auf Eure Worte, Herr Weinand. Ich dulde keine Ehrabschneiderei meiner Frau.«

»Ist es Ehrabschneiderei, wenn ich sage, was mir auffiel? Das wolltet ihr doch gerade hören … übrigens sah sie sehr gut aus, sie ist gewachsen, reifer geworden … und sie weinte«, fügte er ein wenig unwillig hinzu.

»Sie weinte? Warum?«

»Woher sollte ich wissen, dass Ihr noch lebt, van Schaffelaar? Ich hatte in all den Monaten nichts von Euch gehört ...«

»Ihr habt Karen erzählt, ich sei tot?«

»Nicht so direkt. Aber ich glaube, sie hat meine Worte so aufgefasst. Dann bat sie mich um Geld. Ich bot ihr eine Anstellung an, aber sie verließ aufgebracht das Haus, ohne Gruß. Tja, es ist ein seltsames Mädchen, das ihr Euch da aus dem Norden mitgebracht habt, van Schaffelaar.«

Der Hauptmann knirschte mit den Zähnen. Er dachte an Karen, die tatsächlich hier gewesen zu sein schien und wohl etwas gesagt oder getan hatte, was dem Herrn Weinand nicht gefiel. Oder war er zudringlich geworden und war sie dann wütend weggegangen? Aber wohin?

Mit gerunzelten Augenbrauen starrte van Schaffelaar den Edelmann an.

»Die Art und Weise, wie Ihr über meine Frau redet, gefällt mir nicht«, sagte er kurz angebunden. »Aber gut, ich werde sie finden. Sagt mir jetzt etwas über den neuen Auftrag.«

»Morgen ...«

»Ich will's jetzt wissen.«

»Herrgott, seid Ihr hartnäckig, van Schaffelaar. Nun denn: Der Ruf ›Geldern frei von Burgund‹ wird von Tag zu Tag lauter. Maximilian, dessen Krieg gegen Frankreich ein Vermögen verschlingt, schickt in alle Gelderschen Städte Geldeintreiber, die immer mehr und immer mehr Steuern eintreiben sollen. Unser Herzog ist tot, aber sein Sohn Karl lebt und wird in einigen Jahren alt genug sein, um den Kampf gegen die fremden Herrscher wieder aufzunehmen. Wir können nicht zulassen, dass der ganze Reichtum Gelderns in der Schatzkiste von Maria und ihrem Mann Maximilian verschwindet. Das Geld muss in der Provinz bleiben. Ich werde Euch und Euer Fähnlein beauftragen, in die Veluwe zu ziehen, um dort die Wege in den Süden zu bewachen. Von jedem burgundischen Geldtransport, der Euch in die Hände fällt, müssen mir zwei Drittel abgeliefert werden, denn ich bin immer noch der Vertreter des Herzogs. Der Rest ist für Euch und Eure Männer. Aber denkt daran, ich will nicht, dass Ihr die Dörfer in der Veluwe plündert oder die Bauern belästigt. Eure einzige Aufgabe ist, dafür zu sorgen, dass das Geld von Harderwijk und Elburg nicht dem österreichischen Windbeutel und seiner dummen Frau in die Hände fällt. Verstanden?«

Jan van Schaffelaar nickte. So ein Auftrag gefiel ihm. Wie ein Strauchräuber auf der Lauer zu liegen, Geldtransporte zu überfallen, die Beute mit dem Auftraggeber zu teilen und das alles im Namen eines Kindes, das sich Herzog von Geldern zu nennen wünschte. Ja, das hörte sich verlockend an. Er verdächtigte den Herrn Weinand, gehörige eigene Interessen zu haben, aber das konnte ihn nicht interessieren.

»Gut«, sagte er beruhigt, »ich nehme den Auftrag an. Aber erst muss ich meine Frau wieder finden. Wenn sie glaubt, ich sei tot, hat sie wahrscheinlich Zutphen verlassen. Sobald ich sie gefunden habe, werde ich mit meinen Männern Stellung in der Veluwe beziehen, und Ihr könnt versichert sein, dass da dann kein burgundischer Geldtransport mehr durchkommt.«

Er verließ das Haus des Herrn Weinand und erleichtert konnte der endlich seine Pächter empfangen.

Jan van Schaffelaar fand keine Ruhe. Den ganzen Abend streifte er durch die Stadt, suchte, fragte, aber Karen blieb unauffindbar. Die Nacht verbrachte er in jenem Zimmer im Roten Turm, in dem er mit Karen gewohnt hatte, bevor er in den Krieg zog. Die Erinnerung daran raubte ihm fast den Verstand. Wo war sie? All die Monate im Süden, während des ganzen Feldzuges, dann der Niederlage, während des langen Aufenthaltes wegen der Verwundeten, während ihres Umherirrens durch Brabant, stets hatte er an Karen gedacht. Der Kurier, den er mit der Nachricht von der Niederlage nach Zutphen geschickt hatte, war unterwegs wohl überfallen worden oder verunglückt, jedenfalls nie angekommen. Kein Wunder, dass der Herr Weinand glaubte, auch van Schaffelaar wäre gefallen, und das Karen gesagt hatte. Von dem Moment an war Karen verschwunden.

Mit dem glühenden Kopf auf dem Kissen fragte van Schaffelaar sich verzweifelt, was in seiner Frau vorgegangen sein könnte und warum sie die Stadt verlassen hatte. Wohin war sie gegangen? Allein, ohne Geld? Zurück in den Norden, in ihr Geburtsland? Das wäre normal ... obwohl ...

Und plötzlich dachte er an die verfallene Schafshütte am Waldrand und wie Karen dort in der fallenden Dunkelheit auf Jagd gegangen war und voller Stolz mit zwei mageren Kaninchen zurückgekommen war. Er fragte sich nicht, warum sie nicht in dem Mauerhäuschen geblieben war oder was sie den ganzen Sommer über getan hatte. Ihn beschäftigte nur die Frage: Wo ist sie jetzt? Und immer mehr war er davon überzeugt, dass Karen in den Norden gegangen war, zurück nach Kampen, aber mit dem Umweg über Oldenbroek, um noch einige Tage in der Schafshütte zu leben.

Am nächsten Tag wurde Zutphen wieder von einem Fähnlein Soldaten aufgeschreckt, das mit flatternder Fahne und donnernden Hufen durch die Stadt raste, voran ein Hauptmann auf weißem Hengst, dessen grimmiger Gesichtsausdruck die Leute verschreckt das Weite suchen ließ. Das Fähnlein verließ die Stadt durch das Marstor und ließ den Fährmann den Schreck seines Lebens in die Glieder fahren.

Der Hauptmann, ein wüster blonder Kerl mit breitkrempigem Hut und einem Helm am Sattelknopf, sprang dicht vor dem Fährmann vom Pferd, ergriff ihn beim Kragen und brüllte ihn an: »Sag, hat er vor einigen Tagen eine Frau im blauen Mantel übergesetzt?«

Der Mann zitterte.

»Vergebt mir, Herr, ich setze den ganzen Tag Leute über den Fluss, und manche tragen einen blauen Mantel. Könntet Ihr die Dame etwas genauer beschreiben?«

»Dunkel ist sie wie eine Zigeunerin, aber zwanzigmal schöner. Sehr jung. Blauer Mantel, hirschlederne Stiefel… sagt schnell!«

»Und… ein brauner Hund?«

»Ich weiß nichts von einem Hund!«

»Ich… vor drei Tagen, Herr, kam eine Frau mit einem Hund, die wollte übergesetzt werden. Es war früh am Morgen.«

»Ja, ja, zu Fuß?«

»Ja, Herr. Und der Hund…«

»Kerl, was geht mich der Hund an! Es geht um die Frau. Er hat sie also zum anderen Ufer gerudert. Weiß er, wohin sie ging?«

»Ich… ich habe nicht darauf geachtet, Herr.«

»Gut. Bringt uns jetzt ans andere Ufer.«

»Alle? Mit den Pferden?«

»Natürlich!«

»Dann muss ich mindestens dreimal rudern, Herr.«

»Na und? Dann rudert Er eben dreimal. Was hat Er dagegen?«

»Nichts, Herr. Aber wenn Ihr in Eile seid…«

»Das geht Ihn nichts an. Beeilung!«

Der Fährmann musste tatsächlich dreimal hin und zurück, bevor er das ganze Fähnlein über die IJssel gesetzt hatte. Jan van Schaffelaar hatte nicht auf alle seine Leute gewartet, mit vier Mann war er vorausgeeilt. Die anderen mussten eben nachkommen.

Wem sie auch begegneten, alle fragte van Schaffelaar, ob sie eine Frau im blauen Mantel gesehen hätten, die einen braunen Hund bei sich hatte. Die Bauern glotzten ihn dämlich an, zogen die Schultern hoch, ließen sich ergeben mit Schlamm bespritzen, wenn Jan van Schaffelaar seinem Pferd wütend die Sporen gab und davonbrauste. Nach einer Stunde waren seine vierzehn Mann wieder vollständig, aber von Karen hatte er immer noch keine Spur gefunden. Gerhard Blaubacke, der Unterführer, trieb sein Pferd neben das des Hauptmanns.

»Nehmt es mir nicht übel, Herr Hauptmann, aber die Männer können das nicht ganz verstehen. Wir werden Stellung in der Veluwe beziehen, aber im Moment folgen wir der IJssel. Um in die Gegend von Harderwijk zu kommen, müssen wir uns mehr westlich halten.«

»Die Veluwe kann warten… erst müssen wir meine Frau finden.«

»Wenn die vor drei Tagen Zutphen verlassen hat, um nach Kampen zu gehen, ist sie dort schon lange angekommen, sogar zu Fuß. Und ich dachte, unser Hauptmann könnte sich in Kampen nicht mehr sehen lassen, ohne den Kopf zu verlieren.«

»Stimmt. Aber vielleicht ging sie nicht nach Kampen, jedenfalls nicht sofort. Wenn wir innerhalb einer Stunde hier am IJsseldeich niemanden finden, der sie gesehen hat, bin ich davon überzeugt, dass sie auch in die Veluwe gegangen ist. Und dann weiß ich auch, wohin.«

»Aha.«

»Aber erst muss ich Sicherheit haben, dass sie nicht dem Fluss gefolgt ist, um nach Kampen zu gehen. Ich will, dass du die Männer beauftragst, an jedes Haus, an jede Hütte zu klopfen und nach der Frau im blauen Mantel mit dem braunen Hund zu fragen.«

»Das verstehe ich.«

Nach gut einer Stunde wussten sie immer noch nicht mehr. Kein Sterblicher schien die Gesuchte gesehen zu haben.

Dann ist sie nicht am Fluss geblieben, sondern zu der alten Schafshütte südlich von Oldenbroek gegangen, dachte Jan van

Schaffelaar. Das ist typisch für meine Karen. Denkt nicht daran, wie lebensgefährlich die Veluwe für eine Frau sein kann, läuft arglos in die Wälder und auf die Heide, wo es von mordgierigen Strauchräubern nur so wimmelt. »Blaubacke!«, schrie er nach hinten.

»Ja, Hauptmann?«

»Da... da fangen die Wälder an. Westlich von hier. Also... wir schwärmen aus, dürfen uns aber nicht aus den Augen verlieren, und dann reiten wir einfach weiter, bis nach Oldenbroek. Verstanden?«

»Ja, Hauptmann... und glaubt Ihr, dass wir dann eine Frau im blauen Mantel finden werden?«

»Lasst uns Gott bitten, dass uns das gelingt. Ich kenne meine Frau, ich weiß, wie sie denkt. Sie weiß nichts von der Welt, sie weiß nur, dass auf der Grenze zwischen Heide und Wald eine alte Schafshütte steht, zu der sie hin will... und die sie vielleicht nicht finden kann, denn wie soll sie sich in der Wildnis zurechtfinden? Fragt jeden Holzfäller, jeden Köhler, Hirten und Jäger, den ihr trefft. Jemand in diesem Land muss ihr doch begegnet sein!«

»Ja, Hauptmann.«

»Er ist verrückt«, murmelten die Männer, denen Blaubacke sagte, dass die Suche nun in Sandkuhlen, auf der Heide, in den Wäldern und auf den Hügeln der Veluwe fortgesetzt werden sollte. Da wohnte kaum jemand, aber da wimmelte es von Gesindel, da war es lebensgefährlich... Nein, nein, sie gehörten nicht zu den Ängstlichen, ganz sicher nicht. Mit fünfzehn Mann, bis an die Zähne bewaffnet, auf guten Pferden, da konnten sie jeden Angriff abwehren... übrigens: Wer sollte es wagen, sie anzugreifen? Aber in dieser ausgedehnten, unübersichtlichen Wildnis nach einer Frau zu suchen, einem schutzlosen, arglosen Mädchen, das von den Gefahren nicht die geringste Vorstellung hatte, das schien ihnen eine unlösbare Aufgabe zu sein.

»Wir finden sie nie…«

Es war ein nebliger Tag mit grauem Himmel und Regenschauern. Es würde früh dunkel und der Nebel gegen Abend dichter werden. Sie ritten und ritten, sahen keine Menschenseele, bis Mützchen, der jüngste der Söldner und eigentlich noch ein Junge, einen Schrei ausstieß und auf etwas hindeutete. Weit vorne auf der Heide sahen sie eine Schafsherde, einen Hirten, einen Hund…

»Der zieht hier Tag und Nacht rum«, sagte van Schaffelaar, »der kann uns vielleicht etwas sagen…«

Er gab seinem Pferd die Sporen, ritt zum Hirten und befragte ihn. Der alte Mann, der sich auf seinen Stock stützte, hörte aufmerksam zu und schüttelte dann den Kopf.

Bedrohlich wehten nun schon Nebelbänke heran und schienen die Heide zu verschlucken. Jan war der Verzweiflung nahe. Er ließ seine Männer über die Heide ausschwärmen und nur durch Hornsignal waren sie nach einer Weile wieder zusammenzurufen. Jan van Schaffelaar hatte inzwischen die alte Schafshütte gefunden, den Ort, an dem er Karen zu finden hoffte. Aber auch dort war niemand.

Niedergeschlagen starrte er auf die zerfallene Ruine.

»Aber hier muss in den letzten Tagen jemand gewesen sein«, sagte Blaubacke, nachdem er die Hütte innen gründlich durchsucht hatte. »Da sind Spuren eines Feuers.«

Jan van Schaffelaar und sein Unterführer sahen es sich genauer an. Die Asche war kalt. Etwas abseits lagen ein paar Federn, als hätte jemand ein Rebhuhn gerupft, aber nirgends fanden sie abgenagte Knochen. Die Federn waren etwas blutbeschmiert… »Könnte auch ein Fuchs gewesen sein«, brummte Blaubacke. Aber Jan van Schaffelaar dachte an seine Hochzeitsnacht, an Karen mit Pfeil und Bogen, die sie aus nichts gemacht hatte und die doch gute Jagdwaffen waren. Er schöpfte wieder Hoffnung.

»Meine Frau ist hier gewesen … vielleicht kommt sie zurück, vielleicht irrt sie auf der Heide umher, hat sich hoffnungslos im Nebel verirrt. Ausschwärmen und suchen, Männer. Mützchen, du bleibst hier, und wenn jemand kommt, ein Bettler oder meinetwegen ein Bandit, dann hältst du ihn fest, verstanden?«

»Ja, Hauptmann.«

Wieder donnerte das Fähnlein über die Heide, warf Staub- und Sandwolken auf. Die Hörner schallten über die leere Einsamkeit.

Es wurde schummerig, der Nebel wurde dichter, die violetten Sträucher glänzten vor Feuchtigkeit. Die erhitzten Pferdeleiber dampften und dann hörte Jan van Schaffelaar nicht weit weg einen Hund bellen. Das war nicht der Hund des Hirten, denn der war inzwischen weitergezogen und schon lange aus ihrer Sicht verschwunden. Ein anderer Hirte mit einer Herde?

»Komm, Donnerstein«, trieb Jan sein Pferd an. Das Tier war müde, gehorchte aber dennoch. Das Bellen kam näher. Aus dem Nebel tauchten die Schatten von drei Reitern auf.

»Aus welcher Richtung kommt das Bellen?«, fragte Quasselmaul.

»Von da …«

»Nein, mehr südlich …«

»Zusammenbleiben«, befahl Jan van Schaffelaar. Sie ritten weiter, nun etwas ruhiger. Plötzlich stieg Quasselmauls Pferd auf die Hinterhand und warf seinen Reiter beinahe ab. Zwischen den Heidesträuchern stand ein großer, brauner Hund, der wild bellte und knurrte, die Zähne fletschte und fürchterlich aufgeregt war.

»Hoho, ruhig!«

Jan stieg ab und versuchte sich dem Hund zu nähern, der sich brummend und knurrend etwas zurückzog. Dann tauchte plötzlich ein anderer Schatten auf, der das Tier im Nacken ergriff und zurückriss.

»Still, Tieske, ruhig.«

Ein Bettlerjunge, ein abgerissener Knabe mit grauen Lumpen am Leib. Er hielt den rasenden Hund fest und musterte die Reiter, die ihn umringten. Auf seinem Rücken baumelte ein geflochtener Korb, in der Hand hielt er einen selbst gemachten Bogen. Ein Wilddieb?

»Halt den Hund fest und sag mir, wer du bist. Wo kommst du her?«, fragte Jan van Schaffelaar streng.

Der Nebel hüllte sie ein, sie konnten einander kaum erkennen. Jan van Schaffelaar machte noch einen Schritt vorwärts und ergriff den Knaben beim Arm.

»Wir tun dir nichts, wir wollen nur etwas fragen«, sagte er. »Wir suchen jemand.«

Der Junge bewegte sich nicht, ließ auch den Hund nicht los; er stand da wie ein Standbild, aber van Schaffelaar fühlte, wie er zitterte.

»Na, na, solche Angst brauchst du vor uns nicht zu haben … wir trachten dir nicht nach dem Leben, Junge. Und wenn du in der Dunkelheit wildern willst, musst du das selbst wissen … Damit habe ich nichts zu tun. Ich will nur wissen …«

»O Gott, eine Geistertruppe«, flüsterte der Junge in Todesangst. »Geht weg …«

»Abergläubisches Volk«, brummte van Schaffelaar. »Hör mir zu: Hast du zufällig heute oder gestern eine Frau gesehen, die …«

Der Junge fiel auf die Knie.

»Nein«, flüsterte er, »o nein … das ist nicht möglich. Quäl mich nicht so, Jan, ich bin dir doch treu gewesen …«

»Was?!«

Der Hund, der die Angst seines jungen Herrn spürte, war zurückgekrochen und vergaß zu bellen.

Jan van Schaffelaar ließ den Jungen los, der sich flach auf die feuchte Erde warf und das Gesicht im blühenden Heidestrauch vergrub. Die anderen Reiter waren nun auch abgestiegen und standen überrascht um den zitternden Jungen herum. Sie verstanden überhaupt nichts mehr.

»Wovor fürchtet er sich denn so sehr? Der stirbt ja fast vor Angst...«

Jan van Schaffelaar verlor die Geduld. Er riss den Jungen hoch, zog ihm das schmutzige Barett vom Kopf und zwang ihn auf die Knie.

»Stell dich nicht so an... Karen!«

Er hatte nicht das Gesicht, er hatte nur die Augen gesehen. Augen, die ihn selbst in dieser Finsternis groß und dunkel anstrahlten. Solche Augen hatte nur ein Mensch auf der Welt.

»Karen! Du bist es... bist du es wirklich? Mein Gott, Liebkind, wie siehst du aus, du siehst ja aus wie ein Köhler, nein... Oh, Karen, endlich!«

Und dann begriff er ihre grenzenlose Angst. Sie hatte ihn sofort erkannt, als er sie ansprach, aber geglaubt, es sei ein Spuk. Er war ja schließlich tot...

Glücklich und gerührt und seine Umgebung vergessend, schloss Jan van Schaffelaar sie in die Arme.

»Oh, Karen... Frauchen, du weißt nicht, wie wir dich gesucht haben...«

»Jan? Du bist es... du lebst?«, flüsterte sie ungläubig.

»Natürlich lebe ich. Der Franzose, der mich einen Kopf kürzer machen kann, der muss erst noch geboren werden.«

Ja, dies konnte niemand anders als Jan van Schaffelaar in Fleisch und Blut sein. Kein aus dem Grab auferstandener Geist, kein Spuk, sondern der echte. Voller Selbstvertrauen und Mut. Sie brachte kein Wort heraus. Seufzend lehnte sie sich an ihn, genoss die Gewissheit, die nur langsam zu ihr durchzudringen schien: Er war nicht tot, er lebte und hatte sie gesucht... Er hatte gewusst, dass sie hierher gehen würde. Vier, fünf Reiter drängten sich um sie.

»Ist sie das? Ist sie das wirklich?«, fragte Blaubacke ungläubig.

»Ja, ja ... die Suche ist beendet. Dies ist Karen, meine Frau. Quasselmaul, ruf die anderen. Macht ein Feuer, dann können sie uns leichter finden. Der verfluchte Nebel ...«

Während Quasselmaul sein Horn erschallen ließ und einer der anderen niederkniete und ein Feuer machte, was bei der Nässe gar nicht so einfach war, hielt Jan van Schaffelaar immer noch seine Frau in den Armen, fuhr ihr mit den Händen über das Gesicht, über den Rücken ...

»Karen, Frauchen ... warum hast du dich so verunstaltet ... Ich hielt dich für einen schmutzigen Zigeunerjungen, der was weiß ich woher kommt ... Wo sind deine schönen Kleider, dein Mantel, die Mütze ...«

Sie bückte sich und hob den Korb auf.

»Hier, Jan. Wie hätte ich sonst reisen sollen, hier durch die Wildnis? Ich habe mich so oft verirrt, aber ich wollte unsere Schafshütte wiederfinden. Ich habe zwei Tage, nein, fast drei gebraucht. Gestern Mittag fand ich die Stelle endlich ... oh, Jan, es war so traurig und ... Jan, du bist es doch wirklich? Sie sagten, du seiest gefallen, bei Doornik, und ... und ...«

Tieske begann zu knurren, als aus dem Nebel noch mehr Reiter auftauchten.

»Still, Tieske, das sind keine Feinde, das sind Freunde«, beruhigte Karen den Hund. »Und dies, Tieske, ist der liebste Mann der Welt, und er lebt, Tieske, er lebt! Er wird dein neuer Herr, er wird für uns sorgen und uns nie, nie mehr verlassen.«

Auf einem sandigen Fleckchen hatte Quasselmaul endlich mit Zweigen und Ästen und Heidesträuchern ein kleines Feuer machen können. Jetzt konnten sie einander sehen. Die Männer drängelten sich um ihren Anführer und seine wieder gefundene Frau und starrten sie neugierig an. Was sie sahen, fanden sie ziemlich enttäuschend.

»Verflixt, ich dachte, sie wäre so schön«, brummte Martin das Fass unter seinem Schnurrbart. »Wenn man ihn über sie reden hörte, dachte man, dass sie mindestens aus Silber und gesponnener Seide wäre…«

Es war nicht Martins Absicht gewesen, aber Jan van Schaffelaar hatte jedes Wort gehört. Doch statt aufzubrausen, drehte er sich grinsend um. »Warte nur, bis sie sich gewaschen und umgezogen hat, du wirst nicht fassen können, was du siehst«, sagte er gut gelaunt. »Karen, was bist du doch schlau. Du hast Recht, in der Verkleidung warst du kaum in Gefahr.«

Karen rieb ihr Gesicht an seiner Schulter.

»Hauptmann, was sollen wir machen? Bleiben wir hier die ganze Nacht auf der nassen und kalten Heide?«, brummelte Blaubacke.

»Ich kenne eine gute Herberge in Epe. Wir sollten versuchen die zu finden«, schlug van Schaffelaar vor. »Sind alle da? Also los, vorwärts.«

Er wollte Karen zu sich aufs Pferd heben, aber sie riss sich los und nahm den Hund auf den Arm.

»Dies ist Tieske, er ist treu und tapfer. Er muss mit. Und wir waren den ganzen Tag auf Jagd, er ist müde.«

Und so bekam Donnerstein, der weiße Hengst des Hauptmanns van Schaffelaar, drei Reiter zu tragen: einen Krieger, ein Mädchen und einen Hund.

Quasselmaul trat das Feuer aus und stieg dann auch auf sein Pferd.

»Auwei«, murmelte er vor sich hin, »ich hoffe, dass sie in der Herberge ein gutes Stück Fleisch am Spieß haben. Was hab ich einen Hunger.«

~ 6 ~
Zwischenspiel

Ungefähr zur gleichen Zeit, da Karen Simonstochter in der Veluwe einem Söldnerfähnlein angehörte, überquerten zwei zu Priestern geweihte Mönche die Alpen, und näherte sich in Brabant im kalten Nieselriegen ein sechzehnjähriger Junge der Stadt Den Bosch. Einen Moment blieb er stehen und trat von einem kalten Fuß auf den anderen. Vor ihm stiegen die Mauern und Türme von Den Bosch empor und segelten Krähen und Möwen am grauen Himmel. Der nasse Wind blies ihm ins Gesicht. Der Junge holte tief Luft, legte sich sein Bündel auf die andere Schulter und ging dann weiter. Es war schon drei Uhr am Nachmittag; er war müde und seine Füße taten immer mehr weh. Er kam aus Nimwegen. Aber jetzt war er fast am Ziel.

Am Zolltor, das sich über die Innendieze spannte, wurde er von der Wache angehalten.

»Wohin, junger Mann?« Mit misstrauischem Blick musterte die Wache das Bündel, das Gerd über der Schulter trug.

»Ich komme auf Familienbesuch«, antwortete der Junge schnell. »Mein Onkel wohnt hier in der Stadt, er ist Glockengießer.«

»Name?«

»Ich bin Gerd van Wou, mein Onkel ist der Meister Gerhard.«

»Oh, *der* Glockengießer! Dann geh nur weiter und bestell ihm schöne Grüße von mir.«

Gerd lächelte erleichtert; sein Onkel schien in Den Bosch einen guten Namen zu haben. Der Wachtposten rief ihm nach: »Weißt du ihn zu finden? In der Kreuzstraße. Das Haus heißt Der Goldene Nobel.«

Die Kreuzstraße war wie alle Straßen hier eng und verwinkelt, aber genau an der Stelle, da sie etwas breiter wurde, stand ein hohes Haus mit großem Hof dahinter. DER GOLDENE NOBEL stand in einem Giebelstein und darunter in kleinen Lettern: Hier werden Glocken zur Ehre Gottes gegossen. Ins Holz der Haustür war ein Name gekratzt: Wilhelm Hoerken. Hier musste Onkel Gerhard sein. Jedenfalls hoffte er das. Wilhelm Hoerken lebte nicht mehr, und soviel Gerd gehört hatte, hatte sein Onkel die Gießerei übernommen. Nach einigem Zögern klopfte er an die Tür und wartete. Hinter der Tür war ziemlicher Lärm zu hören.

Endlich wurde die Tur aufgerissen und Gerd sah ein Frauengesicht vor sich. Er erschrak. War das die Frau seines Onkels? Soweit Gerd wusste, konnte Onkel Gerhard nicht älter als sechsundzwanzig sein, und diese Frau war mindstens vierzig.

»Ja?«, fragte sie.

Gerd nahm den Hut ab und machte eine leichte Verbeugung.

»Seid gegrüßt. Möge Gott Euch ein langes Leben schenken«, sagte er höflich. »Ich bin Gerd und suche meinen Onkel, Meister Gerhard van Wou.«

»Meister Gerhard ist nicht da.«

»Die Torwache sagte mir, dass ich ihn hier antreffen könnte. Ich komme aus Nimwegen und …«

»Zu Fuß?«

»Natürlich, und ich …«

Jetzt öffnete sie auch die untere Türhälfte.

»Komm herein, Gerd van Wou! Willkommen. Ach herrje, zu Fuß aus Nimwegen! Konntest du keinen Wagen bekommen? Oder ein Boot? Still, Kinder, schreit nicht so, wir haben Besuch.«

Sie zog Gerd ins Wohnzimmer, wo etliche Kinder herumtollten, die sich, nachdem sie Gerd begrüßt hatten, zum Spielen ins Hinterhaus trollten. Dann wandte die Frau sich an Gerd.

»Setz dich, Junge, und zieh die schmutzigen Stiefel aus. Verwandtschaft von Meister Gerhard ist hier immer willkommen. Hast du Hunger, junger Mann? Moment, ich werde den Herd anmachen, dann kannst du deine Sachen trocknen.«

Sie war dick, nicht gerade hübsch, aber sehr herzlich, stellte der Junge fest. Er ließ sich auf die Holzbank fallen und sie half ihm die engen Stiefel auszuziehen. Erfreut bewegte er die Zehen.

»Ich danke Euch.«

»Ich bin Leutgard Hoerken, die Witwe von Wilhelm Hoerken«, erzählte die Frau, während sie am Herd kniete und versuchte mit ein paar dünnen Zweigen Feuer zu machen. Nach etlichen Versuchen mit den Feuersteinen gelang es ihr, die Zweige begannen zu brennen, und schnell legte sie ein paar größere Holzscheite drauf.

»Tut mir Leid, dass dein Onkel nicht da ist, Gerd, aber ich erwarte ihn gegen Ende der Woche. Er ist mit Gobel Moer und ein paar Knechten nach Arnheim, um Glocken für die Eusebiuskirche zu gießen.«

»Das hätte ich wissen sollen«, sagte Gerd, »dann hätte ich auch nach Arnheim gehen und ihn dort sprechen können.«

Das Feuer im Herd brannte nun richtig und Gerd tat die Wärme gut. Seine dunkle Pumphose begann schon zu dampfen. Die Hände in die Hüfte gestemmt, musterte die Frau ihn neugierig.

»Bist du auch Glockengießer?«

»Noch nicht.«

»Oh, ich versteh schon.« Ihr Gesicht verfinsterte sich. »Du bist hierher gekommen, um Arbeit zu suchen?«

Gerhard nickte.

»Bei deinem Onkel Gerhard …«

Wieder nickte er, nun ein bisschen verlegen, denn das schien ihr nicht zu gefallen. Langsam schüttelte die Frau den Kopf.

»Meister Gerhard hat genug Knechte, genau wie Gobel Moer, mit dem er manchmal zusammenarbeitet. Ich fürchte …«

»Ich glaube«, sagte Gerd, dem plötzlich der Schweiß ausbrach, »die Entscheidung sollten wir meinem Onkel überlassen.«

»Hm. Wie alt bist du?«

»Sechzehn, Frau Hoerken.«

Aus dem Hinterhaus erklang Geschrei, aber die Frau achtete nicht darauf.

»Sechzehn? Aber dann hast du doch bestimmt schon lange einen Beruf gelernt?«

Gerd nickte.

»Bei meinem Vater, der Kupferschläger war. Aber diesen Sommer ist er gestorben. Und um ehrlich zu sein, das Handwerk gefiel mir nicht. Ich möchte lieber Glockengießer werden. Da dachte ich, was hindert mich? Ich habe einen Onkel in Den Bosch, der Glockengießermeister ist, der kann mich bestimmt gebrauchen.«

Frau Hoerken schrie in den Flur: »Prügelt euch nicht oder ich komm mit dem Besen«, und als es im Hinterhaus wieder ruhig geworden war, setzte sie sich und faltete die Hände im Schoß.

»Weißt du, Gerd, die Geschäfte gehen nicht so gut«, sagte sie betrübt. »Und das ist nicht die Schuld von deinem Onkel, der tut, was er kann, um die Gießerei in Stand zu halten. Aber Gobel Moer ist ein starker Konkurrent und zwei Gießereien in einer Stadt sind eigentlich zu viel. Gobel war früher Knecht bei meinem Mann. Als Wilhelm vor vier Jahren starb – Gott sei seiner Seele gnädig –, machte Gobel sich selbstständig. Er hatte eine wohlhabende Frau geheiratet und konnte es sich erlauben.«

»Und Onkel Gerhard?«

»Der hatte damals schon sein Meisterstück gemacht, aber als mein Mann sein Ende nahen fühlte, hat er Gerhard schwören lassen, dass er uns nicht im Stich lassen und die Gießerei weiterführen würde, und zwar mindestens fünf Jahre lang, damit meine Kinder Zeit haben, heranzuwachsen und das Fach zu lernen. Ich habe zehn Kinder.«

»Zehn! Ich habe vier gezählt oder fünf …«

Sie seufzte wieder ein wenig betrübt.

»Wilhelm, mein Ältester, ist vor zwei Jahren weggelaufen, um Soldat zu werden. Dann kommen zwei Mädchen: Angelika und Klara, die arbeiten in einer Weberei, Jakob und Krein gehen zur Schule, die anderen sind noch zu klein. Kobus wurde drei Monate nach dem Tod seines Vaters geboren.«

Verblüfft starrte Gerd sie an. Sein Onkel, jung und fleißig, hatte also einem Sterbenden versprochen, noch mindestens fünf Jahre lang für dessen Witwe und Kinder zu sorgen. Eine Familie mit zehn Kindern! Mit so etwas muss man beladen werden, wenn man selbst eben erst erwachsen geworden ist und sich gerade Meister nennen darf! Ob sein Onkel mit der Regelung wohl glücklich war? Gerhard van Wou verdiente vielleicht sein gutes Brot, aber zugleich war er an eine Familie gebunden, die nicht seine eigene war.

Die Frau hängte einen Kupfertopf über das Feuer und rührte darin.

»Ein feiner Mann, dein Onkel«, sagte sie. »Klagt nie, hat mit niemandem Streit und verschwendet seine Zeit nicht in der Taverne. Riechst du die Suppe schon, Gerd?«

Von einem Regalbrett holte sie ein paar Holznäpfe und stellte sie auf den Tisch. Sie rief die Kinder wieder herein und ließ auch Gerd am Tisch Platz nehmen. Nach und nach kamen auch die anderen nach Hause. Das Zimmer wurde voll und voller und sie machten einen Krach für zwanzig. Aber die Suppe war lecker, gut gewürzt, und Gerd fühlte wohlige Wärme in sich aufsteigen. Nachdem die zahllosen Kinder ins Bett geschickt waren, brachte Frau Hoerken ihren Gast in eine Kammer im zweiten Stock. Es war die Kammer seines Onkels.

»Heute Nacht schläfst du in seinem Bett, er ist ja doch nicht da«, sagte sie mütterlich. »Morgen mache ich dir ein Bett im Hinterhaus, bei den anderen Knechten.«

Leutgard ging weg und beim Licht der Kerze sah Gerd sich in der Kammer um. Viele Kostbarkeiten besaß Meister Gerhard nicht. Eine Kiste für Kleider, zwei Schemel mit Rückenlehnen, ein paar Kissen und etwas Bettzeug. Ein Bild der Heiligen Jungfrau, eine Zinnkanne, zwei Zinnteller... An der Wand über dem Bett hing eine Federzeichnung, die Gerds Aufmerksamkeit erregte. Er sah ein paar Bettler, die alle Formen des Elends verkörperten: ohne Beine, blind, lahm, mit Buckel, verkrüppelt, und jede der Figuren hatte nur Lumpen am Leibe, voller Löcher, stützte sich auf Krücken oder saß in primitiven Wägelchen, hatte ein ausgemergeltes Gesicht und einen schreienden Mund. Da war die schlimmste Armut im Bild festgehalten.

Hatte Onkel Gerhard das Bild aufgehängt, um sich selbst zu trösten und sich daran zu erinnern, dass er gesund und körperlich unbeschadet war, dass er sich nicht beklagen konnte, obwohl er für eine Witwe mit zehn Kindern zu sorgen hatte und an einen Betrieb gebunden war, der ihm nicht gehörte und von dem er vielleicht nie loskam?

Fünf Tage später rollte durch die Kreuzstraße eine Karre mit drei singenden Männern darauf. Die Kinder liefen jauchzend aus dem Haus, gefolgt von Frau Hoerken und Gerd, der sich etwas zurückhielt. Gerhard van Wou kam heim. Gobel Moer wohnte dichter am Tor als Gerhard, und so hatten sie ihn und seine Knechte schon abgesetzt. Jetzt rollte der Wagen auf den Hof des Goldenen Nobel und die Männer sprangen herunter. Leutgard Hoerken lief ihnen aufgeregt entgegen – sie brachten Geld mit! – und Gerd schaute zu.

»Gerhard, sieh nur, wer gekommen ist! Dein Neffe Gerd aus Nimwegen.«

Leutgard zog Gerd nach vorne, Onkel und Neffe schauten sich an und Gerd seufzte erleichtert auf. Gerhard van Wou, sechsundzwanzig Jahre alt, war ein großer Mann mit breitem Gesicht, hellbraunen Augen, kurzem, blondem Bart und hoher Stirn. Er war kräftig gebaut und die Hitze der Gießöfen hatte sein Gesicht gegerbt. Er strahlte Güte und Kraft aus. Ohne zu zögern, ergriff er Gerds Hände.

»Ja, ich erinnere mich an meinen Neffen, den wieselflinken Knaben, auch wenn er erst vier Jahre alt war, als ich von Nimwegen wegging. Junge, bist du groß geworden, bist ja beinahe ein Mann! Willkommen, Junge, willkommen. Du musst mir alles über Nimwegen erzählen. Wie geht es deinem Vater?«

»Der ist vorigen Sommer gestorben, Onkel Gerhard«, antwortete Gerd bedrückt.

»Oh, das tut mir aber Leid. Da bist du jetzt also Waise. Bist du darum hierher gekommen? Möchtest du bei mir das Glockengießerhandwerk erlernen?«

Da hatte ihn sein Onkel Gerhard aber schnell durchschaut! Gerd nickte wieder; er fürchtete eine ablehnende Antwort zu bekommen.

»Na, dann bist du erst recht willkommen, Neffe. Hat Leutgard sich gut um dich gekümmert?«

»Du nimmst mich als Lehrling an?«, fragte Gerd erfreut.

»Sollte ich meinem eigenen Neffen die Tür weisen, wenn der den ganzen Weg von Nimwegen gekommen ist? Oh, was hab ich manchmal doch Heimweh nach meiner Vaterstadt gehabt!

Und ich war doch ganz in der Nähe, da in Arnheim. Aber ich hatte keine Zeit, meine Verwandtschaft zu besuchen, wir mussten arbeiten. Leutgard, wir haben Durst!«

Die beiden Knechte hatten inzwischen die Pferde ausgespannt und in den Stall gebracht. Der Wagen wurde unter eine Abdachung geschoben und abgeladen. Umringt von den Kindern gingen sie ins Haus.

Die Herzlichkeit seines Onkels hatte Gerd beruhigt. Auch wenn die Geschäfte nicht besonders gut gingen, er würde bei ihm in die Lehre gehen können. Gerd war voll froher Erwartung, denn er wusste, dass die Glockengießer viel auf Reisen waren, weil die schweren Glocken in der Regel in dem Ort gegossen werden mussten, wo sie hängen sollten. Die Gussgrube hinter dem Haus wurde nur für leichtere Glocken und Kanonen gebraucht.

»Ja, die Kanonen, davon leben wir eigentlich«, gab Gerhard van Wou zu, nachdem die Kinder ins Bett geschickt worden waren und sie mit Leutgard bei einer Öllampe im Wohnzimmer saßen. »Vor allem, weil die Burgunder bei ihrer Niederlage gegen Karl den Kühnen ihre ganze Artillerie verloren haben. Maximilian will den Verlust so schnell wie möglich wettmachen. Ich habe noch eine Bestellung für zwölf Feldschlangen, damit können wir morgen sofort anfangen. Trink deinen Wein aus, Gerd, dann werde ich dir die Stadt zeigen.«

»So spät noch?«, meinte Leutgard. »Gerd ist schon fünf Tage hier. Er hat die Stadt von vorne und hinten gesehen. Nicht wahr, Gerd?«

»Ja, aber was ich ihm zeigen will, das kennt er noch nicht«, lachte Onkel Gerhard.

Gerd, der nicht vorhatte, seinem Onkel irgendwie zu widersprechen, nickte eifrig.

Gerhard nahm eine Laterne und gleich darauf schlenderten sie durch die stockdunklen Straßen der Stadt Den Bosch.

»Ich möchte, dass du einen Freund von mir kennen lernst, einen Maler«, sagte der Glockengießer aufgeräumt. »Der hat auch die Zeichnung gemacht, die über meinem Bett hängt. Hast du die gesehen?«

»Die Bettler?«

»Ja, er macht viele solche Bilder.«

»Ich fand es ziemlich erschreckend.«

»Na ja, Hieronymus wird dir gleich etwas noch Grausameres zeigen.«

»Hieronymus?«

»So heißt er. Hieronymus van Aken.«

»Oh, er kommt aus Deutschland?«

»Er nicht, sein Großvater. Er selbst ist hier in Den Bosch geboren. Vor einiger Zeit sagte er, er würde seinen Namen wohl ändern und sich als Hieronymus Bosch registrieren lassen.«

»Und du? Willst du dich Gerhard van Bosch nennen statt Gerhard van Wou?«

»Warum? Ich habe nicht vor, mein ganzes Leben in Den Bosch zu bleiben.«

»Wie kannst du denn weggehen? Du trägst die Verantwortung für eine Familie mit zehn Kindern!«

»Ja, aber der Vertrag mit Leutgard läuft nächstes Jahr aus.«

»Und dann willst du dich irgendwo anders niederlassen?«

»Vielleicht. Mal sehen.«

Inzwischen waren sie auf dem Markt angekommen und Onkel Gerhard blieb vor einem hohen Haus mit vier Stockwerken und einer breiten Vortreppe und einer imposanten, eisenbeschlagenen Tür stehen. Auf dem schrägen Dach war ein kleiner Glockenturm. Der ganze Vorgiebel wurde von Fackeln erleuchtet, die in Haltern über der Vortreppe steckten und die auch noch dem halben Markt Licht gaben.

»Das ist das Rathaus«, sagte Gerhard. Mitten auf dem Platz stand das Gewandhaus, das ebenfalls von Fackeln beschienen wurde und vor dem ein überdachter Brunnen war. Auf der anderen Seite des dreieckigen Marktes stand ein weiteres großes steinernes Haus mit Schieferdach: das Moriaen. Ein Haus wie ein Schloss, bewohnt von einer adeligen Familie. Die meisten anderen Häuser hatten noch Holzgiebel, aber die Strohdächer waren schon längst weniger brennbaren Dachbedeckungen gewichen.

Gerd, der den Markt bisher nur tagsüber gesehen hatte, konnte sich gar nicht satt sehen.

»Oh, wie schön«, stammelte er.

Während die Fackeln geheimnisvolle Schatten warfen, glänzten die Dächer silbern unter dem Sternenhimmel. Im Gegensatz zu den meisten Städten war der Marktplatz hier dreieckig, sodass man das Gefühl hatte, in eine Falle zu laufen.

Vor einem der Häuser blieb Gerhard van Wou stehen.

»Hier ist es.«

Er stieß die Tür auf. Als sie über die Schwelle traten, standen sie auch schon im Maleratelier. Meister Hieronymus saß mit einer Flasche Wein am Tisch und sprang sofort auf, als er seinen Freund erkannte.

»Gerhard! Ich wusste nicht, dass du wieder in der Stadt bist. Setz dich und nimm dir einen Becher. Du hast jemanden mitgebracht?«

»Dies ist mein Neffe Gerd, mein neuer Knecht«, stellte der Glockengießer vor. »Gerd, dies ist mein Freund Hieronymus, der beste Maler von Brabant.«

»Komm, komm, in Löwen wohnen noch bessere und erst recht in Antwerpen!«, brummte Hieronymus bescheiden.

Das waren Ortsnamen mit magischem Klang, die in Gerd ein Gefühl der Sehnsucht aufsteigen ließen.

»Hieronymus, mein Neffe hat deine Zeichnung mit den Bettlern, die über meinem Bett hängt, bewundert.«

»Ach, das war doch nur eine Probeskizze.«

»Aber meisterhaft getroffen«, platzte Gerd heraus. Und er meinte, was er sagte. In den Tagen, die er nun in Den Bosch war, hatte er eine ganze Menge Bettler gesehen, die genau wie die auf der Zeichnung aussahen. Meister Hieronymus musste ein guter Beobachter sein.

»Was hältst du denn von meinem neuen Bild? Es ist ein Altargemälde für die Michaelskapelle in der Sankt-Johannis-Kirche.«

Hieronymus nahm die Lampe und ging damit zur Staffelei in einer Ecke. Gerd folgte ihm und sah die Konturen einiger würdevoller Figuren: die Jungfrau mit dem Jesuskind auf dem Schoß und vor ihr die drei Könige, reich gekleidet, die Geschenke brachten. Die ganze Darstellung war genauso, wie er sie von anderen Bildern gewöhnt war, und obwohl sie meisterhaft gemalt war, fehlte ihr doch die Lebendigkeit des Bildes mit den Bettlern. Aber das wagte Gerd nicht laut zu sagen. Weil er höflich sein wollte, bat er Hieronymus um die Lampe und betrachtete das Bild genauer, als wollte er jedes Detail des noch nicht vollendeten Werkes genau studieren. Plötzlich stockte ihm der Atem. Nein, die Darstellung war doch nicht so steif, wie er erst angenommen hatte. Der Mantelsaum des schwarzen Königs schien mit Blumen bestickt zu sein, aber als er etwas genauer hinsah, stellte er fest, dass es keine Rosen oder Lilien waren, sondern wunderliche Scheusale: Teufel ohne Körper, deren Arme, Beine und Schwänze direkt aus den Köpfen wuchsen. Ungeheuer mit langem Vogelschnabel, Katzenschwanz, Fischleib, mit einem Menschenkopf im Schnabel. Andere, deren Schwanz am Hals saß und deren Kopf aus dem Gesäß herauswuchs. Nicht ein Teufel war dem anderen gleich.

Hieronymus, der Gerds Interesse bemerkte, lachte leise.

»Ein Scherz«, erklärte er. »Heute Morgen hatte ich plötzlich genug von den steifen heiligen Figuren. Immer dasselbe... In einem Anfall von Übermut ließ ich mich gehen und pinselte

Melchiors Mantelsaum voller Scheusale. Morgen werd ich's wohl überpinseln und Blumenranken draus machen. Meine Auftraggeber, die Herren des Kapitels, würden dies nie akzeptieren. Die wollen gekrümmte Rücken, gefaltete Hände und Andacht vor dem Heiligen. Keine Scherze mit einem Mantelsaum. Schade.«

»Aber sie sind großartig«, sagte Gerhard, der nun auch näher herangekommen war. »Die musst du so lassen, Hieronymus. Wer weiß, vielleicht fällt den Herren überhaupt nichts auf.«

»Dann kennst du die Herren nicht! Die begutachten jeden Daumenbreit eines Werkes, bevor die bezahlen. Na ja, ich hab meinen Spaß daran gehabt. Übrigens habe ich hier eine Leinwand, die nicht bestellt ist und auf der ich machen konnte, was ich wollte.«

Gerd sperrte den Mund auf, als Hieronymus das Licht vor eine Leinwand von nicht mehr als einem Fuß Breite und zwei Fuß Höhe hielt. Auf der kleinen Fläche sah man eine große Menschenmenge: Männer, Frauen, Soldaten. Eigentlich sah man vor allem ihre Köpfe, während unten in der Mitte Christus unter einem bleischweren Kreuz taumelte. Ein glatzköpfiger fetter Soldat hob eine Peitsche, um den Heiland mit Gewalt zu zwingen, aufzustehen und weiterzulaufen, während ein Mann mit merkwürdiger Mütze und einem Stab in der Hand in einiger Entfernung heftig dagegen protestierte. Man meinte das Stampfen all der Menschen hinter der Christusfigur hören zu können, ebenso ihre höhnischen Rufe, ihre Gehässigkeiten und ihre Schadenfreude. Aber was Gerd am meisten traf, das waren die Figuren im Vordergrund. Da kniete der reuige Mörder vor dem, was sein Kreuz werden sollte, zu Füßen eines Priesters und beichtete seine Sünden, während sich links von ihm der verstockte Mörder mit einem phantastisch herausgeputzten römischen Soldaten stritt und ihn augenscheinlich schlimm beschimpfte. Diese beiden Sünder, die links und rechts von Jesus gekreuzigt wurden, sahen aus wie Menschen, denen man täglich in Den Bosch begegnen konnte: kahl geschorene arme Schlucker, hässlich, mager, Opfer einer mitleidlosen Welt, in der jedes kleine Vergehen grausam mit Verkrüppelung, Folter und Tod bestraft wurde. Die beiden Missetäter ähnelten einander, als hätte der Maler sagen wollen: Da ist kein großer Unterschied zwischen einem bußfertigen und einem verstockten Sünder – sie sind beide gleich beklagenswert.

Gerd drehte sich um und musterte Hieronymus Bosch noch einmal. Wie sein Onkel war auch der Maler ein junger Mann, sie waren wahrscheinlich gleich alt, aber er war kleiner und zierlicher, hatte eine gerade Nase, schmale Lippen und scharfe, helle Augen. Ein Maler gängiger heiliger Darstellungen? Alles andere als das! Gerd erkannte in ihm einen Menschen, der voller Abscheu das Gehabe seiner Mitmenschen beobachtete und dessen Herz voller Mitleid mit den armen Sündern war.

Hieronymus zeigte seinen Besuchern nun einige Zeichnungen, Skizzen und Vorstudien auf dickem Papier.

»Heute oder morgen werde ich wohl einen Auftrag bekommen, das Jüngste Gericht zu malen«, sagte er leichthin, »also übe ich schon ein wenig.«

Diese Vorstudien raubten Gerd den Atem. Was er da vor sich sah, das waren Höllenstrafen, vollzogen von fanatischen Teufeln. Sie ähnelten ein wenig den kleinen Ungeheuern auf Melchiors Mantelsaum, nur sahen sie tausendmal gemeiner und grausamer aus. Und dann erst die gestraften Sünder! Gerd sah schöne nackte Körper, die über kleinen Feuern geröstet wurden, die auf Pfähle aufgespießt oder an den Füßen über stinkenden Schwefelfässern aufgehangen oder krummgebunden wurden, während Teufel sie mit glühenden Zangen folterten. Gerd schüttelte sich.

»Ja«, sagte Hieronymus, »du findest es abscheulich, nicht

wahr? Wir glauben, so müsste es in der Hölle aussehen. Aber wir ... wir sind Menschen und keine Teufel. Und trotzdem, was tun wir? Die ganze Welt wird von Kriegen erschüttert, von Räubereien, Hinrichtungen, Foltern. Ich brauche nicht weit zu gehen, um Beispiele für meine Höllenstrafen zu finden. Ich brauche nur auf die Stadtmauer zu steigen und schon habe ich eine gute Aussicht auf den Galgenberg, wo den armen Sündern erst die Glieder aus dem Leib gerissen werden, bevor man sie aufs Rad bindet, damit die Krähen ihnen die Augen auspicken können ... und wenn sie endlich vor Schmerzen schreiend und sich windend den Geist aufgegeben haben, werden sie an den Galgen gehängt, bis ihnen der letzte Rest stinkenden Fleisches von den Knochen gefallen ist. Und das alles geschieht im Namen der Gerechtigkeit, während die Bürger von Den Bosch genüsslich zuschauen und dem Henker zujubeln und das Kreischen so eines armen Schluckers von ganzem Herzen genießen. Der einzige Unterschied, mein Junge, ist der, dass es Menschen sind, die all dies ihren Mitmenschen antun, und keine Teufel. Ha, ich werde ihnen zeigen, dass sie nach ihrem Tod das gleiche Schicksal erwartet, aber dann für alle Ewigkeit!«

Gerd, der sich selbst für einen anständigen Jungen hielt, zuckte zusammen.

»Aber Meister Hieronymus«, murmelte er beunruhigt, »wir sind doch nicht alle schlecht.«

»Darum geht es ja gerade. Niemand ist schlecht, aber wer in seinem kurzen Leben nur ein bisschen über die Stränge schlägt und in seiner Todesstunde nicht zufällig einen Priester bei sich hat, der ihm Vergebung gewähren kann, der wird in der Hölle braten müssen oder in eiskaltes Wasser getaucht werden, während um ihn herum grinsende und verhöhnende Teufel tanzen. Von uns wird erwartet, dass wir aus Angst vor der Hölle ein ehrliches und frommes Leben führen. Und tun wir das? Schau dich um, Junge. Graut dir nicht vor dem menschlichen Tun? Sind es Menschen oder Teufel, die bei so einer Hinrichtung zuschauen? Vorigen Monat wurde hier in Den Bosch ein Mann gefoltert und danach enthauptet, weil er einer alten Frau einen silbernen Kerzenhalter gestohlen hatte. Ist so ein Kerzenhalter mehr wert als ein Menschenleben? Der arme Mann hatte eine Frau und drei Kinder. Die sitzen nun als Bettler auf den Treppen vor der Sankt-Johannis-Kirche und die Herren wollen sie aus der Stadt jagen, weil sie so heruntergekommen aussehen und die braven Kirchgänger belästigen. Wenn die armen Würmer denn doch verhungern müssen, dann lieber außerhalb der Mauern, damit haben die braven Bürger nichts zu tun.«

Gerhard van Wou sagte ernst:

»Wenn ich dich richtig verstehe, Hieronymus, willst du die Menschen bessern, indem du ihnen ihre eigene Grausamkeit wie einen Spiegel vorhältst. Sie sollen vor sich selbst erschrecken, wenn sie in deinen Bildern sich selbst als Teufel erkennen.«

Hieronymus nickte und Gerhard schüttelte den Kopf.

»Vergebliche Mühe, Freund. Sie werden in den Teufeln nur ihre Nachbarn erkennen, niemals sich selbst.«

Sie hörten eine Glocke läuten.

»Es ist Zeit die Feuer zu löschen. Komm, Gerd, wir gehen zu Leutgard.«

Er leerte seinen Weinbecher auf den Fußboden und klopfte dem Maler freundschaftlich auf die Schulter. »Morgen«, sagte er plötzlich wieder munter, »beginne ich mit den Vorbereitungen zum Gießen einiger Feldschlangen. Die Dinger sind dazu bestimmt Menschen in Fetzen zu schießen. Bin ich nun ein schlechter Mensch, Hieronymus? Ich muss drei Knechte und eine Familie von elf Personen ernähren, und das gelingt nicht, wenn ich nur hin und wieder eine Glocke gieße.«

Hieronymus biss sich auf die dünnen Lippen.

»Du weißt, was ich von deiner Kanonengießerei halte«, sagte er. »Es sind schreckliche Waffen, gegen die keine Mauer und kein Schild hilft. Es war der Satan persönlich, der die Feuerwaffen erfunden hat.«

»Wahrscheinlich. Und ich habe gehört, es war ein Mönch, der das Schießpulver erfunden hat. Aber jetzt gehen wir wirklich nach Hause. Danke für den Wein, Hieronymus. Grüße Aleyt von mir.«

»Ein merkwürdiger Mann, der Hieronymus«, sagte Gerhard, als sie wieder draußen waren. »Aber ich glaube auch, dass er ein bisschen verrückt ist. Wie fandest du die Teufelszeichnungen?«

»Schaurig«, antwortete Gerd und schüttelte sich.

»Ja, aber Hieronymus wird einmal ein berühmter Maler sein, das prophezeie ich dir.«

Gerd schwieg. Er hatte in den letzten Tagen so viele neue Erfahrungen zu verarbeiten gehabt, dass ihm alles ein wenig zu viel wurde. Erst als sie schon fast in der Kreuzstraße waren, fragte er:

»Wer ist Aleyt?«

»Aleyt Goyaerts van den Meervenne, die Verlobte von Hieronymus.«

»Oh.«

Wünscht Onkel Gerhard sich nicht auch zu heiraten?, dachte Gerd beklommen. Er ist alt genug. Aber solange er für Leutgard und ihre Kinder sorgen muss, darf er selbst nicht ans Heiraten denken. Armer Onkel Gerhard …

Am nächsten Tag begann Gerds Ausbildung zum Glockengießer. Da war so viel zu lernen! Als Erstes brachte Gerhard dem Jungen Folgendes bei:

»Eine Glocke ist nicht irgendein Ding, sondern etwas Lebendes, und darum erhält sie auch einen Namen, wie Pferde und

Hunde einen bekommen. Nur: Eine Kirchenglocke ist noch viel heiliger! Es ist der Glockengießermeister, der der Glocke ihre Stimme gibt, eine Stimme, die warnen kann, ermahnen, jubeln, trauern, Alarm schlagen. Je schöner die Stimme, desto mehr Weihe geht von dem Glockengeläut aus. Aber die Glocke ist nicht nur für die Menschen da, sondern auch für den Himmel, denn sie besitzt magische Kräfte. Sie kann Unwetter vertreiben, die Fürsprache von Heiligen herbeibitten, den Feind in die Flucht jagen. So eine geheiligte Glocke, geboren aus dem Feuerofen, hat nur einen Feind: das Feuer. Wenn der Teufel es auf die Glocken abgesehen hat, steckt er die Glockentürme in Brand. Wenn dann der hölzerne Glockenstuhl abbrennt und die Glocke mit Donnergetöse den brennenden Turm hinunterfällt, um unten in zehn Stücke zu zerspringen, dann lacht der Teufel und weinen die Menschen.«

Mit einem Stift zeichnete Gerhard van Wou auf ein Stück Papier, wie eine Glocke gemacht wird.

»Die Mischung der Bronze ist achtzig Teile Kupfer und zwanzig Teile Zinn. Aber pass auf! Das Kupfer, das du bekommst, das ist nicht immer sauber, manchmal ist Zink oder Blei darin enthalten, und das ist nachteilig für den Klang. Oder du kriegst alte Glocken, die eingeschmolzen werden müssen, und von der Zusammenstellung des Glockenmaterials weißt du nichts. Später lehre ich dich, wie du an der Farbe und sogar am Geruch der Speis erkennen kannst, wie sauber deine Legierung ist.«

»Speis?«

»So nennen wir das Metall, aus dem die Glocke gegossen wird. Aber bevor wir gießen, oh, heiliger Antonius, da muss hart gearbeitet werden!«

Das merkte Gerd schnell genug, als für die noch nicht ganz fertig gestellte Sankt-Johannis-Kirche in Den Bosch zwei Glocken gegossen werden mussten.

In der Gussgrube wurde auf zwei Böcken ein hölzernes Spill gelagert, sodass es gedreht werden konnte. Während des Drehens mussten die Knechte schichtweise Lehm auf das Spill schmieren, bis die Form, die die Glocke innen haben sollte, erreicht war. Gerhard van Wou, der genau aufpasste, gebrauchte dafür ein Brett, aus dem das Innenprofil der Glocke herausgesägt war. Die Dicke des Glockenmantels, der Durchschnitt, das Verhältnis zwischen Rand und Krone, all das war entscheidend für das Gewicht, die Tonhöhe, den Klang, lehrte er Gerd. Das Berechnen war ein Berufsgeheimnis…

War die Innenform fertig, wurde sie mit fettigen Massen eingeschmiert: Talg oder Pottasche. Danach konnte das Formen der »falschen Glocke« beginnen. Auch die wurde aus Lehm angefertigt und musste nach Größe und Form genau der zu gießenden Glocke gleichen. Auch hierfür hatte der Gießer seine vorbereiteten Schablonen. Die falsche Glocke musste eine Aufschrift bekommen, Randverzierungen, die Jahreszahl und selbstverständlich den Namen des Glockengießermeisters. Gerd erkannte, dass Glockengießer selbstbewusste Menschen waren, stolz auf ihr Handwerk. Auf einer guten Glocke musste geschrieben stehen, wer sie gegossen hatte!

Während die innere und die falsche Glocke geformt wurden, brannte in der Gussgrube unter dem Spill ein Feuer, damit der Lehm schneller trocknen und nicht durch sein eigenes Gewicht herunterfallen konnte.

»Das nennen wir das Braten der Gans«, klärte Onkel Gerhard seinen Neffen auf. Und es sah tatsächlich so aus, als würde ein großes Stück Fleisch langsam über einem Feuer geröstet. Auch die falsche Glocke wurde tüchtig eingefettet und bekam einen Lehmmantel. Beim Formen der Innenglocke, der falschen Glocke und des Lehmmantels schien es auf große Genauigkeit anzukommen und Onkel Gerhard war nicht so leicht zufrieden zu stellen. Vor allem der Lehmmantel musste sehr stark sein, damit er unter dem Druck der flüssigen Bronze nicht brach. Darum wurde er mit Hanf, Flachs und Dauben verstärkt.

Nachdem dann das Holzspill aus der Innenform entfernt worden war, konnte die Glockenform vorsichtig aufgestellt werden. Das Trocknen wurde noch intensiver fortgesetzt und endlich konnte der Mantel von einem Hebekran über der Gussgrube hochgezogen werden. Der Gießer zerschlug die gebackene falsche Glocke, wonach der Mantel wieder über den Kern heruntergelassen wurde, sodass dort, wo zuvor die falsche Glocke war, ein Hohlraum entstand. Danach wurde die Krone, die nicht aus Lehm, sondern aus Wachs angefertigt worden war, auf der Glockenform angebracht.

Um zu verhindern, dass während des Gießens der Mantel »ins Schwimmen« kam, das heißt, unter dem Druck der glühenden Speis hochkam und die Bronze unten auslaufen konnte, wurde die Grube ganz mit Erde gefüllt, die gut ausgestampft werden musste. Dann ragten nur noch der Gussstutzen oben an der Glockenform und die Entlüftungsrohre aus der Erde.

Und das alles – diese wochenlange schwere Plackerei – war nur der erste Teil der Arbeit.

»Ich hatte nicht gedacht, dass es eine so knifflige Sache sein würde«, seufzte Gerd, dem nach dem Füllen der Gussgrube die Arme wehtaten.

Gerhard von Wou schmunzelte: »Dies war nur der Anfang, mein lieber Neffe. Die eigentliche Arbeit kommt erst noch.«

Neben der Gussgrube stand der gemauerte Schachtofen, der mit Lagen Holzkohle und Glockenspeis gefüllt wurde. Zwischen Ofen und Gussstutzen wurde die Gussrinne gemauert. Bevor der Ofen gefüllt wurde, musste er richtig trocken geheizt werden, damit kein Wasserdampf die Bronze porös machen konnte.

»Hier auf dem Hof können wir die Gussgrube und den Ofen immer wieder gebrauchen«, sagte Gerhard van Wou, »aber wenn wir in anderen Städten Glocken machen müssen, müssen wir dort an Ort und Stelle eine Grube graben und einen Ofen bauen.«

»Warum? Es ist doch viel vernünftiger, die Glocken hier zu gießen und sie dann in die Stadt zu bringen, die sie bestellt hat?«

»Glocken, die manchmal mehr als zehntausend Pfund wiegen?«, lachte Gerhard. »Wie willst du die transportieren?«

Tja, das wusste Gerd auch nicht.

»Aber es ist so umständlich«, klagte er.

Sein Onkel nickte freundlich.

»Du hast Recht, Neffe, das Glockengießen ist eine umständliche Arbeit, vor allem die Vorbereitung. Aber warte nur, bis das wirkliche Gießen beginnt …«

Und das, erfuhr Gerd ein paar Tage darauf, machte alles wieder gut.

Das Anfertigen der Lehmformen und das Braten der Gans waren hauptsächlich Arbeit der Knechte, die der Meister beaufsichtigte. Aber das Gießen selbst war etwas anderes. Gerhard van Wou zündete selbst den Schachtofen an und brachte die Holzkohle zu voller Hitze. Das Schmelzen musste schnell gehen, denn je kürzer die Zeit war, in der die Bronze mit den Verbrennungsgasen in Berührung kam, desto besser. Und während der Ofen glühte, das Metall schmolz und die Speis »gar« wurde, schritten Priester mit Hostienkelchen und Reliquienschreinen um die Gussgrube herum, erflehten Gottes Segen für die Arbeit. Endlich gab der Meister das Zeichen.

Ein Knecht nahm eine Eisenstange, zertrümmerte den Lehmpfropfen, der unten im Ofen steckte, und schon strömte die weiß glühende Glockenspeis wie ein siedender, flammender Bach in die Glockenform.

Mit großen Augen und aufgesperrtem Mund sah Gerd die Speis zischend im Stutzen verschwinden. Aus den Entlüftungskanälen schossen brennende Gase. Alles um ihn herum schien zu zischen, zu glühen, zu brodeln. Diese Geräusche, zusammen mit den Gesängen und Gebeten der Priester, ließen dem Jungen Schauder über den Rücken laufen. Plötzlich begriff er, warum seinem Onkel in der Stadt so viel Respekt entgegengebracht wurde: Er war der Meister dieses Feuerwerks.

Nach dem Gießen konnten alle nach Hause gehen und beim Abendessen darüber nachdenken, wie wohl das Resultat ihrer wochenlangen schweren Arbeit aussehen würde. Das wusste der Meister erst ein oder zwei Tage später, wenn die abgekühlte Glocke ausgegraben, aus der Grube gehoben und dann gereinigt wurde. Dann wurde sie aus ihrem Lehmmantel befreit und die Aufschriften als scharfe Reliefs sichtbar. Nach dem Putzen stand sie dann makellos und glänzend da und die Lettern der Aufschrift verkündeten stolz: »Gerhard van Wou me fecit, anno 1479«.

»Eines kann ich überhaupt nicht verstehen«, sagte Gerd ein paar Tage später. »Bevor du mit dem eigentlichen Gießen anfingst, gingen andere Knechte und ich zu den Häusern der Bürger, um einen Beitrag in Silber für die neue Glocke zu erbitten. Und da waren etliche Bürger, die ein Silberstück für eine Glocke mit schönem Klang übrig hatten. Ich habe aber nicht gesehen, dass du das Silber in den Ofen geworfen hast...«

Gerhard van Wou lachte geheimnisvoll.

»Das tun wir auch nicht... Wir werden uns hüten! Die Mär, dass der Klang der Glocke verbessert werden kann, wenn man der Speis Silber hinzufügt, ist nicht wahr. Das ist ein Märchen.«

»Aber warum mussten wir dann...«

»Musstet ihr? Aber nein, das wollen die Knechte selbst. Alle glauben an das Märchen, bis auf die Eingeweihten. Das sind also der Gießer und seine Knechte. Die wissen es besser. Aber das Märchen bringt uns bei jeder Glocke einen ganz schönen Haufen Silberlinge ein und die werden ehrlich geteilt.«

»Das ist doch Bauernfängerei!«, rief Gerd entrüstet.

»Ja, das ist es. Aber was kann ich dagegen machen? Das gehört zu unserem Beruf. Es gibt in der ganzen weiten Welt nicht einen Glockengießer, der zugeben wird, dass das Beimengen von Silber die Glocke verdirbt, denn alle seine Knechte würden ihm sofort weglaufen. Oder er müsste die Löhne erhöhen und das ist gegen die Gildebestimmungen.«

»Aber hat es denn nie einen Glockengießer gegeben, der an das Märchen glaubte und das Silber in den Ofen geworfen hat?«, fragte Gerd.

»Sicher. Aber dann merkte er zu seinem großen Erstaunen, dass die Arbeit misslungen war.«

Dennoch konnte ein Glockengießer mit seinen Knechten und seinem kostspieligen Betrieb nicht nur von Glocken leben und darum goss Gerhard van Wou auch Kanonen. Die wurden genauso angefertigt wie Glocken, aus Bronze, manchmal aus Eisen. Sie hatten seltsame Namen: Metzen, Schlangen, Kartaunen, Bombarden. Gerhard van Wou war ein guter Kanonengießer und es gab Jahre, da er einige Dutzend anfertigte, jedoch höchstens zwei Glocken.

Gerd entpuppte sich als guter Lehrling, mit dem Gerhard van Wou zufrieden war.

Aus der Stadt Zutphen kam eine Bestellung für drei Schlangen, und wer über die politische Lage der Zeit informiert war, der konnte ahnen, dass die Kanonen für den Kampf gegen die burgundische Fremdherrschaft bestimmt waren. Hin und wieder drangen Gerüchte nach Den Bosch, dass auf der Veluwe plündernde Truppen operierten, die »die Grafschafter« genannt wurden, weil sie von Zutphen unterstützt wurden. Böse Zungen behaupteten sogar, sie würden von dort befehligt. Die

Grafschafter schienen es vor allem auf Transporte abgesehen zu haben, die Steuergelder in den Süden brachten. Maximilian von Österreich, der Mann von Maria von Burgund, hatte alle Hände voll mit dem Krieg gegen Frankreich zu tun und konnte sich nicht erlauben Truppen nach Geldern zu schicken, um dem Auftreten der Grafschafter ein Ende zu machen. Und jetzt kaufte die Stadt Zutphen auch noch Kanonen... Wurde da ein regelrechter Aufstand vorbereitet?

Gerhard van Wou kümmerte sich nicht groß darum, er war froh über den Auftrag. Kurz darauf erhielt Gerhard van Wou von der Stadt Kampen den Auftrag, dort eine Glocke für die Liebfrauenkirche zu gießen. Glücklich erzählte es der Gießermeister Gerd und das Gesicht des Jungen begann zu strahlen.

»Du gehst nach Kampen? Ich darf doch hoffentlich mit. Ich hab mir schon so lange gewünscht, die Stadt einmal zu sehen.«

»Das ist ganz schön weit«, murmelte Gerhard van Wou.

»Das scheint nur so. Wir können doch die IJssel hinunterfahren und dann...«

»O nein, wir reisen auf keinen Fall auf dem Wasser.«

»Warum nicht? Willst du denn den Landweg nehmen? Der ist schwieriger und gefährlicher.«

»Trotzdem reisen wir mit dem Wagen. Wir fahren über Zutphen, liefern da die Kanonen ab und dann geht's gleich weiter nach Kampen.«

Gerd unterdrückte ein Lachen. Er wusste, dass sein Onkel schreckliche Angst vor Wasser hatte, vor allem, wenn es tief war.

Die Aussicht, im Frühjahr eine lange Reise zu machen, versetzte Gerd in gehörige Aufregung. Zutphen, aber vor allem Kampen mussten schöne, gewaltige Städte sein. Wenn er die Namen nur hörte, sah er im Geist auch schon geschäftige Kaianlagen, gewaltige Packhallen, kolossale Kirchen, steinerne

Patrizierhäuser, und er bildete sich ein, all die Gerüche von Pech, Tauwerk, Segeln und Gewürzen zu riechen. Den Bosch war zwar eine ziemlich große Stadt mit mehr als zehntausend Einwohnern, mit einem berühmten Pferde- und Tuchmarkt, hatte aber etwas Bedrückendes. Vielleicht war das die Folge der zahlreichen Klöster, Kongregationen und heiligen Orden, die in der Stadt zu Hause waren. Jeder zehnte Einwohner war Priester, Mönch oder Nonne. Und weil all die frommen Orden nicht nur fleißig waren, sondern auch billiger liefern konnten, waren sie für die normalen Handwerker eine starke Konkurrenz. Wenn die Gildemeister von Den Bosch dagegen protestierten, wurde ihnen mit Hölle und Verdammnis gedroht, und verängstigt fügten sie sich dann wieder. Aber in einer reichen und mächtigen Stadt wie Kampen, so dicht an der offenen See, würde vielleicht ein frischerer Wind wehen, hoffte Gerd.

Sofort nach Ostern brachen sie auf. Die Straße war unglaublich schlecht, es regnete und war windig. Bei Nimwegen mussten sie sich über die Waal setzen lassen, bei Arnheim über den Rhein, und beide Male war Gerhard van Wou grün vor Elend. Aber nach zehn schrecklichen Tagen und viel Plackerei erreichten sie doch Kampen, obwohl sie zwei volle Tage in Zutphen verbracht hatten. Und in Kampen schien die Sonne. Schon von weitem sah Gerd, wie sich die Stadt mit den hohen Türmen der Bovenkirche und der Maria- und der Buitenkirche und den mächtigen Toren und Mauern in den Himmel reckte.

Umsäumt von Riedgürteln, breit und mit regem Schiffsverkehr, floss die IJssel an der Stadt vorbei. Und noch weiter weg lagen, dünn besiedelt und von herber Schönheit, die weiten Polder und Riedsümpfe. Der Wind roch frisch und salzig, weiße Wolken segelten majestätisch über das flache Land, unzählige Möwen segelten durch die Luft, an den Kais und im Hafen reckte sich ein Wald von Schiffsmasten in den Himmel.

Sie fuhren durch das Venetor in die Stadt und Gerd hatte das seltsame Gefühl nach Hause zu kommen, obwohl doch alles, was er sah, neu für ihn war.

Schon am Tor wurde ihnen gesagt, dass es verboten war, in der Stadt auf dem Wagen zu bleiben; Kutscher und Mitreisende hatten neben dem Wagen zu gehen, sonst wäre eine schwere Geldbuße fällig.

Der normale Gestank, der über jeder dicht bevölkerten Stadt hing, wurde vom salzigen Seewind vertrieben, der böig über das Riedland blies. Es war Freitag.

Überrascht sah Gerd, wie ein Mann in Henkerskleidung, das Wappen der Stadt auf die Brust gestickt, durch die Straßen lief, laut auf ein Becken schlug und die Bürger ermahnte ihren Hof und ihre Vortreppe zu fegen.

Eine Stunde nach dem Henker erschien eine offene Karre, gezogen von zwei Pferden und umschwärmt von einer Anzahl Tagelöhner, die mit Schaufeln den zusammengefegten Abfall aufluden. Bevor es Nachmittag wurde, sah Kampen blitzsauber aus, und die Bürger konnten sich auf die Straßen wagen, ohne Holzschuhe über den normalen Schuhen tragen zu müssen.

»Jungejunge, davon könnten die Schöffen von Den Bosch eine Menge lernen«, murmelte Gerd. »Jede Woche die ganze Stadt sauber machen … kein Wunder, dass die Leute hier so gesund aussehen.«

Noch etwas erstaunte Gerd. Der Henker schien in der Stadt Kampen ein gewichtiger Mann zu sein, er wurde von niemandem beschimpft oder mit Schmutz beworfen, wie das in anderen Städten üblich war, wenn der Scharfrichter es wagte, sich ohne Vermummung in der Öffentlichkeit zu zeigen. Später hörte der Junge, es sei streng verboten, den Henker zu belästigen. Wer es dennoch tat, musste mit einer gehörigen Buße rechnen.

Meister Gerhard van Wou wurde im Haus von Rudolf Vinck untergebracht, dem »Büchsenmeister« der Stadt. Gerd und die beiden anderen Knechte wohnten in einer Herberge in der Haghengasse.

Und während Gerhard van Wou mit den Kirchenherren im Beisein eines Advokaten den Vertrag aushandelte, schlenderte Gerd durch Kampen und genoss die Betriebsamkeit, die frische Luft und die schönen Häuser. Was für eine Stadt! Mit ihr verglichen war Den Bosch, so groß und selbstbewusst es auch sein mochte, nichts als ein verschlafenes Marktfleckchen.

Am Münzplatz war eine Taverne, in der er seinen Durst mit Dünnbier löschte. Durch die kleinen Fenster konnte er die Front der Bovenkirche sehen, auf der anderen Seite des Platzes das Münzgebäude, das Gericht und einige schöne Patrizierhäuser. Es war Samstag, auf dem Platz standen unzählige Stände und Buden, die alle erdenklichen Waren anboten. Ein wenig müde vom Herumstromern, gefiel es Gerd, bequem auf der Bank zu sitzen und dem regen Treiben zuzuschauen. Der Wirt, der in dem Jungen sofort einen Fremden erkannte, deutete nach draußen.

»Hier ist immer etwas los«, meinte er gesprächig. »Wenn kein Markt ist, ist eben eine Gerichtsverhandlung oder eine Hinrichtung, oder es kommt ein reisender Prediger, der seine Strafpredigt auf dem Kornmarkt oder in der Bovenkirche hält. Sogar Johannes Brugman ist einmal in Kampen gewesen, aber das war vor meiner Zeit. Mein Vater hat davon geschwärmt.«

Gerd, der kaum wusste, wovon der Mann sprach, nickte nur.

»Wenn hier heute jemand ein flinkes Mundwerk hat, sagen wir immer noch: Der kann reden wie Brugman«, fuhr der geschwätzige Wirt fort. »Und dann, vor zwei Jahren, das hättet Ihr sehen müssen, junger Mann! Da sollte hier ein Soldat enthauptet werden, Jan van Schaffelaar war sein Name. Der hatte drei Viehtreiber überfallen, einen niedergestochen und die beiden anderen verletzt. Das musste ihn natürlich den Kopf kosten, und weil er ein halber Edelmann war, sollte er nicht einfach beim Venetor aufgehängt, sondern hier auf dem Kornmarkt geköpft werden. Na ja, so etwas passiert nicht jeden Tag und darum gingen wir alle hin. Aber aus der Hinrichtung wurde dann nichts.«

»Warum?«, fragte Gerd. »Stellte sich doch seine Unschuld heraus?«

»Der war so schuldig wie die Hölle und er hatte ja auch gestanden, noch bevor Meister Decker ihn auf die Folterbank spannen konnte. Aber was meinst du? Als der Kerl seinen Kopf gerade auf den Block legen sollte und Meister Decker in die Hände spuckte und das Schwert nehmen wollte, drängte sich eine Jungfrau vor, um den Schurken freizubitten. Und das war sogar ein hübsches Ding. Der ging es wahrscheinlich sehr zu Herzen, als sie den blonden Kerl da auf dem Schafott sah, der keine fünf Minuten mehr zu leben hatte, dass sie ihn für sich erbat. Und sie bekam ihn! Sodass wir dann statt einer Hinrichtung einer Trauung beiwohnen konnten.«

Gerd schmunzelte.

»Und das ist schon zwei Jahre her, sagt Ihr? Mann, dann passiert doch gar nicht so viel in dieser Stadt, wenn Ihr heute noch davon erzählt.«

»Pah, dann müsst Ihr mal nach Deventer kommen«, warf der Wirt ein, der meinte seine Stadt verteidigen zu müssen. »Da hängt an der Waage immer noch der große Kessel, in dem sie vor einem halben Jahrhundert einen Falschmünzer in Öl gekocht haben. Jedem Fremden, der nach Deventer kommt, wird erst einmal der eiserne Topf gezeigt, so verrückt stolz sind sie darauf.«

Gerd lief es kalt den Rücken runter. Er musste plötzlich an Hieronymus Bosch denken, der gesagt hatte: Es sind Menschen, die das Menschen antun, keine Teufel.

»Was... eh... was ist denn aus dem Mörder und der Jungfrau geworden?«, fragte er.

»Sie sind wohl nach Zutphen gegangen und da ist der Kerl Führer eines Söldnerfähnleins geworden, mit dem er jetzt die Veluwe unsicher macht. Man sagt, das Mädchen sei bei den Räubereien immer dabei. In Zutphen nennt man ihn auch nicht Jan van Schaffelaar, sondern Jan von dem Schafott. Ich weiß das so genau, weil da ein Bruder von mir wohnt, den ich jedes Jahr besuche.«

Gerd bestellte sich noch einen Becher Dünnbier.

»Sag, du bist doch hoffentlich schon achtzehn Jahre«, brummte der Wirt, »denn sonst darf ich dich nicht bedienen.«

»Kommt, kommt, einen Becher Dünnbier werdet Ihr mir schon geben können! Ich komme aus Den Bosch, da weiß man, was Trinken ist!«

Der gesprächige Wirt brachte ihm das Bier und setzte sich ungefragt zu ihm.

»Wie gefällt dir denn unsere Stadt, Den Boscher?«

Gerd wischte sich den Mund ab und zog kurz an seinem Schnurrbart, der schon gehörig zu sprießen begann.

»Seltsam, Kampen ist kleiner, als ich gedacht hatte, aber sehr sauber. Und schön. Trotzdem frag ich mich: Sind die Leute hier arm? Ich habe kaum Schweine auf der Straße gesehen.«

»Wer in dieser Stadt ein Schwein oder eine Ziege halten will, muss das im Haus tun«, sagte der Wirt, »oder in einem Verschlag auf seinem Hof. Die Schöffen wollen nicht, dass die Tiere frei rumlaufen und Dreck machen.«

»Mein lieber Mann, hier gibt es wohl für alles und noch was Verordnungen«, lachte Gerd.

»Aber das ist doch auch nötig! Dreck wollen wir hier nicht. Dies ist der große Hafen für den Niederrhein, die Packhallen sind voll mit Getreide, Salz, Fisch, Fleisch... alles Sachen, die schnell verderben können und an denen sich ganze Armeen von Ratten satt fressen wollen. Schmutz zieht Ratten an. Darum haben die Schöffen auch angeordnet, dass in jedem Haus mindestens zwei Katzen sein müssen.«

»Katzen?«

»Um die Schädlinge fern zu halten. Katzen sind nützliche Tiere, junger Mann! Und wenn sie alt und nutzlos geworden sind, kann man sie essen, und für das Fell gibt der Abdecker noch gern einen halben Stüver.«

»Katzenfleisch!«, lachte Gerd, »das isst man bei uns nur in einer Hungersnot.«

»Oh, die reichen Bürger mögen es auch nicht, aber wir haben ein Heim voll mit armen Schluckern, und die fragen nicht, was sie auf dem Teller haben, wenn es nur gut schmeckt, gut gewürzt ist und gerade erst vom Feuer kommt.«

»Da kann man nur sagen, die Kampener sind gewitzte Leute.«

»Verlass dich drauf, Kampen ist durch Klugheit groß geworden.« Für einen Moment beugte sich der Wirt vor und flüsterte seinem Gast ins Ohr: »Das ist auch die Devise unserer steinreichen Reeder: Wir fahren für Gott – und um reich zu werden.«

»Das ist wenigstens ehrlich«, meinte Gerd. Er trank sein Bier aus und stand auf.

»Wir sehen uns noch, Wirt. Wir bleiben ein paar Wochen hier.«

»Du bist willkommen, junger Mann.«

Gerd bezahlte und verließ die Taverne.

Drei Wochen später, am Vorabend des Tages, an dem das eigentliche Gießen beginnen sollte, nahm Meister Gerhard van Wou seinen Neffen zur Seite und schlug ihm vor, gemeinsam ein Bier trinken zu gehen, und zwar in der Goldenen Galionsfigur, der Taverne am Münzplatz. Warum gerade da?, dachte Gerd, das ist doch am anderen Ende der Stadt. Aber der gesprächige Wirt war ihm noch in guter Erinnerung, also willigte er gern ein.

Es war ein ruhiger Abend, trocken, noch nicht dunkel, und darum setzten sie sich an einen Tisch unter dem Vordach, sodass sie den Platz überblicken und das Haus des Münzmeisters und Goldschmieds Ludwig Yegher sehen konnten. Sie sahen, wie sich die untergehende Sonne in den Blei eingefassten Butzenscheiben spiegelte. Gerhard van Wou konnte den Blick gar nicht davon losreißen.

»Na, Neffe, wie gefällt dir Kampen?«, fragte er plötzlich.

»Sehr gut. Die Straßen sind sauber, man stolpert nicht jeden Augenblick über grunzende Schweine, frei herumlaufende Hunde oder gackernde Hühner. Und hier scheint es auch weniger zu regnen als bei uns in Den Bosch. Es ist eine so ... sonnige Stadt.«

Onkel Gerd nickte bedächtig, starrte auf die rot glühenden Fenster auf der anderen Seite des Platzes und bestellte dann noch einen Krug Wein.

Wein, dachte Gerd, hat mein Onkel etwas zu feiern?

In Erwartung der Bestellung trommelte Gerhard van Wou mit den Fingern auf der blank gescheuerten Tischplatte.

»Mein Vertrag mit Leutgard läuft sehr bald aus«, sagte er.

»Ja, ich weiß.« Aber weil sein Onkel nicht weitersprach, beugte Gerd sich etwas vor. »Onkel, ich weiß, dass es mich eigentlich nichts angeht, aber hast du dich schon entschieden, was du danach tun wirst? Du sagtet einmal, du würdest dich dann in einer anderen Stadt selbstständig machen, aber...«

»Red nur weiter.«

Gerd tat sich schwer, das auszusprechen, was er dachte.

»In Den Bosch«, begann er vorsichtig, »gibt es zwei Glockengießereien, und das ist schon eine zu viel. Aber wenn du irgendwo anders einen Betrieb aufbauen willst, brauchst du Kapital, und das hast du nicht. Das habe ich doch gesehen, Onkel, für Leutgard und ihre Kinder geht alles drauf.«

Gerhard nickte. »Das hast du richtig gesehen, Gerd. Und ich ...«

Plötzlich schwieg er, richtete sich kerzengerade auf und starrte zur anderen Straßenseite. Die Haustür des Goldschmiedemeisters war aufgegangen. Eine dicke Frau mit einem Tragekorb trat auf die Straße. Gerhard seufzte und lehnte sich zurück.

»Wo will die Frau so spät noch hin?«, murmelte Gerd, der ebenfalls abgelenkt worden war.

»Sie bringt wahrscheinlich was zu essen ins Heiligen-Geist-Spital.«

Gerhards Stimme klang ein wenig tonlos, als sei er enttäuscht. Hatte er jemand anders erwartet?

Der Wirt brachte den Wein, zögerte einen Augenblick, als wollte er ein Gespräch beginnen, aber Gerhard van Wou brachte ihn mit einem Handzeichen dazu, schnell wieder zu verschwinden.

»Hör zu, Gerd, lieber Neffe«, sagte er leise, »ich habe ein Angebot bekommen.«

»Für noch mehr Glocken?«, fragte Gerd erfreut.

»Alles hängt von der Mariaglocke ab, die wir morgen gießen. Wenn uns die gelingt, sollen wir noch mehr Glocken für Kampen gießen, nicht nur für die Buitenkirche, sondern auch für diese hier, die Bovenkirche. Außerdem wollen die Schöffen Kanonen auf die neuen Mauern stellen. Das ist vorläufig genug Arbeit für uns. Darum haben sie mich gefragt, ob ich nicht Lust hätte, mich in Kampen niederzulassen.«

Jetzt richtete sich Gerd ruckartig auf.

»Hier, für immer! Das wäre ja großartig. Aber ...«

»Das nötige Kapital will man mir leihen.«

»Das ist doch prima!«

»Meinst du?«

»Und ob! Dann können wir dem schmutzigen Den Bosch den Rücken kehren und hier haben wir ein herrliches Hinterland: der ganze Niederrhein, das ganze Oversticht, bis nach Groningen ... Onkel Gerhard, du willst so ein Angebot doch nicht ausschlagen?«

Nachdenklich starrte der Glockengießer in seinen Weinbecher.

»Kann ich Leutgard von einem Tag auf den anderen im Stich lassen?«, murmelte er gepresst.

»Großer Gott, Onkel Gerhard! Du hast ihr fünf Jahre deines Lebens geopfert, du bist siebenundzwanzig Jahre alt, es wird höchste Zeit, dass du selbst heiratest!«

»Aber wenn ich gehe, kann Leutgard die Gießerei schließen, einen Nachfolger gibt es nicht. Und du bist zu jung und hast noch lange nicht ausgelernt.«

»Oh, ich möchte ja auch mit dir hier in Kampen bleiben!«

Allein der Gedanke daran versetzte Gerd in freudige Erregung. Auf der anderen Seite des Platzes wurde hinter den grünen Fenstern eine Kerze angezündet. Angestrengt, wie es schien, hielt Onkel Gerhard den Blick darauf gerichtet.

»Onkel, ich habe eine Idee! Warum schließt du nicht einen neuen Vertrag mit Leutgard? Nicht um für sie zu arbeiten, sondern um von ihr Material und Geräte zu übernehmen! Du nimmst alles mit nach Kampen und schickst ihr jährlich einen bestimmten Betrag, bis alles bezahlt ist. Davon kann sie eine Zeit lang leben, und wenn ihre Kinder dann noch nicht in der Lage sind, ihr eigenes Geld zu verdienen, taugen sie nichts.«

»Soll ich mir noch mehr Schulden aufladen?«, murmelte Gerhard entmutigt. Das Dienstmädchen kam zurück. Viel mehr als ein umfangreicher Schatten auf dem Platz war sie nicht. Gerhard starrte sich die Augen aus, als die Tür aufging und sie im Haus verschwand.

»Wer wohnt da?«, fragte Gerd.

»Ein Goldschmied. Er ist zugleich Münzmeister.«

»Ja, das weiß ich. Aber wer wohnt da sonst noch? Hat Meister Yegher womöglich eine hübsche Tochter?«

Gerhard blickte ihn wütend an. »Das geht dich gar nichts an!«

Der Junge grinste und schwieg. Aber er dachte sich seinen Teil. In all den Wochen, die wir nun schon hier sind, hat Onkel Gerhard sich nichts aus den vielen hübschen Mädchen hier in der Stadt gemacht. Heißt das, dass er sich in eine Patriziertochter verliebt hat? Das würde mich überhaupt nicht wundern ...

Die dumpfe Glocke der Bovenkirche schlug achtmal. Sie tranken ihren Wein aus und standen auf.

Am nächsten Tag, gegen Mittag, begann das Gießen. Um die Grube bei der Buitenkirche versammelte sich eine neugierige Menge, die beim Füllen des Schachtofens zuschaute. Der Priester und seine Messdiener standen bereit für die Feierlichkeit, aber Gerhard van Wou ließ sich Zeit und sorgte dafür, dass das Feuer erst spät entzündet wurde. Der will ein schönes Feuerchen in der Abenddämmerung haben, dachte Gerd amüsiert. Er will Eindruck auf die Bürger von Kampen machen. Recht hat er!

Im Schachtofen glühte es. Zinngießer und Kupferschläger führten mit Onkel Gerhard ein ausführliches Gespräch über die Schmelzpunkte der Metalle und die Legierung von Bronze. Gerd stand mit einer langen Eisenstange bereit, um auf ein Zeichen seines Onkels den Lehmpfropfen zu zerstoßen. Aber vorläufig war es noch nicht so weit ...

Gerd drehte sich zu den Leuten um, die sich bei der Kirche versammelt hatten. Zwischen den Handwerkern, die natürlich alles mit Argusaugen verfolgen wollten, sah er ein paar Schöffen, ältere Schiffer und einen vornehm gekleideten Herrn, den Goldschmied Ludwig Yegher. Neben ihm stand ein ungefähr siebzehnjähriges Mädchen mit rundem Gesicht und hellgrauen Augen. War sie das?, fragte sich Gerd.

»Zurück, Leute, alles zurück«, rief Gerhard van Wou, »oder wollt ihr euch gleich das Gesicht verbrennen? Verlasst euch drauf, wenn die Speis erst einmal fließt, dann steigt Hitze auf.«

Die Sonne war schon hinter den Häusern verschwunden, vom Fluss stieg die Abendkälte auf. Die Spannung wurde spürbar. Wie lange noch, bis die Speis »gar« war?

Der Kirchenchor sang. Der Priester sprenkelte Weihwasser auf die mit Erde gefüllte Gussgrube und murmelte Gebete. Messdiener mit dem Bild der Jungfrau Maria gingen im Prozessionszug um die Kirche herum.

Wenn die Glocke misslingt, dachte Gerd plötzlich in Panik, können wir unsere schönen Zukunftsträume vergessen…

Er schaute zu seinem Onkel hinüber, der eine lange Stange nahm, an deren unterem Ende ein Löffel befestigt war, und die Speis prüfte.

Die Bronze war schon flüssig, hatte aber noch nicht die richtige Farbe.

Langsam senkte sich die Dämmerung über die Stadt Kampen. Das Mädchen neben Ludwig Yegher stellte sich aufs andere Bein und beobachtete Gerhard van Wou, der bei der wachsenden Ungeduld der Zuschauer seelenruhig blieb und genau zu wissen schien, was er zu tun hatte. Was geht in ihm vor?, fragte sich Gerd. Er weiß, wie wichtig gerade diese Glocke für ihn ist. Alles hängt davon ab…

Endlich gab Gerhard van Wou seinem Neffen Gerd das Zeichen. Der Junge nickte, zertrümmerte mit drei kräftigen Stößen den Lehmpfropfen, schnippte schnell die Brocken aus der Rinne… und da floss auch schon die Speis! Weiß glühend, mit tänzelnden Flammen darauf, floss das geschmolzene Metall zum Stutzen, um zischend in der Erde zu verschwinden. Und schon sprangen die Flammen aus den Entlüftungskanälen. Die Menge rief: »Ooooh!«, und wich zurück. Gerhard van Wou stand an der Gussrinne und schaute mit beinahe feierlichem Gesichtsausdruck auf das vorbeifließende Feuer. Die Farben der Speis, der Flammen, sogar der Stichflammen aus den Entlüftungskanälen schienen ihm zu gefallen. Gerd sah ihn zufrieden nicken. Aber nicht ein einziges Mal schaute er sich nach dem hübschen Mädchen um.

Aber sie beobachtete ihn unablässig. In der zunehmenden Dunkelheit erhellten die Flammen ihr Gesicht; ihre Augen strahlten, und Gerd meinte in ihren Augen den Gießermeister sehen zu können: einen ruhigen, kräftigen Mann, selbstsicher, kein Aufschneider, sondern ein Künstler in seinem Fach.

Noch immer floss die Speis, spielten die Flammen ihr Spiel, während es um sie herum schnell dunkel wurde. Das Feuerwerk war in vollem Gang und wie stets genoss Gerd es.

Er bewunderte seinen Onkel, der wusste, wie er die Kampener beeindrucken konnte und auch die Bürgertochter, die neben ihrem Vater stand und den Meister, der dieses Feuer beherrschte, nicht aus den Augen lassen konnte.

Zwei Tage später, als die Glocke ausgegraben und von ihrem Lehmmantel befreit wurde, war sie mit ihrem Vater wieder dabei. Makellos und glänzend kam die Mariaglocke zum Vorschein, und während des Putzens konnte man schon hören, dass sie einen guten Klang haben würde. Gerhard van Wou hatte es also wieder einmal geschafft. Gerd seufzte vor Erleichterung und konnte es nicht lassen, kurz in die Richtung zu dem Mädchen hin zu lächeln, aber das beachtete ihn gar nicht, sondern hatte nur Augen für den Meister, der ruhig seine Befehle gab.

»Komm mit, Klara«, sagte ihr Vater endlich, »wir können hier nicht den ganzen Tag herumstehen.«

Sie gehorchte, schaute sich aber noch zweimal um. Sie wäre wohl gern noch geblieben, um die Glocke zu sehen, aber vor allem, um dem Mann zuzuschauen, dessen Name darauf stand: Gerhard van Wou.

Gerd schmunzelte. Daraus wird was, dachte er und fühlte sich plötzlich sehr glücklich.

~ 7 ~

Die Grafschafter

Für Karen van Schaffelaar war das Leben zur reinsten Freude geworden. Wie eine Königin herrschte sie auf dem Hof auf der Veluwe südlich der Stadt Elburg, auf dem Hauptmann van Schaffelaar und sein Fähnlein sich einquartiert hatten.

Den Pächter und seine Familie hatten sie mit dem Vieh und ihren Habseligkeiten kurzerhand verjagt, und so war aus dem Bauernhof der Stützpunkt der Grafschafter geworden. Nicht weit von ihnen lief der große Feldweg von Elburg nach Süden.

Jans reduziertes Fähnlein war inzwischen auf achtzehn Mann aufgefüllt worden, und den Hauptmann und Karen mitgezählt, waren sie also zwanzig. Und Karen zählte mit! Jan hatte ihr ein Pferd besorgt: eine braune Stute, zahm, aber schnell. Auf dieser lernte Karen reiten, und zwar in einem Männersattel, denn sie trug die gleiche Kleidung wie die Söldner, sie war bewaffnet, und drei- bis viermal in der Woche ritt sie frühmorgens auf ihrem Pferd zur Jagd. Tieske war zum Hofhund ernannt worden, und da er gar nicht ans Weglaufen dachte, durfte er frei herumstromern.

Das Bauernhaus war ein lang gestrecktes Gebäude. Im vorderen Teil war eine große Wohnung, dahinter lag der Stall. Neben dem Haus stand noch eine Scheune mit einem Heuboden. Jan und Karen schliefen in der Bettnische des Wohnraumes, in dem sich tagsüber auch die Söldner aufhielten und in dem auch gekocht und gegessen wurde. Die Söldner schliefen im Stall bei den Pferden oder in der Scheune im Heu.

Schon bald kam eine zweite Frau zu ihnen: Elsa, eine Witwe aus Elburg. Langer Peter heiratete sie, denn er liebte dicke und gutmütige Frauen. Elsa konnte zwar nicht jagen und kämpfen, aber sie war eine großartige Köchin und hielt sehr viel von Sauberkeit. Karen vertrug sich gut mit ihr und überließ ihr auch gern das Führen des großen Haushaltes. Karen selbst trabte lieber über die Heide oder durch die Wälder, oder sie lauerte mit dem Fähnlein arglosen Kaufleuten auf und überfiel mit ihnen die Geldtransporte, die einmal im Monat aus Elburg oder Harderwijk kamen. Das Fähnlein wurde »die Grafschafter« genannt, weil Jan van Schaffelaar in ständiger Verbindung mit Zutphen stand. Die ausgeplünderten Kaufleute, Steuereintreiber und Reisenden nannten sie allerdings lieber »Strauchräuber«.

Karen beschäftigte sich nicht mit der Frage, ob das, was sie taten, gut oder schlecht war. In den Augen der Bürger und Bauern waren Söldner die verachtenswertesten Menschen überhaupt und auch die gefürchtetsten. Na und? Karen war Verachtung, Ablehnung und Gefahr gewöhnt. Als Kind hatte sie nach Meinung der Leute im Kamperland zu nichts getaugt. Jetzt taugte sie immer noch nichts und machte sich der Wilderei und Strauchräuberei schuldig – aber das berührte sie nicht. Ihr kam es nur auf Jan van Schaffelaars Urteil an, und solange der sie achtete und als gleichrangig behandelte, war sie glücklich. Alle anderen Menschen waren ihr nicht wichtig. Deshalb stellte sie sich auch nie die Frage, was ihr die achtzehn Söldner, die mit ihr und ihrem Mann den Hof bewohnten, bedeuten könnten. Für sie bestand diese raue Bande eben aus achtzehn verschiedenen Menschen, von denen jeder etwas Gutes und etwas Schlechtes hatte und denen nichts Menschliches fremd war. Sie nahm sie, wie sie waren, mit all ihren Eigenarten, ohne sich ein Urteil über sie anzumaßen.

Am besten kam sie mit Buckelchen aus, der gar nicht so klein war, sondern nur so aussah, weil er eine herunterhängende Schulter und krumme Beine hatte und vornübergebeugt ging. Er war schrecklich hässlich, hatte eine platte Nase, wässrige grüne Augen und eine niedrige Stirn. Aber er war der beste Reiter, er weigerte sich nie, wenn Karen ihn beauftragte Brennholz oder frisches Stroh zu holen oder das Stalldach auszubessern. Und er war nicht dumm.

Langer Peter war einfach Söldner, nicht besser oder schlechter als alle anderen. Bei seiner Frau Elsa hatte er nicht viel zu melden, aber wegen seiner Tapferkeit wurde er im Fähnlein hoch geachtet.

Frommer Gisbert war ein rauer Kerl von ungefähr dreißig Jahren. Er hatte Priester werden wollen, war aber aus dem Kloster in Bentheim davongelaufen. Niemand konnte so fluchen wie er, und mit bitterem Hass verfolgte er alles, was mit der Kirche oder der Religion zu tun hatte. Darum nannten sie ihn den Frommen. Die meisten Söldner hatten Spitznamen, von manchen kannte keiner den richtigen Namen. So verdankte Fauler Jakob seinen Namen der Tatsache, dass er nie und nimmer zum Holzhacken zu bewegen war. Unzertrennlich befreundet war er mit Hans Haferschleim, der weder Fisch noch Fleisch aß und darum spindeldürr war. Blaubacke war der Älteste des Fähnleins, er war ein starker Kerl von fast vierzig Jahren, ein erfahrener Krieger mit finsterem Gesicht und schwarzem Bart. Er konnte weder lesen noch schreiben, aber sein Alter gab ihm Autorität, also wurde er von den anderen als Unterführer akzeptiert.

Johann Steinbrecher und Markus Becking waren ebenfalls unzertrennlich, aber mit echter Freundschaft hatte das nichts zu tun. Beide waren hoffnungslos dem Würfelspiel verfallen. Wenn sie nicht auf ihren Pferden über die Heide brausten, saßen sie im Wohnraum und verloren abwechselnd einer an den anderen all ihre Habseligkeiten, sodass sie nie ärmer oder reicher werden konnten.

Ein anderes unzertrennliches Paar waren Kastor und Pollux. Niemand kannte ihre richtigen Namen und sie ähnelten einander so sehr, dass niemand sie auseinanderhalten konnte. Sie waren noch jung und darum unternehmungslustig. Beide kamen aus der Gegend von Jülich.

Der bestgekleidete Spitzbube unter der Sonne war aber Martin das Fass, ein schöner junger Mann mit prächtigem Schnurrbart, hellblauen Augen – und so eitel wie eine Gräfin. Sein Wams war nie von einem Fleck verunziert, seine Stiefel glänzten stets wie neu, sein Pferd wurde täglich gestriegelt und er hasste Schlamm, Schmutz und Dreck. Er hoffte eines Tages steinreich zu werden, dann könnte er sich in einer zivilisierten Stadt niederlassen, elegant gekleidet gehen, sich bei schlechtem Wetter in einer Sänfte tragen lassen, um trocken und sauber zu bleiben. Und er war musikalisch. Der Klang seines Horns war weit und breit bekannt und so diente er dem Fähnlein vor allem als Kundschafter. Martin hasste Blutvergießen, weil er sich dabei die Kleider beschmutzte, aber wenn ein Mord ihn seinem Wunsch, ein reicher, angesehener Bürger zu werden, näher bringen konnte, würde er nicht davor zurückschrecken. Er war tatsächlich ein hervorragender Spion und darum war es seine Aufgabe herauszubekommen, wann die Transporte in Elburg oder Harderwijk abfuhren, oder Alarm zu blasen, wenn sich in der Umgebung des Räuberhauptquartiers burgundische Reiter sehen ließen. Bei dieser Kundschaftertätigkeit halfen ihm die Zwillinge Kastor und Pollux und manchmal auch Süßgrün, der genau wie Martin ein schöner Mann mit stolzem Schnurrbart war. Berthold Leitermacher war Deutscher, ein schweigsamer Kerl mit enormem Appetit und blutrünstigem Charakter. Quasselmaul dagegen stand der Mund niemals still und er liebte Scherze, genau wie Mützchen, der Jüngste von allen, der dem Hauptmann als Schildknappe diente. Mützchen war Waise, fast noch ein Kind, aber er war fleißig und hilfsbereit. Karen behandelte ihn wie einen jüngeren Bruder.

Der Schweigsamste von allen war Stiller Kornelius. Vielleicht war etwas mit seiner Kehle nicht in Ordnung oder waren seine Stimmbänder steif, denn er sagte wenig, und das war nicht mehr als krächzendes Flüstern.

Schließlich waren da noch Julius der Preuße und Friedrich der Henker. Julius war früher Seemann gewesen. Er hatte alle Wasser nördlich von Texel befahren, aber als er nach einem Schiffbruch auf wunderbare Weise gerettet worden war, hatte er geschworen, nie mehr einen Fuß auf eine Schiffsplanke zu setzen. Unter der Meeresoberfläche hausten Teufel, behauptete er. Er hätte sie selbst gesehen, als er fast ertrunken wäre, sie hätten ihn an den Beinen heruntergezogen und ihm gellend in die Ohren gelacht. Aber da hätte ihn eine große Welle mit einem Engel auf der Schaumkrone aufgenommen und an den Strand geworfen. Zum Dank hatte er seinem Schutzheiligen Sankt Nikolaus versprochen, in Zukunft die See zu meiden und sich an Land herumzutreiben, dann könnte er den gleichen Schutzheiligen anrufen. So war er zu einer Gruppe von Söldnern gestoßen, die in die Niederlande zog und der auch Kastor und Pollux, Friedrich und Berthold sich angeschlossen hatten. In Zutphen angekommen, hatten sie sich dem Fähnlein von Jan van Schaffelaar zuteilen lassen. Sie sprachen eine Mischung aus Deutsch, Flämisch und Friesisch, was für Karen manchmal schwer verständlich war.

Friedrich hieß nicht umsonst der Henker. Er war eine Zeit lang Henkersknecht in Köln gewesen und kannte jede Foltermethode, was sehr nützlich war, wenn das Fähnlein einen Kaufmann überfallen hatte, der nicht sagen wollte, in welchem geheimen Versteck auf seinem Wagen er sein Gold hatte. Friedrich brachte jeden zum Reden ...

Achtzehn Schurken, Kampfhähne... aber Karen erkannte schon bald, dass sie trotz ihres Draufgängertums doch nur arme Teufel waren, Angst vor Schmerzen, Hunger und Kälte hatten und vor dem Gericht. Sie riskierten ihr Leben für eine Sache, die sie nichts anging, sie kämpften für einen Herren, der nicht der ihre war, sie fielen für ein Land, in dem sie nicht geboren waren.

Und diese gewissenlosen Menschen lebten auf Kosten eines bettelarmen flachen Landes. Maximilian legte den Städten von Geldern hohe Steuern auf, um seinen lang währenden Krieg mit Frankreich bezahlen zu können, aber die Städte beherrschten das flache Land und versuchten die Last auf die Bauern abzuwälzen. Pächter durften nicht selbstständig Handel treiben, sie mussten ihre Produkte auf die städtischen Märkte bringen, wo sie an den Toren dann auch noch den Bürgern Zoll bezahlen mussten und sich an die von den Stadtregenten bestimmten Preise zu halten hatten. Den Bürgern garantierte das preiswerte Lebensmittel, für die Bauern bedeutete es schlimme Armut. Ein Reitertrupp, der verhinderte, dass die abgepressten Steuern in Maximilians Schatzkiste flossen, sollte also eigentlich zum Vorteil der ausgeplünderten Bevölkerung von Geldern sein, aber nichts traf weniger zu. Wo blieb das geraubte Geld? Es wurde nicht den Bauern oder den Städten zurückgegeben, es ging zum größten Teil nach Zutphen, wo Herr Weinand davon in Saus und Braus lebte und den Rest aufhob, um damit eines Tages dem jungen Herzog Karl in den Sattel zu helfen. Ein anderer Teil der Beute verschwand in den Taschen der Söldner und weder die Bauern noch die Bürger sahen jemals einen Stüver wieder.

Neben den hohen Abgaben, die die Städte ihnen auferlegten, bekamen es die Bauern der Veluwe nun auch noch mit der herumschwärmenden Söldnerbande zu tun, die sich auf ihre Kosten bevorrateten. Wenn ein Bauer sich zu widersetzen versuchte, konnte er sicher sein, dass seine Ställe und Scheunen in Flammen aufgingen und seine Vorräte mit Gewalt beschlagnahmt wurden. Die Bauern der Veluwe sahen schon bald ein, dass es besser war, gut Freund mit den Reiterbanden zu sein, dann wurden sie einigermaßen geschont und konnten hin und wieder etwas an einem Fähnlein verdienen.

Karen verbot den Söldnern, Bauernhöfe zu überfallen oder Ernten zu beschlagnahmen.

»Einen Bauern zu ermorden ist sinnlos«, machte sie den Kerlen klar. »Wenn ihr das tut, liegt im nächsten Sommer der Acker brach und auch wir haben nichts zu essen. Gebraucht euren Verstand, Männer! Wir haben Geld genug, wir können alles bezahlen. Wir sind Soldaten, keine Strauchräuber. Wenn Karl von Geldern sein Erbe annimmt, soll er kein ausgehungertes und ausgeraubtes Herzogtum vorfinden.«

Die Kerle grinsten nur, doch Karens Wort war Gesetz in ihrem Hauptquartier, denn Jan van Schaffelaar war stets ihrer Meinung. Keiner der Söldner wagte ihr jemals zu widersprechen, täten sie es doch, säße ihnen sofort ihr Hauptmann im Nacken, und vor dem Teufelskerl hatten sie großen Respekt. Bis auf Frommen Gisbert konnte ihr Anführer als Einziger lesen und schreiben. Er stand in ständigem Briefwechsel mit Herrn Weinand und er war über die politische Lage im Land auf der Höhe.

Maximilian von Österreich hatte sich im Namen seiner Frau Maria von Burgund vor kurzem etwas Neues ausgedacht: das Reitergeld. Das war eine Steuer, die jeden Monat von den Städten in Geldern eingetrieben und nach Gent gebracht werden musste. Die Steuereintreiber des Hofes kamen selbstverständlich nicht ohne bewaffnete Begleitung, also fand jeden Monat auf der Veluwe ein Scharmützel zwischen burgundischen Soldaten und den Grafschaftern statt. Karen beteiligte sich oft daran. Im Laufe der Zeit hatte sie sich zu einer zielsicheren

Bogenschützin entwickelt und die Burgunder fürchteten sie nicht weniger als Jan van Schaffelaar, den Führer des Fähnleins. Allerdings wusste niemand, dass der zielsichere Bogen in der Hand einer Frau lag… Sogar die Söldner vergaßen es zuweilen; für sie war Karen einfach ein Kamerad, ein Kampfgefährte.

An einem kalten Winterabend, als scharfer Wind und nasser Schnee alle ins Haus gejagt hatte, auch Tieske, der faul vor dem Herdfeuer lag, wurde an die Haustür geklopft. Johann und Markus saßen beim Würfelspiel, Blaubacke ließ den Bierkrug kreisen, Jan van Schaffelaar schrieb einen Brief an Herrn Weinand, Karen saß am Herd und schnitzte neue Pfeilschäfte, Martin das Fass putzte seine Stiefel, die anderen lümmelten herum, reparierten ihre Kleider, schliffen ihre Waffen, erzählten einander von früheren Feldzügen, kurz: Niemand erwartete Besuch. Aber das Klopfen an der Tür war laut genug, von allen gehört zu werden. Tieske sprang laut bellend auf, die Kerle wechselten überraschte Blicke. Wer war bei dem Hundewetter unterwegs? Mützchen ging und öffnete. Auf dem Hof standen zwei zitternde Maultiere und unter dem Vordach über der Haustür sah er zwei dunkle Gestalten in langen Mänteln.

»Lasst uns ein«, sagte eine scharfe Stimme. »Ist hier ein Knecht, der sich um unsere Reittiere kümmern kann?«

»Wünsch ich auch… guten Abend«, sagte Mützchen überrascht.

»Beeil dich, Junge, sollen wir erfrieren?«

Jan van Schaffelaar ging zur Tür und richtete sich hinter Mützchen zu voller Größe auf.

»Was wollt Ihr?«

Einer der Besucher drängte sich an Mützchen vorbei und schlug seine Kapuze zurück. Es war ein Mönch.

»Lasst uns durch«, befahl er. »Wir frieren und sind müde.

Schickt Euren Knecht raus und lasst ihn unsere Maultiere in den Stall bringen. Und gebt ihnen gut Futter, denn wir müssen morgen weiter.«

Jan van Schaffelaar versperrte immer noch den Eingang.

»Sogar Geistliche sollten höflich sein«, herrschte er ihn an. »Wir werden euch gern Unterdach für die Nacht gewähren und eure Tiere versorgen, aber nicht, wenn ihr meint, uns herumkommandieren zu können. Kommt herein, macht es euch bequem, aber benehmt euch nicht wie Flegel.« Mit diesen Worten trat er zur Seite und ließ die beiden Geistlichen durch.

»Kastor, Pollux! Kümmert euch um die armen Tiere, die draußen stehen und krepieren. Bringt sie zu den Pferden, reibt sie ab und gebt ihnen Heu.«

»Jawohl, Hauptmann.«

Die beiden Geistlichen hatten inzwischen den Wohnraum betreten. Sie hatten erwartet, dort eine Bauernfamilie anzutreffen, und blieben vor Verwunderung wie angewurzelt stehen, als sie nur grinsende rohe Gesichter sahen, Soldatenkleider und Waffen.

»Heilige Maria!«, murmelte der Ältere der beiden, der bisher noch kein Wort gesprochen hatte, überrascht. Unwillkürlich bekreuzigte er sich.

Karen, die immer noch am Herd saß, sah es und lachte.

»Kommt nur«, rief sie ihnen zu, »wir sind keine Heiden, die Priester mit Haut und Haaren fressen. Legt die nassen Mäntel ab und kommt, setzt euch ans Feuer.«

Buckelchen, der auch aufgestanden war, nahm ihnen die triefenden schwarzen Capes ab. Darunter trugen sie weite weiße Kutten – es waren also Dominikaner. Der Jüngere der beiden, ein magerer Mann mit scharf geschnittenem Gesicht, schaute sich streng um.

»Ihr dürft mich Vater Egidius nennen. Und dies ist Vater Thomas.«

»Auwei, wenn's dann auch noch ein ungläubiger Thomas ist«, meinte Quasselmaul. Die Söldner lachten schallend. Egidius warf dem Spaßvogel einen giftigen Blick zu.

Aber das Feuer im Herd loderte einladend und die Geistlichen froren und waren durchnässt. Hasse schob ihnen eine kleine Bank zu, sodass sie ihre Füße trocknen konnten.

»Schlechtes Wetter für eine Reise«, sagte sie aufmunternd. Die Dominikaner antworteten nicht. Vater Thomas schien sich zwischen den einheitlich gekleideten Soldaten nicht wohl zu fühlen. Vater Egidius dagegen blieb würdevoll und ließ sich seine Angst nicht anmerken.

»Elsa«, sagte Karen, »gib jedem eine Schüssel Suppe. Wo kommt ihr so spät am Abend noch her? Habt ihr morgen noch einen weiten Weg vor euch?«

Egidius stieß ruckartig die Luft aus und sah Karen mit gerunzelter Stirn an.

»Es gehört sich nicht für einen Knecht, reisende Priester mit Fragen zu belästigen«, sagte er streng. Karen lächelte; in ihrer Söldnerkleidung wurde sie oft für einen Jungen gehalten. Aber Jan van Schaffelaar schlug dröhnend auf den Tisch.

»He, ich habe Euch gesagt, Ihr sollt höflich sein! Sonst steht Ihr wieder draußen, bevor ich bis drei gezählt habe! Verstanden?«

Thomas, dem die Angst vom Gesicht abzulesen war, zupfte seinen Reisegefährten am Kuttenärmel.

»Reg dich nicht auf, Bruder«, sagte er hastig, »diese Leute sind gastfreundlich. Ihre Eigenarten musst du ihnen schon lassen.«

»So ist es«, gab van Schaffelaar ihm polternd Recht. »Wir Grafschafter sind keine Unmenschen und wir werden verirrten Reisenden die Bleibe für eine Nacht auch nicht verweigern.«

Der Name Grafschafter ließ Bruder Thomas erbleichen. Die Söldner grinsten und stießen sie an. Sie mochten keine Mönche und Priester, vor allem Frommer Gisbert starrte die beiden Gäste mit verächtlichem Blick an.

»Grafschafter«, sagte der jüngere Geistliche schneidend und spie das Wort mit so viel Verachtung aus, dass es Karen kalt über den Rücken lief. »Ha, ich habe von euch gehört. Ein gottloses Pack seid ihr: Mörder, Strauchräuber, Plünderer! Begreifst du, wo wir gelandet sind, Bruder Thomas? In einer Räuberhöhle! Gott sei uns gnädig.«

»Jetzt ist aber Schluss!«, donnerte van Schaffelaar und zog sein Schwert. »Noch ein beleidigendes Wort und ich lass euch die Klinge spüren!«

»Beruhige dich doch, Bruder Egidius«, bettelte Thomas. Der magere Dominikaner, dem das Schwert doch einen Schrecken eingejagt hatte, ließ sich endlich auf die Bank fallen und brummte: »Ich bin Priester, ich spreche immer die Wahrheit.«

Elsa, breit und gemütlich, reichte den beiden Besuchern je eine Schüssel mit heißer Suppe.

»Hier, esst, Hochwürden. Das wird Eure Laune verbessern«, sagte sie freundlich. »Wollt Ihr ein Stück Brot dazu?«

Vater Thomas nahm gierig die angebotene Schüssel und begann heißhungrig zu schlürfen. Egidius zögerte.

»Wer ist Sie denn, Frau? Ein Söldnerliebchen? Schäm Sie sich!«

Elsa lebte nicht umsonst unter achtzehn Schurken, von denen einer ihr Mann war. Sie hatte es gelernt sich nichts gefallen zu lassen. Sie stemmte die Hände in die Hüfte und schnauzte:

»Sag, Pfaffe, kann Er nicht einen anderen Ton anschlagen? Ich bin hier die Hausfrau und in allen Ehren verheiratet. Noch ein herabsetzendes Wort und ich gieß ihm die heiße Suppe hinter den Kragen. Das fehlt gerade noch ... ist das womöglich die Art, auf die ein Christ Gastfreundschaft beantwortet? Ich hab in meinem Leben schon ... Peter, schmeiß den Kerl zur Tür raus, der weiß nicht, wie er sich in anständiger Gesellschaft benehmen muss.«

»Anständig?«, schnaufte Egidius.

Vater Thomas stellte schnell seine Schüssel hin und rüttelte seinen Reisegefährten an der Schulter. »Still, Bruder Egidius, du bist wieder zu streng. Das kann uns das Leben kosten, wenn du deine spitze Zunge nicht zähmen kannst.« Er hatte wirklich Angst. Egidius warf den Kopf in den Nacken und riss sich los.

»Ha! Glaubst du wirklich, Bruder Thomas, dass diese Kerle es wagen sich an einem Priester zu vergreifen? Das will ich sehen …«

»Das werdet Ihr sehen, Giftspritze!«, brüllte Langer Peter. Drohend kam er näher, aber jetzt meinte Karen eingreifen zu müssen.

»Halt!«, sagte sie laut. »Jetzt habt ihr euch genug gestritten. Peter, setz dich wieder hin. Und Euch«, fuhr sie fort und wandte sich an Bruder Egidius, »euch rate ich, hütet Eure Zunge. Diese Männer sind nicht böse, aber sie haben ihren Stolz, und Ihr könnt sie nicht ungestraft beleidigen. Esst Eure Suppe, wärmt Euch auf, aber haltet Euch zurück. Sonst stehe ich nicht für die Folgen ein.«

Zu Bruder Thomas' grenzenlosem Erstaunen hatte der junge Bursche so viel Autorität, dass Langer Peter tatsächlich maulend zu seinem Platz zurückging und Egidius missmutig die Suppenschlüssel nahm und zu essen begann. Erleichtert ließ der dicke Thomas die angehaltene Luft entweichen. Karen nickte ihnen kurz zu und fuhr dann fort Federn an den Pfeilschäften anzubringen.

Johann und Markus hatten ungestört weitergespielt; da musste schon mehr passieren, bevor sie ihre Würfel im Stich ließen. Markus hatte gerade sein Pferd verloren und setzte nun in der Hoffnung, sein Reittier zurückzugewinnen, seine Stiefel ein. Quasselmaul krähte: »Auwei, auwei, Brüder, was ist uns für heute Nacht nur ins Haus geschneit. Ein Schmierlappen und ein Essigschwamm! Auwei, mir tut das arme Maultier Leid, das so einen Sauertopf tragen muss, das Tier muss ja 'ne trockne Kehle kriegen.«

Karen lachte herzhaft, warf noch ein paar Holzscheite auf das Feuer, nahm den Hut ab und schüttelte ihre langen Haare, bis sie ihr auf die Schultern fielen. Sie steckte die Pfeile in den Köcher, stellte ihn weg und fragte:

»Noch ein Stück Brot, Hochwürden?«

»Gern«, sagte Thomas. Und Egidius starrte sie mit offenem Mund an. »Moment«, stieß er erschrocken aus, »das ist ja kein Junge, das ist… das ist… ein Mädchen! Thomas, sieh doch nur… es ist ein Mädchen in Männerkleidern! Gnädiger Gott, in welche heidnische Höhle sind wir geraten? Ein Mädchen!« Sehr nachdrücklich bekreuzigte er sich.

»Noch nie im Leben ein Mädchen gesehen?«, fragte Martin das Fass grinsend. »Davon gibt's 'ne Menge auf der Welt. Wo man auch hinkommt, überall sieht man die hübschen Dinger rumlaufen, in den Dörfern, auf den Feldern, in der Stadt…«

Egidius war leichenblass geworden und starrte Karen an, als wäre sie der Teufel persönlich. »Eine Frau in Männerkleidern«, stammelte er. »Großer Gott…«

»Sagt, Priester, könnt Ihr nicht aufhören?«, brummte Jan van Schaffelaar ärgerlich. »Habt Ihr womöglich was an meiner Frau auszusetzen?«

»Ach, lass ihn«, beschwichtigte Karen. Egidius, der an das Schwert dachte, das der große Kerl so blitzschnell gezogen hatte, lenkte ein.

»Ich bin überrascht«, sagte er säuerlich. »Als mein Bruder und ich hier anklopften, dachten wir hier einen braven Bauern mit Knechten und Familie anzutreffen. Stattdessen befinden wir uns plötzlich im Hauptquartier einer Räu… eines berüchtigten Söldnerfähnleins und das… das brachte uns durcheinander. Und dann noch zu entdecken, dass darunter auch Frauen sind, Frauen, die, Gott sei's geklagt, mit Waffen hantieren, das ist etwas... was jeden rechtschaffenen Geistlichen mit Abscheu erfüllen muss.«

»Daran gewöhnt man sich sehr schnell«, prophezeite Blaubacke brummig.

In dem Moment kamen Kastor und Pollux durch die Zwischentür zum Stall in den Wohnraum.

»Alle Wetter, die armen Tiere waren verflucht abgehetzt«, klagte Kastor. »Wo kommt ihr eigentlich her? Ihr müsst eine ganz schöne Strecke hinter euch haben.«

Egidius hatte schon wieder seine übliche Ermahnung auf den Lippen: »Es gehört sich nicht für einen einfachen Söldner, einen Geistlichen...«, aber Thomas fiel ihm schnell ins Wort:

»Wir kommen aus Rom.« Und das machte Eindruck.

»Aha, ihr seid also Pilger«, meinte Hans Haferschleim.

»Ehrwürdiger Vater«, schmeichelte Süßgrün, »könnt Ihr uns etwas über die beschwerliche Reise erzählen? Ihr müsst unterwegs doch viel erlebt haben.«

»Und ob und ob«, warf Quasselmaul ein, »darauf kannst du Gift nehmen! Räuber, wilde Tiere, schlechtes Wetter und böse Menschen... Auwei, bist du darum so vom Fleisch gefallen, Vater Egidius?«

Bevor der hochmütige Dominikaner antworten konnte, sagte Karen: »Gisbert, zeig unseren Gästen ihre Schlafplätze. Sie sind müde und wollen unbedingt schlafen.«

»Auf den Heuboden«, befahl van Schaffelaar.

Frommer Gisbert nickte, steckte eine Laterne an und winkte den Geistlichen. »Kommt nur mit. Zieht die Mäntel wieder an, wir müssen über den Hof.«

Er öffnete die Haustür; es schneite immer noch.

»Wo bringst du uns hin?«, fragte Egidius, der vor dem heu-

lenden Wind und den heranwehenden Schneeflocken zurückwich.

»In ein warmes Bett, wohin sonst?« Gisbert führte sie zur
Scheune, öffnete die Tür und deutete auf die Leiter. »Da oben
liegt schönes warmes Heu. Besseres können wir euch nicht anbieten, also denkt daran, dass Jesus seine ersten Lebenstage auf
Stroh liegen musste und damit zufrieden war«, sagte er spöttisch.

»Auf diesem Hof muss doch wohl ein besserer Schlafplatz zu
finden sein«, entgegnete Egidius beleidigt.

»Das stimmt.« Gisbert amüsierte sich großartig. »Im Wohnraum ist eine warme Bettnische, da schlafen der Hauptmann
und seine Frau. In der oberen Kammer schlafen Langer Peter
und Elsa. Im Stall und hier im Heu schlafen wir. Warm, trocken
und gesund. Buckelchen schnarcht manchmal, aber wenn ihr
wirklich so müde seid, wird euch das nicht stören. Gute
Nacht.«

Kichernd ließ er sie allein und nahm die Laterne mit.

Ganz allgemein wollten die Söldner nichts mit Geistlichen zu
tun haben, weil sie stets mit Hölle und Verdammnis drohten,
und das hörten Leute, die ihr Gewissen schon vor langer Zeit
zum Schweigen gebracht hatten, gar nicht gern. Aber wenn
jemand Priester ganz besonders hasste, dann war das der ent-
flohene Mönch Frommer Gisbert. Als er hörte, dass die beiden Dominikaner aus Rom kamen, war sein Misstrauen ge-
weckt. Aus Rom, meinte er, könnte nie und nimmer etwas
Gutes kommen. Darum ging er um das Haus herum und von
hinten in den Stall, wo die Maultiere standen und die vollen
Satteltaschen der Reisenden in einer Ecke lagen. Sorgfältig untersuchte er die Taschen und pfiff durch die Zähne. Aus einem
dicken Bündel zog er ein Papier und nahm das mit in den
Wohnraum.

»Seht nur, Hauptmann«, sagte er und warf das Papier auf den Tisch. Jan van Schaffelaar sah es sich neugierig an.

»Verflucht, das ist ein Ablassbrief! Noch nicht ausgefüllt ...« Frommer Gisbert fluchte bitter.

»Von den Dominikanern«, sagte er. »Die haben 'ne ganze Tasche voll davon. Das sind Ablasshändler, Hauptmann. Und die... verflucht noch mal ... die wollen uns Vorwürfe machen, wie wir leben ...«

Ablasshändler wurden gehasst und gefürchtet. Jeder Papst, der Geld brauchte – und welcher Papst brauchte das nicht? –, sandte von Zeit zu Zeit Ordensbrüder mit diesen Briefen aus, die die Kraft hatten, den Käufer für bestimmte Tage oder sogar Jahre von den Qualen des Jenseits zu erlösen. Jeder Mensch, auch der beste und frömmste, sündigte ab und zu. Nach seinem Tod musste er im Fegefeier geläutert werden, wo die arme Seele ihre Sünden überdenken, bereuen und dafür Buße tun konnte. Je schwerer die Sünden, desto länger würde er am Ort des Schreckens bleiben müssen. Der Ablass nun bedeutete Verkürzung der Zeit, die die Seele im Fegefeuer verbringen musste, aber diese Ablassbriefe kosteten Geld. Vor langer Zeit wurden sie den Menschen zuerkannt, die sich für die Kirche oder den Staat besonders eingesetzt hatten. Damals wurde der Ablass *verdient*. Aber nachdem Moralverlust und Korruption Einfluss auf die Kirche von Rom gewonnen hatten, wurden die Ablassbriefe dafür verwendet, den Gläubigen den letzten Pfennig aus der Tasche zu ziehen. Ablassprediger waren zu Handelsreisenden geworden. Sie traten frech und hochmütig auf, machten den Menschen Angst. Eher nüchterne Geister glaubten nicht an die Kraft gekaufter Ablassbriefe und jagten die Schacherer zur Tür hinaus. Aber die Welt war voller abergläubischer und verängstigter armer Schlucker, die mit Grauen die Stunde ihres Todes näher kommen sahen. Söldner, wie die Grafschafter, waren selten fromm. Für sie war es beruhigender, nicht an Hölle oder Himmel zu glauben, Priestern auszuweichen und die Existenz eines rächenden Gottes zu leugnen. Wie sollten sie sonst ihren grausamen Beruf ausüben können? Denn die Kirche verbot ja alles, was für Söldner das Leben ausmachte: Diebstahl, fluchen, totschlagen, prassen...

Wütend zerknüllte Jan van Schaffelaar das Papier.

»Ich dachte mir gleich, die beiden taugen nichts«, brummte er. »Vor allem der magere Giftspritzer mit seinen fanatischen Gesichtszügen.«

»Auwei«, warf Quasselmaul ein, »ich erinnere mich, dass meine Mutter mal von einem reisenden Mönch so 'n Ding kaufte. Gut für tausend Tage Ablass, behauptete der Mann. Hundert Tage für einen Stüver. Ich war noch ein kleiner Junge, ich stand dabei und begriff überhaupt nichts. ›Kannst du den Himmel kaufen?‹, fragte ich. Da hat mich meine Mutter verprügelt, dass ich drei Tage nicht aus den Augen gucken konnte. Hallo, dachte ich, sie hat sich zu blinder Wut hinreißen lassen, und das ist eine Sünde. Jetzt ist sie die teuer bezahlten tausend Tage sofort wieder los, auwei...«

»Wir müssen den Kerlen in ihren weißen Kutten eine Lektion erteilen«, schlug Süßgrün vor. »Ich wette, die haben unter ihren langen Röcken einen ganzen Beutel voll Silbergeld versteckt. Das wäre doch entsetzlich schade, wenn das alles nach Rom ginge, wo wir es doch so gut gebrauchen können.«

»Nein!«, schnauzte Jan van Schaffelaar. »Wenn du glaubst, ich würde Geistliche ausrauben, bist du verrückt. Nicht, dass ich sie mag, aber ich weiß, wie weit ich gehen kann. Ich denke gar nicht daran, für ein paar lausige Silbermünzen Kopf und Kragen zu riskieren. Die Kirche hat einen langen Arm, Süßgrün, und am Ende des Armes ist ein scharfes Schwert. Es sind Dominikaner, mit denen muss man besonders vorsichtig sein.«

»Ach, Hauptmann, was seid Ihr doch zurückhaltend«, jammerte Quasselmaul. »Es wäre so schön gewesen, den Spitzbuben einen schönen Schreck einzujagen.«

»Ja«, jubelte Frommer Gisbert und fluchte lasterhaft, »so richtig in die Zange nehmen! Dass die sich nie wieder in diese Gegend wagen.«

»Meinetwegen.« Auch Jan van Schaffelaar hatte nichts gegen einen deftigen Scherz. »Kastor, Pollux, Gisbert, ihr geht in den Stall und räumt die Taschen aus. Steckt alles in die Deckenkiste. Aber macht nichts kaputt. Dann haben wir morgen früh unseren Spaß, wenn sie ihren Verlust entdecken.«

Am nächsten Morgen war Bruder Egidius als Erster auf. Neben ihm schnarchte sein Reisegefährte Thomas ungestört weiter. Der junge Geistliche lag ruhig da und starrte auf die Ritzen der Scheunenwand, durch die das junge Tageslicht hereinfiel. Im Holz über ihm war ein seltsamer Astknorren, der aussah wie ein menschliches Gesicht. Deutlich konnte er üppige, lange Haare erkennen, zwei dunkle Augen, ein kräftiges Kinn. Das Knorrengesicht erinnerte ihn an jemanden und plötzlich durchfuhr es ihn wie ein Schock, dass es genauso aussah wie der Junge, der aber später doch ein Mädchen in Männerkleidern war. Mädchen? Nein, sie zwar zwar noch sehr jung und sah lieb und unschuldig aus, aber sie lebte mit neunzehn Männern unter einem Dach, und Jan van Schaffelaar mochte wohl behaupten, sie wäre seine Frau, aber Bruder Egidius war fest davon überzeugt, dass auf der ganzen Veluwe kein sündigeres Wesen als Karen zu finden war. Kurz kam ihm der Gedanke an die Möglichkeit, dieses Mädchen zu bekehren und zu retten. Wenn er sie allein sprechen konnte, ihr die schrecklichen Höllenstrafen ausmalen könnte, die sie nach ihrem Tode zu erwarten hätte, würde sie vielleicht Angst bekommen, das Fähnlein verlassen und dann ... Ja, was dann?

Ihm wurde plötzlich sehr warm im Heu. Neben ihm seufzte, stöhnte und röchelte der dicke Thomas. Egidius ärgerte sich.

Alles an Bruder Thomas ärgerte ihn: sein dicker Bauch, seine etwas heisere Stimme – der Mann war dauernd erkältet –, die Art, wie er mit seinem Maultier umging, als hätte das Vieh auch eine Seele und könnte verstehen, was er ihm erzählte, die Art, wie er seine Suppe schlürfte, sein Brot kaute, sich die Hände rieb. Kurz: Bruder Egidius' unverträglicher Charakter wurde von Abscheu, Neid und Wut beherrscht, ohne dass er sich dessen recht bewusst war.

Er richtete sich auf und sah sich auf dem Heuboden um. Von den Söldnern war nichts zu sehen, die waren sicher schon in aller Herrgottsfrühe aufgestanden. Egidius hatte Hunger und plötzlich überfiel ihn die Angst, es könnte kein Frühstück für ihn da sein. Er rüttelte Bruder Thomas, der sich streckte und aus Leibeskräften gähnte. Das war auch so eine schreckliche Angewohnheit, die Egidius auf die Nerven ging.

»Ich möchte nicht eine Stunde länger als unbedingt nötig bei diesem Gesindel bleiben«, sagte Egidius schneidend. »Steh auf, Bruder, lass uns schnell unsere Reise fortsetzen.«

»Ohne Frühstück?«, fragte Thomas entsetzt.

»Nein. Auch wenn es mich Mühe kosten wird, ihr unredlich erlangtes Essen durch die Kehle zu würgen.«

Thomas überlegte, dass er die Mühe nicht haben würde. Im Gegenteil: Je mehr sie auftischten, desto lieber wäre es ihm. Aber auch wenn er der Ältere war, vor der spitzen Zunge seines geistlichen Bruders hatte er doch ein wenig Angst. Also stand er gehorsam auf, schüttelte sich das Heu aus der Kutte, zog die Sandalen an und kletterte bibbernd die Leiter hinunter. Es sah danach aus, dass es heute wieder bitterkalt sein würde. Insgeheim hoffte Thomas, der Schnee würde so hoch liegen, dass an eine Fortsetzung der Reise nicht zu denken wäre. Gestern Abend hatte er die Schinken und Würste gesehen, die im Wohnraum an Haken in der Decke hingen. Und im Heu schlief man gar nicht so schlecht. Eine Einladung dieser heidnischen

Söldner, noch ein paar Tage zu bleiben, würde er bestimmt nicht ablehnen. Aber er sagte nichts.

Egidius stapfte entschlossen vor ihm her und öffnete die Tür. Es schneite nicht mehr, aber der Wind wehte ihnen beißend kalt ins Gesicht. Die gerade aufgegangene Sonne vesteckte sich hinter grauen Wolken, der schmelzende Schnee, vermischt mit Schlamm, blubberte unter ihren Sandalen. Schnell überquerten sie den Hof zum Bauernhaus, dessen Vortür nur angelehnt war. Drinnen war es behaglich warm. Im Herd loderte ein Feuer, darüber hing ein Topf mit Brei, den Elsa mit langem Holzlöffel umrührte. An einem langen Tisch ließen sich ungefähr zehn Söldner den Brei schmecken, während nach und nach auch die anderen Männer hereinkamen. Auch der Hauptmann war schon da; er saß am Kopfende des Tisches, neben ihm saß seine Frau Karen. Missbilligend stellte Egidius fest, dass sie immer noch die Söldnerkleidung trug. Mit finsterer Miene warf er ihr einen vorwurfsvollen Blick zu, aber das schien sie gar nicht zu bemerken.

»Guten Morgen, ehrwürdige Herren«, sagte Elsa vom Herd her.

»Guten Morgen, gute Frau«, antwortete Bruder Thomas händereibend. Erfreut sah er, dass Elsa einen nicht zu kleinen Holznapf füllte. Dankbar nahm er den Brei an, ging an den Tisch und setzte sich zwischen die Söldner und fragte den Hauptmann:

»Was meint ihr, werden wir heute noch mehr Schnee kriegen? Der Himmel ist so grau…«

Egidius, der den Kopf über seinen Napf gesenkt hatte und betete, schnaubte entrüstet. Ein Gespräch über das Wetter! Und das, während sie zwischen zwanzig Seelen saßen, die eine wie die andere verdammt waren und vielleicht noch gerettet werden konnten. Bruder Thomas hatte seinen Napf bereits zum zweiten Mal gefüllt, bevor Egidius sich endlich bequemte, den ersten Happen zu nehmen. Elsa hatte die Hände in die Hüfte gestemmt und beobachtete ihn kritisch.

»Was ist damit, schmeckt es nicht?«, fragte sie drohend. Der Brei war mit Milch gekocht und mit wildem Honig gesüßt. Der musste sehr gut schmecken. Aber Egidius hätte lieber auf der Folterbank Platz genommen als das zuzugeben. Er sagte nichts, aber er zog ein Gesicht, als röche er Schwefeldampf.

Aus den Augenwinkeln schaute er zu Karen hinüber. Statt des Hutes trug sie nun eine weiße Mütze, eine richtige Frauenmütze. Das sah zu der Söldnerkleidung sehr apart aus.

Thomas, der sich dick und rund gegessen hatte, schob mit einem Seufzer den Napf weiter auf den Tisch.

»Großartiger Brei, Frau Elsa«, sagte er lobend. »Für so ein Essen verdient Ihr einen Stuhl im Himmel.«

Elsa lachte ihm freundlich zu, aber Egidius konnte es nicht lassen.

»Es ist nur schade«, sagte er giftig, »dass Ihr wohl nicht in den Himmel kommen werdet, Frau. Ich fürchte, das gottlose Leben, das Ihr hier führt, wird Euch wenigstens zehntausend Jahre Fegefeuer einbringen. Das bekümmert mich, denn ich kann sehen, dass Ihr im Grunde eures Herzens ein guter Mensch seid. Gottlob stehen uns die Gnadenmittel der Kirche zur Verfügung. Ihr braucht nicht so lange in der Vorhölle zu bleiben, wenn Ihr Reue zeigt und vom Ablass Gebrauch macht, den Papst Sixtus IV. in seiner unendlichen Güte bereitgestellt hat.«

Elsa tat, als sei sie maßlos erstaunt.

»Ablass? Wie sollte ich daran kommen? Ablassbriefe wachsen doch nicht am Mispelbaum auf dem Hof.«

»Gott in seiner Weisheit hat gestern unsere Schritte auf diesen Hof gelenkt, beste Frau, damit Ihr die Gelegenheit erhalten sollt ...«

»Was!« Elsa schwenkte aufgebracht den Kochlöffel. »Ihr

seid Ablasshändler? Hörst du das, Karen? Diese frommen Herren wollen uns großen Ablass geben, weil wir sie gestern Abend so freundlich aufgenommen haben.«

Das hatte der Geistliche nun wirklich nicht gemeint.

»Es ist uns nicht erlaubt, sie umsonst wegzugeben«, sagte Thomas würdevoll. »Wir verkaufen Ablassbriefe.«

»Hundert Tage Ablass für einen Stüver, wer bietet mehr«, sang Quasselmaul.

Jan van Schaffelaar grinste und klimperte mit den Goldstücken in seinem Beutel.

»Kann ich auch Ablass mit gestohlenem Geld kaufen?«, fragte er.

Egidius wandte sich an Bruder Thomas.

»Sei so gut und hole ein paar Ablassbriefe aus unseren Satteltaschen, Bruder, dann kann ich diesen sündigen Frauen zeigen, wie sie durch aufrichtige Reuebezeugung einem Teil ihrer schrecklichen Strafe entgehen können.«

Thomas seufzte und stand auf, aber Karen stand schon hinter ihm und drückte ihn schnell wieder auf seinen Platz.

»Moment, Vater Egidius. Was sagt Ihr da? Ihr müsst mir erst erzählen, womit ich diese schreckliche Strafe denn verdient habe.«

»Ja«, pflichtete Elsa ihr bei. Mit ihrer Gutmütigkeit war es plötzlich vorbei. »Erklärt das doch mal, ehrwürdiger Vater. Was habe ich falsch gemacht? Ich bin eine ehrsame Witwe und wieder verheiratet und das war mein gutes Recht. Ich sorge gut für meinen Mann und seine Kameraden, was ist daran falsch? Wenn ihr noch einmal zu behaupten wagt, ich sei schlecht, stülpe ich euch den heißen Kochtopf auf den Kopf. Was kriegen wir denn jetzt? Mich beleidigen, mich, eine Soldatenfrau?«

Thomas wurde schon wieder mulmig zu Mute und Egidius verstand nicht, warum die Kerle so vergnügt schmunzelten, als würde ein Lustspiel für sie aufgeführt.

Egidius steckte etwas zurück.

»Ich meinte Euch nicht, gute Frau, sondern die da... das schamlose Wesen, das es wagt, sich ohne zu erröten in Männerkleider zu stecken.«

»Meint Ihr meine Karen?«, grollte Jan van Schaffelaar drohend. »Denkt daran, Pfaffe, kein schlechtes Wort über meine Frau, oder Ihr werdet Eure Ablassbriefe ohne Arme und Beine verschachern müssen.«

»Ruhig Blut, Jan«, lachte Karen. »Der Sauertopf kann mich doch überhaupt nicht beleidigen, und wenn er sich noch so anstrengt. Aber die Ablassbriefe möchte ich gern einmal sehen, auf die war ich schon immer neugierig.«

»Bruder Thomas«, sagte Egidius im Befehlston, »holt die Papiere!«

Thomas gehorchte, er ging zur Verbindungstür und verschwand im Stall. Gleich darauf kam er wieder angerannt, totenbleich.

»Weg... Bruder Egidius, sie sind weg. Jemand hat unsere Satteltaschen ausgeräumt.«

»Auwei, auwei, das ist ja was«, jammerte Quasselmaul. »Jetzt sind sie ihre Papiere los. Was wird der Papst dazu sagen? Keine Ablassbriefe mehr, kein Geld... oje.«

Die anderen fielen vor Lachen beinahe von den Bänken. Grün vor Zorn war Egidius aufgesprungen und schaute sich mit flackerndem Blick um. »Wer hat das gewagt«, schrie er, »sich an den Papieren zu vergreifen, die vom Heiligen Vater persönlich unterzeichnet sind?«

Zitternd vor Wut stand er am Tisch, seine Augen sprühten Feuer. Er bebte und stampfte mit den Füßen auf. Zwanzig spöttische Augenpaare starrten ihn an. Dann stand auch Frommer Gisbert mit dem unschuldigsten Gesicht der Welt auf und fragte leichthin: »Meint Ihr vielleicht diese Dinger?« Er öffnete den Deckel der Deckenkiste und deutete auf den Inhalt. Und da lagen sie: Hunderte von Ablassbriefen, sorgsam mit rotem Band zusammengebunden.

»Verflixt. Wie kommen sie dahin?«, murmelte Bruder Thomas erleichtert.

Frommer Gisbert nahm das Bündel und warf es zwischen die leeren Breinäpfe.

»Wie konntest du es wagen, unsere wertvollen Papiere zu stehlen?«, brüllte Egidius. Frommer Gisbert sah ihn unschuldig an. »Stehlen? Aber nein, das hatte ich überhaupt nicht vor. Ich habe sie aus Eurer Tasche geholt, weil ich Euch fragen wollte, was das ist. Wir sind nur einfache Menschen und lesen können wir nicht. Aber wir leben in einer unruhigen Zeit und überall wimmelt es von Spionen. Ich konnte doch nicht wissen, ob Ihr echte Geistliche seid oder verkleidete Kundschafter von Maximilian? Darum, als ich all die Papiere in Euren Satteltaschen fand, dachte ich: He, was ist das denn? Ich nahm sie mit, um unseren Hauptmann zu fragen, denn der ist ein gebildeter Mann, aber ich vergaß es, weil Quasselmaul gerade eine so schöne Geschichte erzählte...«

»Du lügst, Schurke«, schnauzte Egidius ihn an.

»Nun fangt nicht schon wieder an Krach zu machen«, sagte Karen. Sie legte die Hände auf das Papierbündel. »Ihr seht doch, ehrwürdige Herren, dass nichts damit geschehen ist. Ihr könnt sie wiederhaben. Was sollen wir damit? Aber ich möchte Euch noch etwas fragen. Wenn ich nun so ein Papier... so einen Ablassbrief kaufe, den ich nicht einmal lesen kann, was muss ich denn dann damit machen? Muss ich ihn mit ins Grab nehmen und ihn dem Knecht des Teufels zeigen? Und was passiert, wenn ich so einen Brief verliere, das Ding verbrennt, weil Maximilians Soldaten unseren Hof verwüsten, oder wenn ich ertrinke und der Brief durch das Wasser unleserlich wird? Ist so ein Ablass dann doch noch gültig?«

»Ich wette alles, was ich besitze, er ist es nicht«, sagte Markus, der gestern Abend gerade sein ganzes Hab und Gut an Johann verloren hatte.

»Tochter, deine Dummheit schreit zum Himmel«, sagte Thomas salbungsvoll. »Der Brief selbst ist ohne Bedeutung, es geht um das Opfer, das du mit dem Kauf reuevoll dargebracht hast. Nur das zählt für die Kirche, nicht der Brief, der nur der Beweis deines Opfers ist.«

»Aha, also geht es nur um das Geld, nicht um die Unterschrift des Papstes«, stellte Karen schneidend fest.

»Gnädiger Gott, erleuchte die grenzenlose Unwissenheit des armen Volkes«, seufzte Thomas, der für Ironie überhaupt kein Gespür hatte.

»Arm?«, lachte Karen. »Ich bin überhaupt nicht arm.«

»Sagt, fangt Ihr schon wieder an meine Frau zu beleidigen?«, wollte Jan van Schaffelaar wissen.

»Still, Jan. Siehst du denn nicht, dass sie sich winden?«, murmelte Karen. Egidius schaute sie mit giftigem Blick an und zog das Bündel Ablassbriefe zu sich heran.

»Lass uns diese gottlose Bande verlassen, Bruder Thomas«, sagte er. Die Wut erstickte ihm fast die Stimme.

»Ja«, schnauzte Jan van Schaffelaar, der nun auch wütend war, »macht, dass Ihr so schnell wie möglich weit weg von hier kommt. Für himmlische Hausierer, die nur darauf aus sind, armen Schluckern das sauer verdiente Geld aus der Tasche zu ziehen, haben wir hier nicht viel übrig. Ihr nennt uns Schurken, he, aber *wir* lassen die Armen in Ruhe, und das kann ich von Euch nicht sagen! Verschwindet und nehmt Euren Kram mit.«

Quasselmaul war aufgesprungen, warf den beiden Dominikanern ihre Mäntel zu und deutete krähend zur Tür.

Im Sturmschritt und ohne sich zu verabschieden, eilten die beiden nach draußen, wo Kastor und Pollux die gesattelten Maultiere bereithielten.

Doch bevor Bruder Egidius in den Sattel stieg, schüttelte er in Richtung zum Haus die Faust und schrie mit sich überschlagender Stimme: »Ich krieg euch noch, verfluchte Heiden! Der Scheiterhaufen ist für euch noch eine zu große Ehre!«

»Aber mein Bruder«, beschwichtigte Thomas, der die Ablassbriefe in die Satteltasche steckte und froh war, dass damit nichts passiert war, »denke daran, dass du ein heiliges Kleid trägst. Uns stünde Vergebung an.«

»Wie kann ich Milde gegen das reine Böse walten lassen, gegen die Kinder des Satans...«, murmelte Egidius, aber als er die große Gestalt des Hauptmanns Jan van Schaffelaar in der Türöffnung sah – der nur kontrollieren wollte, ob seine Männer die beiden Geistlichen ungestört abreiten ließen –, spornte er schnell sein Maultier an und verschwand durch das offene Zauntor. Eine Schneebö hüllte die davonreitenden Ablasshändler in ein weißes Flockendickicht und entzog sie ihren Blicken.

»Na bitte, das hätten wir«, sagte der Hauptmann zufrieden, als er wieder in den warmen Wohnraum kam. »Mit den Händlern in Sachen Seligkeit hat man wenigstens was zum Lachen.«

Karen schwieg. Sie stand am kleinen Fenster, starrte auf den verschneiten Hof, die wirbelnden Flocken und versuchte ein unbehagliches Vorgefühl zu unterdrücken. Sie hatte immer noch die schneidende Stimme des Bruders Egidius in den Ohren. Sie hatte ihn ausgelacht, verspottet – aber der Mann hatte etwas an sich gehabt, das ihr Angst machte.

~ 8 ~
Die Geiseln

Zu Gerd van Wous großer Freude waren die Bürger von Kampen sehr zufrieden mit der neuen Glocke und wieder bedrängten die Stadtherren Meister Gerhard van Wou, sich mit einigen seiner Lehrlinge und Knechte in der Hansestadt niederzulassen. Setzt er sich über seine Gewissensbisse hinweg und trifft eine neue Regelung mit Leutgard, weil er nichts lieber will, als mit Klara Yegher in einer Stadt zu wohnen?, fragte sich Gerd. Aus welchem Grunde auch immer: Sie zogen um.

Doch bevor sie Den Bosch auf immer verließen, verabschiedeten sich Gerhard und Gerd von dem Maler Hieronymus Bosch.

Wie stets schenkte Hieronymus seinen Gästen Wein ein.

»Möge es Euch gut gehen in Kampen, Freunde«, sagte er herzlich. »Und wenn ich dir einen Rat geben darf, Gerhard: Such dir eine nette Frau, die gebildet und klug genug ist, einen Künstler wie dich zu ermuntern. Glaub mir, ich weiß, worüber ich rede. Seit ich mit Aleyt verlobt bin, habe ich ein neues Leben begonnen. Sie erschrickt nicht vor den Teufeln und Dämonen, die ich male, sie versteht, was ich damit ausdrücken will, wie du das auch verstehst.«

»Vorläufig bin ich zu hoch verschuldet, um heiraten zu können«, murmelte der Glockengießer.

»Ach, das ist nur vorübergehend! Bevor du es weißt, bist du ein wohlhabender Bürger und die Väter belagern dich, um dir ihre jungen Töchter anzubieten! Nimm dann eine, die lesen und schreiben kann, dann kann sie deine Buchhaltung machen, Briefe für dich schreiben, deine Verträge überprüfen, dich beraten.«

»Oh«, rief Gerd, »Ihr verlangt aber viel von einer Ehefrau, Hieronymus.«

Der Maler hob beide Arme.

»Und warum nicht? Frauen können mehr als Kinder erziehen und den Frühjahrsputz regeln. Sie können einen Mann zu höchsten Leistungen anspornen. Dumme Frauen sind ein Schrecken; die werden beschränkt, fangen an zu keifen und klagen stets. Eine vernünftige Frau ist ein Segen. Die wird verträglich und freundlich sein, deine Kraft bewundern, dir die Schwächen vergeben.«

»Du redest, als wärest du sechzig Jahre alt«, lachte Gerhard van Wou. Hieronymus' Augen begannen zu glänzen.

»Das kommt durch Aleyt, sie sitzt für mich Modell, als Eva, als Maria, als alles, woran ich gerade arbeite. Und sieh nur, was dabei herauskommt. Meine Bilder haben nicht mehr das Steife und Kalte, sie werden dämonischer und zugleich schöner denn je. Aleyt stachelt meine Phantasie an… Gestern sagte sie zu mir: ›Hieronymus, wenn ich vor deinen Bildern stehe, gehen Himmel und Hölle zugleich für mich auf, dann werde ich innerlich so offen.‹ Ich war so glücklich, als sie das sagte… Gerhard, ich beschwöre dich: Verachte niemals die Frauen, denn dann werden sie sich rächen.«

Gerd, der unter der Wirkung des Weins allen Respekt vor den Erwachsenen vergaß, rief dazwischen:

»Rächen? Wie denn? Keine einzige Frau ist stärker als ein Mann! Wenn Frauen lästig oder widerspenstig werden, dann gibt es Mittel genug sie zu zähmen.«

»Junge, du redest, wie du's nicht besser weißt«, antwortete Hieronymus, »aber das liegt an deiner Jugend. Warte nur, bis du eine triffst, die sich deinen Wünschen und Vortellungen nicht fügt und der du doch rettungslos verfallen bist. Dann wirst du erfahren, wie mächtig Frauen sind und wie viel Schmerz sie einem zufügen können.«

Gerd, so jung und übermütig, wie er war, glaubte ihm nicht. Frauen waren von Gott geschaffen, um den Männern zu dienen. Die Frau, die das nicht tat, war ein Drache, eine Hexe… Und während Hieronymus und Gerhard van Wou über Kunst sprachen, verlor sich Gerd in seinen Phantasien. Gab es jetzt schon in Kampen ein Mädchen, sehr jung noch, mit niedlichen Zöpfen, das vorbestimmt war, einst sein Herz zu entflammen und Mutter seiner Kinder zu sein? Wer weiß… Blond musste sie sein, mit blauen Augen und natürlichem Lachen. Solche Mädchen hatte er in Kampen gesehen und die hatte er sehr anziehend gefunden. Musste so ein Frauchen denn noch besondere Gaben haben? Ach, Unsinn, wenn sie nur lieb und fürsorglich war…

Hieronymus schenkte noch einmal Wein ein und hob dann seinen Becher zu einem Trinkspruch.

»Auf die Zukunft, Gerhard! Ich wünsche dir, dass du in Kampen das Glück findest, auf das du so lange hast warten müssen. Und du, Gerd, werde du ein guter Glockengießer, gleich deinem Onkel.«

»Darauf trinke ich«, antwortete Gerhard sofort. »Und auf Aleyt.« Aber Gerd, der schon ein bisschen betrunken war, rief übermütig: »Ich trinke auch auf Klara Yegher, das netteste Mädchen von Kampen.« Er genoss das Vergnügen, seinen Onkel in großer Verlegenheit zu sehen.

So wechselte Gerd zum zweiten Mal in seinem jungen Leben den Wohnort und der Umzug war für ihn ein großes Abenteuer. Das Material und die Geräte, die Gerhard van Wou gegen Bezahlung von Leutgard übernommen hatte, wurden per Schiff transportiert, aber der Gießermeister und seine beiden wichtigsten Knechte, Wilhelm Schoonenborch und sein Neffe Gerd, reisten mit einem von zwei Pferden gezogenen Wagen. Gerd saß singend auf dem Bock. Er zog nach Kampen, wieder nach Kampen, und fortan würde er in der sonnigen Stadt mit den schönen Häusern wohnen dürfen, wo es am Hafen so schön betriebsam war, wo so leidenschaftlich gelebt und Handel getrieben wurde, wo so viele Reisende ankamen, wo man Menschen kennen lernen konnte, die durch die halbe Welt gekommen waren, bis nach Russland, und die darüber fesselnde Geschichten erzählen konnten. Da gab es reich gewordene Schiffer, die sich zur Ruhe gesetzt hatten; auf der Lügenbank beim Fischtor saßen sie und spannten bunt ausgemalte Geschichten über Meeresungeheuer und Dämonen aus der Tiefe, über Stürme und sonderbare Errettungen, über die Fabelstadt Visby und die Burgen an der schwedischen Küste. Da sah man Männer, die genauso elegant über den Großen Markt in Lübeck gegangen waren wie nun über den Kornmarkt. »In Kampen kann man die ganze Welt treffen«, hieß es und für einen jungen und lebenslustigen Kerl wie Gerd war das ein aufregender Gedanke.

Der Magistrat von Kampen hatte sich für die neuen Einwohner wirklich etwas einfallen lassen. Gerhard van Wou bekam in der Altstraße ein Haus mit großem Hinterhof. Da war Platz genug für den Meister und seine Knechte. Hinter dem Haus wurde ein Holzschuppen für die Geräte und das Material gebaut. Gerhard hatte aus Den Bosch seinen ganzen Vorrat an Gussspeis mitgebracht, aber da er sowohl für die Boven- als auch für die Buitenkirche komplette neue Geläute machen musste, und ein Geläut umfasste sechs bis elf Glocken, und außerdem versprochen hatte, einige Kanonen für die Rondells auf dem Ijsselkai zu liefern, fehlte es ihnen schon bald an Material. Da Gerhard nur Bronze der allerbesten Qualität verwenden wollte, beschloss er, selbst nach Amsterdam zu fahren, um dort Material zu kaufen. Gerd und Wilhelm Schoonenborch sollten ihn begleiten.

Der kürzeste Weg von Kampen nach Amsterdam war selbstverständlich über die Zuidersee, aber Gerhard van Wou und Wasser, das war ein Ding der Unmöglichkeit. Er fand Wasser schön anzusehen, solange er selbst mit beiden Beinen auf festem Boden stand. Sich auf das unruhige Wasser zu wagen, dazu war er nicht zu bewegen. So kam es, dass sie zwei Monate nach ihrem Umzug schon wieder mit dem Wagen und zwei Pferden unterwegs waren, diesmal durch herbstlich stilles Land. Anfänglich ging alles gut. Der Weg war schlecht, voller Schlaglöcher und tiefer Spurrinnen, aber die Pferde waren stark, und überall waren Herbergen, in denen sie ausruhen konnten. Gerd lenkte die Pferde und genoss die Reise. Sie fuhren an Weiden, Mooren und kahlen Äckern vorbei, an Dörfern und Burgen. Die Baumkronen glänzten wie mit kupferroten Flammen, die Bauern verbrannten den duftenden Abfall der Äcker, hoch in der Luft sahen sie hunderte von Wildgänsen vorüberziehen. Sie folgten dem Weg an der Zuidersee, aber zwischen Elburg und Harderwijk verließ der die Küste und führte durch Wälder und Heideland, unterbrochen von Grasland und armseligen Dörfern. Und plötzlich, auf einem verlassenen Stück Weg, der sich an einem Waldrand entlangschlängelte, hörten sie laute Hornsignale, und gleich darauf kam ein Trupp schwer bewaffneter Soldaten aus dem Wald und umzingelte ihren Wagen.

»Ho!«, rief Gerd völlig überflüssig, denn die Pferde waren von allein stehen geblieben, als sie den Weg durch die Reiter versperrt sahen.

Gerds Herz pochte rasend. Dennoch sah er sich den Reitertrupp genauer an. Der Anführer, in Gelb und Rot gekleidet, mit stählernem Brust- und Armpanzer, Eisenhandschuhen und schweren Stiefeln, lenkte seinen weißen Hengst dicht an den Wagen heran und musterte die Reisenden von oben bis unten.

»Wohin?«, fragte er kurz.

Gerhard van Wou sprang vom Bock. Zwischen all den Pferden sah er plötzlich klein und nichtig aus. Er richtete sich zu voller Größe auf.

»Was soll das heißen? Ein Überfall auf unbewaffnete, unschuldige Bürger?«, fragte er scharf. Er schwenkte die Arme, als wollte er die Pferde zur Seite fegen. »Lasst uns durch.«

Gerd, der immer noch auf dem Bock saß, rutschte unruhig hin und her. Das war dumm von seinem Onkel, »unbwaffnet« zu sagen! Er dachte an den Beutel voll Goldgulden, die für den Ankauf der Bronze bestimmt waren.

Der Anführer der Bande war ein großer, noch junger Kerl, sein weißes Pferd war eine wahre Schönheit. Arabisches Blut, dachte Gerd. Außer dem Hauptmann zählte Gerd neun Reiter, bewaffnet mit Pieken und Schwertern. Nur einer von ihnen, ein sehr junger Mann, trug auf dem Rücken einen Pfeilköcher und hatte einen Handbogen am Sattelknopf hängen. Gerd wunderte sich über den Jungen. Er hatte noch ein sehr glattes Gesicht, nicht einmal der Flaum eines Schnurrbartes war zu sehen. Der Junge konnte nicht älter als vierzehn sein. Wie war der unter diese Räuber gekommen, so ein schlankes, blutjunges Milchgesicht?

»Was habt Ihr im Wagen?«, wollte der Anführer wissen.

»Nichts... wir sind unterwegs nach Antwerpen, um Vorräte anzuschaffen«, antwortete Gerhard van Wou. »Auf Kredit«, fügte er schnell hinzu, denn plötzlich begriff er, dass diese Kriegsleute es auf Geld abgesehen haben könnten.

Der Anführer lachte.

»Ja, ja und das in Amsterdam! Da geben sie keinen Kredit. Da heißt es: Geld auf den Tisch.«

Der Bogenschütze drehte sich im Sattel, um die Reisenden zu

sehen, und Gerd blickte in zwei große, rabenschwarze Augen, die ihn neugierig musterten. Augen, in denen man ertrinken konnte.

Auf dem Wagen war tatsächlich so gut wie nichts, außer ein paar Decken und etwas Reiseproviant – und Wilhelm Schoonenborch, der hinter einer Kiste in Deckung gegangen war.

»Wie viel Geld habt ihr bei Euch?« Die harsche Stimme des Anführers ließ Ged aufschrecken. Ängstlich schaute er auf seinen Onkel, der neben den Pferden stand und furchtlos zu den Reitern aufschaute.

»Das Geld, das wir bei uns haben«, sagte Gerhard van Wou mit fester Stimme, »ist für den Ankauf von Bronze bestimmt. Und wagt es nicht uns das abzunehmen, denn es gehört nicht uns, sondern der Stadt Kampen.«

»He, van Schaffelaar, das glaubt Ihr doch nicht etwa?«, rief einer der Reiter.

»Moment.« Der Hauptmann trieb seinen Hengst noch dichter an Gerhard van Wou heran, der unwillkürlich einen Schritt zurückwich.

»Versucht Ihr uns weiszumachen, Mann, dass Ihr von Kampen nach Amsterdam reist und auch wieder zurück, über Land? Obwohl in Kampen hunderte von seetüchtigen Schiffen liegen, mit denen Ihr die Reise in zwei Tagen machen könnt? Ihr werdet Euch ein besseres Märchen einfallen lassen müssen, Kerl.«

»Das stimmt aber«, rief Gerd aufgeregt. »Wir fahren nicht gern auf dem Wasser. Darf man denn nicht Abscheu vor dem Wasser haben und es vorziehen, festen Boden unter Wagenrädern zu haben?«

»Kampener, die Angst vor Wasser haben? Erzähl das deiner Großmutter.«

»Aber es stimmt«, brüllte Gerd.

»Halt den Mund, Rotznase«, schnauzte einer der Reiter, ein alter Eisenfresser mit schwarzem Bart.

»So, bin ich eine Rotznase? Und was ist der da?«, rief Gerd wütend und deutete auf den blutjungen Bogenschützen. »Dann ist der sicher euer Großvater.«

»Oje, oje, was werden da in Kampen doch für freche Lausejungen geduldet«, brummte einer der Reiter.

Der Hauptmann befahl: »Buckelchen, Süßgrün, untersucht den Wagen!«

»Den rührt ihr nicht an!«, schrie Gerhard van Wou, aber das machte keinen Eindruck auf sie. Ein besonders hässlicher Schurke mit krummen Beinen stieg vom Pferd, stieß Gerhard van Wou zur Seite und machte Anstalten auf den Wagen zu klettern. Gerhard versuchte ihn zurückzuhalten.

»Da ist nur etwas Proviant für unterwegs drauf. Was wollt ihr überhaupt von uns? Kann man denn schon nicht mehr auf den Wegen des Herrn fahren, ohne von Soldaten ausgeplündert zu werden? Ich habe zwei eigene Goldgulden bei mir, bestimmt für Übernachtung. Die könnt ihr haben, wenn ihr es auf Beute abgesehen habt. Was ich sonst noch an Gold bei mir habe, das gehört mir nicht und das kann ich auf keinen Fall weggeben. Das gehört der Stadt Kampen und ist für den Kauf von Glockenspeis bestimmt.«

Sein Protest half nicht. Süßgrün zerrte Gerd vom Bock und Buckelchen kletterte auf den Wagen, wo er gebührend von Wilhelm Schoonenborch empfangen wurde. In hohem Bogen flog das krummbeinige Männlein vom Wagen und landete mit der Sitzfläche zuerst in der Böschung. Der junge Bogenschütze lachte schallend. Aber Süßgrün zog das Schwert.

»Dafür werdet ihr büßen!«

Sofort trieb der Bogenschütze sein Pferd neben ihn und schlug ihm den Arm herunter.

»Halt! Kein Blutvergießen, habe ich gesagt!« Seine Stimme war hoch und klang sehr ärgerlich.

Zu Gerds großem Erstaunen schien der Junge so viel Respekt

zu genießen, dass der Söldner augenblicklich sein Schwert in die Scheide steckte. Inzwischen war Buckelchen wieder aufgestanden und klopfte sich den Staub von den Kleidern.

»Da sitzt doch tatsächlich noch ein Kerl auf dem Wagen«, brummte er. »Hätt ich das gewusst…«

Jetzt kam Wilhelm Schoonenborch zum Vorschein. Er grinste verächtlich.

»Wir müssen sie ziehen lassen, Jan«, sagte der Bogenschütze zum Hauptmann, »es sind keine Steuereintreiber. Wenn sie das sind, als was sie sich ausgeben, können wir noch eine Menge Ärger kriegen.«

Seltsam, dachte Gerd, das Milchgesicht redet den Hauptmann mit dem Vornamen an. Ist er womöglich der jüngere Bruder? Der Hauptmann musterte die Reisenden noch einmal genauer.

»Nein«, sagte er dann bestimmt. »Sie sind anständig gekleidet und sehen nicht aus wie arme Schlucker. Und ich will erst wissen, was auf dem Wagen ist.«

Der krummbeinige Söldner war doch wieder auf den Wagen geklettert und wühlte unter der Plane in Gerhard van Wous Sachen herum. Gleich darauf steckte er den Kopf heraus und hielt grinsend den Beutel mit Goldstücken hoch.

»Goldstücke!«, rief er. »Die können wir uns nicht entgehen lassen, Hauptmann.«

»Ich wette, das sind wichtige Leute, die noch ein schönes Lösegeld einbringen«, sagte Süßgrün mit vor Vorfreude verklärtem Gesicht. Jan van Schaffelaar nickte.

»Gut. Wir nehmen sie mit zum Hof. Steigt wieder auf. Aber versucht ja nicht zu fliehen. Peter, Buckelchen, Süßgrün, ihr reitet hinter dem Wagen. Jakob, Markus, Johann, ihr reitet daneben.«

Er wendete sein Pferd und nahm die Spitze, an seiner Seite ritt der junge Bogenschütze. Sie bogen in einen Seitenweg ein, der durch den Wald führte, und Gerd, der wieder lenkte, folgte mit dem Wagen. Hinten auf dem Wagen unterhielten sich Gerhard van Wou und Wilhelm Schoonenborch leise. Auf Gerds Gesicht malte sich immer noch sein Erstaunen. Wer war der Bogenschütze mit dem Kindergesicht und der hohen Stimme? Er hatte noch nicht einmal Stimmbruch, aber das raue Soldatenpack gehorchte ihm aufs Wort, der Anführer behandelte ihn wie seinesgleichen. Das war alles so seltsam.

Erst fuhren sie eine ganze Weile durch einen Wald, dann kamen sie wieder an Äckern und Weiden vorbei, dann auf Heideland … und dort, am Rande gerade abgeernteter Äcker, stand auf einem umzäunten Hof ein ziemlich großes Bauernhaus mit angebautem Stall, daneben eine Scheune. Sie fuhren direkt darauf zu und Gerd sah, dass auf dem Hof sechs Leute beschäftigt waren. Soldaten hackten Holz, versorgten Pferde, schöpften Wasser und eine Frau war dabei, eine Kuh zu melken. Auf einigen Stangen neben dem Wohnhaus hingen Hasenfelle und ein Hirschfell zum Trocknen. Mitten auf dem Hof stand ein alter Mispelbaum, daneben war der Brunnen. Ein brauner Hofhund von unbestimmter Rasse kam dem Wagen bellend entgegen. Der junge Bogenschütze sprang aus dem Sattel und nahm den Hund in die Arme.

»Tieske, wir sind wieder zu Hause.« Er schmuste mit dem Hund, als wäre es ein Kind.

Gerd, der noch nie gesehen hatte, dass ein Mann so mit einem Hund umging, fiel vor Überraschung fast vom Bock.

»Absteigen und ins Haus«, befahl der Anführer.

Gerd stieg vom Bock und begann die Pferde auszuspannen.

»Lass das. Das können meine Männer machen. Los, ins Haus mit euch.«

Wütend schaute Gerd ihn an.

»Das sind unsere Pferde und ich sorge für sie«, schnauzte er.

Er klopfte dem ermüdeten Braunen auf die Hinterhand und machte ein aufsässiges Gesicht.

»Ach, lasst doch den Jungen in Ruhe«, sagte die hohe Singsangstimme des Bogenschützen. »Ihr seht doch, dass er nicht gefährlich ist. Er hat ein Herz für die Tiere, das ist alles.«

Und, o Wunder, schon ließen die Kerle Gerd in Ruhe.

»Danke, Prinz«, sagte Gerd und hoffte den Knaben damit zu einer Erklärung verführen zu können, aber der lachte nur und schaute zu, wie der Glockengießerlehrling die Pferde ausspannte. »Wo ist der Stall?«

Der lange Soldat, der Holz gehackt hatte, führte den Braunen zu den hohen Stalltüren an der Rückseite des Hauses. Der Bogenschütze folgte ihm, dicht auf seinen Fersen führte Gerd das zweite Pferd.

Im Stall entdeckte Gerd einen Haufen Hafer; ohne zu fragen, füllte er zwei Futtersäcke und band sie den Pferden vor.

»He, was fällt dir denn ein?«, rief der Söldner. »Wer hat dir erlaubt, den Gäulen von unserem kostbaren Hafer zu geben?«

»Ich heiße Gerd.«

»Ich will nicht wissen, wie du heißt. Führ dich hier nur nicht so auf, als hättest du was zu sagen.«

»Peter, halt dich da raus«, rief der Bogenschütze ihm mit heller Stimme zu. »Die Tiere haben den ganzen Tag schwer ziehen müssen, sie haben den Hafer verdient.« Ganz kurz streichelte er den Braunen. »Schönes starkes Tier«, sagte er anerkennend. Peter verließ brummelnd den Stall und nun war Gerd allein mit dem seltsamen Jungen.

»Ich nenne ihn den Braunen, das andere Pferd heißt Quirin.«

Der Hund war ihnen gefolgt. »Der Prinz«, wie Gerd den Jungen insgeheim nannte, streichelte den struppigen Kopf des Tieres. »Dies ist Tieske«, sagte er. »Sieht gefährlich aus, ist aber ein liebes Tier, nicht wahr, Tieske?« Der Hund leckte ihm die Hand und wedelte mit dem Schwanz.

»Du magst Tiere, nicht wahr?«, fragte Gerd, um die Unterhaltung in Gang zu halten. Seine Neugier, wer der Bogenschütze wohl sei, wuchs von Minute zu Minute.

»O ja! Wenn ich jage, versuche ich auch immer das Wild mit einem Schuss zu erlegen. Die armen Hasen sollen nicht unnötig leiden.«

»Warum jagst du denn, wenn du Mitleid hast?«

»Wir brauchen doch von Zeit zu Zeit frisches Fleisch!«

»Und der Hirsch, dessen Fell draußen zum Trocknen hängt, hast du den auch geschossen?«

»Natürlich, genau durchs Auge direkt ins Gehirn. Jagen … das tu ich schon, seit ich ein Kind war.«

Als wäre er jetzt schon ein erwachsener Mann! Gerd unterdrückte ein Schmunzeln.

»Gehst du oft auf Jagd?«, fragte der Junge.

»Nie«, antwortete Gerd.

»Dann war das wohl auch nie nötig, um überleben zu können?«

»Nein. Und ich brauchte auch nie jemanden zu berauben«, blaffte Gerd. »Ich kann arbeiten.«

Der andere war überhaupt nicht beeindruckt.

»Tja, du bist ein Mann.«

Gerd begriff nicht, was das damit zu tun haben sollte, aber es gefiel ihm, ein Mann genannt zu werden. Onkel Gerhard van Wou behandelte ihn manchmal so nachdrücklich als Jungen! Aber wie sah der Bogenschütze sich selbst? Nicht als Mann? Er war zwar noch sehr jung und ohne Bart, aber wenn man mit einem Schuss einen Hirsch erlegen konnte, war man doch jemand. Und die Art, wie die rauen Söldner sich von ihm kommandieren ließen, das sagte doch auch einiges.

Gerd nahm eine Hand voll Stroh und begann die Pferde abzureiben. »Bist du von Adel?«, fragte er wie beiläufig, um sich seine brennende Neugier nicht anmerken zu lassen.

»Ich?« Der Junge lachte lauthals. Hoch, fast wie ein Mädchen.

»Wie kommst du darauf? Jan van Schaffelaar ist adlig, jedenfalls beinahe.«

»Oh.« Es blieb rätselhaft. »Ihr seid doch die, die man bei uns ›die Grafschafter‹ nennt?«, fragte er weiter. »Söldner des Herzogs von Geldern, die Geldtransporte überfallen? Ich habe in Kampen so einiges darüber gehört.«

»Kampen…«, seufzte der Bogenschütze. Und dann, plötzlich unpersönlich: »Das ist gleichgültig, wer wir sind. Bist du fertig? Dann komm mit.«

»Moment.« Gerd hielt den Jungen am Ärmel fest. »Ich versteh das alles nicht. Sind wir jetzt Gefangene?«

»Ja. Bis Lösegeld für euch gezahlt ist.«

»Aber…«

»Komm mit.«

Er ging durch die hohen Stalltüren nach draußen und Gerd folgte ihm. Der Reisewagen stand noch mitten auf dem Hof. Drei Kerle waren dabei, ihn abzuladen. Viel war es nicht. Eine einfache Kiste mit einigen Kleidungsstücken, Brot und gesalzenem Fisch. Die Kiste hatte zugleich als Sitz gedient. Außerdem waren noch ein paar alte Lappen und Decken auf dem Wagen.

»Magere Beute«, murmelte einer der Söldner. Stirnrunzelnd guckte er Gerd an, der höhnisch grinste. »Ich würde fast annehmen, euch hat schon eine Räuberbande ausgenommen, bevor unser Fähnlein auftauchte.«

»Eine andere Räuberbande? Nein, wirklich nicht…«, sagte Gerd.

Der Mann griff nach seinem Dolch.

»Halt deine Zunge im Zaum, junger Mann«, sagte er drohend. »Wir sind keine Räuber. Wir sind Soldaten im Dienst des Herzogs von Geldern.«

»Herzog? Meinst du das Kind, das in Gent festgehalten

wird, oder den toten Adolf«, höhnte Gerd. Er hatte sich fest vorgenommen, keine Angst zu zeigen. Wenn man siebzehn Jahre alt ist, will man gern ein Held sein.

Trotzdem wäre es vielleicht schlecht für ihn ausgegangen, wäre nicht »der Prinz« neben ihm gestanden. So beschränkte sich der Kerl darauf, Gerd einen Stoß gegen die Schulter zu versetzen und laut fluchend wegzugehen.

»Nicht so erbärmlich fluchen, Gisbert!«, rief der Bogenschütze ihm mit hoher Stimme nach. »Du weißt, dass Elsa und ich das nicht mögen.«

Gisbert drehte sich um.

»Aber der junge Bengel beleidigt uns dauernd«, beklagte er sich.

»Na und? Er hat ja auch kaum Grund, uns dankbar zu sein. Und jetzt bring die Sachen rein und halt den Mund.« Und sich an Gerd wendend: »Du bist zu frech. Diese Männer haben ihren Stolz, weißt du. Sie sind gar nicht so bösartig, aber du darfst sie nicht reizen. Übrigens brauchst du dir keine Sorgen zu machen, ich pass schon auf, dass euch nichts geschieht.«

»Stolz! Worauf denn?«, brummte Gerd. »Reisende überfallen, sie ausplündern und sie dann außerdem als Geiseln festhalten. Die reinste Strauchräuberei.«

Seine Entrüstung ließ der Bogenschütze an sich abgleiten wie Wasser an einer Fettkerze.

»Wie alt bist du eigentlich, Kampener?«

»Siebzehn. Bald achtzehn.«

»Und wer ist dein Herr?«

»Gerhard van Wou ist Glockengießermeister und mein Onkel«, sagte Gerd.

»Dein Onkel? Er sieht noch sehr jung aus.«

»Gerade zehn Jahre älter als ich.«

»Ist er reich?«

»Schulden hat er, mehr als ihm lieb ist.«

»Das kenne ich. Alle, die wir gefangen nehmen, behaupten, sie seien arm«, murmelte der Junge. »Na ja, wir werden ja sehen.«

»Und du? Wer bist du eigentlich?« Gerd *musste* es jetzt wissen. Als der Bogenschütze nicht antwortete, bohrte er weiter.

»Du siehst überhaupt nicht aus wie ein Söldner, auch wenn du genauso angezogen bist. Wie alt bist du eigentlich?«

»So alt wie du.«

»Das glaube ich nicht. Du hast überhaupt noch keine Haare auf dem Kinn. Und du hast eine hohe Stimme, du bist höchstens vierzehn.«

Der Bogenschütze tat so, als hätte er nichts gehört, und rief einen der Söldner.

»Buckelchen, ich geh rein. Kümmerst du dich um Diana? Und Peter soll sich mal ihren linken Huf ansehen.«

»Mach ich.« Das krumme Männlein setzte sich sofort in Bewegung. Der Bogenschütze führte Gerd in den Wohnraum, Tieske folgte ihnen.

Auf den rohen Holzbänken am langen aufgebockten Tisch saßen ungefähr zehn Söldner, zwischen ihnen Gerhard van Wou und Wilhelm Schoonenborch. Jan van Schaffelaar saß dem Glockengießermeister genau gegenüber, vor ihm auf dem Tisch lag der Beutel mit den Goldstücken. Gerhard und Wilhelm hatten jeder einen Bierkrug in der Hand. Am Herd stand eine dicke, mütterliche Frau und rührte in einem Suppentopf. Unvermittelt verspürte Gerd großen Hunger.

Der Hauptmann hob den Kopf, lächelte dem »Prinzen« zu und begrüßte Gerd mit einem Kopfnicken.

»Sind die Pferde gut versorgt? Setz dich, Junge.«

Gerd blieb stehen.

»Ich fordere eine Erklärung…«, begann er erhitzt, aber der Bogenschütze legte ihm beide Hände auf die Schultern und drückte ihn auf die Bank.

»Mund halten, Hitzkopf. Willst du uns wirklich in Wut bringen? Halt dich raus und lass die Männer alles regeln. Die sind erwachsen genug, die werden sich schon einigen. Mit jungen Burschen, die den Helden spielen wollen, wissen wir hier umzugehen.«

Die Hände des Jungen waren zart und warm. Verwirrt und beschämt ließ Gerd sich auf die Bank fallen und schlug die Augen nieder. Aber ihm war bewusst, dass nun auch er schon dem jungen Milchgesicht gehorchte.

Der »Prinz« ging in eine Ecke, legte seinen Pfeilköcher hin und nahm den Helm ab. Eine Flut dunkel glänzender Haare fiel ihm auf die Schultern. Er nahm sich ein formloses Barett, setzte das auf und wandte sich an die Frau am Herd.

»Ist die Suppe schon gar, Elsa? Wir sind heute weit geritten und haben großen Hunger.«

Die Frau nickte, nahm einen Stapel Näpfe vom Regalbrett und stellte sie auf den Tisch. Nun kamen immer mehr Männer herein. Den Prinzen und den Hauptmann mitgerechnet, zählte Gerd neunzehn. Obwohl Gerhard van Wou und seine Knechte Gefangene waren, wurden sie doch wie Gäste behandelt. Elsa füllte ihnen als Erste die Näpfe und wünschte ihnen herzlich guten Appetit. Hungrig holten die Kampener ihren Löffel aus der Tasche.

Keinem Menschen würde es einfallen, ohne Löffel auf Reise zu gehen, sogar der ärmste Bettler hatte stets einen in die Tasche oder unter das Hutband gesteckt. Wie sollte man auch sonst essen können? Man musste schon sehr weit heruntergekommen sein, wenn man keinen Löffel mehr besaß. Gerd hatte einen aus Zinn und legte den stolz vor sich auf den Tisch. Er bemerkte, dass einer der Söldner gierig darauf starrte.

»Ach, was ist das ein schöner Löffel! Seht ihr das? Sogar mit Verzierungen! He, Junge, sollen wir tauschen? Komm? Ja?«

Schnell legte Gerd eine Hand auf seinen Besitz.

»Das ist ein Erbstück und davon bleibst du weg mit deinen langen Fingern«, schnauzte er den Söldner an.

»Benimm dich, Quasselmaul«, ging der »Prinz« dazwischen. »Ihr treibt es tatsächlich immer bunter. Alles, was ihr seht, wollt ihr sofort haben, wie die Kinder. Jan, es wird Zeit, dass wir unseren Männern bessere Manieren beibringen, ihre Habgier nimmt überhand.«

»Du hast Recht, Karen«, schimpfte der Hauptmann. »Wir sind Soldaten, keine Räuber. Elsa, schöpf Suppe ein.«

Karen?, dachte Gerd verwundert. Das ist doch kein Jungenname? Der Bogenschütze setzte sich neben den Hauptmann, Gerd saß ihm also genau gegenüber. Während Elsa die Näpfe füllte, die Kerle schlürfend darüber herfielen und große Brocken Braunbrot eintunkten, schüttete van Schaffelaar den Lederbeutel aus und zählte die Goldstücke.

»Sechsunddreißig«, sagte er kopfnickend. »Das sind zwanzig für Zutphen und sechzehn für uns.«

»Vergesst das Lösegeld nicht, das wir für dieses edle Dreiergespann kriegen werden!«, rief das hässliche Männlein, das an der anderen Seite des Bogenschützen saß.

Der Hauptmann grinste und beunruhigt fragte sich Gerd, ob die Stadt Kampen wohl bereit sein würde, für den neuen Glockengießer Geld herauszurücken. Der Magistrat hatte sich zwar alle Mühe gegeben, Gerhard van Wou in die Stadt zu locken, aber ein echter ansässiger Bürger war er noch nicht, eigentlich war er mehr oder weniger noch in einer Probezeit. Wenn sie mit seiner Arbeit nicht zufrieden wären, würden die Schöffen nicht zögern, Gerhard van Wou die Schuldscheine vorzulegen, und könnte er die nicht einlösen, würden sie in aller Ruhe sein Material beschlagnahmen und ihn aus der Stadt verbannen. Und jetzt sollten sie sogar noch Lösegeld für ihn bezahlen? Das bereitete Gerd Kopfzerbrechen. Es fiel ihm auf, dass sein Onkel Karen nicht aus den Augen lassen konnte. Der wunderte sich natürlich auch über das Kind, das Befehlsgewalt hatte. Ein paar Katzen liefen bettelnd über den Tisch, aber keiner der rauen Kerle verjagte die Tiere oder fluchte über sie. Tieske hatte es sich unter dem Tisch bequem gemacht, nur seine Pfoten ragten zur Hälfte hervor. Ging einer vorbei, hob er bedachtsam die Füße, um das Tier nicht zu treten. In einem über der Zwischentür zum Stall hängenden Käfig saß eine Taube. Gerd dachte daran, dass er eine Kuh gesehen hatte, außerdem auf dem Hof eine Menge Hühner und im Stall ein paar dutzend Pferde. Tier gab's hier also genug. Und sie schienen gut behandelt zu werden. Mit Menschen gingen diese Söldner scheinbar weniger sanft um ... auch wenn es zu Gerds Erleichterung bis jetzt auszuhalten war. Sie wurden nicht geschlagen, nicht gefesselt, niemand trat oder beschimpfte sie.

Es war ein sonderbarer Anblick, Gerhard van Wou und Jan van Schaffelaar sich am Tisch gegenübersitzen zu sehen. Der Hauptmann war kaum älter als Gerhard und auch äußerlich hatten sie gewisse Ähnlichkeit. Beide waren groß und kräftig, hatten breite Schultern, lange Beine, eine tiefe Stimme. Van Schaffelaar hatte eine längere Nase, ein schmaleres Gesicht, einen helleren Bart als Gerhard, aber trotzdem hätten sie Brüder sein können.

Van Schaffelaar, dachte Gerd, wo habe ich den Namen schon gehört? Es wollte ihm nicht einfallen.

Als alle satt waren, stellte Elsa einen großen Krug mit Wein auf den Tisch. Draußen war es inzwischen dunkel geworden, im Wohnraum brannten zwei Öllampen, und auch die Glut im Herd gab etwas Licht. Hätte er nicht unter einem Fähnlein von Schurken gesessen, hätte Gerd es direkt gemütlich gefunden. Einige Söldner fingen am anderen Ende des Tisches an zu würfeln. Der »Prinz« setzte sich auf einen Holzblock am Herd und kontrollierte seine Pfeile. Einen schönen schlanken Hals hatte er, wie ein Mädchen ...

Plötzlich war Gerd alles klar: die Art, wie der Bogenschütze sich bewegte, das wunderschöne lange Haar, das bartlose Kinn, die hohe Stimme... Karen war ein Mädchen! Dumm, dass er nicht eher darauf gekommen war.

Jetzt konnte er sie überhaupt nicht mehr aus den Augen lassen. Als sie kurz aufschaute und ihn anlächelte, fühlte er, dass er rot wurde. Was für Augen! Widerstandslos ließ Gerd sich darin versinken. Sie fuhr fort mit ihrer Arbeit. Geschickt befestigte sie die Stahlspitzen und band Hühnerfedern ans andere Ende der Holzschäfte. Schöne Hände hatte sie: schlanke Finger, mit Schwielen auf der Innenseite. Wenn sie den Blick auf die Arbeit gerichtet hatte, warfen die langen Wimpern Schatten auf ihre Wangen. Gerd saß da, konnte sich an diesem zigeunerhaften Mädchen nicht satt sehen und fühlte sich plötzlich unbeschreiblich glücklich. Wer war sie?

Buckelchen kroch zu ihr und half ihr. Neben Tieske, dem Hund, saß er zu ihren Füßen, und es war auch ein Hundeblick, mit dem er zu ihr aufschaute.

Gerd achtete nicht mehr auf die Gespräche am Tisch. Karen wohl auch nicht; ruhig arbeitete sie weiter, wechselte ab und zu ein paar Worte mit Buckelchen und trank behutsam einige Schlückchen Wein. Tieske hatte den Kopf auf ihre Füße gelegt, die Katzen lagen zusammengerollt in einer Ecke. Es war so sehr ein Bild häuslichen Friedens, dass Gerd vergaß, wo er war.

»Zeit, ins Bett zu gehen«, sagte van Schaffelaar mit dröhnender Stimme. Die Würfel wurden eingepackt, der Weinkrug war leer, die Männer verließen einer nach dem anderen schlurfend und brummend den Wohnraum. Auch Karen legte ihre Pfeile zur Seite, stand auf und streckte sich.

»Buckelchen, zeig unseren Gästen einen Schlafplatz auf dem Heuboden«, befahl der Hauptmann. »Morgen«, sagte er zu Gerhard van Wou, »werden wir über das Lösegeld reden. Martin, Berthold, ihr habt die erste Wache.« Sofort verschwanden die Männer und auch Elsa. Nur Buckelchen, Karen und der Hauptmann waren noch da. Buckelchen nahm eine Öllampe und winkte den Gefangenen.

»Gute Nacht, Karen, schlaft gut, Hauptmann.«

Sie folgten dem verkrüppelten Söldner. Gerd drehte sich noch einmal um. Er sah, dass der Hauptmann sich die Stiefel auszog und Karen die Türen der Bettnische öffnete. Sie gehörte also zum Hauptmann! Wilde Eifersucht packte ihn. So ein liebes, schlankes Mädchen passte doch nicht zu dem Kerl!

Wenig später lag Gerd zwischen Gerhard van Wou und Wilhelm Schoonenborch im Heu. Wilhelm, den der Wein müde gemacht hatte, begann schon bald zu schnarchen, aber Gerhard wälzte sich hin und her. Gerd fühlte seine Unruhe.

»Wir sitzen ganz schön in den Nesseln, Onkel«, flüsterte er.

»Ja. Das Gerede vom Lösegeld gefällt mir ganz und gar nicht.«

»Glaubst du, dass Kampen zahlen wird?«

»Das würde mich wundern.«

»Mich auch. Aber wie soll's weitergehen?«

»Abwarten, lieber Neffe.«

»Die Grafschafter haben einen schlechten Ruf.«

»Verlass dich drauf.«

»Hast du Angst?«

»Noch nicht. Vielleicht kommt das noch in den nächsten Tagen.«

Danach war es ein Weilchen still. Da konnte Gerd es nicht länger für sich behalten.

»Onkel, hast du dir den Bogenschützen genauer angesehen? Das ist kein Junge, das ist ein Mädchen!«

»Ja.«

»Ist das nicht seltsam? Was macht ein so junges Mädchen bei den Söldnern?«

»Woher soll ich das wissen? Sie ist vielleicht das Liebchen des Anführers.«

»Oder seine Frau?«

»Auch möglich. Jedenfalls taugt sie absolut nichts. Welche anständige Frau kleidet sich wie ein Soldat? Und sie macht mit bei ihren Raubzügen, das sagt genug.«

Für Gerhard van Wou war damit das Urteil gesprochen: Karen war schlecht. Die nüchternen Bemerkungen seines Onkels taten Gerd weh. Er versuchte sich Klara Yegher in Soldatenkleidung vorzustellen, aber das gelang nicht. Aber zu Karen passte die Kleidung irgendwie.

»Mir kam sie ganz nett vor«, flüsterte er vor sich hin. »Der Hund liebt sie abgöttisch und zu mir war sie sehr freundlich.«

Gerhard van Wou antwortete nicht. Außer ihnen schliefen sechs oder sieben Söldner im Heu, hin und wieder hörte Gerd, wie sich einer im Schlaf umdrehte oder im Traum etwas murmelte. Er selbst war immer noch hellwach.

»Schläfst du, Onkel?«

»Nein.«

»Weißt du, ich hab mich den ganzen Abend schon gefragt, wo ich den Namen van Schaffelaar schon mal gehört habe«, flüsterte Gerd. »Und jetzt weiß ich es plötzlich wieder. In Kampen habe ich von ihm gehört. Jemand erzählte mir von einem gewissen Jan van Schaffelaar, der vor ein paar Jahren in Kampen unter Mordverdacht festgenommen und dann zum Tode verurteilt wurde. Aber als er auf dem Schafott stand, kam ein Mädchen, um ihn zu erbitten. Das muss Karen gewesen sein.«

Gerhard schwieg.

»Ergreifend, findest du nicht? Ein Mädchen, das einen Verbrecher vom Schafott holt und ihn heiratet. Ich wusste, dass es möglich ist, aber ich wusste nicht, dass es jemals vorgekommen ist. Ob die Kerle wohl darum so viel Respekt vor ihr haben, weil sie ihren Anführer gerettet hat?«

»Halt den Mund, ich will schlafen.«

Gerd seufzte, starrte in die Dunkelheit und lauschte dem Geraschel, Schnarchen und Brummen um ihn herum. Das Heu war weich und duftete, er hatte schon schlechter gelegen, und außerdem war er müde. Aber warum konnte er dann nicht einschlafen? Die Spätsommernacht war kühl, vielleicht war es draußen neblig. Aber Gerd spürte Wärme im ganzen Körper, er fühlte, dass sein Gesicht glühte. Die Nacht war genauso schwarz wie Karens Augen. Eigentlich war sie nicht einmal schön. Die Frauen in Kampen waren hellhäutig, hatten zartrote Arme. Dieses Mädchen hatte gebräunte Haut und lange schwarze Haare wie eine Zigeunerin, ein Kinn wie ein Mann, war zu groß und eckig. Trotzdem konnte er gerade dieses Mädchen nicht aus seinen Gedanken verbannen. War sie vielleicht eine Hexe? Dann hatte sie die Söldner verhext, ihnen die Kraft genommen, sich ihrem herrischen Wesen zu widersetzen. Gerd versuchte sich Karen auf einem Besenstiel durch die Luft fliegend vorzustellen, unterwegs zu ihrem Herrn, dem Satan. Sie brachte dem Bösen die Seelen der Männer, die sie verhext hatte. Gerd griff sich an die Brust und bekreuzigte sich schnell.

Als das erste Morgenlicht in den Heuboden fiel, lag er immer noch mit offenen, starrenden Augen da. Die Balken über seinem Kopf waren nun deutlicher zu erkennen, in einem Knorren sah er Karens Gesicht, ihre Augen schauten ihn an. Er erschrak, wie sich einst Bruder Egidius erschrocken hatte. Also doch, sie war eine Hexe! Sie hatte ihr Bildnis ins Holz gedrückt. Darum waren sie gefangen genommen. Nicht des Goldes oder des Lösegeldes wegen, sondern um von ihr verhext und dem Satan ausgeliefert zu werden! Gerd lief es kalt den Rücken hinunter, die Hitze wich aus seinem Körper, plötzlich fror er und richtete sich wütend auf. Er musste versuchen zu entkommen, bevor es zu spät war!

Vorsichtig kletterte er die Leiter hinunter und schlich auf den

Hof. Dort stand Jan van Schaffelaar und unterhielt sich mit zwei Söldnern, die sich wie ein Ei dem anderen glichen. Buckelchen kam mit zwei Holzeimern angelaufen, die er nacheinander in den Brunnen hinunterließ.

»Ha, da ist ja unsere Geisel!«, rief van Schaffelaar gut gelaunt. »Gut geschlafen, junger Mann?«

Das geht dich nichts an, dachte Gerd. Er warf einen Blick auf das Wohnhaus, dessen Tür weit offen stand. Die Sonne brach schon durch den Morgennebel, aber es war noch frisch. Den Söldnern schien das nichts auszumachen.

»Frühstücken kannst du da drinnen!«, rief Buckelchen ihm zu. Schweigend ging Gerd ins Haus. Elsa stand am Herd und kochte Brei, Karen konnte er nicht entdecken. Die Türen der Bettnische waren geschlossen. Schlief sie noch, oder war sie noch nicht von ihrem nächtlichen Flug heimgekehrt?

Gerd stellte sich neben die Frau und guckte in den Kochtopf. Der Brei roch appetitlich.

»Ihr wisst, was gutes Essen ist«, sagte er neutral. Elsa strahlte. Sie füllte einen Napf und stellte ihn auf den Tisch.

»Warum sollten wir nicht? Van Schaffelaar ist ein guter Anführer, und mein Peter sagt, er wird uns alle reich machen. Eigentlich sind wir das schon. Wir haben ein gutes Dach über dem Kopf, wir kennen keinen Mangel, und wenn wir etwas brauchen, sorgt der Hauptmann dafür, dass wir es kriegen. Mehr können wir nicht verlangen.«

Der Brei, mit Milch gekocht und mit Honig gesüßt, schmeckte vorzüglich. Nach und nach kamen nun die Söldner herein und fielen über ihr Frühstück her. Auch Gerhard van Wou und Wilhelm Schoonenborch kamen an den Frühstückstisch. Aber wo war Karen?

»Und jetzt zur Frage des Lösegeldes«, platzte van Schaffelaar heraus, sobald der Glockengießer seinen Napf leer hatte.

»Könnt Ihr schreiben, van Wou? Fein. Dann schlage ich vor, Ihr schreibt selbst einen Bief an den Magistrat von Kampen, in dem Ihr mitteilt, dass Ihr dem Fähnlein Grafschafter in die Hände gefallen seid und dass für Eure Freilassung und die Eurer Knechte fünfzig Goldgulden gefordert werden. Ihr drängt darauf, dass das Lösegeld sehr bald gezahlt wird, denn davon hinge Euer Leben ab. Blaubacke, bring uns Schreibzeug.«

»Und wenn ich mich weigere, den Brief zu schreiben?«, fragte Gerhard wütend.

»Dann schreibe ich ihn selbst und Ihr unterschreibt. Friedrich wird schon dafür sorgen, dass Ihr das tut, der ist früher Henkersknecht gewesen und kennt alle Arten der Folter.«

Gerhard van Wou und Jan van Schaffelaar blickten sich in die Augen. Schweigend, drohend. Es war ein stilles Ringen zweier starker Charaktere. Die anderen schwiegen, sahen nur zu. Blaubacke warf Papier, ein Tintenhorn und eine Gänsefeder auf den Tisch. Aber Gerhard rührte sich nicht, er starrte unentwegt van Schaffelaar an, als warte er auf noch stärkere Drohungen. Gerd fühlte, wie ihm der Schweiß ausbrach.

»Ich weigere mich«, sagte Gerhard van Wou.

Schweigend nahm van Schaffelaar das Schreibzeug und machte sich an die Arbeit. Die Söldner murmelten.

O Gott, dachte Gerd, käme Karen doch nur! Sie wird doch nicht erlauben, dass man Onkel Gerhard die Nägel ausreißt oder ihn mit glühenden Zangen behandelt?

Als der Hauptmann den Brief fertig hatte, schob er dem Glockengießer Papier und Gänsefeder über den Tisch.

»Unterschreibt!«

»Nein!«

Mit gemeinem Grinsen im Gesicht stand Friedrich auf.

»Unterschreibt! Ich gebrauche nicht gern Gewalt.«

»Das kann ich mir nicht denken.« Unbeweglich starrte Gerhard van Wou auf den Brief. Auf dem Hof war Hufgetrappel zu hören. Lauschend hob Gerd den Kopf, sein Herz pochte wild. Aber niemand im Wohnraum reagierte, und gleich darauf erschien Karen mit drei erlegten Hasen in den Händen in der Türöffnung. Sie kam also nicht zurück von einem Hexensabbat, sondern von einer Morgenjagd. Tieske lief ihr schwanzwedelnd entgegen.

»Reizt mich nicht, van Wou. Ihr werdet diesen Brief unterschreiben, sonst ...«

Gerhard schüttelte trotzig den Kopf, van Schaffelaar wurde rot, und Friedrich krempelte sich die Ärmel auf.

»Soll ich ihn mir vornehmen?«, fragte der Henkersknecht erfreut.

»Wag das nicht!« Das war Karens Stimme. Sie warf die Jagdbeute auf den Tisch, gab Friedrich einen Stoß vor die Brust und setzte sich, ihm den Rücken zukehrend, vor ihm auf die Bank.

»Was ist hier los?«, fragte sie gebieterisch.

»Er weigert sich, den Brief an den Magistrat von Kampen zu unterschreiben«, brummte Friedrich. »Aber ich werde ihn schon dazu bringen.«

»Warte!« Karen drängte Friedrich noch weiter zurück und wandte sich an Gerhard van Wou.

»Warum seid Ihr so halsstarrig? Gebraucht Euren Verstand. Friedrich tut nichts lieber als Menschen peinigen, bis sie an Körper und Seele gebrochen sind. Und was erreicht Ihr damit? Solange Ihr fügsam seid, wird Euch nichts geschehen. Wir sind keine Unmenschen, aber Ihr erreicht nichts damit, Euch den Befehlen unseres Hauptmanns zu widersetzen. Er kriegt immer seinen Willen.«

»Tu es, Onkel Gerhard, tu es«, flüsterte Gerd bettelnd.

Wilhelm Schoonenborch gab nun auch seinen Senf dazu.

Er beugte sich zu seinem Meister vor und zischte:

»Wenn Kampen auf die Forderung eingeht, wissen wir auch gleich, wie wichtig wir für die Stadt sind.«

Gerhard hob überrascht den Kopf. Das Argument beeindruckte ihn mehr als alle Drohungen, stellte Gerd fest. Was ging dem Glockengießer in diesem Augenblick durch den Kopf? Vielleicht dachte er an Klara Yegher, deren Vater Münzmeister und Schöffe in Kampen war. Wenn das Mädchen von Gerhards Gefangenschaft hörte, würde sie ihren Vater vielleicht drängen, den Magistrat dazu zu bewegen, den Glockengießer freizukaufen… und das wäre dann ein Beweis dafür, dass sie sich etwas aus Gerhard van Wou machte…

Gerd verlor sich in Träumen. Er gönnte seinem Onkel von ganzem Herzen eine glückliche Ehe mit Klare Yegher. Wenn der alte Junggeselle, der sein Onkel zu werden drohte, sich nur endlich überwinden könnte und sie zu fragen wagte! Hatte Gerhard van Wou die gleichen Gedanken? Gerd sah, dass sein Onkel immer noch zögerte. Die Söldner blieben ruhig, warteten gespannt auf die Entscheidung des Glockengießers. Vielleicht hofften sie, er würde halsstarrig bleiben, um dann Friedrichs Handwerk genießen zu können… Zu Gerds Erleichterung nahm der Glockengießer plötzlich die Gänsefeder, tauchte sie in die Tinte und schrieb in deutlicher Schrift seinen Namen unter den Brief. Auch Karen ließ den angehaltenen Atem entweichen.

»Gut so.« Van Schaffelaar zog das Papier zu sich über den Tisch, pustete kurz, faltete es dann und schob es in einen kleinen Lederköcher.

»Kastor, Pollux, sattelt die Pferde und bringt dies zum Rathaus von Kampen. Reitet wie die Teufel und lasst euch durch nichts aufhalten. Elsa wird euch einen Knappsack mit Brot und eine Feldflasche mit Bier mitgeben. Ich erwarte euch morgen Abend zurück. Mit dem Geld!«

Die Zwillinge gehorchten sofort. Gleich darauf hörte Gerd sie wegreiten. Jetzt blieb den Geiseln nichts anderes übrig als zu warten.

Um auszuprobieren, wie weit man ihn gehen ließe, schlenderte Gerd hinaus. Niemand hielt ihn zurück. Erst ging er zum Stall, um zu sehen, wie es Quirin und dem Braunen ging. Gleich nach ihm kam auch Karen in den Stall, um ihrer Stute den Sattel abzunehmen und sie trocken zu reiben.

»Du bist aber schon früh losgezogen«, sagte Gerd so unbeteiligt wie möglich, obwohl sein Herz wild hämmerte. Sie trug wieder die normale Soldatenkleidung, rot und gelb, auf das lange Wams war das Wappen von Geldern gestickt, ein schwarzer Löwe auf gelblichem Hintergrund. Sie hatte keinen stählernen Brustpanzer an, keinen Helm auf, nur das formlose Barett. Während sie die Stute striegelte, sagte sie:

»Die Morgendämmerung ist die beste Zeit für die Jagd. Jetzt haben wir für heute Abend wieder ein leckeres Essen: Hasenpfeffer. Wie gefällt dir mein Pferd, Gerd? Ist es nicht wunderschön? Das hat van Schaffelaar mir gekauft. Dreizehn Goldgulden hat er dafür bezahlt.«

»Wirklich?«, fragte Gerd spöttisch. »Ich habe nicht den Eindruck, dass er ein Mann ist, der das bezahlt, was er haben will.«

Erregt drehte sich Karen zu ihm um, ihre schwarzen Augen funkelten. »Wer gibt dir das Recht, uns Lügner zu nennen?«

Gerd erschrak über ihren Ausfall. Dann atmete er tief durch. Sie war schließlich nur ein Mädchen, vor ihr brauchte er keine Angst zu haben. Also antwortete er: »Karen, wie kannst du so leben, mitten unter den Schurken.«

Da sprang sie auf ihn zu und gab ihm eine klatschende Ohrfeige. Gerd taumelte, ergriff dann ihr Handgelenk. Sie spuckte ihn an.

»Predigen!«, zischte sie wütend. »Selbst du beginnst sofort zu predigen. Das hängt mir zum Hals heraus! Was ich auch tat, in den Augen der anderen war alles falsch. Immer wieder schnauzten sie mich an: Karen, du musst anders werden,

Karen, das gehört sich nicht für ein Mädchen, Karen, du bist sündig, dickköpfig und schlecht. Und dabei schlugen sie mich oder ließen mich verhungern oder versuchten mich zu überwältigen. Menschen! Die sogenannten anständigen, frommen Menschen sind noch schlimmer als Söldner: sie lügen, betrügen, schmeicheln und sind so gemein wie Teufel. Pah! Und denen sollte ich gleichen, so sollte ich auch werden, denn das wollten sie. Aber ich will nicht, hörst du, ich will nicht!«

»Ruhig, beruhige dich!«, stammelte Gerd verwirrt.

Wild riss sie sich los.

»Hätte ich mir nicht selbst beigebracht, mit Pfeil und Bogen auf Jagd zu gehen, wäre ich schon längst verhungert«, fuhr sie fort. »Aber weil ich eine Frau bin, scheint mich jeder nach Herzenslust verachten und beschimpfen zu können … und zugleich darf sich auch jeder über mein Seelenheil Sorgen machen und mir Predigten halten, bis ich davon ganz krank werde. Und du, du Milchgesicht, du dummer Bürgerssohn, du bist keinen Deut besser. Erst dachte ich, du wärest ein netter Junge, aber jetzt habe ich dich durchschaut. Oh, ich hab gesehen, wie du mich anstarrst. Du läufst mir nach, ich brauch dich nur anzulachen, schon wirst du rot bis an die Haarwurzeln. Aber predigen, jammern: Karen, du taugst nichts, Karen, du sündigst. Soll ich dir was sagen, du ahnungsloser Bube? Die Männer hier, die beleidigen mich nicht, die respektieren mich so, wie ich bin.«

Gerd war zurückgewichen. Selten in seinem Leben hatte er sich so erschrocken. Ihre Worte gingen ihm tiefer unter die Haut, als es ein Dolch hätte tun können. Er fühlte sich wie aufgeschnitten, als wäre sein Inneres bloßgelegt. Die Hexe blickte durch ihn hindurch!

Dann sagte er als letzte Verteidigung, was er einmal gelesen oder gehört hatte. Er wusste es nicht mehr.

»Jeder weiß schließlich, was für ein Gesindel Söldner sind. Sie dienen einer Macht, ohne nach der Rechtmäßigkeit zu fragen.«

Sie antwortete nicht. Scheu ließ er seinen Blick über ihr Gesicht gleiten und las nur Überraschung in ihren Augen. Der wilde Zorn schien ebenso schnell von ihr gewichen zu sein, wie er sie befallen hatte, aber was er gesagt hatte, schien sie nicht begriffen zu haben. Gerd schluckte und fuhr fort: »Ich meine Folgendes. Ein Mann kann für seinen Herren kämpfen, für sein Land oder für seine Familie. Für wen kämpft der Söldner? Für jeden, der bereit ist, ihn zu bezahlen. Heute ist das ein aufständischer Lehnsmann, morgen ist es der rechtmäßige Fürst. Der Söldner fragt nicht, wer das Recht auf seiner Seite hat.«

Karen zog die Schultern hoch. »Na und? Ich weiß zufällig, dass Glockengießer auch Kanonen machen. Und an wen liefert ihr die Dinger? Doch bestimmt an jeden, der so eine Feldschlange bezahlt oder bezahlen will?«

Da hatte sie ihn erwischt! Doch weil er keine Antwort wusste, tat Gerd so, als hätte er diese Bemerkung nicht gehört.

»Söldner«, sagte er bitter, »kennen keine Treue, keine Ehrlichkeit; sogar in Friedenszeiten führen sie sich schlecht auf, gehen gegen die wehrlose Bevölkerung vor, pressen die Bauern aus, überfallen Lebensmitteltransporte und Kaufleute. Wer Widerstand leistet, den lässt man gnadenlos über die Klinge springen; ein Menschenleben zählt nichts für Söldner. Und dem Gesindel hast du dich angeschlossen, Karen, und du kämpfst mit ihnen, du, eine Frau! Wundert es dich dann, dass die Leute dich verabscheuen? Weißt du denn nicht, dass Gott die Frauen erschaffen hat, um Leben zu bringen, nicht zu vernichten?«

Sie warf den Kopf in den Nacken und lachte bitter.

»Oh, so ist das also! Nur Männer dürfen vernichten! Daher also eure Aufgeblasenheit den Frauen gegenüber… du bist doch ein Grünschnabel, Gerd. Mein Gott, bist du ein ahnungsloses Küken!« Sie drehte ihm den Rücken zu und ging aus dem Stall auf den Hof.

Jetzt wird sie van Schaffelaar erzählen, dass einer der Gefangenen sie beleidigt hat, fürchtete Gerd. Warum kann ich meinen großen Mund nicht halten. Was geht es mich eigentlich an, dass das Kind seine ewige Seligkeit aufs Spiel setzt.

Plötzlich musste er an die Gemälde von Hieronymus Bosch denken, auf denen in aller Scheußlichkeit die Qualen der Hölle dargestellt wurden. Schöne nackte Frauen, über niedrigem Feuer am Spieß geröstet oder gequält von Ungeheuern ... Könnte ich die doch nur Karen zeigen, dachte er verwirrt, dann würde sie vielleicht begreifen, wohin ihre Lebensart führen musste.

Verletzt und bloßgestellt und elend, wie er sich fühlte, verließ er den Stall und ging auf den Hof. Jeden Moment erwartete er, dass van Schaffelaar, tobend vor Wut über die Beleidigung seiner Liebsten, aus dem Haus gestürmt käme und ihm mit dem Schwert zu Leibe rücken würde. Erschaudernd schaute er sich um – war Flucht wirklich ausgeschlossen? Auf dem Hof lungerten ein paar Söldner herum, genossen die Sonne oder gingen irgendeiner Beschäftigung nach. Elsa kam mit einem Eimer heraus und ging zum Brunnen. Langer Peter hackte Holz, Blaubacke schmiedete unter einem Vordach der Scheune Hufe für einen weißen Hengst, der zwischen zwei Pfähle gebunden war. Aus dem Schornstein stieg Rauch auf. Tieske lag dösend mit dem Kopf auf den Pfoten neben der offenen Tür und öffnete ab und zu ein Auge, wenn Johann Steinbrecher und Markus Becking beim Würfeln fluchten. Eigentlich war es ein sehr friedliches Bild. Aber jeden Moment konnte das Hornsignal der Kundschafter erklingen. Dann würden die Kerle blitzschnell aufspringen, zu den Pferden eilen und davonreiten. Warum griff Maximilian nicht ein und machte den Grafschaftern ein Ende?

Gerd langweilte sich, das Nichtstun war er nicht gewöhnt. Flucht schien unmöglich zu sein; die Kerle auf dem Hof behielten ihn dauernd im Auge. Langsam schlenderte er zu Langer Peter hinüber und schaute dem beim Holzhacken zu.

»Soll ich ein Weilchen weitermachen?«, fragte er.

Langer Peter grinste.

»Das möchtest du wohl gern, he, eine Axt in der Hand haben.«

So dumm waren die Söldner also gar nicht.

»He, Bengel, halt den Blasebalg mal in Bewegung«, schrie Blaubacke. »Du bist hier nicht in den Ferien!«

Endlich etwas zu tun.

Der nächste Tag wollte überhaupt kein Ende nehmen. Gerd, der an schwere Arbeit gewöhnt war, stromerte umher, dachte an Flucht, ließ sich das aber nicht anmerken. Aber es war vergebliche Mühe. Die drei Geiseln wurden gut bewacht, stets waren ein paar Söldner in der Nähe, die sie bei keiner Bewegung aus den Augen ließen. Gerd vermied es, Kontakt mit Karen zu suchen, auch wenn er sich ihrer Anwesenheit deutlich bewusst war. Er sah sie mit einem Korb über den Hof gehen und Eier einsammeln, er sah sie Wasser schöpfen oder auf dem Pferd über die Heide galoppieren, er sah sie mit Tieske herumtollen, hörte sie mit der Kuh reden, fühlte ihren Atem im Nacken, wenn sie ihm einen Bierkrug auf den Tisch stellte. Wenn er morgens im Heu erwachte, starrte ihn ihr Gesicht aus dem Astknorren an.

Am Spätnachmittag, als Kastor und Pollux aus Kampen zurückerwartet wurden und er Karen in die Scheune gehen sah, hielt Gerd es nicht mehr aus. Beinahe gegen seinen Willen folgte er ihr. Sie stand vor einem großen Fass, das bis zum Rand voller Äpfel war, suchte sich den besten aus und biss hinein.

»Ich …«, begann er zögernd. »Karen, ich … muss mich bei dir entschuldigen.«

»Huh? Oh, du bist es! Wofür?«

»Gestern Morgen hab ich dich … hab ich dich beleidigt.«

»Viel schlimmer, du hast mir eine Predigt gehalten. Das verzeihe ich dir nie.« Sie schien gute Laune zu haben.

»Ach, bitte, Karen, ich meinte es doch nicht böse. Ich find's nur so schade für ein so nettes Mädchen, dass du …«

»Fängst du schon wieder an?« Sie stampfte mit dem Fuß auf und ihre Augen begannen zu funkeln.

»Nein, nein, so meine ich das doch nicht. Ich weiß doch, dass es mich nichts angeht, was du tust. Aber …«

»Aber was?«

»Jedes Mal, wenn ich dich sehe, stelle ich mir vor, wie du wohl aussiehst, wenn du einen Rock trägst. Nein, sei ruhig, ich weiß, dass du nur einen Herrensattel hast und dass Röcke dich beim Reiten hindern würden. Aber ich kann mir so gut vorstellen, wie es sein könnte: Du in einem Bürgerhaus, unterwegs von der Küche zum Innenhof. Wie du mit dem Korb, den du da hast, zum Markt gehst oder dich am Brunnen mit den anderen Frauen unterhältst. Und dann …«

Sie hörte nicht einmal zu, merkte er. Sie schaute sich die Äpfel an, suchte sich noch ein paar schöne aus.

»Karen …«, bettelte er.

»Ach, Junge, was redest du nur. Ich weiß genau, was du meinst, da kannst du noch so viele schöne Worte drumherum machen. Du verachtest das Leben, das wir führen, und zugleich verzehrst du dich vor Neid, denn im Herzen möchtest du so sein wie wir: frei und unbekümmert, von dem lebend, was das Land aufbringt, und keines Menschen Knecht sein … Hier, nimm einen Apfel. Dann hältst du wenigstens den Mund. Wer isst, kann nicht reden.«

Gerd nahm den Apfel und hielt ihn in der Hand. »Dieser Hof«, begann er, »ist doch nicht euer Eigentum?«

»Natürlich nicht. Früher wohnte hier irgendein Pächter mit seiner Familie. Als wir den Hof besetzten, zog er mit all seinen Tieren davon, nur eine Kuh ließ er zurück, weil die gerade kalben sollte. Fanden wir prima. Es wurde ein Bullenkalb. Im Winter haben wir es geschlachtet und aufgegessen. Die Kuh gibt gute Milch und sie hat die ganze Weide und einen vollen Heuboden für sich allein. Wenn wir hier weggehen – denn wir werden wohl nicht immer bleiben können –, kann der Pächter wiederkommen, und dann findet er hier alles so vor, wie er es zurückgelassen hat. Und er wird froh sein, dass sein Haus nicht leer geplündert und seine Scheune nicht abgebrannt ist. Das wird auch nicht geschehen, wenn es nach mir geht.«

»Du sagst das so leichthin«, sagte Gerd vorwurfsvoll. »Aber solange ihr euch hier auf diesem Hof eingenistet habt, muss der Pächter mit seiner Familie betteln gehen … und vielleicht sogar verhungern.«

»Gerd, du bist ein guter Junge, nimmst aber alles viel zu schwer. Magst du keine Äpfel?«

»Du willst mir nicht zuhören, nicht wahr?«, sagte er bedauernd.

»Nein. Was du auch sagst, alles hört sich nach Vorwürfen an, und die will ich nicht hören.«

»Lass mich deinen Korb tragen«, bot er schließlich ratlos an.

»Unter ein paar Pfund breche ich nicht zusammen, Jungchen.«

»Aber ich bin dir so dankbar«, sprudelte es aus ihm heraus. »Du hast deinem Mann nicht erzählt, dass ich dich beleidigt habe.«

Sie lachte kurz. »Nein, natürlich nicht. Er hätte dir beim lebendigen Leibe das Fell abgezogen! Außerdem kann ich mich selbst wehren.«

Ja, das hatte er gemerkt.

»Liebst du … liebt der Hauptmann dich?«, fragte er bebend.

Sie schaute ihm direkt ins Gesicht.

»Jan van Schaffelaar«, sagte sie mit Nachdruck, »ist der einzige Mensch auf der Welt, der jemals gut zu mir gewesen ist, der mir nie Vorwürfe macht und mir keine Predigten hält. Ich weiß, dass er ein Schurke ist, ich weiß, dass Blut an seinen Händen klebt. Na und? Für mich ist er die Sonne, der Mond und das ganze Himmelszelt.«

Sie schob ihn zur Seite und verließ die Scheune.

Gerd ließ sich langsam zu Boden sinken, bis er mit dem Rücken am Fass mit den Äpfeln saß, und schlug die Hände vors Gesicht. Ihm war, als hörte er Hieronymus Bosch sagen:

»Warte nur, bis du eine kennen lernst, die sich deinen Wünschen und Vorstellungen nicht fügt und der du doch rettungslos verfallen bist. Dann wirst du erfahren, wie mächtig Frauen sind und wie viel Schmerzen sie dir zufügen können.«

Jetzt wusste er es.

Es wurde Abend, aber Kastor und Pollux kamen nicht zurück. Jan van Schaffelaar lief ein paar Mal beunruhigt auf den Hof, spähte zum Waldrand hinüber, der in der Abenddämmerung gerade noch zu erkennen war, und brummte vor sich hin. Gerhard van Wou, der auf einer Bank an der Seitenwand der Scheune saß, blieb ganz ruhig. Zu Gerd sagte er:

»Ich nehme an, in Kampen haben sie die beiden Söldner sofort eingesperrt. Lehr mich die Kampener kennen! Sie haben alles für ihre Stadt übrig, aber Lösegeld bezahlen, und ausgerechnet an Jan van Schaffelaar, das werden sie nie tun!«

»Was wird dann mit uns geschehen?«, fragte Gerd beunruhigt.

»Das mag der Teufel wissen! Vielleicht haut der Hauptmann dir den Kopf ab und schickt den mit der Mitteilung nach Kampen, dass seine beiden anderen Geiseln dasselbe Schicksal erleiden werden, wenn die Stadt nicht zahlt.«

Verblüfft und erschrocken blickte Gerd seinen Onkel an.

»Das wirst du doch nicht hinnehmen?«, rief er aus.

»Was kann ich tun, das zu verhindern?«

»Meinst du wirklich, die Kerle werden in ihrer Habsucht so weit gehen?«

»Wer kann vorhersagen, was in ihren gottlosen Köpfen umgeht? Ich weiß nur, dass die Grafschafter in ganz Geldern berüchtigt sind und Menschenleben ihnen nichts bedeuten. Ihr einziges Ziel ist es, Beute zu machen. Sie bereichern sich zu Lasten aller anderen. Das Märchen, sie täten es aus Hass gegen Burgund oder zum Nutzen des Herzogs, das brauchst du nicht zu glauben. Schurken haben immer große Sprüche, um ihre Verbrechen zu beschönigen.«

Das war ganz bestimmt nicht die Beruhigung, die der Junge brauchte.

»Karen wird nicht erlauben, dass man uns etwas antut«, murmelte er.

»Das wollen wir hoffen.«

Die Nacht machte Gerd kaum ein Auge zu, und als der Morgen graute und er den Astknorren sah und wieder meinte, Karen blicke auf ihn herab, stand er schnell auf und ging nach draußen, um sich am Brunnen zu waschen, aber auch in der unsinnigen Hoffnung, vielleicht doch noch fliehen zu können. Aber wie immer liefen Söldner auf dem Hof herum und stand die Tür des Wohnhauses weit offen. Gerd ging hinein, um zu frühstücken, hoffte aber auch, die Zwillinge wären in der Zwischenzeit zurückgekommen. Das waren sie nicht. Jan van Schaffelaar löffelte mit finsterer Miene seinen Frühstücksbrei. Karen saß neben ihm, niemand sagte ein Wort. Auch Buckelchen kam herein, warf einen bösen Blick auf Gerd und nahm seinen Napf in Empfang. Doch jetzt wurde es Elsa doch zu bunt.

Sie stemmte die Arme in die Hüfte:

»Kann denn keiner Guten Morgen sagen? Was ist das für eine Leichenbitterstimmung! Ihr sitzt da, als hättet ihr die Zwillinge gerade begraben! Herrgott, habt ihr widerliche Visagen, wenn ihr da so mürrisch sitzt.«

»Frau, halt den Mund!«, rief Langer Peter, aber Elsa war nicht mehr aufzuhalten.

»Ich hab doch gleich gesagt, es war dumm, zwei von uns nach Kampen zu schicken. Ein Bote hätte gereicht. Warum den gierigen Herren da in der Stadt zwei Geiseln in die Hände spielen, während wir hier nur zweieinhalb haben?«

»Sei still, Elsa«, sagte Karen.

»Nein, ich bin nicht still! Männer haben keinen Verstand. Die können nur stolz sein, ein großes Maul haben und Fehler machen. Was hilft uns das weiter, dass wir ein paar Handwerksleute gefangen halten? Wenn's wenigstens noch wichtige Männer wären … aber es sind ein einfacher Bronzegießer und zwei Knechte, für die zahlt doch kein Patrizier auch nur einen Stüver!«

»Du irrst dich«, brummte Jan van Schaffelaar. »Ein Glockengießermeister ist ein wichtiger Mann und Kampen ist reich. Die Stadt wird gern fünfzig Goldgulden rausrücken, um ihren Glockengießer unversehrt zurückzukriegen.«

»Ich glaube …«, fing Elsa wieder an, aber in dem Moment stürmte Blaubacke herein.

»Martins Horn«, rief er. Sofort sprangen die Söldner auf und griffen zu den Waffen. Jan van Schaffelaar war als Erster draußen, Gerd, neugierig geworden, folgte ihm auf den Fersen. Jetzt hörte er es auch. Weit weg schmetterte ein Jagdhorn.

»Ja, das ist Martin. Buckelchen, Gisbert, Mützchen, ihr bleibt hier und bewacht die Geiseln. Die anderen kommen mit.«

Gerd wurde ins Wohnhaus geschubst, die Tür wurde geschlossen und verriegelt. Hinter der Zwischentür zum Stall hörte er die Söldner rumoren, die in aller Eile ihre Pferde sattelten. Karen sah und hörte er nicht mehr – ging die auch mit?

Mutlos ließ er sich auf eine Bank fallen. Gerhard und Wilhelm kratzten ihre Breinäpfe aus. Ihre Mienen waren alles andere als munter.

Elsa nahm den Topf vom Herd, löschte das Feuer und schaute dann zu Gerd hinüber.

»Du sitzt da, als fühltest du dich nicht wohl. Und dabei ist doch so schönes Wetter.«

»Schlimm genug. Sieht doch so aus, als wenn wir nicht raus dürfen«, brummte Gerd.

»Ja, das ist schade.« Über seinen Kopf hinweg blinzelte sie Buckelchen zu, der mit seinem Dolch spielte. »Sei doch froh, dass die Männer heute was zu tun haben, denn das Warten auf die Zwillinge geht ihnen an die Nerven. Wenn sie sich langweilen, werden sie streitsüchtig und suchen einen Sündenbock.«

»Was haben sie denn vor?«, fragte Gerhard van Wou. »Wieder ehrliche Reisende überfallen?«

»Diesmal wird's wohl um Reitergeld gehn. Richtiger gesagt um die Kuriere, die das Reitergeld von Elburg nach Gent bringen sollen. Die müssen abgefangen werden. Das machen wir jeden Monat.«

»Jeden Monat? Sind die Kuriere denn nicht bewaffnet, und haben sie keine Soldaten als Eskorte?«

»Aber ja«, antwortete Elsa aufgeweckt. »Es klappt ja auch nicht immer, die Geldsendung abzufangen. Manchmal ist die Übermacht zu groß. Der Hauptmann hat jetzt fünf Mann weniger, es ist also gut möglich, dass sie heute Mittag mit Verwundeten, aber ohne Geld nach Hause kommen.«

Verdutzt starrte Gerd die dicke Frau an.

»Euer Mann ist auch dabei, bist du nicht besorgt?«

Sie schüttelte den Kopf.

»Langer Peter ist ein berühmter Krieger, den schnappen sie nicht!«, sagt sie heiter.

»Werden… werden die Kuriere ermordet?« Gerd lief bei dem Gedanken ein kalter Schauder über den Rücken. »Die werden doch das Reitergeld nicht ohne Gegenwehr hergeben, denke ich mir.«

»Ach, es gibt schon mal Opfer, aber das ist ihre eigene Schuld. Meistens versuchen sie dem Fähnlein zu entkommen, indem sie einen anderen Weg nehmen oder im gestreckten Galopp das Weite suchen. Aber unsere Pferde sind besser und dann werden sie eingeholt, und es kommt zum Kampf.«

»Mein Gott. Und Karen? Kämpft die auch mit?«

»Das musst du sie fragen, Junge. Ich bin nie dabei, ich weiß nicht genau, wie sie es anstellen. Ich nehme an, sie geht mit, um den Rückzug zu decken.«

»Elsa, graut Euch nicht manchmal vor dem Blutgeld, von dem Ihr lebt?«

»Was ist das, Blutgeld? Mein erster Mann, Gott hab ihn selig, war Abdecker von Beruf. Er kaufte alte, abgearbeitete Pferde, erstach sie und verkaufte die Felle den Gerbern, das Fleisch armen Schluckern, die die zähen Lappen tagelang kochen mussten, und dann waren sie manchmal noch ungenießbar. Und damit verdiente er sein Brot. Ein blutiges Handwerk, weißt du, aber niemand machte ihm jemals Vorwürfe.«

»Unsinn, Ihr könnt doch nicht Menschen mit Pferden vergleichen.«

»... und dann wurden sie krank, mein Mann und unsere drei Kinder«, fuhr Elsa fort, ohne Gerds Einwurf zu beachten. »Und sie starben, einer nach dem anderen. Einfach so... Wofür? Sie hatten niemandem etwas Böses getan, nie gestohlen, trotzdem holte Gott sie ohne Warnung aus dem Leben. Weil mein Krelis Pferde getötet hatte? Ich weiß es nicht. Ich weiß nur, dass ich ohne einen einzigen Stüver dastand, denn was ich aus der Gildenkasse kriegte, das war kaum der Rede wert. Und dann kam ein Reiter in die Stadt, ein schöner langer Kerl auf prächtigem Pferd, der lachte mich an, einfach so, mitten auf dem Markt, und sagte: ›He, wie heißt Ihr, Frau, und warum seid Ihr in Trauer?‹ Ich erzählte ihm alles und er sagte: ›Geht mit mir, dann seid Ihr nicht mehr allein, und ich verspreche Euch, dass Ihr es gut bei mir haben werdet.‹ Und so kam es, dass…«

Elsa, warm, mütterlich und einfach, konnte niemandem böse sein. Gerd beschloss sie nicht länger mit seinen Fragen zu quälen und war froh, dass sie sich kleine Aufgaben für ihn ausdachte. Er sollte den Wohnraum ausfegen, Schimmel und Schmutz von den hölzernen Türrahmen kratzen, Teig kneten für den Apfelkuchen, den sie am Abend backen wollte. Gerhard und Wilhelm saßen am Tisch und zeichneten Glockenprofile auf Papier, das Elsa ihnen auf ihre Bitte hin gegeben hatte. Die beiden beschäftigten sich einfach weiterhin mit ihrem Beruf, ob sie nun Geiseln waren oder nicht.

Der Tag verging langsam, quälend langsam. Spät am Nachmittag hörte Gerd Lärm auf dem Hof, laute Stimmen, Trampeln im Stall. Die Tür wurde entriegelt, Jan van Schaffelaar kam herein, dicht dahinter Karen. Gott sei Dank, unverletzt! Mit ihnen kam Blaubacke, der einen schweren Ledersack trug. Den stellte er auf den Fußboden. Deutlich konnte Gerd den Klang von Silber erkennen.

Elsa klatschte begeistert in die Hände.

»Ihr habt es also wieder einmal geschafft«, jubelte sie. Aber sie schwieg erschrocken, als sie sah, dass zwei andere Söldner den blutenden Berthold Leitermacher hereintrugen. Karen stürmte an ihnen vorbei, riss die Türen der Bettnische auf. Berthold, der sehr stark blutete, wurde ins Bett gelegt. Schon kam auch Elsa mit einer Kanne Wasser und sauberen Tüchern angelaufen. Karen schlitzte die Kleider auf und legte Leitermachers Wunde bloß. Gerd, dem beim Anblick von Blut immer schlecht wurde, stellte sich ans Fenster. Die Sonne ging gerade unter. Hinter ihm lief alles aufgeregt hin und her, Berthold stöhnte, Frommer Gisbert fluchte. Da übertönte Jan van Schaffelaars Stimme alle andere:

»Die Zwillinge?«

»Noch nicht zurück«, antwortete Buckelchen.

Angst überfiel Gerd; er hatte ein Gefühl, als umklammerten kalte Hände sein Herz.

In der Nacht starb Berthold an seiner Verwundung. Frommer Gisbert und seine Kameraden begruben ihn auf dem Hof und stellten ein einfaches Holzkreuz auf sein Grab. Der Tod des Söldners dämpfte die Freude über die Beute. Aber Elsa hatte trotzdem den Apfelkuchen gebacken und stellte den nun als Leichenschmaus auf den Tisch.

Dann nahm das Leben auf dem Hof wieder seinen normalen Verlauf. Das heißt, man wartete sehnsüchtig auf die Rückkehr von Kastor und Pollux aus Kampen …

Sie kamen nicht. Je mehr Zeit verstrich, desto mehr stieg die Spannung auf dem Hof. Die drei Gefangenen wurden sorgfältiger als zuvor bewacht und durften sich nicht mehr auf dem Hof aufhalten. Die Söldner kontrollierten ihre Waffen, Karen zählte ihre Pfeile und überprüfte den Bogen. Im Stall standen gesattelte Pferde bereit, die Luken vor den Fenstern blieben verriegelt. Erwarteten die Grafschafter womöglich einen Überfall?

Das ruhige Herbstwetter der vergangenen Wochen schlug plötzlich um. In der Nacht entlud sich ein gewaltiges Gewitter, gefolgt von stundenlangem Regen. Gerd lag mit offenen Augen im Heu und lauschte dem Trommeln und Rauschen des niederprasselnden Regens und stellte sich vor, wie nun die Bäche und Flüsse über die Ufer traten, viele Wege unbegehbar wurden und den Zwillingen den Rückweg versperrten. Wie viel Zeit gab van Schaffelaar seinen Boten noch? Was würde geschehen, wenn sie morgen noch nicht zurückkämen?

Als er morgens halb ausgeschlafen und verängstigt in den Wohnraum kam, saßen da schon die Grafschafter, mit Ausnahme der aufgestellten Wachen, und unterhielten sich lebhaft. Aber als sie Gerd sahen, schwiegen sie schlagartig. Alle schauten ihn an: lauernd, nachdenklich …

Sie haben sich überlegt, ob sie meinen abgeschlagenen Kopf nach Kampen schicken sollen, um ihrer Forderung Nachdruck zu verleihen, durchfuhr es den Jungen. Er fühlte, wie ihm das Blut aus dem Gesicht wich.

Hilfe suchend schaute er sich um, und zu seiner Erleichterung entdeckte er Karen, die wie immer neben van Schaffelaar saß. Er versuchte ihr in die Augen zu blicken. »Erlaube nicht, dass sie mich ermorden«, betete er innerlich. Aber in ihrer gelbroten Uniform sah sie wieder so sehr wie ein Junge aus, dass ihm das Herz in die Hose zu rutschen schien. Vor allem, als sie sich weigerte ihn anzublicken.

Der Hauptmann schlug mit der flachen Hand auf den Tisch.

»Ich gebe den Zwillingen noch vierundzwanzig Stunden«, brach es aus ihm heraus, als hätte er sich in diesem Moment entschieden. »Sind sie dann noch nicht zurück, ergreife ich andere Maßnahmen.«

Gerd sah viele nickende Köpfe und vor allem Friedrichs grinsendes Gesicht. Er holte tief Luft, verdrängte seine Angst und fragte dann mit klarer Stimme: »Lasst ihr uns dann frei?«

»Ich denke nicht daran«, schnauzte van Schaffelaar.

»Wenn sich herausstellt, dass Kastor und Pollux etwas passiert ist, werdet ihr dafür büßen müssen«, brummte Blaubacke rachsüchtig.

»Das haben die in Kampen auch erkannt, darum glaube ich nicht, dass sie unseren Männern etwas getan haben«, meinte Karen. »Das ist das schlechte Wetter, dass die beiden so lange wegbleiben.«

»Das schlechte Wetter hat heute Nacht erst begonnen. Sie hätten schon vor Tagen wieder hier sein müssen«, brummte Frommer Gisbert.

»He, Junge, gibt es in Kampen viele hübsche Mädchen? Oje, oje, dann könnte das der Grund sein, warum die beiden noch nicht zurück sind«, plapperte Quasselmaul. »Wenn die beiden ein hübsches Gesicht sehen…«

Der Scherz war wie eine Rede zu Taubstummen. Niemand lachte. Gut ausgeschlafen und frisch wie der junge Morgen kamen Gerhard van Wou und Wilhelm Schoonenborch herein. Gerhard fiel das blasse Gesicht seines Neffen auf. Er runzelte die Stirn.

»Noch keine Nachricht aus Kampen?«, fragte er scheinbar unbesorgt. »Tja, bei dem Wetter…«

Dröhnend schlug van Schaffelaar mit der Faust auf den Tisch. »Jetzt aber Schluss mit dem Blödsinn über den Regen! Ich bin es leid mir dummes Zeug anhören zu müssen. Wenn eure schöne Stadt morgen noch nichts von sich hören lässt, werden Köpfe rollen. Ich lass mich nicht an der Nase herumführen. Und du, du frecher Lümmel«, schrie er und deutete auf Gerd, »du wirst der Erste sein!«

Erschrocken schaute Gerd zu Karen hinüber, aber die starrte durch ihn hindurch. Dann linste er zu dem Henkersknecht hinüber, der händereibend in einer Ecke kniete und gemein grinste. Ihm brach der Angstschweiß aus. Wäre er doch nie umgezogen. Wäre er doch in dem muffigen, sicheren Den Bosch geblieben!

»Wer sich an meinen Knechten vergreift, kriegt es mit mir zu tun«, donnerte Gerhard van Wou. »Wagt es nicht, meinem Neffen auch nur ein Haar zu krümmen, van Schaffelaar!«

Das war prima, dass sein Onkel das sagte, aber was konnte er tun? Ein entschlossener Mann gegen so viele blutrünstige Banditen! Schnell legte Gerd seinem Onkel eine Hand auf den Arm. »Ruhig, Onkel. Mach die Kerle nicht wütend.«

»Was ist denn jetzt los? *Ich* bin wütend! Ich hätte schon längst wieder in Kampen sein können, um dort mit der Arbeit anzufangen. Stattdessen vertrödeln wir hier unsere Zeit und das Wetter wird immer schlechter. Und wenn ihr uns ermordet, wird Kampen sich rächen, das verspreche ich euch. Wir sind keine armen Bauern von der Veluwe, die ungestraft geknechtet werden können. Wir sind vollwertige Bürger und nicht die erstbesten Nichtsnutze! Wenn ihr es wagt, euch an einem von uns zu vergreifen, werdet ihr im ganzen Land gejagt werden und am Galgen enden. Und das wisst ihr auch, van Schaffelaar!«

»Soll ich dem Großmaul ein paar Finger abhacken, damit er einen Ton niedriger singt?«, fragte Friedrich genüsslich, während er aus seiner Ecke kam.

»Nein! Ich mag es, wenn sich ein Mann seines Wertes bewusst ist«, antwortete van Schaffelaar ruhig. Das gefiel Gerd an dem Hauptmann. Bewundernd schaute er seinen Onkel an, dem achtzehn starke Kerle nicht Bange machen konnten.

»Und jetzt will ich kein Wort mehr darüber hören«, bestimmte van Schaffelaar. »Geht an die Arbeit. Buckelchen, du löst Langen Peter ab. Martin, Gisbert und Markus gehen auf Erkundung. Jakob, du gehst Holz hacken.«

»Ich?«, fragte Fauler Jakob entsetzt. »Es regnet!«

»Darum. Geh unter das Vordach der Schmiede, wenn du im Trockenen stehen willst. Übrigens … das Holz darf nicht nass werden. Julius, du gehst …«

Die Befehle donnerten durch den Raum und keiner der Söldner widersetzte sich dem, was ihm aufgetragen wurde. Nur Fauler Jakob, aber das war auch nichts anderes als ein übliches Ritual. Er war es seinem Spitznamen schuldig sich über jede Arbeit zu beklagen, die nichts mit Rauben und Reiten zu tun hatte.

Aus Langeweile, aber vielleicht auch, um bei den Frauen gut angeschrieben zu werden, bot Gerd sich an den Besen zu reparieren, mit dem Elsa den Wohnraum fegen wollte. Beide Frauen hatten in dieser Räuberhöhle einiges zu sagen, und da nun Karen scheinbar keine Hand für ihn ausstrecken wollte, konnte es nicht schaden, wenn er sich bei Elsa beliebt machte. Draußen regnete es in Strömen. Es stürmte zwar nicht mehr, aber das nächtliche Gewitter schien den Nachsommer endgültig vertrieben zu haben. Der graue, düstere Himmel machte alle auf dem Hof reizbar und ungeduldig. Gerd hatte ein Gefühl, als säße sein Kopf sehr lose auf dem Hals.

Plötzlich schmetterte ein Horn! Mit Spießen und Schwertern in den Händen stürmten die Söldner nach draußen, Karen ergriff Bogen und Pfeilköcher und stellte sich in die Türöffnung. Quasselmaul stand mit gezogenem Schwert neben den Gefangenen und fuhr die an: »Eine Bewegung, und es ist aus mit euch!«

Gerhard warf ihm einen verächtlichen Blick zu und stellte sich auf Zehenspitzen, sodass er über Karens Schulter nach draußen gucken konnte.

»Ein einzelner Reiter«, höhnte er. »Müssen die dafür so einen Aufstand machen? Wenn ihr mich fragt, ist der Mann nicht einmal bewaffnet. O doch, er hat einen Dolch ...«

»Schweigt«, brummte Quasselmaul. Gerd fühlte sein Herz hämmern. Er hörte nun auch das rhythmische, vom Schlamm gedämpfte Stampfen von Pferdehufen. Karen schaute sich um.

»Es ist ein Kurier aus Zutphen.«

Pfeifend ließ Quasselmaul den angehaltenen Atem entweichen und steckte das Schwert wieder in die Scheide. Ein bisschen dämlich grinste er die Gefangenen an.

Gleich darauf trat der Kurier ein, gefolgt von Jan van Schaffelaar und den meisten anderen Söldnern.

Der Kurier war von Kopf bis Fuß mit Schlamm bedeckt. Sich schüttelnd zog er den Mantel aus und nahm den triefenden Hut ab. Karen schob ihm ein Bänkchen zu und Elsa stocherte das schwelende Feuer im Herd wieder an. Bevor der Mann sich setzte, überreichte er dem Hauptmann einen versiegelten Brief.

Gerd war enttäuscht. Er hatte so sehr gehofft, es würde ein Kurier aus Kampen sein. Begriffen die Schöffen denn nicht, dass ihre Neubürger in Lebensgefahr waren?

Jan van Schaffelaar brach das Siegel und las die Nachricht, während Elsa dem erschöpften Reiter Bier und Käse vorsetzte. Frommer Gisbert las über van Schaffelaars Schulter mit und begann wüst zu fluchen. Die anderen schwiegen und warteten gespannt.

Endlich ließ der Hauptmann den Brief sinken und schaute in die Runde.

»Eine Nachricht von Herrn Weinand«, sagte er kühl. »Er hat aus der Stadt Kampen einen Bericht in Form einer Drohung erhalten. Kampen fordert die sofortige Freilassung unserer Gefangenen und die Zurückgabe der sechsunddreißig Goldgulden, die für den Kauf von Glockenspeis bestimmt waren. Herr Weinand scheint ganz schön erschrocken zu sein. Kampen droht mit Sperrung der IJssel und Beschlagnahmung aller Güter in ihrer Stadt, die Bürgern von Zutphen gehören, wenn der Glockengießer und seine Knechte nicht sofort frei gelassen werden.«

Für einen Augenblick war es still, dann brach ein Tumult aus.

»Was bilden die aufgeblasenen Kampener sich denn ein!«, schrie Quasselmaul.

»Seit wann lässt Zutphen sich von Kampen Vorschriften machen«, fluchte Frommer Gisbert.

»Jetzt sind wir bei Herrn Weinand unten durch«, kreischte Elsa. »Ich hab euch noch so gewarnt, ihr sollt mit euren Händen wegbleiben von den Kampenern.«

Schweigend ließ Jan van Schaffelaar den Sturm über sich ergehen. Aber Karen schubste Quasselmaul zur Seite und baute sich vor den tobenden Söldnern auf.

»Maul halten«, schnauzte sie sie an. »Hinterher das Maul aufreißen, das ist keine Kunst. Wie konnten wir wissen, dass Herr Weinand die Hosen voll hat, wenn sich der Magistrat von Kampen aufspielt? Jan«, wandte sie sich an den Hauptmann, »steht in dem Brief auch, was mit Kastor und Pollux ist?«

»Ja. Die sitzen in Kampen als Geisel und werden erst frei gelassen, wenn der Glockengießer mit seinen beiden Knechten und einer Ladung Glockenspeis in der Stadt eintrifft.«

»Sie sind also nicht aufgehängt worden? Na, was beklagt ihr euch denn? Lasst die Handwerker frei, gebt ihnen ihr Gold zurück, und alles ist wieder in Ordnung. In einer Woche sind die Zwillinge dann wieder hier.« Ganz kurz lachte sie Gerd zu. Jan van Schaffelaar zeigte sich als guter Verlierer. Er grinste Gerhard van Wou an.

»Ihr habt es gehört, Meister, Ihr seid frei. Gisbert, gib ihm sein Gold wieder. Aber ich werde euch drei auf alle Fälle für Unterkunft und Verpflegung von fünf Tagen zwanzig Stüver berechnen.«

Darüber musste Quasselmaul schallend lachen, aber Gerhard van Wou hob stolz den Kopf.

»Keinen Deut bekommt Ihr von mir, van Schaffelaar«, sagte er. »Unser Aufenthalt hier war nicht freiwillig. Und für Freiheitsberaubung zahle ich nichts, nie und nimmer!«

»Das ist die Rede eines echten Mannes«, kicherte Blaubacke.

Seltsam, Gerd war gar nicht froh. Es wurde ihm plötzlich klar, dass ihr verrücktes Abenteuer zu Ende war und dass das auch Abschied von Karen hieß. Würde er sie jemals wieder sehen?

Noch am gleichen Nachmittag reisten sie mit ihrem Wagen und ihren Pferden ab. Es hatte aufgehört zu regnen, aber der Weg war schrecklich verschlammt. Gerd, der die Zügel in der Hand hatte, schaute sich noch einmal nach dem Hof um, der da wie geduckt zwischen den Bäumen lag, im Hintergrund der

Wald und das ausgedehnte Heideland. Er hoffte, Karen würde ihnen nachschauen, und er hob auch schon die Hand, um ihr zuzuwinken. Aber sie ließ sich nicht blicken und enttäuscht schaute er wieder nach vorne. »Sie fand mich aber doch ganz nett«, versuchte er sich selbst zu trösten, aber zugleich wusste er, dass er mit seinem Predigen hoffnungslos bei ihr verspielt hatte. Großer Gott, tat ihm das jetzt Leid!

Hinter ihm, unter der Plane, saßen gut gelaunt Gerhard und Wilhelm und unterhielten sich.

»Das wird eine Lehre für die Kerle sein«, kicherte der erste Knecht. »In Zukunft werden sie es sich zweimal überlegen, bevor sie Reisende aus Kampen belästigen.«

Gerhard war in ausgelassener Stimmung.

»Kein schlechter Gedanke, dass wir Bürger einer Stadt geworden sind, die so mächtig und reich ist, dass das ganze Land vor ihr zittert. Glaubst du mir, dass ich kaum Hoffnung hatte? Ich dachte, wir wohnen da gerade erst, die Schöffen werden keinen Finger für uns rühren. Aber um drei Handwerksleute zu retten, drohen sie der Stadt Zutphen mit Sperrung des Flusses, mit Beschlagnahme aller in Kampen liegenden Schiffe aus Zutphen und was weiß ich nicht alles. Wilhelm, Junge, wir sind doch wahre Glücksvögel!«

Gerd schwieg, er dachte immer noch an Karen. Für kurze Zeit hatte er das seltsamste Mädchen der Welt kennen lernen dürfen, die Frau eines Räubers, nein, eine Jagdgöttin, eine Elfe, ein rankes, flinkes Wesen, das sich kaum seiner großen Macht bewusst war. So unerwartet, wie sie in sein Leben getreten war, so unwiderruflich war sie nun auch wieder verschwunden. Er musste versuchen sie zu vergessen.

Doch zugleich wusste er, dass ihm das nicht gelingen würde.

~ 9 ~

Große Veränderungen

W ir werden hier nicht immer bleiben können«, hatte Karen nebenbei zu Gerd gesagt, ohne zu ahnen, wie bald sie schon den Hof würden verlassen müssen. Denn kaum war der Winter vorüber, da war es auch schon aus mit dem lustigen Leben der Grafschafter auf der Veluwe.

Maximilian von Österreich griff ein. Erstmalig in seinem Leben hatte der Mann von Maria von Burgund Glück. Bei Guinegate schlug er die Franzosen und bekam darum für eine Zeit freie Hand, die Aufständischen in Holland und Geldern niederzuwerfen.

In der Provinz Holland ernannte er einen neuen Statthalter, und zwar Joost van Lalaing, einen leibhaftigen Teufel, der die lästigen holländischen Städte gewalttätig und schnell unterwarf. Danach kam Geldern an die Reihe. An der Spitze seiner Truppen zog Maximilian nach Nimwegen und Zutphen. Plötzlich war es vorbei mit dem Ruf: »Geldern frei von Burgund!« Alle, die zu den Haken gehört hatten, hielten sich erschrocken still oder flohen. In diesem Jahr 1481 schien alles gleichzeitig zu geschehen. Während Maximilian versuchte in Holland und Geldern die Ordnung wiederherzustellen, kam es in der Provinz Utrecht zum Aufruhr gegen den Landesherrn, den Bischof von Utrecht. David von Burgund war ein unehelicher Sohn von Philipp dem Guten, also ein Halbonkel von Maria von Burgund. Als David vom Papst zum Bischof von Utrecht ernannt worden war, wurde in der Provinz heftig dagegen protestiert. 1456 verstand er es aber, seine Herrschaft zu festigen. Einige Jahre später ließ er in Wijk bei Duurstede eine starke Burg bauen, in der er auch wohnte, denn in den Städten seines Herrschaftsbereiches fühlte er sich nicht besonders sicher. Die Utrechter waren heilfroh, dass er ihnen nicht länger auf die Finger schaute, denn in den ganzen Niederlanden gab es keine Stadt, in der die Gilden so viel Macht besaßen wie gerade in Utrecht. Die Bürger meinten, sie brauchten zum Regieren ihrer Stadt keinen Bischof, sie wollten ihre Angelegenheiten lieber selber regeln.

Jahrelang war es ziemlich gut gegangen, bis im Jahre 1477 Karl der Kühne, Herzog von Burgund und Marias Vater, bei Nancy fiel und seine Tochter seine Nachfolgerin wurde. Die Utrechter holten sich einen berüchtigten Edelmann der Haken in die Stadt, Jan van Montfoort; und sie verstärkten die Befestigungen ihrer Tore, stellten eine Stadtarmee auf und kündigten dem Bischof wieder den Gehorsam. Der machtlose David verschanzte sich in seiner Burg in Wijk bei Duurstede und sann auf Rache.

Nicht lange danach brach in der Provinz ein regelrechter Bürgerkrieg aus, in dem die Städte Utrecht und Amersfoort sich von David von Burgund lossagten. Der Herzog von Kleve machte von dem Streit Gebrauch und besetzte schnell Arnheim, der Utrechter Bischof schickte sofort burgundische und österreichische Truppen auf die Burg Roosendal, um einen weiteren Vormarsch des Herzogs von Kleve nach Westen zu verhindern.

Es war eine unübersichtliche Situation und viele Flüchtlinge aus Geldern und von der Veluwe fanden in den Städten der Provinz Utrecht freundliche Aufnahme, während andere nach Arnheim gingen und dort untertauchten, um den Racheaktionen der Burgunder zu entgehen. Herr Weinand verschwand aus Zutphen und damit hatten die Grafschafter keinen Schirmherren mehr.

Wer keinen Sold bezahlt, der hat auch keine Söldner mehr. So einfach war das. Da die Grafschafter sich nun auf der nördlichen Veluwe nicht länger sicher fühlten, zogen sie in die Provinz Utrecht, wo die beiden feindlichen Parteien überall Söldner anwarben. Sie konnten sich entweder den Städten anschließen oder in den Dienst des Bischofs David treten. Was sollten sie tun?

An dem Abend, da sie ins Bistum kamen, lagerte das Fähnlein nicht weit von Bunschoten am Ufer der Zuidersee. Jan van Schaffelaar schlug einen Kriegsrat vor.

Blaubacke ergriff sofort das Wort: Er wollte nach Utrecht. Er prahlte in den höchsten Tönen von der Stadt, in der er früher schon einmal gewesen war. In seinem gebrochenen Deutsch sprach er anerkennend von den schönen Steinhäusern, den ausgehobenen Grachten, die quer durch die Stadt liefen und an denen hohe Patrizierhäuser standen, von den vielen Brauereien und Werkstätten, bis es Karen kalt über den Rücken lief.

»Halt!«, rief sie. »Ich will nicht in einer Stadt wohnen. Da stinkt es. Den ganzen Tag das dumme Glockenläuten, das Schreien der Händler, das Grunzen der Schweine und Gackern der Hühner um mich herum, Vögel, die mir die Wäsche beschmutzen, all der Schlamm in den Straßen … das hasse ich.«

»Was weißt du denn?«, fragte Blaubacke verwundert. »Du bist ein Naturkind, du hast noch nie in einer Stadt gewohnt.«

»O ja, ich habe in Zutphen gewohnt und da habe ich es nicht eine Woche ausgehalten. Jan, das wirst du mir doch nicht antun, mich noch einmal in eine Stadt zu sperren? Ich will nicht mit zugekniffener Nase durch Dreck und Abfall waten und mein Kind zwischen wühlenden Schweinen und Ratten im Keller aufwachsen sehen.«

»Kind?«, fragte Mützchen.

Karen lachte ihn strahlend an.

»Ja, ich bekomme ein Kind, in fünf Monaten.«

»Nicht jede Stadt ist ein Drecksloch«, meinte Kastor.

»Bestimmt nicht«, fiel Pollux ein. »Ganz bestimmt nicht. Kampen kam mir zum Beispiel sehr sauber vor, sauberer als ein Bauernhof.«

Aber Karen ließ sich nicht überreden.

»In einer Stadt mit all den winkligen engen Gassen, in der man immer auf Mauern starrt, halte ich es nicht aus«, behauptete sie. »Ich muss offenes Land um mich herum haben, den Wind in den Haaren spüren, Blumen, Kräuter, die salzige See riechen. Sonst sterbe ich.«

»Karen hat Recht«, pflichtete Jan van Schaffelaar seiner Frau bei. »In den Städten findet man Reichtum, aber auf dem flachen Land ist für uns mehr zu holen.«

»Außerdem ist Jan van Montfoort, der jetzt in Utrecht das Sagen hat, als Geizkragen bekannt«, sagte Buckelchen. »Bischof David kann mit burgundischem Gold zahlen.«

»Aber wir haben doch jahrelang nichts anderes getan, als den Burgundern in die Quere zu kommen«, meinte Mützchen kleinlaut.

»Na und?«, brummte van Schaffelaar. »Wir sind Söldner und die fragen nicht nach Politik. Wir führen Aufträge für den aus, der von unseren Diensten Gebrauch macht.«

»Wir sollten darum würfeln«, schlug Johann Steinbrecher vor. Markus nickte eifrig und nahm schon die Würfel in die Hand, aber der Hauptmann schnauzte ihn an:

»Ich würfle nicht um meine Zukunft. Mein Entschluss steht fest: Ich werde meine Dienste dem Bischod David anbieten, und wer von euch mitkommen will, der ist herzlich willkommen.«

»Natürlich folgen wir euch«, beeilte sich Buckelchen zu sagen. Langer Peter und seine Frau Elsa nickten. Die anderen, die Angst vor zu wenig Sold hatten, schlossen sich auch an. Nur

Markus und Johann wollten würfeln, ob sie beim Fähnlein blieben. Das taten sie bis in die Nacht, und als alle sich schon in die Decken gerollt hatten und schlafen wollten, waren sie immer noch eifrig mit den Würfeln beschäftigt. Elsa war dicht an Karen herangekrochen.

»Ein Kind«, flüsterte sie. »Mädchen, Karen, du bekommst ein Kind. Jetzt müssen Peter und ich ja bei dir bleiben. Ich kann dich doch nicht allein ein Kind kriegen lassen, irgendwo unter einem Strauch. Du bist so zart und dünn!«

Elsa sah sich selbst schon als perfekte Amme mit dem Säugling. Und sie genoss es im Voraus. Aber Blaubacke hatte eine andere Meinung darüber. »Ich seh's schon vor mir. Nächsten Sommer reiten wir über die Heide und Karen neben uns, mit Pfeilköcher und Kind auf dem Rücken. Alle paar Stunden fordert sie uns auf, eine Pause im Kampf zu machen, weil sie den Säugling stillen muss.« Dem alten Eisenfresser gefiel es ohnehin nicht, dass zwei Frauen zum Fähnlein gehörten. Buckelchen trat ihm vors Schienbein.

»Still. Lass das nicht den Hauptmann hören. Ein schlechtes Wort über Karen und schon fliegst du raus.«

»Weiß ich, aber eine Frau, die uns herumkommandiert, das ist doch eigentlich nicht normal.«

»Karen ist nie ungerecht«, zischte Martin das Fass. Das musste Blaubacke zugeben.

»Ich bin in Holland gewesen. Vor ungefähr fünf Jahren«, erzählte Quasselmaul. »Auwei, da gibt es herrschsüchtige Frauen. Sie sind schön und stark, die holländischen Weiber, aber du darfst nicht denken, dass ein Mann bei ihnen auch nur etwas zu sagen hat. Mit den holländischen Weibern verglichen, ist unsere Karen ein sanftes Kaninchen.«

»Und kein Mensch kann besser schießen«, nickte Buckelchen.

Für Bischof David war es eine angenehme Überraschung, als sich anderthalb Tage später das Fähnlein Grafschafter bei ihm meldete und seine Truppen verstärken wollte. Er schickte sie erst auf die Burg Roosendal bei Arnheim, wo sie der Besatzung zugeteilt wurden und dreimal in der Woche auf Patrouille gingen, um die Wege zu bewachen, auf denen Lebensmittel in die aufständischen Städte gebracht wurden. Bischof David hatte sich vorgenommen, die Aufständischen in Utrecht und Amersfoort auszuhungern. Für Karen und Elsa bedeutete das alles, dass sie drinnen bleiben mussten! Die Küche der großen Burg wurde ihre Domäne und zum ersten Mal in ihrem Leben musste Karen ihre Tage mit Hausarbeiten ausfüllen, mit Waschen und Kochen. Sie hasste es! So gut es ging, entzog sie sich den Pflichten, die den Soldatenfrauen auferlegt wurden. Und dafür führte sie ihre Schwangerschaft an. Aber auch Jan van Schaffelaar hatte wenig Lust Patrouillenführer auf der Burg zu sein. Zu oft musste er Anordnungen von oben ausführen und auch die Grafschafter, die an das freie Leben auf dem Land gewöhnt waren, murrten. Darum schickte Jan van Schaffelaar dem Bischof einen dringenden Brief, mit dem er ihn bat, ihm eine andere Aufgabe zu geben, denn seine Soldaten drohten zu desertieren. Zu Karens großer Erleichterung wurden sie dann zu Beginn des Winters in die Gegend von Barneveld verlegt.

Die Männer rieben sich die Hände. Ha! Zurück aufs Land, ins freie Feld, auf die Heide, in die Weite. Jan van Schaffelaar schien zu grübeln und sah gar nicht glücklich aus.

»Ausgerechnet Barneveld«, brummte er.

»Was ist denn schlecht an Barneveld?«, fragte Blaubacke verwundert. »Ich hab gehört, dass das Eemtal dort ein Land von Milch und Honig ist. Da leben nur steinreiche Bauern.«

»Meine Mutter kommt daher«, brummte van Schaffelaar. »Da müssen einige dutzend Verwandte von mir wohnen.«

Verwundert drehte sich Karen zu ihrem Mann um.

»Ich dachte, du kämst aus Drente?«

Jan nickte.

»Ja, mein Vater, der Herr von Norg. Aber meine Muter war gebürtige Barnevelderin... Die Schaffelaars haben einen großen Hof in der Nähe des Dorfes, meine Mutter war die jüngste Tochter. Vor knapp dreißig Jahren kam da der Herr von Norg mit großem Gefolge vorbei. Da sah er Lieschen van Schaffelaar und Lieschen sah ihn. Für sie muss es so etwas wie ein Blitzschlag gewesen sein. Um die Geschichte nicht zu lang zu machen: Sie verließ das Elternhaus, alle ihre Verwandten und Bekannten, ihren Verlobten in Woudenberg, und folgte dem Herrn von Norg nach Norden. Ja, Lieschen van Schaffelaar war eine ganz besondere Frau.«

Karen starrte ihn an und versuchte sich ihrer Gefühle klar zu werden. Seine Stimme war so voller Stolz, Wärme und Zuneigung gewesen. Sie wusste, wie sehr er an seiner Mutter gehangen hatte, an dem schönen Lieschen van Schaffelaar, die der Stimme ihres Herzens gefolgt war, die alles hinter sich gelassen hatte, um bei dem Manne bleiben zu können... Sie verstand, was da geschehen war. Die Familie van Schaffelaar hatte sie verflucht, ihr Name durfte nicht mehr erwähnt werden, sie hatte Schande über die Familie gebracht. Aber ihr Sohn hatte sie verehrt, und aus dem, was er sagte, oder richtiger, wie er es sagte, waren seine Liebe und sein Respekt herauszuhören.

War das die Erklärung dafür, dass er auch Karen stets mit so viel Hochachtung behandelt hatte, weil sie ihn an seine Mutter erinnerte? Auch Karen hatte eines Mannes wegen Haus und Herd verlassen, war freiwillig in die Verbannung gegangen, hatte mit all ihren Verwandten gebrochen. Hatte Lieschen van Schaffelaar darunter gelitten? Vielleicht... War Jan so gut zu ihr, um ihr den Kummer zu ersparen, den seine Mutter gekannt hatte?

Barnefeld lag auf der Grenze zwischen den Provinzen Utrecht und Geldern. Es war ein wohlhabendes Dorf, umgeben von großen Bauernhöfen, Äckern, Bohnenfeldern, die durchzogen waren von Bächen und Bächlein, Wegen und Hecken. Weiter im Norden lag ausgedehntes Heideland, das langsam überging in Wälder und die Sandflächen der Veluwe. Die Grenze zwischen Utrecht und Geldern war nicht überall deutlich. Eine Anzahl der Bauernhöfe lag auf dem Gebiet des Bischofs von Utrecht, die anderen bezahlten ihren Zins dem Herzog von Geldern. Zur Zeit war das Maximilian. Manche Höfe wurden doppelt belastet. Die Dörfler allerdings fühlten sich als Geldener und hatten auch den Stolz der Bewohner dieser Provinz.

Mit achtzehn Mann und zwei Frauen, die wie Männer reiten konnten, war es für van Schaffelaar nicht schwer, ein ganzes Dorf und dessen weite Umgebung zu knechten. In Achterveld warfen sie einen Bauern und seine Familie vom Hof, aus dem sie ihr Hauptquartier machten. Und schon bald lebte das Fähnlein nicht anders als vor kurzem auf der Veluwe, wenn auch van Schaffelaar seinen Männern Grausamkeiten gegen die Bauern strikt untersagte. Das hieß aber noch lange nicht, dass die Pächter und Schafzüchter des Tales über die Anwesenheit des wilden Haufens glücklich waren. Beschlagnahmte Vorräte und Transporte wurden nicht vergütet und bedeuteten für die Betroffenen großen Verlust.

Die Bauern wurden gezwungen das Fähnlein zu verpflegen, und da die Söldner hohe Anforderungen stellten und tüchtige Esser waren, kostete das die Barnevelder nicht wenig. Aber was konnten sie mit ihren Dreschflegeln und Rechen gegen einen Trupp ausrichten, der mit Schwertern, Pieken und Morgensternen bewaffnet war, der sich auf schnellen Pferden bewegen konnte und von einem erfahrenen Hauptmann und einem zielsicheren Bogenschützen angeführt wurde?

Der Winter wurde für die Bewohner von Utrecht und Amersfoort zum Hungerwinter. Einzig die Lebensmitteltransporte konnten die Blockade durchbrechen, die von Soldaten des Jan van Montfoort begleitet wurden. Aber dieser Edelmann hatte oft Meuterei unter seinen Truppen, weil er manchmal monatelang keinen Sold bezahlte. Sowohl in Utrecht als auch in Amersfoort liefen die Menschen mit ausgehungerten Gesichtern herum und lutschten auf Steinen und verfluchten die Fähnlein des Bischofs David, die die Lebensmittelzufuhr zu den Städten unterbanden.

Aber auf dem Hof in Achterveld brannte der Herd, schmausten die Söldner, und während der Sturm um das Haus heulte und am Rieddach zerrte, brachte Karen ihr Kind zur Welt. Es war ein Mädchen. Frommer Gisbert taufte es, Julius zimmerte eine Wiege, Elsa hatte Kleidchen genäht. Jan van Schaffelaar schaute lange auf sein Erstgeborenes, strich über die flaumigen schwarzen Haare und bestimmte: »Lieschen soll sie heißen, nach meiner Mutter.«

Karen erholte sich schnell von der Entbindung, aber die Mutterschaft und die Notwendigkeit, das Kind alle paar Stunden zu stillen, hinderten sie nun daran, an den Raubzügen teilzunehmen. Vielleicht war das der Grund dafür, dass sich van Schaffelaars Fähnlein immer wüster aufführte. Im kalten Winter des Jahres 1481 war kein Reisender mehr sicher. Überall lungerten Reitertrupps herum, die jeden Transport anhielten und ausplünderten. Fuhrleute, die sich widersetzten, wurden niedergeschlagen, die Getreidesäcke aufgeschlitzt, sodass das Korn über der Heide verwehte, die Butter wurde zertrampelt, Wertsachen und Geld wurden den Leuten abgenommen. Manchmal wurden Pferde und Zugochsen ausgespannt und die Wagen in Brand gesteckt. Es war Strauchräuberei der schlimmsten Art, beschönigt mit einem Hinweis auf Kriegsführung und Strategie.

Eine Hälfte der Beute ging nach Wijk bei Duurstede, von der

anderen lebten die Söldner wie Gott in Frankreich. Jedes Fähnlein beschränkte sich auf das eigene Gebiet, aber es dauerte nicht lange, da war van Schaffelaars Truppe am meisten gefürchtet. Dank der Fähigkeit des Anführers entkam kein Fuhrmann der Wachsamkeit von Martin dem Fass, den Zwillingen und Buckelchen. Und Karen saß zu Hause bei Lieschen und lernte von Elsa das Führen eines Haushaltes. Aber das gefiel ihr nicht besonders. Dies war etwas anderes, als auf Dianas Rücken über die Heide zu brausen oder in den Wäldern Rehe und Hasen zu jagen. Karen trug nun Röcke, die ihr bis an die Knöchel reichten. Röcke, die ihr um die Waden flatterten, Röcke, mit denen sie überall hängen blieb, mit denen sie die Becher vom Tisch fegte. Wie viel bequemer war da doch die Soldatenhose!

Lieschens erstes Lachen machte vieles gut, aber trotzdem fehlten Karen die Freiheit, das abenteuerliche Leben, die Jagden und die Kundschafterritte. Ihre Stute Diana stand im Stall und wurde langsam dick, und wenn Buckelchen auch ab und zu mit dem Tier ausritt, bekam Karen ihre Lebenslust davon nicht wieder. Und wie stets, wenn sie sich eingeschlossen fühlte, überfiel sie wieder das Heimweh nach dem Kamperland, nach dem Riedgürtel und den Wasservögeln.

Als der Frühling des Jahres 1482 anbrach, hielt das Elfenkind es nicht mehr aus. Sie gewöhnte Lieschen daran, zufrieden zu sein, wenn sie morgens und abends gestillt wurde, den Rest des Tages bekam das Kind Kuhmilch, Mehlbrei und zerstampfte Äpfel. Als Lieschen stark genug zu sein schien, die Veränderung in der Ernährung zu vertragen, zog Karen ihre Soldatenkleidung wieder an und ritt an der Seite von Jan van Schaffelaar über die Heide und durch die Wälder der Umgebung von Barneveld. Die Sonne bräunte ihre Wangen, der Wind spielte mit ihren langen Haaren, Diana wieherte fröhlich und es gab auf der ganzen Welt keinen glücklicheren Menschen als Karen van Schaffelaar, Söldnerin im Dienst des Bischofs David von Burgund.

Inzwischen wurde die Situation in den Städten Utrecht und Amersfoort immer bedrohlicher. An einem sonnigen Frühlingstag meldete sich in Amersfoort im Arbeitszimmer des Bürgermeisters Jan de Coninc, ein Dominikaner, und bat um eine Unterredung. Der Geistliche nannte sich Bruder Egidius und kam mit einem Vorschlag.

»Die Bande des Jan van Schaffelaar, Hochwohlgeboren, ist mir wohl bekannt. Zwei Winter ist es her, dass Bruder Thomas und ich im Auftrag des Papstes Sixtus mit Reliquien und Ablassbriefen aus Rom zurückkehrten und diesen Schurken in die Hände fielen, die seiner Zeit auf der nördlichen Veluwe ihr Unwesen trieben. So lernten Bruder Thomas und ich diese Banditen aus nächster Nähe kennen, und es war ausschließlich unseren inbrünstigen Gebeten an den heiligen Jakobus und den heiligen Michael zu verdanken, dass die Grafschafter, obwohl sie nicht den geringsten Respekt vor dem Priesterkleid zeigten, uns gehen ließen. Sie trieben es sogar so weit, ernsthaft zu überlegen, unsere heiligen Ablässe zu verbrennen! Nur mit grösster Mühe konnten Bruder Thomas und ich die Verruchten davon abhalten.«

Bei der Erinnerung an dieses Erlebnis erschauderte Bruder Egidius. De Coninc nickte nachdenklich.

»Ja, es scheint dort in Barneveld wüst zuzugehen. Die Bauern peinigt die Angst vor der gottlosen Bande.«

»Es sind vermaledeite Ketzer, Hochwohlgeboren, durch und durch schlecht, gemein und grausam. Sie haben in ihr Fähnlein sogar Frauen aufgenommen, und ich kann die Worte kaum über meine Lippen bringen, aber eine von ihnen lief in Soldatenkleidung herum! Bedenkt: eine Frau in Pluderhosen, Stiefeln und Waffenrock! Bewaffnet mit Dolch und Pfeil und Bo-

242

gen, auf dem Kopf einen Männerhut und oft sogar einen Helm. Nicht weniger diebisch und blutrünstig als die Männer! Grauenhaft!«

Bruder Egidius bekreuzigte sich und senkte den Kopf, als ginge er immer noch gebückt unter dem Abscheu. Er schien alle Sünde der Welt auf seinem Rücken zu tragen.

Bürgermeister Jan de Coninc, ein reicher und besonnener Mann, hörte ruhig zu. Wie die meisten Männer seiner Zeit hielt er nicht viel von der Geistlichkeit. Vor allem Ablasshändler verabscheute er. Aber es konnte von Nutzen sein, jemandem zuzuhören, der das Fähnlein dieses Jan van Schaffelaar aus nächster Nähe kennen gelernt hatte und vielleicht wichtige Hinweise geben konnte. Also faltete de Coninc die Hände über dem Bauch und nickte dem Geistlichen ermunternd zu. Egidius hätte diese Ermunterung nicht gebraucht, was er zu sagen hatte, brannte ihm auf den Lippen.

»Hochwohlgeboren, es muss doch möglich sein, ein Fähnlein zu schlagen, das zum Teil aus Frauen besteht. Auch wenn die Frauen bewaffnet und als Männer verkleidet sind.«

»Wie viel Mann hat das Fähnlein?«, fragte de Coninc nüchtern.

»Es sind höchstens zwanzig, Hochwohlgeboren. Das war jedenfalls ihre Stärke, als Bruder Thomas und ich ihre Gefangenen waren und von zwanzig Verruchten verspottet, verhöhnt und bedroht wurden.«

»Ich hatte geglaubt, es wären viel mehr…«, murmelte der Bürgermeister. »Nach den Erzählungen ausgeplünderter Fuhrleute musste ich annehmen, im Eemtal wimmle es von Söldnern.«

»Das ist nur Schein, Hochwohlgeboren. Die Kerle verfügen über schnelle Pferde, sie haben ein Warnsystem, durch das sie fortwährend in Verbindung miteinander stehen. Sie können schnell den Ort wechseln und tauchen sofort dort auf, wo ein

Lebensmitteltransport durch die Blockade zu kommen versucht. Eure Bürger leiden Hunger, Hochwohlgeboren, die Kinder weinen vor Elend und sterben an Unterernährung, die Mütter laufen zeternd durch die Straßen und verfluchen die städtischen Reiter, die nichts gegen die Räuberbande zu unternehmen wagen. Die Lage wird unhaltbar, sie *muss* ein Ende haben.«

De Coninc seufzte und schaute auf seine Hände. Sein eigenes schönes Wams saß über dem Bauch auch nicht mehr so stramm.

»Warum ruft Ihr nicht dreißig, vierzig starke Männer zusammen, um einen Ausfall zu wagen?«, fragte Bruder Egidius leidenschaftlich. »Eure städtischen Reiter werden die vermaledeiten Grafschafter doch wohl einen Kopf kürzer machen können?«

»Ihr habt leicht reden, Vater Egidius. Meine Männer sind geschwächt und… nun ja, im Kriegshandwerk auch nicht so geübt wie die Söldner.«

Der Dominikaner richtete sich auf, zupfte an seiner weißen Kutte. De Coninc schaute in fanatische graue Augen, in denen das Feuer des Hasses brannte.

»Sie besitzen etwas, was van Schaffelaar nicht hat, Hochwohlgeboren. Kanonen! Auf dem Koppeltor stehen Schlangen. Stellt diese Kanonen auf Lafetten, zieht damit nach Barneveld und schießt das Nest dieser Bande in Schutt und Asche. Die gottlose Truppe mit den sündigen Weibern verdient nichts Besseres, als schnurstracks in die Hölle gejagt zu werden.«

Jan de Coninc schluckte unvermittelt.

»Vater Egidius, was hat Euch so blutrünstig gemacht?«

»Es ist nicht Blutdurst, Hochwohlgeboren, der mir diesen Vorschlag eingibt. Es ist meine Sorge um die hungernden Bürger.«

»Ja, ja…« De Coninc dachte kurz nach. »Hat die Bande

dieses Jan van Schaffelaar Euch damals so schlecht behandelt?«

»Unbeschreiblich schlecht.« Der Dominikaner spuckte die Wörter förmlich aus. »Der arme Bruder Thomas hat sich davon nie wieder ganz erholen können und ist kurz nach unserer Freilassung gestorben. Gott sei seiner Seele gnädig! Die Banditen ließen uns in einer eiskalten Scheune in stinkendem Heu schlafen, wir bekamen nur dünne Wassersuppe zu essen, während sie sich an gefreveltem Wild und gestohlenem Korn gütlich taten. Sie verspotteten die Kirche, den Papst und alle Heiligen. Sie misshandelten uns und wollten uns all unserer Habseligkeiten berauben. Nur mit Androhung der Rache Roms konnten wir unser Leben retten... Ha, nicht einmal die Frauen des Fähnleins zeigten den geringsten Respekt vor uns. Sie benahmen sich so sündig und gemein, so unweibisch, dass ich mich zutiefst für sie schämte. Eine ist dabei... sie ist noch jung, doch so verdorben, dass ich meine Lippen besudeln würde, sie zu beschreiben. Sie ist die Geliebte dieses Jan van Schaffelaar und so etwas wie die Unterführerin der Bande. Stellt Euch das vor: eine Frau als Unterführerin eines Fähnleins von Brandstiftern und Mördern! Dabei läuft sie ohne Scham in Männerkleidern herum und trägt Waffen. Sie allein macht dem ganzen weiblichen Geschlecht Schande.«

De Coninc unterdrückte ein Schmunzeln.

»Ihr redet von der Frau, als wäre sie des Teufels Großmutter.«

Der Unterton in der Stimme des Bürgermeisters entging Egidius gänzlich.

»In der Tat, Hochwohlgeboren! Dabei ist sie noch jung und sogar schön, von satanischer Schönheit. An ihren schwarzen Haaren ist zu sehen, dass sie ein Teufelskind ist. Die Feuer der Hölle lodern in ihren dunklen Augen...« Die Stimme des Geistlichen überschlug sich. »Satan hat ihr Macht über die

Männer gegeben. Sie haben Angst vor ihr. Mit ihrer Schönheit verzaubert sie sie, mit ihrer Verderbtheit spornt sie sie zu grauenhaften Verbrechen an. Sie ist eine Hexe!«

Bruder Egidius redete sich immer mehr in Rage. Bis auf zwei rote Flecken, die auf seinen Wangen erschienen, wurde sein scharfes Gesicht wachsbleich. Er blinzelte mit den Augen, seine Lippen zitterten, die Halsschlagader schwoll an. De Coninc sah es und unterdrückte ein Erschaudern.

»Also ein hübsches, außergewöhnliches Mädchen«, murmelte er vor sich hin.

»Eine Hexe, eine Hexe!«, kreischte der Dominikaner.

Der Bürgermeister machte eine abwehrende Gebärde. »Nun gut, eine Hexe. Und wenn ich euch richtig verstanden habe, dann schlagt ihr vor, dass ich einen großen Trupp Reiterei nach Barneveld schicke, um dem Fähnlein Jan van Schaffelaar mit Feldschlangen zu Leibe zu rücken.«

»Ja. Schickt dreißig, vierzig Mann. Und Ihr solltet unbedingt zwei oder drei Schlangen mitnehmen. Wir wissen, dass sich die Bande in Achterveld eingenistet hat. Die in der Umgebung wohnenden Bauern und Schafhirten werden uns sicher den Weg zeigen ...«

»Uns?«, fragte de Coninc mit hochgezogenen Augenbrauen.

»Ich werde persönlich Eure Männer begleiten, Hochwohlgeboren, um ihnen Mut zuzusprechen. Die gottlose Bande muss vom Erdboden vertilgt werden. Ihre Kanonen sind zuverlässig, wie ich hoffe?«

»Das möchte ich annehmen!« Nun packte auch erstmals in diesem Gespräch de Coninc das Feuer. Er war sehr stolz auf die Verteidigungsarmierung der Stadt Amersfoort.

»Unsere Schlangen kommen aus der Werkstatt der van Wous in Kampen. Alles, was die van Wous machen, Glocken oder Kanonen, ist hervorragend. Ihre Büchsen und Schlangen fliegen nicht beim ersten Schuss auseinander, das ist solide Arbeit. Und ihre Glocken klingen wie die Bronzestimme Gottes des Allmächtigen in eigener Person.«

Die Augen des Dominikaners leuchteten, er faltete die Hände und sagte salbungsvoll: »Ich bin ein Mann des Friedens und habe von zerstörerischen Waffen keine Ahnung. Aber wenn Ihr sagt, die Schlangen vom Koppeltor seien zuverlässig, glaube ich Euch aufs Wort.«

De Coninc fuhr sich mit der Hand über das rasierte Kinn.

»Eigentlich ist das gar keine schlechte Idee, dem Fähnlein mit Kanonen zu Leibe zu rücken«, murmelte er. Egidius beugte sich eifrig vor.

»Vor einem halben Jahrhundert«, sagte er eindringlich, »wurde das Utrechter Land östlich der IJssel von Raubrittern heimgesucht. Die Bürger von Kampen, Zwolle und Deventer beratschlagten, rüsteten eine kleine Armee aus und zogen gegen die Burgen der Raubritter. Nacheinander räucherten sie die Räuberhöhlen aus, machten sie dem Erdboden gleich, und innerhalb weniger Jahre war es vorbei mit den Banditen, konnten die Hansestädte in diesem Gebiet wieder ruhig Handel treiben. Lasst Amersfoort daraus die Lehre ziehen. Ruft ihre tapfersten Bürger und städtischen Reiter zusammen, gebt ihnen Kanonen mit und lasst sie die gottlosen Plünderer vernichten, auf dass auch wir fortan in Ruhe und Frieden leben können.«

»Und Ihr wollt persönlich an dem Vergeltungsschlag teilnehmen?«, fragte der Bürgermeister verwundert. »Warum habt Ihr es so verbissen gerade auf das Fähnlein van Schaffelaars abgesehen? Da sind doch auch noch andere Truppen, die das Utrechter Land unsicher machen. Zwischen Woerden und Rhenen treiben sich mindestens vier Banden herum, die im Auftrag des Bischofs David plündern und brandschatzen.«

»Ich habe die Leute des Jan van Schaffelaar kennen gelernt,

die Kerle und ihre Weiber in all ihrer Verworfenheit gesehen«, antwortete der Dominikaner grollend.

»Vor allem die eine, die mit den wilden Haaren und feurigen Augen?«, fragte de Coninc sarkastisch.

»Die ist die Schlimmste! Sie ist eine Hexe!«, kreischte Egidius. Der Bürgermeister schüttelte verwundert den Kopf.

»Trotzdem verstehe ich das nicht ganz, Vater Egidius. Ihr wollt, dass wir mit allen Mitteln die Plündererbande des Jan van Schaffelaar vernichten. Habt Ihr denn vergessen, dass die Grafschafter im Auftrag des Bischofs handeln, also Eures rechtmäßigen Dienstherrn?«

Egidius, dem für einen Moment die Worte fehlten, wurde noch blasser. Er schluckte, schluckte noch einmal.

»Herr Bürgermeister, ich bin ein Mann der Kirche und habe mit der Politik nichts zu tun«, sagte er gepresst. »Mein Auftrag ist es, den Satan zu bekämpfen, und der Satan haust dort, dort in Barneveld!«

»Ho, ho, Vater Egidius, das ist eine ernste Beschuldigung, die Ihr da aussprecht. Ihr wollt also behaupten, Euer Bischof bediene sich der Hexen, Dämonen und Teufelskinder, um die aufständischen Städte zu unterwerfen?«

Mit Spitzfindigkeiten war Egidius nicht in die Enge zu treiben.

»Nein, Hochwohlgeboren, das behaupte ich nicht. Bischof David hat das Recht Gehorsam zu fordern, und zwar sowohl von den Bürgern von Utrecht als auch von Amersfoort, und dieser Bürgerkrieg ist mir ein Greuel. Das ist nicht der Grund, warum ich auf eine Strafexpedition nach Barneveld oder Achterveld poche. Aber der Kampf der Kirche gegen das Böse, gegen Satan und dessen Stellvertreter, der ist wichtiger als die Politik. Bischof David konnte nicht wissen, wen er in seinen Dienst nahm, wen er seine Interessen durchsetzen lässt. Teufelsdiener können sich in anderer Gestalt zeigen! Dieses Teufelspack muss vernichtet werden und die Frauen, die Hexen, müssen auf den Scheiterhaufen!«

Wieder musste der Bürgermeister ein Erschaudern unterdrücken. Ein hassender Geistlicher war für ihn ein Furcht erregender Anblick.

»Dennoch erstaunen mich eure Worte, Vater Egidius. Ihr seid Priester, ihr seid in Rom gewesen, ihr seid Dekan des Sankt-Georg-Kapitels. Ist es nicht viel eher eure Aufgabe zu bekehren und zu vergeben?«

Egidius schnaubte und presste die dünnen Lippen aufeinander. Gleich bekommt er einen Schlaganfall, dachte der Bürgermeister besorgt.

»Meine Aufgabe ist es«, zischte der Dominikaner, »den Teufel zu bekämpfen und die Teufelsdiener auf den Scheiterhaufen zu bringen. Und nochmals: Der Teufel haust dort, dort in Barneveld!«

»Gut, gut«, beschwichtigte der Bürgermeister, »ich werde die Angelegenheit überdenken und mit den Schöffen besprechen. Vielleicht gelingt es uns, eine Truppe bewaffneter Männer aufzustellen. Ihr bleibt dabei, sie zu begleiten?«

»Ja! Ja!«

»Warum?« Die Frage rutschte ihm heraus. Egidius entging nicht der Unterton der Abneigung, den der Bürgermeister nicht mehr hatte unterdrücken können. Er lenkte etwas ein und fuhr fort: »Wo gekämpft wird, fallen Opfer, Hochwohlgeboren. Es ist gut und menschenfreundlich, wenn dann ein Priester da ist, der ihnen in ihrer letzten Stunde beistehen kann.« Fromm faltete er die Hände, aber aus seinen Augen leuchtete wilder Triumph. »Ich werde Gottes Segen für dieses Unternehmen erflehen und ich zweifle nicht daran, Hochwohlgeboren, dass uns Erfolg beschieden sein wird. Gott wird uns zur Seite stehen!«

»Amen«, sagte der Bürgermeister halb flüsternd. Er wandte den Blick von dem fanatischen Dominikaner.

Endlich ging Egidius. Seine Sandalen schlurften über die schwarz-weißen Fliesen des Rathauses, es war, als wisperten sie: »Schlangen zum Schießen, Schlangen zum Schießen ...«

Nachdenklich schaute Bürgermeister de Coninc hinter ihm her.

»Eine Frau in Männerkleidern«, murmelte er. »Na und? Das kommt öfter vor. Das kann einen Priester natürlich erschrecken, aber dass er das nach zwei sehr bewegten Jahren noch nicht vergessen kann ...«

Er schüttelte den Kopf und rieb sich das Kinn. Dass Egidius die Frau in einem Atemzug schamlos und satanisch schön genannt hatte, ließ de Coninc vermuten, dass diese junge Frau nicht nur die Söldner von van Schaffelaar verzaubert hatte, sondern jeden, der mit ihr in Berührung kam, in ihren Bann zu schlagen wusste. Also doch eine Hexe? Oder doch nur ein wohlgestaltetes Bauernmädchen, das den Priester Egidius in Verwirrung gebracht hatte? »Ich werde Auftrag geben, sie lebend zu fangen und nach Amersfoort zu bringen«, dachte de Coninc laut. »Dann kann sie hier vor Gericht gestellt werden. Ein Frauchen, das ein ganzes Fähnlein Söldner kommandieren kann, will ich aus der Nähe sehen. Wenn sie fähig ist, Vater Egidius so aus dem Gleichgewicht zu bringen, muss sie etwas Besonderes sein.«

Die Geduld des Bruder Egidius wurde doch noch auf eine lange Probe gestellt, denn es war gar nicht so einfach, genug berittene und bewaffnete Männer zusammenzubekommen, die auch noch den Mut hatten, gegen van Schaffelaar ins Feld zu ziehen. Außerdem stand der Sommer vor der Tür. Rund um Amersfoort reifte die Ernte, die Hungertage des vergangenen Winters wurden schnell vergessen. Doch glühender Hass kann Wunder verrichten. Unaufhörlich predigte Egidius in der Klosterkirche und auf dem Markt: »Van Schaffelaar muss vernichtet werden.« Er wies seine Zuhörer darauf hin, dass sonst wieder so ein grausamer Winter die Folge wäre, mit Hunger und Krankheiten, sterbenden Kleinkindern und ratlosen Müttern. Auch im benachbarten Nijkerk ließ er seine schrille Stimme hören. Was eine Donnerpredigt sein sollte, hörte sich an wie fauchende Blitzeinschläge.

Der Fanatismus des Dominikaners beseelte die Bürger schließlich so sehr, dass sie die größte Schlange vom Koppeltor abmontierten, auf einen Wagen luden, ihre Schwerter schliffen, ihre Pferde aufzäumten und unter Führung des Hauptmanns Wilhelm van Wachtendonk auszogen, um dem Fähnlein des Jan van Schaffelaar ein Ende zu machen. Die Kanone, das Pulver und die Kugeln wurden unter Decken und Proviant versteckt. Neben Hauptmann van Wachtendonk ritt ein Priester in weißer Kutte und schwarzem Mantel darüber, Vater Egidius.

Auch Nijkerk hatte eine kleine Truppe aufgestellt, zwanzig Mann, und auch sie hatten einen Wagen mit einer Schlange darauf. Egidius hatte einen ernsten Gesichtsausdruck, aber in seinen Augen brannte ein unheiliges Feuer. Ha, endlich würde die Hexe gefangen werden und auf dem Scheiterhaufen für ihr sündiges Leben büßen müssen! Dann würde die Welt wissen, dass kein Mensch Vater Egidius ungestraft auslachen und verspotten konnte!

~ 10 ~

Das Drama von Barneveld

An jenem Tag im Juli waren Jan van Schaffelaar, Karen und ungefähr ein dutzend Söldner bereits früh ausgeritten. Bis jetzt war der Sommer nicht schön gewesen, doch gerade an diesem Morgen brach die Sonne durch die dünne Wolkendecke und ließ die Getreidefelder aufleuchten. Die Sonnenstrahlen spielten mit den Schafherden, die über die Heide trotteten, verführten die Vögel zum Zwitschern. Der Wind erfüllte die Luft mit Düften von Blüten, Harz und frischem Heu. Karen genoss den Ritt. Eigentlich erwartete van Schaffelaar keinen Transport auf dem alten Hessenweg nach Amersfoort oder Utrecht. Der Ausritt sollte ausschließlich die Bauern einschüchtern, damit sie nicht vergaßen, dass es van Schaffelaar und sein Fähnlein waren, die hier die Macht ausübten.

Buckelchen, Langer Peter und Elsa waren auf dem Hof in Achterveld geblieben, mit ihnen Tieske und Karens Tochter Lieschen. Martin das Fass, Kastor und Pollux und Fauler Jakob waren wie gewöhnlich auf Erkundung geschickt worden, doch keiner der Reiter rechnete damit, an diesem strahlenden Morgen Hornsignale zu hören.

Als die kurz vor Mittag doch zu hören waren, dringend und alarmierend, brachte van Schaffelaar verwundert sein Pferd zum Stehen und schaute in die Runde.

»Das war Martins Horn«, murmelte er beunruhigt.

Links von ihm, weiter weg, doch deutlich zu hören, erschallten zwei weitere Hörner.

»Das müssen die Zwillinge sein«, rief Blaubacke. »Hauptmann, da braut sich was zusammen!«

»Ein Überfall auf Achterveld?«, fragte Karen ängstlich.

»Unmöglich!«

Aber so unmöglich war das nicht. Karen geriet in Panik.

»Lasst uns zurückreiten«, drängte sie.

In dem Augenblick kamen Kastor und Pollux tief über die Hälse ihrer Pferde gebeugt aus dem Wald angestürmt.

»Eine Armee!«, schrie Kastor ihnen zu.

»Wo?«

»In... in...« Er schien es nicht zu wagen, es auszusprechen. Pollux fasste sich ein Herz.

»In Achterveld.«

»Oh, mein Gott!« Das war Karen. Sofort legte ihr van Schaffelaar eine Hand auf den Arm.

»Ruhig, Frauchen ... Was für eine Armee?«

»Vierzig, fünfzig Mann mindestens...«

»In Achterveld, sagst du?«

»Wir hörten Lärm und Geschrei im Westen, und als wir nachschauten, fuhr uns der Schreck in die Glieder. Ganz Achterveld war in Aufregung, überall Soldaten, die die Höfe durchsuchten und die Leute zusammentrieben...«

»Auf unserem Hof auch?«, rief Karen.

»Das... wahrscheinlich. Wir wagten uns nicht zu nahe heran und durch all die Hecken und Baumgruppen konnten wir wenig sehen, das könnt ihr euch ja denken. Aber für mich sah es so aus, dass sie nicht eine Hütte ausließen.«

»Jan, wir müssen sofort hin!«, schrie Karen.

»Nein, warte! Wie viele Soldaten habt ihr gesehen?«

»Wir haben sie nicht gezählt, vielleicht waren es hundert oder fünfzig...«

»Burgunder?«

»Ich habe nur einen so dicht an uns vorbeitraben sehen, dass ich das Wappen auf seiner Brust erkennen konnte. Und das war ein städtischer Reiter aus Amersfoort.«

»Wie weit waren sie ausgeschwärmt?«

»Sagte ich doch schon, wir konnten nicht dicht genug heran, um die ganze Situation abzuschätzen ... Wir konnten uns doch nicht sehen lassen. Aber in ganz Achterveld schien es von Soldaten zu wimmeln. Man sah sie überall herumtraben, über die Hecken springen ...«

»Kein Fußvolk?«

»Lauter Reiter, dutzende.«

»Wir müssen da sofort hin«, meinte Blaubacke. »Vor einer Hand voll städtischer Reiter habe ich keine Angst.«

»Warte«, schnauzte van Schaffelaar wieder. »Hier gebe ich die Befehle. Hat jemand Martin gesehen oder Faulen Jakob?«

»Die sollten doch den Nordweg bewachen!«

»Ja, und Martin blies Alarm ...«

»Der Weg nach Nijkerk«, sagte Quasselmaul. »Auwei, das sieht ja fast nach einer Umzingelung aus.«

»Die haben es auf uns abgesehen«, nickte van Schaffelaar, »darum der unerwartete Überfall auf Achterveld. Sie erwarten uns dort anzutreffen.«

»Ich will dahin, ich muss wissen, was aus Lieschen geworden ist«, schluchzte Karen. Jan hielt immer noch ihren Arm. Sie versuchte sich loszureißen, aber wie eine Klammer lagen Jans Finger um ihr Handgelenk.

»Hierbleiben! Mit Aufregung erreichen wir gar nichts. Kastor, wie waren die Amersfoorter bewaffnet?«

»Bis an die Zähne ... Pieken, Schwerter, Dolche ...«

»Was machten sie mit den Leuten, die sie von den Höfen holten?«

»Nichts, soweit wir das sehen konnten. Sie trieben sie zusammen, das ist alles.«

»Sie suchten also uns ... Klar. Dann müssen wir ...«

Er schwieg und drehte sich nach schnell näher kommendem Hufgetrappel um. Es waren Martin und Fauler Jakob, die aus nördlicher Richtung angaloppiert kamen.

»Hauptmann«, rief Martin, noch bevor er die Gruppe erreicht hatte, »Soldaten und ein schwer beladener Wagen! Wenn wir uns beeilen, können wir sie abfangen, bevor sie Barneveld erreicht haben…«

»Amersfoorter?«

»Aus Nijkerk.«

»Was ich mir schon dachte«, jammerte Quasselmaul. »Von zwei Seiten kommen sie angerückt, um uns in die Zange zu nehmen. Mit großer Übermacht… Auwei.«

»Halt den Mund!« Jan blickte kurz zur Seite zu seiner Frau Karen, die ganz still mit gesenktem Kopf im Sattel saß. An ihren zuckenden Schultern sah er, dass sie weinte.

»Keine Angst haben, Frauchen. Bürger und städtische Reiter tun kleinen Kindern nichts«, sagte er.

Sie hob das verweinte Gesicht.

»Woher weißt du das? Ich will es wissen, ich will sehen…«

»Nein!«

»Aber was machen wir jetzt?«, fragte Hans Haferschleim verängstigt.

»Kämpfen«, brummte Blaubacke.

»Gegen die Übermacht?«

»Ach, Jammerlappen! Kerle wie wir werden doch wohl jeder mit drei Bürgern fertig«, sagte Blaubacke verächtlich.

»Wir verlieren zu viel Zeit, gleich fallen sie mit sechzig Mann über uns her, bevor wir eine Kampfordnung haben!«, schrie Süßgrün.

»Und du hältst auch das Maul«, fuhr Jan van Schaffelaar ihn an. »Lasst mich nachdenken. Achterveld ist von einer starken Truppenmacht aus Amersfoort besetzt, aus nördlicher Richtung nähern sich Truppen aus Nijkerk.«

»Nicht sehr schnell«, fiel Martin ihm ins Wort. »Ihr Wagen bleibt immer wieder im Sand stecken. Scheint schwer beladen zu sein.«

»Womit?«

»Konnten wir nicht sehen, lagen Decken drüber.«

»Waffen ... vielleicht noch mehr Soldaten«, murmelte Markus Becking. »Ich wette, dass ...«

»Um wie viel?«, fragte Johann gierig.

»Hört zu.« Jan van Schaffelaar hob gebieterisch den Arm. »Ich weiß ein Plätzchen, an dem sich selbst die größte Truppenmacht die Zähne ausbeißt: die Kirche in Barneveld. Ich schlage vor, dass wir uns in die Kirche zurückziehen.«

Die Männer nickten eifrig. Der Plan gefiel ihnen.

Der größte Stolz des wohlhabenden Dorfes Barnefeld war die Kirche. Eine dreischiffige Hallenkirche mit mächtigem Turm, höher als acht aufeinander gestellte Häuser, dicken Steinmauern, mit eisenbeschlagenen Türen gegen Sturmrammen und Äxte, also ein idealer Verteidigungsort. Und die Söldner kannten die städtischen Reiter. Sehr mutig, wenn sie morgens auszogen, aber nach einem Tag Reiten und Kämpfen, wenn der Abend nahte, hatten sie plötzlich genug davon und wollten zum Essen zu Hause sein.

Wenn die Söldner sich den Rest des Tages in der hohen, steinernen Kirche halten könnten, würden sich die Angreifer abends zurückziehen und mit dem Gedanken zufrieden geben, zwar nichts erreicht, aber doch einen ernsten Versuch unternommen zu haben. »Dann kommt, schnell!«

Karen wollte protestieren, aber die Männer setzten die Helme auf, wendeten die Pferde und stürmten auf das Dorf zu. Jan van Schaffelaar zerrte Karen mit.

»Ich will zu Lieschen!«, schrie sie, aber ihr Schreien wurde vom Donnern der Pferdehufe und dem Klirren der Waffen übertönt. Nach Barneveld!

Da war inzwischen alles in heller Aufregung. Ein berittener Bauernknecht hatte die Dörfler gewarnt, dass sich von zwei Seiten Truppen näherten, offensichtlich, um mit dem Fähnlein Jan van Schaffelaar abzurechnen. Das hatte die Bauern dazu gebracht, nach allem zu greifen, was sie an Waffen finden konnten, also Küchenmessern, Rechen, Keulen, Dreschflegeln und Sicheln. Ha, endlich würden sie von dem Plünderer befreit werden! Wie Ameisen liefen sie durcheinander, bewachten den Zugang zur Dorfstraße, besetzten die Herberge an der Kreuzung der Hessenwege östlich des Dorfes oder versammelten sich am Fuße des Kirchturms. Wenn die Amersfoorter und die Nijkerker nun nur nicht zu lange auf sich warten ließen ... Dies musste der Tag der Rache werden, der Tag ihrer Befreiung!

Und da erschien im Eingang zum Dorf auch schon Jan van Schaffelaar, im vollen Galopp kam er angebraust, neben ihm ritt der junge Bogenschütze, dahinter seine Reiter mit gezogenen Schwertern und gefällten Pieken. Ihre Brustpanzer funkelten in der Sonne, die Schwerterklingen blitzten drohend. Sie donnerten quer durch die Linie der Bauern, die vor den stampfenden Pferdehufen ängstlich zurückwichen. Einige Mutige bewarfen den Trupp mit Steinen, aber ein gut gezielter Pfeil durchbohrte den Arm eines Steinwerfers, und da warfen die Bauern und Knechte schnell ihre Waffen weg und suchten Deckung zwischen den Häusern und Scheunen. Auch die Dörfler vor der Kirche stoben auseinander, als die Reiter forsch auf sie zustürmten. Sie hatten nicht daran gedacht, die Türen der Kirche zu schließen, und als den verblüfften Dörflern endlich klar wurde, was die Söldner vorhatten, war es zu spät. Ohne abzusteigen, drang das Fähnlein in die Kirche ein. Als sie im Mittelschiff erst einmal in Sicherheit waren, stiegen sie ab, banden die Pferde an die Pfeiler, während Blaubacke, Stiller Kornelius und Hans Haferschleim schnell die Türen zuwarfen, verriegelten und verbarrikadierten. Kastor, Pollux und Martin das

Fass taten das Gleiche mit den Seitentüren. Innerhalb weniger Minuten war Barnevelds Kirche in ein uneinnehmbares Fort verwandelt worden.

»So, jetzt darf der Feind ruhig Sturm laufen«, grinste Süßgrün.

»Durchsucht alles, auch den Turm«, befahl van Schaffelaar. Blaubacke öffnete die kleine Tür, die zum Turm führte, und fand in dem Raum dahinter den zitternden Küster, der jammerte und um Gnade bettelte.

»Bindet ihn und legt ihn hinter den Altar«, sagte van Schaffelaar.

Mit gesenktem Kopf stand Karen mitten in der Kirche, vor ihre Füße fielen Tränen auf die Bodenfliesen. Es war alles so schnell gegangen! Der Alarm, die Nachricht, dass der Hof in Achterveld schon von Amersfoorter Truppen besetzt war, der rasende Ritt durch das Dorf und die blitzschnelle Eroberung der Kirche. Das alles hatte noch nicht einmal eine Stunde gedauert. Sie konnte es kaum begreifen. Jans Fähnlein hatte sich selbst für unbesiegbar und unantastbar gehalten. Dass sie eines Tages in Barneveld einer gewaltigen Übermacht gegenüberstehen könnten, war ihnen nicht in den Kopf gekommen.

Nun waren sie hier also in einer Kirche eingeschlossen und draußen rumorten die Barnevelder, donnerten gegen die Kirchentüren und brüllten schreckliche Verwünschungen.

Jan van Schaffelaar verteilte seine Leute im ganzen Gebäude und ließ alle Zugänge bewachen. Nur die kleine Tür, die Zugang zum Fuß des Turmes gab, blieb offen. Der Turm selbst, quadratisch und massiv an die Kirche angebaut, hatte keinen eigenen Ausgang.

Das Donnern gegen die großen Türen hörte plötzlich auf. Die Grafschafter schauten sich an. Was war da draußen los? Die Fenster waren zu hoch. Mützchen kletterte hinauf, aber die

258

dicken, in Blei eingefassten Glasscheiben verzerrten alles, und so sprang er kopfschüttelnd wieder herunter.

Die Unheil verkündende Stille machte den Söldnern große Angst.

Van Schaffelaar deutete auf die Tür, die zum Turm führte.

»Ich geh rauf, ich muss sehen, was da los ist. Martin, Mützchen, ihr kommt mit.«

»Ich auch«, rief Karen.

Hintereinander stiegen sie die Steintreppe hinauf.

Barnevelds mächtiger Kirchturm bestand aus fünf Segmenten.

Die beiden ersten Stockwerke hatten blinde, mindestens zwei Meter dicke Mauern mit einigen ausgesparten Lichtlöchern, die aber zu hoch waren, um hinausschauen zu können. Dann kam ein Boden mit Holzdielen, wo die Seile zum Glockenläuten hingen. Eine steile Holztreppe führte zum nächsten Stockwerk, das ebenfalls einen Fußboden aus Eichenholz hatte, auf dem der Glockenstuhl stand. Diese beiden Segmente, der Glöcknerboden und der Glockenboden, hatten rundherum hohe, mit schrägen Planken abgedeckte Schalllöcher. Hier war es viel heller als unten auf der Steintreppe und durch die Ritzen der schrägen Planken hatte man einen Überblick über ganz Barneveld. Karen schaute nach Westen und zu ihrem großen Schreck sah sie dort in Achterveld dicke, graue Rauchwolken aufsteigen.

»O mein Gott, Jan«, stammelte sie. »Sieh doch nur …«

Van Schaffelaar schaute hinaus und brummte.

»Sie haben unseren Hof in Brand gesteckt«, schluchzte Karen. »Jan, was haben sie mit Lieschen gemacht?«

»Mit Lieschen ist alles gut«, tröstete sie der Hauptmann schnell. »Buckelchen war da, der wird unser Töchterchen bis zum letzten Blutstropfen verteidigt haben.«

»Was kann Buckelchen für Lieschen tun, wenn er tot ist?«

Das wusste van Schaffelaar auch nicht. Karens Kummer tat ihm weh.

»Bürger werden einem kleinen Kind nichts antun«, wiederholte er machtlos. »Aber ich schwöre dir, wenn unserem Kind etwas zugestoßen ist, werde ich es rächen, so wahr ich Jan van Schaffelaar bin.«

»Ich will keine Rache, ich will mein Kind«, schluchzte sie.

»Ach was«, warf Martin das Fass ein, »es ging den Amersfoortern nicht um einen Säugling, sie wollen uns haben. Nicht ein Kind, das kaum sitzen kann. Haben wir jemals einem Kleinkind etwas getan? Und glaub mir, Bürger sind noch viel weichherziger als Kerle wie wir.«

Karen schwieg, war aber noch nicht beruhigt.

Jan van Schaffelaar ging um den Glockenstuhl herum und fand einige stabile Leitern.

»Wir können noch höher. Mützchen, schau doch mal nach, wo die Leitern hinführen.«

Gehorsam begann Mützchen zu klettern. Über dem Glockenstuhl fand er eine schmale Plattform und eine kleine Tür. Er stemmte sich dagegen und quietschend sprang die Tür auf – und dann stand er auf dem Wehrgang, der den gemauerten Turm krönte. Die Turmspitze war aus Holz, gedeckt mit Schiefer. Aber um die Spitze herum war ein Wehrgang mit starker, gemauerter Brustwehr. Barnevelds Kirchturm war als Verteidigungsanlage gebaut.

Mützchen ging zu seinem Hauptmann zurück und erstattete Bericht.

»Wir können also auf den Wehrgang kommen?«

»Ja. Und von dort kann man alles sehen, das ganze Dorf, die Felder, Wälder, Wege, Bäche… Es ist unvorstellbar, wie weit man sehen kann.«

Der Hauptmann nickte und eilte hinauf, gefolgt von Karen, Mützchen und Martin.

Dann standen sie auf dem Wehrgang, der mindestens hundert Fuß über der Erde war. Tief, sehr tief unter ihnen lag das Dorf. Wie klein sahen die Häuser aus, die Ställe, die Schafhütten mit Strohdächern! Pferde schienen nicht größer als Hunde zu sein, Menschen seltsam geduckt, wenn man so auf sie niederschaute, wie Korken auf einem Bach, aber der Bach war die Biegung der Dorfstraße. An der Ostseite sahen sie hinunter auf die Satteldächer der Kirche, an der Westseite auf den Kirchhof, umsäumt von einer niedrigen Mauer und hohen alten Bäumen. Der Haupteingang der Kirche, das Südportal und die beiden kleineren Eingänge dichter beim Chor, waren durch die hohen Dächer der Kirche ihren Blicken entzogen.

Auf der Dorfstraße, auf dem Kirchhof, überall sahen sie Soldaten. Städtische Reiter aus Amersfoort und Nijkerk. Und Wagen, klein wie Spielzeug. Bauern und Frauen standen aufgeregt beieinander … Ein Knecht überquerte im Laufschritt die Straße und verschwand zwischen zwei Scheunen. Es sah alles so unschuldig und ungefährlich aus. Karen beruhigte sich beim Anblick der Puppenstube da unten, den unbegreiflichen Bewegungen, dem Hin und Her der aufgeregten kleinen Menschen. Dies konnte keine Bedrohung sein, dies war ein Puppentheater. Sie fühlte sich beinahe sicher, hier hinter der Brustwehr, unter ihren Füßen den mächtigen Turm. Vorhin, als sie vor den Schalllöchern stand, war ihr aufgefallen, wie dick die Mauern waren. Sie hatte die Türen der Kirche gesehen, steinhartes Eichenholz, verstärkt mit Eisen, die hielten jeder Sturmramme stand. Es war eine gute Idee von Jan van Schaffelaar gewesen, sich mit seinem Fähnlein hier in der Kirche zu verschanzen …

Interessiert schaute sie zu, wie ein Wagen auf den Kirchhof gezogen wurde. Die Pferde – vier vor einem Wagen! – wurden ausgespannt und weggeführt. Die Plane, unter der die Ladung versteckt war, wurde weggezogen. Plötzlich merkte Karen, dass ihr Mann, der direkt neben ihr stand, den Atem anhielt.

»Was ist?«

Zehn Mann waren mit großem Kraftaufwand damit beschäftigt, etwas vom Wagen zu laden und auf eine Art Gestell zu setzen. Plötzlich begriff sie, was es war. Solche Bronzedinger hatte sie auch auf den Rondellen der Mauern von Zutphen und Kampen gesehen.

»Eine Büchse«, flüsterte sie entsetzt.

»Nein, eine Schlange. Feldschlangen sind leichter und können Eisenkugeln abschießen«, sagte Jan van Schaffelaar sachverständig.

»Schießen… Werden sie uns mit den Schlangen beschießen? Das geht doch nicht, das dürfen sie nicht…«

Das helle Tageslicht brach sich auf dem Bronzerohr. Fässer mit Pulver wurden herangerollt und neben die Feldschlange gestellt, während andere Soldaten Kugeln zu einer Pyramide aufschichteten. Und plötzlich war Karen klar, dass dies kein normales Belagern und Stürmen werden würde, sondern tatsächlich eine Beschießung! Schnell trat sie einen Schritt zurück, als hätte sie Angst, die Männer da unten könnten die Kanone direkt auf sie richten und dann sofort abfeuern.

»Jan, komm da weg von der Brustwehr!«

Van Schaffelaar antwortete nicht. Aber dann hörten sie Martin rufen.

»Hauptmann, kommt, seht euch das doch mal an!« Sie gingen um eine Ecke der Turmspitze und schauten hinunter auf einen Teil der Dorfstraße. Auch dort wurde ein Wagen entladen, umschwärmt von Reitern aus Nijkerk. Noch eine Kanone! »Eine Büchse«, entfuhr es Martin entsetzt.

»Eine Schlange, keine Büchse«, antwortete van Schaffelaar matt.

»Noch schlimmer. Man sagt, mit Schlangen könnte man besser zielen als mit den plumpen Donnerbüchsen, und… verflucht, wenn wir das gewusst hätten…«

»Nichts ist so unzuverlässig wie Feuerwaffen«, sagte van Schaffelaar beruhigend. »Ich wette, die Dinger fliegen beim ersten Schuss auseinander. Sie sehen so neu aus. Wenn ihr mich fragt… damit ist noch nie geschossen worden.«

»Warum sprichst du von mehreren?«

»Auf dem Kirchhof steht auch eine, noch größer als diese.«

Martin wurde blass, aber Karen murmelte verbissen: »Ich habe nicht vor auf den ersten Schuss zu warten.« Sie nahm ihren Bogen, suchte sich einen Pfeil aus und legte an. Dies waren die Kerle, die ihren Hof verwüstet hatten, die vielleicht Lieschen getötet hatten!

»Was machst du denn da?«, fragte Martin verwundert.

»Den Kerlen den Schreck ihres Lebens einjagen.«

Sie spannte die Sehne, ließ den Pfeil wegsummen, genau in die Gruppe um die Kanone auf der Dorfstraße. Treffer. Sie hörten einen Schrei und die Männer um die Feldschlange stoben erschrocken auseinander. Einer von ihnen blieb im Staub liegen. Hastig suchten die Bauern und Soldaten hinter den Häusern Deckung. Dann eilte Karen zur Westseite und verschoss zwei Pfeile auf die Amersfoorter Kanoniere. Einer prallte von der Pyramide aus Kugeln ab, der andere traf. Die städtischen Reiter rannten in alle Richtungen davon, einige sprangen über die Kirchhofsmauer…

»Ha«, lachte Martin, »darauf waren sie nicht gefasst! Die dachten natürlich, wir hätten alle nur Schwerter und Pieken. Bravo, Karen!«

Sie sahen, wie die Verwundeten weggetragen wurden. Karen, besessen von kalter Wut, sagte kein Wort. Auch die letzten Reste ihrer Angst und Unsicherheit fielen von ihr ab. Die Männer da unten sollten dafür büßen, dass sie den Hof, auf dem Lieschen war, überfallen und verwüstet hatten!

Eine leise Stimme tief in ihrem Inneren sagte vorwurfsvoll: Du hättest selbst beim Kind bleiben müssen, statt als Söldnerin über die Heide zu traben. Doch Karen brachte ihr Gewissen schnell zum Schweigen. Was hätte sie gegen fünfzig städtische Reiter ausrichten können? Doch jetzt war sie noch frei, quicklebendig, jetzt konnte sie Lieschen rächen. Und das würde sie auch tun! Sie hatte schon vergessen, was sie gerade gesagt hatte: Ich will keine Rache, ich will mein Kind ...

Jedes Mal, wenn die Amersfoorter oder Nijkerker versuchten, sich ihrer Kanone zu nähern, kam da ein tödlicher Pfeil angesurrt und suchten die Männer überall Deckung. Sie hatten nicht einmal die Gelegenheit, ihre Kanone weiter hinten aufzustellen und damit für die Pfeile vom Turm unerreichbar zu sein. Wie viele Bogenschützen dort oben auf dem Wehrgang standen, wussten die Belagerer nicht. Doch wie viele es auch sein mochten, sie wussten, es waren sichere Schützen.

»Sie werden nicht zu stürmen wagen, bevor sie uns eine Weile mit den Schlangen beschossen haben«, murmelte van Schaffelaar, »also besteht keine Gefahr, solange Karen sie mit ihren Pfeilen von den Schlangen fernhalten kann. Ich gehe mal runter, nachsehen, ob in der Kirche alles in Ordnung ist. Sei sparsam mit den Pfeilen, Frauchen, schieß nur, wenn du sicher bist, auch zu treffen. Mützchen, komm mit. Martin, du bleibst hier oben, du hast von uns allen die besten Augen.«

Verlassen stand die Feldschlange der Nijkerker auf der Dorfstraße, dahinter der Wagen, mit dem sie transportiert worden war. Und noch weiter hinten lief ein Geistlicher mit schwarzem Mantel wild gestikulierend herum. Ab und zu klappte sein Mantel auf und ließ eine weiße Kutte darunter erkennen. Die Kapuze hatte er zurückgeschlagen, sogar von dieser Höhe aus war der kahle Fleck auf seinem Hinterkopf zu erkennen.

»Was macht der Dominikaner da?«, murmelte Martin. »Ich habe noch nie einen Dominikaner in Barneveld gesehen. Der scheint mit den Soldaten gekommen zu sein.«

»Städtische Soldaten sind fromm, die bringen ihren eigenen Priester mit«, sagte Karen gleichgültig.

»Kann schon sein, aber dann sollte man doch eher einen Franziskaner oder Laienbruder erwarten, der weiß, wie man Wunden behandeln muss.«

Der Geistliche war ihr nicht wichtig. Sie streckte die Hand aus:

»Sieh nur, es sieht so aus, als hätten sich die Bürger etwas einfallen lassen.«

Tatsächlich. Zwei Männer kamen aus einer Scheune und trugen so etwas wie eine geflochtene Matte, mit der sie zur Feldschlange auf der Dorfstraße liefen. Aus anderen Scheunen kamen noch mehr Männer, wie es aussah Bauern, die ebenfalls aus Weidenzweigen geflochtene Matten heranschleppten. Karen schoss, doch der Pfeil blieb in einer Matte stecken. Schnell wurden diese Matten rund um die Kanone aufgestellt, sodass die Nijkerker gedeckt waren und ihre Vorbereitungen für die Beschießung fortsetzen konnten. Karen lief zur Westseite und schaute hinunter auf den Kirchhof. Auch dort waren Männer dabei, die Schlange und die Kanoniere mit geflochtenen Matten zu schützen. Mutlos ließ Karen ihren Bogen sinken.

»Na ja«, seufzte sie, »ich hatte sowieso fast keine Pfeile mehr.«

Sie hatte noch zwei.

Mützchen kam wieder hinaufgeklettert.

»Unten ist alles in Ordnung. Blaubacke und der Hauptmann haben alle Männer in der Kirche zusammengerufen, und selbst wenn die Belagerer eine der Türen durchbrechen, kommt keiner durch. Stiller Kornelius fand in der Sakristei den Messwein, ich habe euch eine Flasche mitgebracht. Oder habt ihr noch keinen Durst?« Durst hatten sie schon, aber Messwein? Karen zögerte, die Flasche in die Hand zu nehmen.

»Wir fanden auch ein Fass Weihwasser«, fuhr Mützchen

fort, »aber das schmeckte uns zu laff und lau. Jedenfalls werden wir nicht verdursten. Trink ruhig, Karen, der Wein ist wirklich gut.«

Er schaute über die Brustwehr und sah die geflochtenen Matten um die Schlangen herum. Drohend ragten die Bronzerohre heraus.

»Erfinderisch sind die Leute ja«, musste Mützchen zugeben. Wumm!

Das Echo des ersten Schusses grollte zwischen den Häusern, Pulverdampf schwebte über dem Kirchhof, Karen ließ vor Schreck beinahe die Weinflasche fallen. Sie bildete sich ein, den Einschlag der schweren Eisenkugel fühlen zu können.

»Worauf… worauf schießen sie? Auf den Turm?«, fragte sie ängstlich.

Wumm! Das war die andere Schlange, die der Nijkerker.

»Der war auf die Kirchentür gerichtet«, schrie Martin. »Komm mit, Mützchen, nach unten. Karen, bitte, bleib hier oben, so hoch können sie die Dinger nicht richten. Hier bist du sicher.«

Mützchen und Martin verschwanden, und das war auch das letzte Mal, dass Karen Martin das Fass sah. Die Kanone auf dem Kirchhof zielte auf die Schalllöcher, die der Nijkerker auf die Tür. Ihren zweiten Schuss feuerten beide Kanonen fast gleichzeitig ab. Die schwere Eisenkugel zersplitterte die Planken vor einem der westlichen Schalllöcher, enthauptete Martin das Fass und verfehlte Mützchen nur knapp. Völlig verstört kam der Junge bald darauf wieder zu Karen auf den Wehrgang. Er war leichenblass.

»Martin ist tot… sie zielen auf die Schalllöcher.«

Das war naheliegend. Der Sockel des Turmes mit seinen sechs Fuß dicken Mauern hielt einer Beschießung stand, der Aufbau mit den Schalllöchern jedoch nicht.

Karen wollte nicht an Martin denken. Sie hatte Mitleid mit

dem zitternden Mützchen. Er war noch so jung, jünger als sie! Sie drückte ihm die Weinflasche in die Hand.

»Hier, trink, das wird dir gut tun.« Sie nahm wieder ihren Bogen in die Hand. Sie sah einen Soldaten über den Kirchhof laufen. Sehr unvorsichtig! Sie zielte, ihr Pfeil traf ihn ins Bein.

Schreiend wälzte er sich im Gras.

»Für Martin«, zischte sie.

Dort unten sollte man wissen, dass immer noch Scharfschützen auf dem Wehrgang standen…

Wumm! Und noch einmal: Wumm! Die ganze Dorfstraße war nun in Pulverdampf gehüllt, der zwischen den Häusern und Hütten hängenblieb, weil es ziemlich windstill war. Es stank entsetzlich! Außerdem nahm der Pulverdampf über dem Kirchhof Karen die Sicht, was die Amersfoorter schnell ausnützten, um ihren verwundeten Kameraden wegzuschleppen. Als sich der Pulverdampf verzogen hatte, war niemand mehr zu sehen. Nach der Salve mussten die Feldschlangen erst einmal abkühlen, aber von unten drangen wilde Schreie und wüster Lärm zu der Frau und dem Jungen auf dem Turm. Sie konnten nicht sehen, was an der Seite geschah, wo der Haupteingang war, aber sie wussten es trotzdem: Die Amersfoorter und die Nijkerker stürmten die Kirche und hinter den kaputt geschossenen Türen standen Jan van Schaffelaar und seine Männer, um die Angreifer aufzufangen.

Der Lärm hielt lange an. Mützchen schien sich wieder einigermaßen gefangen zu haben und stand mit dem Dolch in der Hand an der Tür zum Wehrgang, als erwarte er dort jeden Augenblick einen Amersfoorter… Karen, die den letzten Pfeil angelegt, die Sehne aber noch nicht gespannt hatte, behielt das Stückchen Dorfstraße im Auge, wo die Kanone der Nijkerker hinter den geflochtenen Matten stand. Aber mit den Kanonen wurde nicht mehr geschossen. Alles schien sich auf die Eroberung der Kirche konzentriert zu haben.

Der scharfe Pulverdampf reizte noch ihre Kehle. Sie nahm einen Schluck Wein und hielt wieder Ausschau.

»Oh, gnädiger Himmel!«, rief sie unverhofft. Sie sah einen Amersfoorter Reiter, der ein Pferd am Zügel führte: Jan van Schaffelaars weißen Hengst! Ihm folgten noch mehr Soldaten, jeder hatte ein Pferd am Zügel. Sie erkannte den braunen Wallach von Blaubacke, Buckelchens Blesse, ihre eigene Stute Diana, die Pferde der Zwillinge, von Martin, von Markus und Johann... In einer Reihe zogen sie unter ihr vorbei und verschwanden hinter den Häusern. Hieß das, dass die Amersfoorter das Mittelschiff eingenommen hatten? Ja, so musste es sein... War denn schon alles verloren? Karen hielt es nicht mehr aus. Sie zwängte sich durch die kleine Tür und kletterte so schnell sie konnte die Leiter hinunter. Auf dem Glöcknerboden traf sie die ersten Kameraden, Kastor und Pollux, Markus und... Gottlob, Jan van Schaffelaar!

»Jan, oh Jan, du lebst!«

Die meisten lebten noch. Einer nach dem anderen kamen sie die Treppe herauf und versammelten sich auf dem Glöcknerboden.

»Wo sind Friedrich und Stiller Kornelius?«

Jan van Schaffelaar neigte den Kopf.

»Tot«, sagte er traurig. »Sie hatten die Türen kaputt geschossen und wir fingen sie auf... naja... es waren so viele... Viel zu viele. Wir konnten die Kirche nicht halten und mussten uns in den Turm zurückziehen. Blaubacke und Frommer Gisbert bewachen die Tür, die zum Mittelschiff führt. Da kann nur immer einer durch, also... Süßgrün, Hans, ihr stellt euch auf der Treppe auf! Quasselmaul, du gehst...«

Wumm! Karen ließ sich lang auf den Boden fallen, rollte sich in eine Ecke, während die zweite Kanone feuerte. Wumm! Sie hatte die Hände über den Kopf geschlagen und lag zitternd in der Ecke. Um sie herum klatschten Mauerbrocken auf den

Fußboden. Hinter sich hörte sie Gebrüll, Schreie und Markus, der alle Teufel der Hölle verfluchte… Und dann wurde es still. Wumm! Der Turm schien zu zittern. Karen rollte sich zu einem Knäuel zusammen, fühlte, dass Splitter ihr Gesicht ritzten, erstickte beinahe im aufwirbelnden Staub, der nach Kalk schmeckte. Wumm! Jetzt schlug die Kugel eine Etage höher ein, traf eine Glocke. Der Lärm war ohrenbetäubend…

Stille. Ein kurzer Aufschub, in dem die Kanonenrohre abkühlen mussten. Zitternd richtete sich Karen auf, schaute sich auf dem verwüsteten Glöcknerboden um. Jemand stöhnte laut, Staub drang ihr in die Augen. Wie durch Nebel sah sie die Gestalt ihres Mannes.

»Karen… Karen, wo bist du?«

Sie rappelte sich auf, schob den Helm zurecht, stand unsicher auf den Beinen.

»Hier.«

»Bist du verletzt? Mein Gott, Frau, wie siehst du denn aus! Du blutest ja!«

Mit zittriger Hand fuhr sie sich über das Gesicht und starrte dann verblüfft auf das Blut auf ihrem Handschuh.

»Das ist nichts… eine Schramme…«

»Nach oben, alle nach oben auf den Wehrgang«, befahl der Hauptmann. »Schnell!«

Tastend fand sie den Weg zur Holztreppe, wo sie über etwas strauchelte, das dort am Boden lag. Halb blind sah sie eine ihr bekannte Gestalt vor sich liegen: Markus. War auch er schon tot?

Jeden Moment konnte das Feuer wieder beginnen und immer noch mit zwei Feldschlangen. Während sie mit großer Anstrengung hinaufkletterte, fühlte sie die Leiter unter ihren Händen und Füßen zittern. Der Rest des Fähnleins folgte ihr.

Endlich war sie wieder oben. Sie stieß die kleine Tür auf und stand dann nach Atem ringend unter freiem Himmel.

Wumm! O Gott, es ging schon wieder los. Sie hielt sich die Ohren zu. Vor ihren Füßen lagen ihr Bogen und ihr letzter Pfeil. Unwillkürlich hob sie ihre Waffe auf.

»Nicht schießen!« Das war Jan van Schaffelaar, der plötzlich hinter ihr stand.

Wumm!

»Das macht mich verrückt«, heulte Karen. »Die schießen den ganzen Turm kaputt. Gleich fallen wir runter – hundert Fuß …«

»Nein, sieh doch nur!«

Durch die Wolken von Pulverdampf, die über der Dorfstraße und dem Kirchhof schwebten, sahen sie Leute umherlaufen, deren Geschrei bis zu ihnen auf dem Turm zu hören war. Bauern umringten die Kanonen, Frauen fuchtelten mit den Armen herum. Soldaten wurden zur Seite geschubst. Es war unverkennbar, dass die Barnevelder über die Folgen der Beschießung ihres ganzen Stolzes erschrocken waren. Die Haupttüren ihrer Kirche zersplittert, Breschen im Turm, kaputt geschossene Schalllöcher, eine Glocke durch einen Volltreffer geborsten … mehr Schaden durfte nicht angerichtet werden! Frauen versuchten den Hauptmann der städtischen Reiter vom Pferd zu zerren, Bauern verbrannten sich die Hände, als sie versuchten, die dampfenden Rohre der Kanonen zur Seite zu wenden. Alle versuchten die Fortsetzung der Beschießung zu verhindern. Immer mehr Söldner, mehr oder weniger verwundet, erschienen hinter Jan van Schaffelaar auf dem Wehrgang, drängten an die Brustwehr, wollten sehen, was da unten vor sich ging.

Es fehlten nur Blaubacke und Frommer Gisbert, die unten die Verbindungstür bewachten, und Hans Haferschleim, der im untersten Segment auf der Steintreppe Wache hielt.

Eigentlich hätten Süßgrün und Quasselmaul auch unten sein sollen, aber sie waren auf den Wehrgang gekommen, um sich das Spektakel dort unten anzusehen.

»Streit zwischen Bauern und städtischen Reitern«, stellte Süßgrün zufrieden fest. Aber schon griff der Dominikaner ein. Während der Pulverdampf sich langsam verzog, sah Karen ihn auf einen Wagen klettern. Er hatte seinen schwarzen Mantel abgelegt. Hoch aufgerichtet, weiß und beeindruckend stand er da. Mit ausgebreiteten Armen redete er auf die Barnevelder ein. Natürlich konnten sie auf dem Wehrgang nicht hören, was er sagte, aber sie sahen, wie er mit den Armen gestikulierte, die Fäuste ballte, auf den Turm deutete, wieder weit ausholende Gebärden machte. Es sah ganz danach aus, dass er die Leute zur Fortsetzung der Beschießung überreden wollte.

»Der will unseren Tod«, brummte Jan van Schaffelaar. Karen verstand ihn nicht.

»Aber nein, er versucht die Bauern und Soldaten davon zu überzeugen, dass sie aufhören sollen. Er will dem Blutvergießen ein Ende machen«, warf Mützchen ein, der stets hoffte, dass sich alles zum Guten wenden würde.

Er sollte nicht Recht behalten. Die Bauern wichen zurück, die Soldaten verschwanden wieder hinter den geflochtenen Schutzmatten.

Wumm! Und dann auch gleich die zweite Kanone: Wumm!

»Das schaffen wir nicht, das schaffen wir nie und nimmer«, jammerte Quasselmaul, »die schießen alles in Schutt und Asche.«

Fauler Jakob schrie: »Ich geh runter, da unten am Fuß des Turmes sind die Mauern dicker.« Und schon begann er die Leiter hinunterzuklettern. Genau wie Martin vor ein paar Stunden schaffte er es nicht. Als er gerade auf dem Glöcknerboden war, riss eine Kanonenkugel einen Brocken vom Mauerwerk heraus, der ihn zerschmetterte. Keiner auf dem Turm aber konnte das sehen.

»Hauptmann, wir müssen etwas unternehmen«, flehte Süßgrün.

»Ja«, fiel Julius ein. »Was können wir mit Schwertern und Pieken gegen die Dinger ausrichten?« Auch er blutete aus Schrammen und Schnittwunden. Jan van Schaffelaar seufzte.

»Gut«, sagte er gepresst. »Mützchen, gib mir dein Hemd.«

Schnell legte Mützchen seinen Brustpanzer und sein Wams ab, zog dann sein Hemd aus, das noch ziemlich weiß war. Van Schaffelaar nahm es, lehnte sich über die Brustwehr und schwenkte es hin und her. Mützchen zog sich schnell wieder an, denn so halbnackt fühlte er sich völlig wehrlos.

Die Söldner auf dem Wehrgang, die ihren Hauptmann das weiße Hemd schwenken sahen, seufzten erleichtert auf.

Konnte man da unten das Signal sehen? Gespannt starrten Karen und Quasselmaul zur Dorfstraße hinunter. Plötzlich hob da unten jemand den Kopf, winkte mit beiden Armen. Aus der zusammengeströmten Menge im Dorf erklangen laute Triumphschreie. Der Amersfoorter Hauptmann wendete sein Pferd und ritt auf eine kleine, offene Stelle dicht am Fuße des Turmes zu.

»Wir wollen verhandeln«, schrie Jan van Schaffelaar so laut er konnte, wobei er sich die Hände als Trichter vor den Mund hielt. »Ich schicke zwei Mann herunter.«

Der Hauptmann der städtischen Reiter gab mit einem Handzeichen zu verstehen, dass er verstanden hatte.

»Zwei Mann«, schrie van Schaffelaar, »kommen raus. Verstanden? Wagt es nicht, sie anzurühren! Meine Bogenschützen behalten euch im Auge.«

Er wiederholte sein Angebot noch einmal und hoffte, man hätte ihn da unten verstanden.

Der Amersfoorter schrie zurück: »Zwei Mann kommen raus. Einverstanden!«

Dabei nickte er nachdrücklich.

»Du gehst doch nicht selbst?«, fragte Karen ängstlich.

»Nein. Ich schicke Quasselmaul und Süßgrün, die haben ein gutes Mundwerk. Mützchen, du gehst mit nach unten und sagst Blaubacke, dass er sie durchlassen kann. Und passt gut auf, ihr beiden. Lasst euch nicht durch unmögliche Forderungen übertölpeln. Versprecht nichts, sagt nichts über unsere Stärke, tut so, als hätten wir hier oben mindestens drei Bogenschützen mit einem großen Vorrat an Pfeilen. Fragt nur, welche Bedingungen der Hauptmann stellt, wenn wir bereit sind, zum Abmarsch zu blasen. Und erstattet mir ausführlich Bericht. Ich wiederhole: Versprecht absolut nichts. Hört euch nur die Bedingungen an, sagt nichts über unsere Stärke oder unsere Verluste. Und dann kommt ihr zurück.«

»Ich kann jetzt schon sagen, welche Bedingungen die stellen werden«, brummte Julius. »Bedingungslose Übergabe.«

»Nein!«, rief Karen erschrocken. Sie sah sich schon in einem Amersfoorter Kerker.

Sie beugte sich über die Brustwehr und schaute hinunter. Am Fuß des Turmes stand der Hauptmann, der vom Pferd gestiegen war. Neben ihm standen der Hauptmann der Nijkerker und der Dominikaner. Die anderen Soldaten, Bauern und Frauen waren fortgeschickt worden und hatten sich auf dem Kirchhof versammelt. Karen spannte den Bogen mit ihrem letzten Pfeil.

»Geht jetzt«, sagte van Schaffelaar zu seinen beiden Unterhändlern. »Karen wird euch decken.«

Weil verhandelt werden sollte, wurde nicht mehr geschossen. Die Sonne verschwand hinter den Häusern des Dorfes, der Fuß des Turmes lag schon im Schatten. Dort unten musste es schon kühl geworden sein. Der Dominikaner hatte sich wieder den Mantel umgelegt, aber die Kapuze nicht aufgesetzt. Sein Blick wanderte den riesigen Turm hinauf.

Gleich darauf erschienen Quasselmaul und Süßgrün auf dem offenen Fleckchen zwischen Dorfstraße und Kirchhof. Quasselmaul hatte Mützchens weißes Hemd in der Hand. Die Waffen hatten sie abgelegt. Die beiden Hauptmänner machten eine

leichte Verbeugung, die von den beiden Unterhändlern beantwortet wurde. Der Dominikaner stand mit strengem Gesicht
und gekreuzten Armen daneben. Was dort unten besprochen
wurde, konnten sie oben auf dem Turm selbstverständlich
nicht hören. Aber sie sahen, dass Quasselmaul erschrocken
zusammenfuhr und Süßgrün heftig den Kopf schüttelte. Es sah
so aus, als spräche vor allem der Dominikaner, während der
Amersfoorter ihn zu beruhigen schien.

Mützchen, der wieder hinaufgekommen war, stand neben
Karen und spähte über die Brustwehr.

»Vielleicht kommen wir gnädig davon, wenn wir nur unsere
Waffen abliefern und die Gegend verlassen«, sagte er mit un-
verwüstlicher Zuversicht. Er wandte sich an van Schaffelaar:

»Hauptmann, sagtet Ihr nicht, Eure Mutter käme aus Barneveld? Dann müssen da unten Vettern und Onkeln von Euch
sein… Blutsverwandte… Die werden doch nicht dulden, dass
einem van Schaffelaar etwas angetan wird.«

Der Hauptmann zog die Schultern hoch.

»Ach, Mützchen, was weißt du schon davon? Fast alle Barnevelder sind mehr oder weniger mit mir verwandt. Die Dom-
selaars, die Hackforts, die Bylaars… und einige von denen hassen sich untereinander wie die Pest.«

Sie schwiegen. Jeder hing seinen Gedanken nach. Die Barnevelder, verwandt oder nicht, hatten allen Grund, Jan van Schaffelaar, der monatelang ihre Höfe und Wege unsicher gemacht
hatte, zu hassen.

Das Gespräch da unten schien beendet zu sein. Süßgrün und
Quasselmaul kamen zurück in die Kirche und Jan van Schaffelaar richtete sich auf.

»Mützchen, sie sollen zu uns heraufkommen. Vorläufig sind
wir nirgends so sicher wie auf dem Wehrgang, denn so hoch
können sie ihre Kanonen nicht richten.«

Die Sonne versank hinter dem Horizont. Unten, im Sockel

des Turmes, musste es jetzt stockdunkel sein. Vielleicht hatten Mützchen, Quasselmaul und Süßgrün darum brennende Fackeln in der Hand, als sie auf der Brustwehr erschienen, wo es noch nicht sehr dunkel war. Auch unten, wo städtische Reiter und Bauern auf dem Kirchhof umherliefen, wurden Fackeln entzündet. Blaubacke und Frommer Gisbert waren mit auf die Brustwehr gekommen, das hieß, es war ein Waffenstillstand ausgehandelt worden.

»Und?«, fragte Jan van Schaffelaar kurz die Unterhändler. Karen stellte sich neben ihn.

»Hauptmann Wachtendonk, der Befehlshaber der Amersfoorter Reiter, und Hauptmann Roeloeff aus Nijkerk bieten uns freien Abzug an«, berichtete Süßgrün, »unter der Bedingung, dass wir unsere Waffen abgeben und unseren Anführer Jan van Schaffelaar und seine Frau ausliefern.«

»Nein«, flüsterte Karen entsetzt. Sie umklammerte Jans Arm. »Das… das geht doch nicht.«

»Hab nur keine Angst, liebe Karen«, sagte Süßgrün. »Wir taten natürlich sehr überrascht. Mit vielen Worten bestritten sowohl Quasselmaul als auch ich, dass Frau van Schaffelaar bei uns ist.«

»Natürlich haben wir dich nicht verraten, Karen«, sagte Quasselmaul. »Eine Frau?, sagte ich und sperrte vor Verblüffung den Mund auf. Ein ganz schön dummes Gesicht muss ich gemacht haben. Eine Frau? Glaubt Ihr wirklich, wir haben eine Frau im Turm? Wie kommt Ihr auf die verrückte Idee? Auwei, auwei, wir sind Soldaten im Dienst des Bischofs David von Utrecht, wir führen seine Befehle aus, was kein Verbrechen ist, sondern unsere Pflicht. Glaubt Ihr, dass wir dafür Frauen einsetzen? Der Bischof hat Männer genug, seine Herrschaft zu festigen. So redete ich noch ein Weilchen weiter, sehr überzeugend. Ha, du hättet das Gesicht von dem Wachtendonk sehen müssen. Der musste selbst darüber lachen…«

»Er lachte nicht«, warf Süßgrün ein, »und der Dominikaner, der daneben stand, der glaubte uns nicht. Ein seltsamer Mann ist das… der kam mir so bekannt vor, aber das sagt ja nichts, denn die sehen ja alle gleich aus mit ihren langen Röcken und dem rasierten Fleck auf dem Kopf.«

»Ja ja«, plapperte Quasselmaul wieder, »das war wirklich sehr seltsam. Es war der Priester, der Dominikaner, mit seinem fanatischen Gesicht, der immer wieder drängelte, Frau van Schaffelaar müsse ausgeliefert werden. Er behauptete steif und fest, sie *müsste* dabei sein, denn da hätte den ganzen Tag ein Bogenschütze mit einem englischen Langbogen auf der Brustwehr gestanden, und das könnte niemand anders als Frau van Schaffelaar sein. Du bist berühmt, liebe Karen, im ganzen Land.«

»Aber wir haben *nicht* zugegeben, dass du wirklich bei uns bist«, fügte Süßgrün schnell hinzu. »Wir denken gar nicht daran, unsere Karen in Gefahr zu bringen. Steif und fest blieben wir dabei, dass der Priester sich irren müsste und dass der Bogenschütze einer von uns wäre.«

»Aber warum will der Dominikaner denn, dass Karen ausgeliefert wird?«, fragte van Schaffelaar streng. »Das verstehe ich nicht. Dass sie meinen Kopf fordern, ist logisch. Aber meine Frau…«

Süßgrün starrte unsicher auf seine Schuhspitzen, als geniere er sich, aber Quasselmaul, der nie seinen Mund halten konnte, plapperte drauflos: »Weil sie eine Hexe ist. Das sagte der Dominikaner. Er schrie immerzu: ›Sie ist eine Hexe, ein Kind Satans. Brennen muss sie.‹ Grässlich anzuhören war das. Stellt euch vor, unsere treue Karen eine Hexe… Wie das Ekel nur drauf kommt, verstehe ich nicht. Ich hörte auch den Namen von dem wahnsinnigen Dominikaner«, schnaubte Quasselmaul. »Egidius heißt der.«

»Vater Egidius!«, rief Karen erschrocken. »Oh, den kenne ich!«

Alle sahen sie an. Sie war blass geworden, Mützchens Fackel warf flackernde Schatten auf ihr Gesicht und ihre Augen schienen dadurch noch größer und dunkler zu sein als sonst. »Egidius... der Ablasshändler. Erinnert ihr euch? Vor zwei Jahren, als wir noch auf der Veluwe wohnten, klopften während eines Schneesturmes mal zwei Dominikaner an und baten um Unterkunft. Einer der beiden war Egidius. Es stellte sich heraus, dass es Ablasshändler waren, und wir machten uns auch noch lustig über sie...«

»Ja, jetzt fällt's mir wieder ein«, meinte Quasselmaul. »Frommer Gisbert versteckte ihre Papiere und sie dachten, sie wären beraubt worden. Oh, was haben wir da gelacht.«

»Und dafür will sich der Kerl jetzt rächen«, nickte Gisbert, in dessen Augen kein einziger Geistlicher etwas taugte.

Jan van Schaffelaar knirschte mit den Zähnen.

»Was habt ihr geantwortet?«, fragte er blass vor Wut.

»Wir haben gesagt, dass wir ihre Forderungen unserem Hauptmann übermitteln werden. Mehr nicht. Das war unser Auftrag: nur zuhören und keine Zusagen machen. Hauptmann Wachtendonk gibt uns Zeit bis zwei Stunden nach Sonnenuntergang. Wenn wir unseren Hauptmann dann noch nicht ausgeliefert haben, wird der Turm weiter beschossen.«

»Im Dunkeln?«

»Selbst am späten Abend wird der Umriss des Turmes gut zu erkennen sein, und wenn dann der Mond aufgeht...«, murmelte Frommer Gisbert. Karen stampfte mit dem Fuß auf.

»Lasst uns die Waffen nehmen und uns einen Weg nach draußen freikämpfen«, rief sie. »Oder bei dem Versuch sterben!« Niemand ging darauf ein und es wurde deutlich, dass keiner etwas dafür übrig hatte.

»Beruhige dich«, murmelte Jan van Schaffelaar. »Wir haben Zeit genug, alles in Ruhe zu besprechen.«

Karen brauste sofort auf.

»Besprechen, was gibt es denn da zu besprechen?«

»Der Wachtendonk machte auf uns einen anständigen Eindruck«, sagte Süßgrün mit unschuldigem Gesicht.

»Meinst du, dass du deinen Hauptmann ausliefern willst?«, fragte Karen drohend, wobei ihre Hand zum Dolch ging.

»Nein, nein, Karen, natürlich nicht«, fiel Quasselmaul schnell ein. »Daran denken wir nicht!«

»Wir können auf keinen Fall auf die Forderung eingehen, unseren Hauptmann auszuliefern«, meinte Pollux. »Was Karen vorschlägt, finde ich gar nicht so schlecht. Mit dem Schwert in der Hand sollten wir einen Ausfall unternehmen und uns den Weg freikämpfen. Van Schaffelaar dem mordlüsternen Pack da unten zu übergeben ist zu abwegig, um darüber auch nur zu reden. Ich könnte keine Nacht mehr ruhig schlafen, ohne mich als elendiger Feigling zu fühlen.«

Meinte er das, oder wollte er nur sich selbst überzeugen? Kastor pflichtete seinem Bruder bei, aber es fiel Karen auf, dass sonst niemand auch nur nickte.

»Wir sollten nicht zu schnell entscheiden«, schlug Süßgrün vor. »Die Amersfoorter müssen eine hohe Meinung von unserem Hauptmann haben, dass sie ihn gern in ihren Händen haben wollen. Was ist das für ein Gefühl, Hauptmann, wenn man begreift, dass man der meistgesuchte und meistgehasste Mann im Land ist?«

Van Schaffelaar antwortete nicht, aber Blaubacke zischte: »Halt den Mund, Heuchler!«

»Was denn … es ist doch eine Ehre, ein Held zu sein, der sich für seine Getreuen opfert?«

»Wer redet hier von opfern?«, donnerte Frommer Gisbert. »Wir liefern den Hauptmann nicht aus und das ist mein letztes Wort!«

»Das könnte tatsächlich dein letztes Wort gewesen sein«, murmelte Süßgrün leise.

»Ich weiß nicht, ob ihr das wisst«, sagte Quasselmaul, »aber neben der Treppe zum Glockenstuhl liegt Fauler Jakob, mausetot. Der hat einen großen Steinbrocken auf den Kopf gekriegt, so sieht's jedenfalls aus.«

Fauler Jakob!

Einen Moment waren alle still, zählten ihre Verluste.

Friedrich der Henker und Stiller Kornelius in der Kirche. Martin auf dem Glockenboden, Markus Becking auf dem Glöcknerboden und jetzt auch noch Fauler Jakob... Fünf Tote! In nur wenigen Stunden. Und gleich würde die Beschießung wieder losgehen, würden die Eisenkugeln wieder große Steinbrocken aus den dicken Mauern reißen, vielleicht die Holztreppe zerstören, sodass sie nicht mehr nach unten könnten...

»Ich bin noch so jung«, jammerte Mützchen plötzlich. Flehend schaute er Karen an. »Ich habe meiner Mutter versprochen ein Vermögen für sie zu erbeuten. Sie ist immer arm gewesen. Sie war so stolz auf mich, als ich... als ich Soldat wurde. Ich habe sie drei Jahre lang nicht gesehen, aber ich weiß, dass sie sich jeden Tag die Augen nach mir ausguckt.«

»Hör auf mit der Flennerei«, schnauzte Blaubacke ihn an.

Mützchen ließ den Kopf hängen und schien zu schrumpfen.

»Für einen erfolgreichen Ausbruchsversuch sind wir zu wenige«, sagte van Schaffelaar dumpf. »Außerdem haben sie unsere Pferde aus der Kirche geholt. Ich meine, wir sollten über ihre Forderung nachdenken. Mich können sie haben. Karen nicht.«

»Nein!«, schrie Karen. »Freunde, das werdet ihr doch nicht erlauben? Wollt ihr, dass euer Anführer sich ergibt? Blaubacke, sag du, dass das nicht geht!«

»Mein Schwert können die Kerle ja noch kriegen, wenn ich dann nur mein Pferd behalten darf«, brummelte Süßgrün. »Ein Reiter ohne Pferd ist eine Witzfigur.«

»Das hört sich an, als wolltest du den Hauptmann ausliefern«, schnauzte Blaubacke.

»O nein, niemals. Das würde ewige Schande über uns bringen. Stellt euch vor, unseren guten, tapferen Anführer ausliefern. Das tun wir nicht. Niemals!«

Süßgrün schüttelte so heftig den Kopf, dass ihm der Helm verrutschte. »Wir überlassen es einfach unserem Hauptmann, selbst zu entscheiden. Er ist ein Ehrenmann mit adligem Blut in den Adern. Wie er sich auch entscheidet, wir werden es respektieren. Nicht wahr, Männer?«

»Ja, ja, ja…«

Alle sahen Jan van Schaffelaar an. Hoffnung leuchtete aus ihren Augen. Die Fackel in Mützchens Hand zitterte. Karen, die begriff, worauf alles hinauslaufen würde, schnappte nach Luft. Sie wollte protestieren, sie klammerte sich an ihren Mann und fühlte seine harten Armmuskeln. Und sie wusste: Dies kann nicht gut ausgehen. Wenn sie ihm die Entscheidung überlassen, wird er sich opfern. Ihre Kehle war wie zugeschnürt, sie konnte kein Wort hervorbringen.

Jan van Schaffelaar war äußerlich ganz ruhig.

»Hört gut zu«, sagte er und schaute ihnen in die hoffnungsvollen Gesichter. »Karen darf dem Dominikaner auf keinen Fall in die Hände fallen. Er will sie auf den Scheiterhaufen bringen… Sie muss unter allen Umständen am Leben bleiben. Sorgt dafür. Schwört es!«

»Ich schwöre es«, brummte Blaubacke. »Karen kriegen sie nicht. Nur über meine Leiche!«

Die anderen pflichteten ihm bei. Einige zögernd.

»Niemand weiß, dass sie hier ist. Egal, was der Dominikaner behauptet«, fuhr van Schaffelaar fort. »Seht sie euch an, seht das verschmutzte Gesicht, das geronnene Blut auf der Wange, die rot umränderten Augen. Sie sieht aus wie ihr, sie ist gekleidet wie ihr, sie trägt einen Helm und einen Brustpanzer…

niemand wird vermuten, darunter könnte eine Frau stecken. Wir warten, bis es richtig dunkel ist, dann ist es schwierig Gesichter zu erkennen. Wenn ihr rausgeht, nehmt ihr Karen in die Mitte und sorgt dafür, dass ihr niemand zu nahe kommt. Karen, hör mir zu. Du bleibst dicht bei Mützchen, Kastor und Pollux. Die sind noch jung und schlank, zwischen denen wirst du nicht auffallen. Hast du verstanden? Karen, versprich mit, dass du am Leben bleiben wirst.«

»Wofür?«, sagte sie traurig.

»Für Lieschen.«

Lieschen! Vielleicht lebte das Kind noch. Wie ein Schock wurde es Karen bewusst, dass sie in den letzten aufregenden Stunden keinen Augenblick an ihre Tochter gedacht hatte. Aber Jan hatte an sie gedacht! Sie hielt sich am Rand der Brustwehr fest.

»Ich will nicht, ich will nicht ohne dich leben«, schluchzte sie.

»Doch, du musst!«

»Sagt, Hauptmann«, brummte Frommer Gisbert, »ihr werdet den verfluchten Amersfoortern doch nicht den Gefallen tun?«

Jan van Schaffelaar holte tief Luft.

»Wenn ich mich nicht ergebe, werden sie mit den Feldschlangen die Beschießung fortsetzen, und dann kommen wir alle um. Wir haben schon fünf Mann verloren... Aber wenn nur ich sterbe, wird das euer Leben retten. Ich hab keine andere Wahl.«

Die Grafschafter brummelten, traten von einem Fuß auf den anderen, wagten es nicht sich in die Augen zu schauen, aber niemand widersprach dem Hauptmann. Bis auf Karen.

»Das wollt ihr also«, zischte sie. »Mein Mann muss sich ergeben, um euer erbärmliches Leben zu retten. Was seid ihr doch eine Bande von Feiglingen! Ist das eure Dankbarkeit für alles, was er für euch getan hat?«

»Sei still, Karen«, sagte Jan.

»Nein, ich bin nicht still, ich bin rasend vor Zorn. Männer, das vergebe ich euch nie, hört ihr, nie! Und so was nennt sich Soldaten! Zieht das Schwert, kämpft euch den Weg frei, sterbt wenn nötig bei dem Versuch, aber bürdet euch nicht die Schande auf, den Hauptmann im Stich gelassen zu haben.«

»Aber Karen, liebe Karen, er will es doch selbst«, meinte Süßgrün scheinheilig.

»Ich bin nicht deine liebe Karen! Wenn ihr das erlaubt, dann … dann …«

»Karen!«, donnerte Jan van Schaffelaar. »Halt den Mund. Das ist *meine* Entscheidung und ich bin immer noch mein eigener Herr.«

Verzweifelt schwieg Karen und blickte die Männer der Reihe nach an. Die lodernden Fackeln beleuchteten grell ihre verschmutzten Gesichter. Sie wichen ihrem Blick aus. Sie wollten leben.

Jan van Schaffelaar legte einen Arm um seine Frau.

»Komm mit, Frauchen, ich muss dir etwas sagen, dir allein.«

Er nahm sie mit zur Ostseite des Turmes, wo sie über die Brustwehr auf das Mittelschiff der Kirche hinunterschauten.

»Hör zu, hör mir gut zu«, flüsterte er. »Ich tu es nicht für die Kerle, sondern für dich. Ich will, dass du hier unversehrt und sicher rauskommst. Verstehst du? Wenn ich mich nicht ergebe, müssen wir alle dran glauben, du genauso gut wie alle anderen. Aber du musst leben bleiben. Ich glaube nicht, dass die Amersfoorter Lieschen etwas angetan haben. Darum … wenn hier alles vorbei ist, musst du sie suchen, aber du darfst dich dabei nicht in Gefahr begeben. Versprichst du mir das?«

Karen nickte stumm.

»Und noch etwas. Auf dem Hof in Achterveld habe ich an der Westseite des Apfelbaums eine Kiste vergraben. Da sind vierzig rheinische Gulden und etwas Schmuck drin. Niemand vom Fähnlein weiß etwas davon. Wenn du frei bist und alles sicher ist, dann musst du da hingehen und das Geld und den Schmuck ausgraben. Das ist für dich, für dich und Lieschen. Ihr werdet es brauchen.«

»Was geb ich um Gold?«, flüsterte Karen niedergeschlagen.

Jan van Schaffelaar streichelte ihre schmutzige Wange.

»Weißt du«, sagte er zärtlich, »du hast mich sehr glücklich gemacht. Die Jahre, die du mir gegeben hast, waren die besten meines Lebens. Du hast mir mal das Leben gerettet, diesmal rette ich deins. Mach es mir nicht zu schwer, Frauchen.«

Karen senkte den Kopf und nickte wortlos.

»Versprichst du mir, dass du leben bleiben wirst?«

»Ja«, seufzte Karen.

»Und du wirst für Lieschen sorgen ... wenn sie noch lebt?«

»Ja.«

»Gut. Vergiss nicht: zwischen den Wurzeln des Apfelbaums, an der Westseite. Mein Erbe, für dich und das Kind. Und trauer nicht zu lange um mich, Frauchen. Du bist noch jung. Es tut mir weh dich zu verlassen, aber ich kenne dich. Du bist ein Mensch, der sich immer und überall durchsetzen wird, du hast Talent zum Glück. Und wenn dich achtzig Dominikaner jagen sollten, du würdest ihnen entkommen und sie aus sicherer Entfernung auslachen. Ich habe keine Angst vor dem Sterben, das gehört zu meinem Beruf. Aber ich möchte, dass es dir gut geht.«

»Ich verspreche es.«

Er küsste sie. Karen fühlte, wie sich ihr Magen zusammenkrampfte, der Abschiedsschmerz durchzog ihren ganzen Körper. Sie fuhr sich mit der Hand über die Augen. Jan zog sie mit, zurück zu den Söldnern auf der Ostseite des Turmes. Die Kerle standen betrübt, verschämt und unglücklich herum. Karen hasste sie.

Es war nun schon ganz dunkel geworden. Auf der Dorf-

straße und auf dem Kirchhof waren die Amersfoorter und Nijkerker bis an den Fuß des Turmes herangekommen. Sie schauten hinauf zur Brustwehr, zu den Gestalten im Fackelschein, so
hoch, scheinbar so unerreichbar, und schrien. Sie schwenkten
Fackeln und Lampen. Neben der Feldschlange auf dem Kirchhof stand als bedrohliche Gestalt der Dominikaner, nicht weit
von ihm, in voller Pracht und Rüstung, hoch zu Ross der
Hauptmann Wachtendonk. Auch er schaute hinauf.

Die Zeit des Ultimatums war fast verstrichen. Jan van Schaffelaar schob Karen dem verdutzten Blaubacke in die Arme.

»Hier«, brummte er, »halt sie fest. Tretet zurück, alle.«

Bevor jemand begriff, was er vorhatte, stand er auch schon
auf der Brustwehr, stemmte die Hände in die Hüfte und schrie:

»Hier habt ihr Jan van Schaffelaar!« – und sprang.

Alle auf der Brustwehr meinten den dumpfen Aufprall zu
hören, mit dem ihr Anführer auf den Platz vor dem Kirchturm
fiel.

Wilde Schreie stiegen aus der Tiefe auf.

»Er lebt noch, er lebt noch! Schlagt ihn tot!«

Kastor und Pollux hatten Karens Arme ergriffen und hielten
sie fest. »Nicht gucken! Nicht gucken!«, wiederholten sie
eintönig. »Karen, nicht runtergucken!«

Sie war überhaupt nicht in der Lage sich zu bewegen. Steif
wie eine Statue stand sie und starrte auf die leere Öffnung in
der Brustwehr.

»Er ist gesprungen«, schluchzte sie. »Er sprang einfach nach
unten. O mein Gott, er ist einfach gesprungen ...«

Blaubacke richtete sich auf und drehte sich um. Er sah blass
aus.

»... und so starb ein tapferer Mann«, murmelte er erstickt.
Grimmig fuhr er sich mit der Hand über die Augen und fluchte,
um seine Rührung zu verbergen.

Mützchen weinte wie ein kleiner Junge, die anderen standen mit gesenkten Köpfen um Karen herum, wussten nicht, was sie sagen oder tun sollten. Der Lärm dort unten war immer noch ohrenbetäubend. Da wurde gesungen, geschrien, gejohlt...

Eine Ewigkeit, oder war es nur eine Minute, verstrich.

»Kommt«, sagte Blaubacke endlich, »lasst uns von diesem verfluchten Turm gehen. Uns ist freier Abzug garantiert, wenn wir unten unsere Waffen abgeben.«

Karen nahm alles nur wie im Traum wahr. Es war seltsam, sie konnte nicht begreifen, was gerade geschehen war. Sie war eingehüllt in einen Mantel aus Eis. Sie zitterte, als hätte sie Fieber, und sie war unfähig zu denken. Steif wie eine Puppe stieg sie hinter Blaubacke die Leiter hinunter. Sie sah, dass Mützchen ihren Bogen und Pfeilköcher aufgehoben und sich umgehängt hatte, als wäre er der Bogenschütze. Doch auch das nahm sie kaum wahr.

Auf dem Glöcknerboden sah sie den toten Jakob liegen, zerschmettert von einem Mauerbrocken. Neben ihm lag ein kleiner Dolch. Vergessen und herrenlos lag die kleine Waffe da auf dem Boden, funkelte im Feuerschein der Fackeln. Wie kann ein Gegenstand so allein sein, ebenso allein wie Karen van Schaffelaar, das Elfenkind? Ohne zu wissen, was sie tat, bückte sie sich, hob den Dolch auf und ließ ihn in ihren Stiefelschaft gleiten. Warum? Sie tat es automatisch. Verlorenes zu Verlorenem...

Wie selbstverständlich hatte nun Blaubacke die Führung übernommen. Er warf keinen Blick auf den toten Jakob, ging die Steintreppe hinunter, die anderen folgten ihm still und bedrückt. Kastor und Pollux hatten Karen in die Mitte genommen, Mützchen ging vor ihr und streckte die Hand nach hinten aus, als wollte er ihr die Treppe hinunterhelfen. Aber sie achtete nicht auf ihn, merkte auch nicht, dass Pollux sie am Gürtel festhielt, damit sie nicht straucheln konnte.

Die Tür zum Mittelschiff war weit geöffnet. In der Kirche warteten die triumphierenden Amersfoorter, die die geschlagenen Söldner allerdings so würdig und ernst empfingen, wie es der Gemütslage der Grafschafter entsprach. Vor den kaputt geschossenen Türen zur Dorfstraße stand dicht gedrängt eine Menschenmenge: Nijkerker, Barnevelder, noch mehr städtische Reiter …

Als die geschlagenen Söldner draußen erschienen, drängten die Leute sich an sie heran, schrien, riefen Schimpfwörter, machten drohende Gebärden. Ein lauter, strenger Befehl von Hauptmann Wachtendonk hielt sie zurück:

»Platz! Macht Platz!« Unwillkürlich teilte sich die Menge, bildete eine schmale Gasse für die Grafschafter. Hauptmann Wachtendonk wandte sich an Blaubacke:

»Ihr Anführer ist tot. Ich muss zugeben, dass er als sehr tapferer Mann gestorben ist. He, ihr da, zur Seite, zurück!«

Die Bauern, denen die schwere Befehlsstimme und die strengen Augen Furcht einflößten, wichen noch weiter zurück. Sofort bildeten zehn, zwölf städtische Reiter so etwas wie eine lebende Mauer um die Söldner. Und zwar nicht, um sie zu bewachen, denn es war unverkennbar, dass alle Kampfeslust sie verlassen hatte, sondern um zu verhindern, dass sich die aufgebrachten Bauern auf sie stürzten. Überall standen Leute mit brennenden Fackeln, denn die Niederlage und Erniedrigung des Fähnleins von Jan van Schaffelaar wollte sich niemand entgehen lassen. Über die schmutzigen, blutverschmierten Gesichter der Grafschafter, über ihre zerfetzten Uniformen, ihre zerbeulten Brustpanzer zuckte das Wechselspiel von Licht und Schatten der lodernden Fackeln.

Karen, eingekreist von Pollux, Kastor und Mützchen, flüsterte: »Ich will ihn sehen«, aber Kastor schüttelte energisch den Kopf. »Lieber nicht, Karen«, zischte er ihr zu.

Karen hörte nicht, was Hauptmann Wachtendonk und Blaubacke sagten, sie nahm ihre Stimmen nur wie fernes Brummen wahr. Eskortiert von den städtischen Reitern gingen sie noch ein Stückchen weiter. Seitlich vom Turm drängelten sich die Leute, um sich etwas anzusehen, was auf dem Boden lag. Wachtendonk rief wieder: »Zur Seite«, und murrend wichen sie zurück. Und da lag der zerschmetterte Körper von Jan van Schaffelaar, spukartig beschienen vom Licht der Fackeln. Sein Helm war weggerollt, der Schädel eingeschlagen. Ein Bein lag gekrümmt unter ihm. Die blauen Augen waren noch geöffnet, in ihnen spiegelten sich die Flammen der Fackeln. Blaubacke beugte sich über seinen toten Hauptmann, schloss ihm die Augen, entblößte den Kopf und murmelte etwas, was sich wie ein Gebet anhörte. Die Leute um ihn herum wurden still. Mützchen schluchzte laut. Die Zwillinge, die Karen immer noch in der Mitte hatten, hielten sie fest umklammert, als fürchteten sie, ihr Schützling könnte sich nicht auf den Beinen halten. Doch Karen konnte nur auf die liegende Gestalt starren und einfach nicht glauben, was sie sah. Der stille, zerschmetterte Körper da am Boden, das war nicht Jan van Schaffelaar, der blonde Kriegsgott. So still, so unbeweglich, ohne Atemzug war er nie, nicht einmal im Schlaf gewesen. Und sie hatte ihn oft betrachtet, wenn er schlief. Dort lag nicht mehr als eine leere Hülle, all ihres Glanzes beraubt. Nein, das begriff sie nicht.

Die Grafschafter schwiegen, wahrscheinlich dachten alle an den letzten Wunsch ihres Hauptmanns: Sorgt dafür, dass sie Karen nicht erkennen. Also behielten alle den Helm auf.

Hauptmann Wachtendonk zählte verblüfft die Hand voll Söldner, die aus der Kirche gekommen waren, und wandte sich an Blaubacke: »Ich zähle elf Mann ... wo sind die anderen?«

Der Unterführer deutete auf den dunklen Turm. »Sie werden ihre Leichen dort drinnen finden.«

Geschlagen standen sie vor der Leiche ihres Hauptmanns Jan van Schaffelaar, ein trauriger Haufen; verschmutzt, zerschunden trauerten sie um ihre Kameraden und ihren Anführer. Und vor den armseligen Männern hatten die Dörfler solche Angst gehabt? Dieser erbärmliche Haufen hatte so viel Gewalt und Schrecken verbreiten können?

Plötzlich hörte man eine kreischende Stimme: »Sie haben gelogen! Van Schaffelaars Frau ist doch dabei!« Egidius drängelte sich vor, musterte mit hasserfüllten Augen einen Söldner nach dem anderen. »Sie muss dabei sein, sie muss!«

Karen rührte sich nicht, die Zwillinge hielten den Atem an.

»Da … da … ich erkenne sie! Seht ihr, sie hat den Bogen noch auf dem Rücken«, kreischte der Dominikaner. Er stürmte auf Mützchen zu, packte den Jungen, riss ihm den Helm vom Kopf, tastete ihn mit zitternden Händen ab. »Dies ist eine Frau. Ein gottloses, sündiges Wesen, eine Hexe! Brennen soll sie!«

Wütend riss Mützchen sich los.

»Du bist verrückt, Mann.« Er spuckte den Priester an, der mit verzerrtem Gesicht zurückwich.

Hauptmann Wachtendonk trat entschlossen zwischen den Dominikaner und den rasenden Söldner.

»Ich bitte euch, Vater Egidius, benehmt euch würdig, wie es zu eurem Amt passt. Ihr seht doch, dass keine einzige Frau dabei ist.«

»Sie muss dabei sein, sie muss, sie muss!«, brüllte Egidius. Er schnellte auf Frommen Gisbert zu. »Das … das ist sie! Sie zittert schon vor Angst!«

Frommer Gisbert hob sein Gesicht mit dem Stoppelbart ins Licht und fluchte so schrecklich, dass der Geistliche zurücktaumelte.

Hauptmann Wachtendonk drängte den Dominikaner mit harter Hand aus dem Weg.

»Jetzt ist's aber genug. Seid ruhig, Hochwürden, eure Raserei bringt uns nicht weiter. Wir haben vollbracht, wofür wir heute Morgen ausgerückt sind. Jan van Schaffelaar ist tot, wie auch ein Teil seiner Mannschaft, und die Überlebenden kriegen freien Abzug, wie vereinbart. Sie werden mir die Waffen übergeben, aber ihre Pferde bekommen sie zurück, denn je eher sie Barneveld verlassen, desto besser. Sonst kann ich für ihre Sicherheit nicht länger einstehen. Wilhelm, entwaffne die Männer...«

Die Schwerter, Dolche und Pieken, auch Karens Bogen, wurden auf die Erde geworfen. Keiner der Söldner *ließ* sich entwaffnen, sie warfen die Waffen selbst weg. Und dann erschienen auch schon einige Nijkerker mit elf gesattelten Pferden am Zügel.

»Eure Toten könnt ihr zurücklassen«, sagte Wachtendonk. »Ich verspreche euch, dass sie ein christliches Begräbnis bekommen.«

»Und Jan van Schaffelaar?«, rief Kastor, bevor Karen den Mund aufmachen konnte. Denn ihm war klar, dass sie vor allem danach fragen wollte. Aber sie durfte nichts sagen. Ihre Stimme hätte sie verraten.

»Die Leiche eures Anführers nehmen wir mit nach Amersfoort, um sie dort den Bürgern zu zeigen, damit sie wissen, dass wir unsere Pflicht getan haben«, erwiderte der Hauptmann. »Danach... und dafür werde ich einstehen, das schwöre ich euch... danach wird er ein Begräbnis bekommen, wie es ein Mann wie er verdient hat. Er starb als tapferer Krieger und ihm werden alle Ehren erwiesen, die ihm zukommen. Das verspreche ich euch. Und jetzt rate ich euch, schnell zu verschwinden«, fügte er hastig hinzu. »Die Barnevelder möchten euch in Stücke reißen.«

Den Rufen und Verwünschungen der Bauern, Knechte und Frauen nach zu urteilen, hätte er wohl Recht haben können. Sogar die Kinder rannten hin und her und schrien: »Tod den Räubern!«

Die entwaffneten Grafschafter schienen plötzlich zur leichten Beute geworden zu sein. Doch Hauptmann Wachtendonk war ein Mann, der zu seinem Wort stand. Er winkte seine Männer heran, die die Söldner abschirmten, als sie mühsam auf die Pferde stiegen.

Karen entdeckte, dass unter den zurückgebrachten Tieren auch ihre Stute Diana war, und ohne auch nur einen Augenblick zu zögern, kletterte sie in ihren Sattel.

Und dann, verfolgt von wütenden Verwünschungen, Ausrufen und schreienden Stimmen, ritten sie in die Nacht. Nicht einer von ihnen schaute sich noch einmal nach der Kirche um, die schwarz und massiv das Dorf überragte. Nicht einmal Karen.

~ 11 ~
Buckelchen

Karens Welt war eingestürzt. Gerade hatte sie noch Schulter an Schulter mit Jan van Schaffelaar einen hohen Turm verteidigt, im nächsten Augenblick war er schon tot, und sie musste sich beherrschen, um nicht von einem fanatischen Dominikaner erkannt zu werden, der sich vorgenommen hatte, sie auf den Scheiterhaufen zu bringen.

Schweigend ritt sie mit den Söldnern durch die Nacht und versuchte zu begreifen, was geschehen war.

Immer wieder erlebte sie den einen unwirklichen Augenblick, als Jan auf der Brustwehr stand und schrie: »Hier habt ihr Jan van Schaffelaar« und sofort darauf verschwand. Das konnte nicht geschehen sein, das musste sie geträumt haben, das war ein Alptraum. Menschen konnten nicht fliegen oder einfach verschwinden, um nie wieder zurückzukommen. So etwas geschah nur in Träumen. Gleich würde Jan seinen Schimmel neben ihr Pferd treiben und sie seine warme Stimme hören. »Wie geht's, Frauchen, noch nicht müde?«

Sie schaute in die Runde. Der Mond war aufgegangen, es war eine warme, helle Nacht, sie konnte die Söldner vor, neben und hinter sich gut erkennen, aber Jan war nicht dabei.

Links vor ihr ritt Pollux – oder war es Kastor? –, rechts sein Zwillingsbruder. Sie folgten einem Sandweg. Wohin? Die Frage hatte sie sich noch nicht gestellt, obwohl sie irgendwie begriff, dass sie sich aus dem Staub machen mussten, so weit wie möglich fort von den zornigen Bauern von Barneveld.

Mützchen, der genau vor ihr ritt, schaute sich ab und zu um. Fürchtete er, dass sie verfolgt wurden? Die Amersfoorter und die Nijkerker feierten in Barneveld ihren Sieg. Morgen früh würden sie mit Jan van Schaffelaars Leiche zurück in die Stadt reiten, sie ausstellen, und wenn sich dann jeder Bürger vom Tod des Feindes hatte überzeugen können, würden sie diesen Jan van Schaffelaar mit all der Ehre begraben, die diesem sonderbaren Mann, Schurke und Held zugleich, zukam. Hauptmann Wachtendonk hatte es versprochen. Und er war zweifellos ein Ehrenmann, der sein Wort halten würde.

Äcker und stille Weiden mit schlafendem Vieh hatten sie nun hinter sich gelassen; sie ritten unter Bäumen, auf Sandboden und auf Tannennadeln. Plötzlich hielt Blaubacke seinen Wallach an.

»Hier werden wir den Rest der Nacht verbringen«, befahl er. »Wir können nicht mehr weit von Amerogen sein.«

Kurze, knappe Sätze, die um sie herum schwirrten, deren Bedeutung aber kaum zu ihr durchdrang.

Sie banden ihre Pferde an Sträucher, Mützchen machte Feuer.

Gleich darauf saßen sie im Kreis, wärmten sich die Hände und klagten über Hunger. Sie kamen sich kläglich vor, so ohne Waffen, ohne Geld und selbst ohne ein Stück Brot.

Karen, die immer noch mit ihren Gedanken bei Jan war, sodass sie kaum etwas wahrnahm, saß zwischen Kastor und Pollux.

»Ich könnte einen halben Scheffel rohe Gerste essen«, brummte Hans.

»Und ich ein ganzes Schaf…«, seufzte Julius.

Süßgrün versuchte seinen Kameraden Mut zu machen.

»Was jammert ihr denn… wir leben doch noch! Als heute Mittag die Beschießung begann, da dachte ich, niemand von uns würde den Abend sehen.«

»*Du* lebst noch«, brummte Blaubacke. »Aber guck dich doch mal um, was siehst du denn da? Von unserem Fähnlein ist nur noch die Hälfte übrig. Wir haben kein Dach über dem Kopf und keinen Bissen Brot, nicht einmal ein Messer, mit dem man Brot schneiden könnte.«

»Ach komm, morgen sind wir in Wijk bei Duurstede. Bischof David wird uns neue Waffen geben und uns einem anderen Fähnlein zuteilen. Wir haben ein paar Mann verloren, das ist schade, und die Bürger haben unser warmes Nest bei Barneveld geplündert und verwüstet, aber ist das so schlimm? Ihr sitzt hier alle mit einem Gesicht, als wäre gerade das Todesurteil über uns gesprochen, aber ich sage euch, wir leben noch und morgen fangen wir von Neuem an.«

»Ach, halt doch den Mund«, brummte Frommer Gisbert und Süßgrün schwieg beleidigt.

Johann Steinbrecher saß geistesabwesend da und spielte mit Würfeln. Es war, als könnten seine Hände nichts anderes tun als Würfel rollen, aufnehmen, schütteln, wieder vor den Füßen ausrollen lassen... Und plötzlich begriff Karen, dass er um Markus Becking trauerte, seinen toten Würfelkumpanen. Unverhofft, als hätte er einen Beschluss gefasst, vielleicht hatte er aber auch mit sich selbst darum gespielt, steckte er die Würfel in die Tasche und sagte:

»Ich nicht. Ich hab genug vom ganzen Krieg und auch von David von Burgund. Morgen geh ich zurück ins Rheinland.«

»Und wir denken nicht anders darüber«, sagten Kastor und Pollux fast gleichzeitig. Blaubacke brummte unzufrieden.

»Was sind wir doch für Pechvögel«, jammerte Quasselmaul. »Wie können wir morgen vor Bischof David treten, ohne vor Scham im Erdboden zu versinken? Müssen wir ihm sagen, dass wir von ein paar dummen Feldschlangen geschlagen wurden? Ich seh schon die Gesichter von Davids Hauptmännern. Ausschimpfen werden sie uns, mit Vorwürfen überladen und wegjagen wie Bettler...«

»Unsinn«, schnauzte Blaubacke. »Das gehört zu unserem Beruf, von Zeit zu Zeit Schläge zu kriegen. Das macht uns noch lange nicht unbrauchbar. David braucht immer noch starke Kerle, um die Städte in die Knie zu zwingen.«

»Kerle, ja«, murmelte Julius. Und plötzlich starrten alle Karen an. In ihren Augen stand die Frage: Aber um alles in der Welt, was fangen wir nun mit ihr an?

Es dauerte ein Weilchen, bis sie bemerkte, wie still es unvermittelt am Feuer geworden war. Sie hob den Kopf und begegnete nachdenklichen Blicken. Neben ihrem Kummer kam nun auch noch tiefes Unbehagen auf.

Jahrelang war sie eine der ihren gewesen, geübt im Waffengebrauch, Söldnerin unter Söldnern. Trotz der Erkenntnis, dass Jan van Schaffelaar ihr Beschützer war, konnte manch einer sehr wohl in Karen auch die Frau gesehen haben. Und jetzt? Mützchen, der noch nicht erkennen konnte, was den anderen durch die Köpfe ging, versuchte Süßgrün in seinem Optimismus beizustehen.

»Ich bin auf alle Fälle froh darüber, dass es uns gelungen ist, unsere Karen aus Barneveld zu schmuggeln«, sagte er. »Der wahnsinnige Dominikaner sah mich schließlich als Frau an! Und sogar Gisbert... Ich hatte höllische Angst, die könnten uns alle zwingen den Helm abzunehmen. Zum Glück zeigte Hauptmann Wachtendonk wenig Geduld mit dem Priester.«

»Ja«, nickte Süßgrün und strich sich über den Schnurrbart, »das haben wir gottlob hingekriegt, unsere Karen zu behalten.«

Unsere Karen... Was sollte das bedeuten? Süßgrün rutschte dichter an sie heran, während Kastor – oder war es Pollux? – sich dafür etwas von ihr entfernte. Sie schüttelte den Kopf.

»Ich danke euch für die Hilfe«, sagte sie kalt, »aber fürchtet nicht, dass ich euch noch länger zur Last falle. Ich geh zurück nach Kampen.«

Sie wusste eigentlich nicht, wie sie darauf kam, denn darüber nachgedacht hatte sie noch gar nicht.

»Was willst du denn da? Kampen?«, rief Süßgrün voller Abscheu. »Karen, liebes Mädchen, da wartet doch niemand auf dich. Und du bist kein Stadtkind, du bist Soldat.«

»Nicht mehr.«

»Ach«, sagte Quasselmaul, »das ist doch nicht dein Ernst? Ohne dich macht es keinen Spaß mehr, für David von Burgund zu kämpfen. Wem sollen wir dann unsere Beute zu Füßen legen?«

Karen wollte eine scharfe Antwort geben, brach aber plötzlich in Tränen aus. Sie wollte nicht weinen. Sie wollte tapfer und hart bleiben, unnahbar und stolz, aber das gelang ihr nicht. Unverhofft überwältigte sie das Erleben der vergangenen Stunden. Alles war ihr an einem einzigen Tag genommen worden: ihr Kind, ihr Mann. Sie hatte nur noch ein Pferd. Ansonsten war sie den Launen dieser zehn Söldner ausgeliefert, die sich sicher nicht zu schade sein würden, um sie zu kämpfen oder zu würfeln.

Plötzlich sprang Karen auf. »Hört!«

Weit entfernt bellte ein Hund.

»Ach was, ein Hofhund, der einen Fuchs in der Nase hat«, murmelte Frommer Gisbert.

»Oder es sind die Barnevelder, die mit ihren Hirtenhunden Jagd auf uns machen«, meinte Mützchen ängstlich. »Sie haben unsere Spur aufgenommen.«

Einer nach dem anderen stand auf und lauschte. Das Bellen kam näher. Unbeweglich standen sie bereit, beim ersten Anzeichen von Unheil zu den Pferden zu eilen und das Weite zu suchen. Ohne ihre vertrauten Waffen fühlten sie sich wehrlos. Jetzt hörten sie auch Hufgetrappel.

»Jemand kommt in diese Richtung«, murmelte Blaubacke.

»Reiter…«

»Nur einer«, ergänzte Pollux.

»Karen, gib mir den Dolch«, sagte Hans Haferschleim befehlend. »Wenn es ein Barnevelder ist, muss er dran glauben!«

Er streckte die Hand aus, aber blitzschnell drehte sich Karen um und rannte dem Hufgetrappel und Hundegebell entgegen.

»Komm zurück!«, rief Quasselmaul erschrocken. Sie hörte Schritte hinter sich, strauchelte im Dunkeln über eine Baumwurzel, kullerte in eine Mulde, und plötzlich war ein warmer Hundekörper über ihr und eine lange, heiße Zunge, die ihr das Gesicht leckte.

»Tieske, o Tieske!« Sie schob das Messer wieder in den Stiefel und drückte erleichtert den Hund ganz fest an sich. Tieske war da! Der würde sie verteidigen bis zu seinem letzten Blutstropfen. Sie rappelte sich hoch, kroch aus der Mulde. Am Feuer umringten die Söldner aufgeregt den Reiter. Sie erkannte Buckelchen, der vorsichtig aus dem Sattel glitt. Er hatte etwas im Arm.

»Karen, komm zurück, Mädchen. Buckelchen hat dir etwas Schönes mitgebracht!«

Sie ließ den Hund los, stürzte auf Buckelchen zu und nahm ihm das strampelnde und schreiende Bündel aus dem Arm.

»Solange ich reite, ist sie ruhig, aber sobald ich still stehe, fängt sie wieder an zu weinen«, hörte sie Buckelchen sagen. Karen antwortete nicht. Sie presste ihr Gesicht in die Wolldecke. Buckelchen hatte ihr Lieschen gebracht… Das war so unglaublich, dass alle still wurden.

Das Kind quengelte. Karen wusste, warum. Sie schnallte den Brustpanzer ab, knöpfte das Wams auf und stillte ihr Baby. Viel werde ich dir nicht geben können, dachte Karen, und du bist natürlich ausgehungert…

Gleich darauf saßen alle wieder um das Feuer herum und

überschütteten Buckelchen mit Fragen. Wie war es ihm gelungen mit Lieschen den Amersfoortern zu entkommen?

Buckelchen erzählte: »Als ich heute Morgen Hornsignale hörte, so eindringlich und lang, dachte ich sofort, das kann nur Unheil bedeuten. Für alle Fälle sattelte ich mein Pferd, aber Langer Peter lachte mich aus. ›Sie haben einen Lebensmitteltransport ausgemacht‹, sagte er. Aber ich glaubte ihm nicht. ›Dann kommen die Signale nicht von drei Seiten‹, sagte ich. Weil ich dem Braten nicht traute, holte ich Lieschen aus der Wiege und packte sie in eine Decke. Für alle Fälle stopfte ich auch noch ein paar Brote in meine Satteltasche…«

»Du hast Brote für uns?«, schrie Pollux begeistert. »Mann, wir sind halb verhungert!« Er stand auf und schaute nach. Gleich darauf kam er strahlend mit zwei Vollkornbroten zurück. Sofort stürzten sich die Männer darauf und rissen sich die Stücke gegenseitig aus den Händen.

»Ja, wollt ihr denn nun hören, was passiert ist, oder nicht?«, fragte Buckelchen beleidigt. Missmutig verzog er das Gesicht. Mit vollem Mund rief Quasselmaul: »Natürlich wollen wir deine Geschichte hören, Buckelchen. Erzähl nur.«

»Also dann… Langer Peter hielt am Zaun Wache, aber auch Elsa glaubte nicht an Gefahr. ›Seit wann bist du so nervös, Buckelchen?‹, fragte sie. ›Leg das Kind wieder in die Wiege, es muss noch schlafen.‹ Aber ich hatte so ein Vorgefühl… Und ich machte Tieske von der Kette los, denn das Tier hörte gar nicht mehr auf zu knurren und starrte immer nach Westen. Und dann sah ich sie ankommen, mindestens fünfzig Mann, bis an die Zähne bewaffnet. Und als sie dicht vor Achterveld waren, schwärmten sie aus, und da begriff ich, dass sie es auf uns abgesehen hatten. Und ich rief: ›Peter, Elsa, macht, dass ihr wegkommt.‹ Mit Lieschen im Arm sprang ich auf mein Pferd und haute ab. Tieske rannte bellend hinter mir her. Als ich mich umdrehte, sah ich mindestens zwanzig Mann auf unseren Hof zugehen, und ich sah Elsa, die gestikulierte, und Langen Peter, der sein Schwert zog… Ein paar hatten mich wegreiten sehen und verfolgten mich, aber ich kannte das Gelände besser, mit all den Hecken und Zäunen und Baumgärten. Es war gar nicht so schwer, die Verfolger abzuschütteln, und so habe ich denn den Wald erreicht. Lieschen blieb zum Glück still. Vielleicht war sie zu sehr erschrocken oder es gefiel ihr das Reiten. Tieske sah ich nicht mehr. Ich dachte erst, der wäre zum Hof zurückgerannt. Eine ganze Weile hielt ich mich im Wald versteckt, und als Lieschen doch leise zu jammern anfing, stopfte ich ihr etwas vorgekautes Brot in den Mund, und das half. Ich war sehr neugierig, was da in Achterveld passiert war, aber ich traute mich nicht hinzugehen. Ich hatte nur einen Gedanken im Kopf: Lieschen darf ihnen nicht in die Hände fallen.

Später hörte ich weit weg wieder Hornsignale und Lärm. Der Lärm verzog sich nach einer Weile in Richtung Barneveld und da fühlte ich mich im Wald ein bisschen sicherer, bis ich Geschnüffel und Rascheln höte. Ich zog mein Schwert und verhielt mich ganz still. Lieschen lag im Gras und war eingeschlafen. Aber dann war es doch nur der Hund, der meine Spur wieder gefunden hatte. Ich ließ ihn bei Lieschen als Wache zurück und schlich zum Waldrand. In der Ferne sah ich Achterveld liegen, die verstreuten Höfe, die Äcker, auf denen Leute hin und her liefen. Soldaten sah ich nicht, aber eine Rauchwolke. Mir war klar, dass unser Hof brannte. Was aus Elsa und Langer Peter geworden ist, weiß ich nicht.

Wo waren die Truppen, die wie eine Sturzflut Achterveld überrollt hatten, so schnell geblieben? Ich verstand überhaupt nichts mehr, aber dann hörte ich aus Richtung Barneveld Kanonendonner. Warum beschießen Amersfoorter ein Bauerndorf?, dachte ich. Und wo sitzt der Hauptmann mit seinen Leuten? Ich dachte, wenn van Schaffelaar auf die Truppen gestoßen ist, wird er ganz schön in der Klemme sitzen.«

»Verlass dich drauf«, warf Blaubacke ein. »Um nicht umzingelt zu werden, hatten wir uns in die Kirche von Barneveld zurückgezogen. Aber die vermaledeiten Bürger hatten Feldschlangen mitgebracht und schossen uns da raus.«

»Großer Gott!« Buckelchen sah sie entsetzt an.

»Ja«, fuhr Blaubacke finster fort, »wir dachten, wir könnten eine Belagerung der Kirche abwehren, aber mit den Donnerbüchsen hatten wir nicht gerechnet, die waren zu mächtig für uns. Was macht man mit einem Schwert gegen Feuerwaffen? Nichts…«

»Aber wie seid ihr denn doch noch rausgekommen?«, fragte Buckelchen bebend. »Und… wo ist eigentlich der Hauptmann?«

»Am gleichen heißen Ort wie Martin das Fass, Fauler Jakob, Stiller Kornelius, der Henker und Markus Becking…«

»Gnädiger Himmel!« Mit verzerrtem Gesicht wandte sich Buckelchen an Karen, die mit gesenktem Kopf ihr Kind schaukelte, während ihr die Tränen über die Wangen rollten. Jetzt ergriff Quasselmaul das Wort und erzählte, wie Jan van Schaffelaar den Tod gefunden hatte. Buckelchen erschauderte.

»Sprang er einfach runter? Einfach so von oben? Das muss ein Fall sein von…«

»Gut hundert Fuß«, ergänzte Hans Haferschleim.

Karen schluchzte leise.

»Armes Mädchen«, murmelte Buckelchen. Er streckte den Arm aus, legte seine klauenartige Hand in ihren gebogenen Nacken. Ungeduldig schüttelte Karen seine Hand ab. In Gottes Namen, kein Mitleid, das konnte sie nicht vertragen.

»Aber wie hast du uns finden können?«, fragte Blaubacke.

Buckelchen ging nicht sofort darauf ein. Blass und entsetzt musterte er die vom Feuer erhellten Gesichter.

»Ich versteh das nicht«, stammelte er. »Ihr habt den Hauptmann vom Turm springen lassen, ohne zu versuchen ihn zurückzuhalten? Ihr habt ihn einfach in den Tod springen lassen?« Seine Stimme überschlug sich.

»Wir hatten keine andere Wahl mehr«, antwortete Süßgrün. »Und er wollte es ja selbst. Er sagte, sterben muss ich ja doch. Gleichgültig, wie lange wir uns verteidigen, es gibt kein Entkommen mehr. Aber wenn ich allein sterbe, könnt ihr leben bleiben.«

»Zum Teufel… das will nicht in meinen Kopf, dass der Hauptmann einfach…« Verwirrt schüttelte Buckelchen den Kopf. Er schaute zur Seite auf Karen, die plötzlich energisch den Kopf in den Nacken warf.

»Erzähl dann auch, du Heuchler«, zischte sie, »dass keiner von euch auch nur versucht hat, ihn von seinem Entschluss abzubringen. Keiner, hört ihr! Ihr habt ihn einfach springen lassen… Ihr konntet nur an euch denken.« Ihre Niedergeschlagenheit wich langsam flammendem Zorn.

»Halt den Mund, Karen«, sagte Blaubacke streng. »Wir wollen Buckelchens Geschichte hören.«

Das war das erste Mal, solange sie ihn kannte, dass er es wagte, ihr etwas direkt zu befehlen. Für einen Moment war Karen völlig sprachlos. Buckelchen, der spürte, dass da ein Konflikt aufkam, versuchte die allgemeine Aufmerksamkeit abzulenken und ergriff schnell das Wort.

»Ich hab mich den ganzen Tag im Wald versteckt«, erzählte er, »bis es dunkel geworden war. Erst da wagte ich mich wieder heraus. In Barneveld wurde nicht mehr geschossen, also versuchte ich mich vorsichtig dem Dorf zu nähern. Aber je näher ich herankam, desto mehr Lärm hörte ich, also nahm ich an, die Kämpfe wären noch im Gange. Hätte ich das Kind nicht bei mir gehabt, wäre ich euch zur Hilfe gekommen, aber ich fühlte mich verantwortlich für van Schaffelaars Tochter.

Weil ich gesehen hatte, gegen welche Übermacht ihr zu kämpfen hattet, mit Donnerbüchsen und so, kam ich lieber nicht in die Nähe des Dorfes. Ich dachte, wenn es wieder hell wird, werden die Amersfoorter die Gegend durchkämmen, die entkommenen Grafschafter suchen. Darum schlug ich den Weg nach Scherpenzeel ein. Aber Lieschen hatte wieder angefangen zu weinen, sie stank eine Meile gegen den Wind, hatte sich vollgemacht und erbrochen ... Da ritt ich zum erstbesten Landarbeiterhäuschen und trat die Tür ein. Die Bewohner waren schon zu Bett, aber ich fuchtelte mit meinem Schwert vor ihrer Nase rum und befahl ihnen Licht zu machen. Aber als die Frau das Kind sah, so schmutzig und traurig, begriff sie endlich, was ich wollte. Die Leute hatten selbst auch Kinder. Ich befahl der Frau, Lieschen zu waschen und ihr saubere Kleider anzuziehen, und ich warf ihr ein paar Stüver vor die Füße, denn so ganz allein wollte ich natürlich keine Schererein haben. Sie taten alles, was ich ihnen sagte, denn sie hatten Angst. Der Mann, wahrscheinlich ein gewöhnlicher Tagelöhner, wollte sich noch mehr Stüver verdienen und erzählte mir, als er gerade ins Bett gehen wollte, wäre ein Reitertrupp vorbeigekommen, und der wäre nach Südwesten geritten. Er hätte die glänzenden Brustpanzer gesehen und die Helme auf ihren Köpfen, und weil ich genauso gekleidet war, dachte er wohl, dass ich zu ihnen gehörte und sie nun suchte. Aus seiner Beschreibung schloss ich, dass ihr das gewesen sein musstet. Ich war froh. Die haben also doch entkommen können, dachte ich. Ich war so erleichtert, dass ich dem Mann noch zwei Stüver gab, Lieschen wieder in die Decke wickelte und mit ihr im Arm nach draußen rannte. Der Hund saß gehorsam neben meinem Pferd und hatte gewartet. Ich ritt in die angegebene Richtung und Tieske lief neben mir her. Plötzlich begann er zu bellen und mit der Nase am Boden immer schneller zu rennen. Und im Sand konnte ich Hufspuren sehen. Tieske verschwand im Wald, ich folgte ihm, roch plötzlich ein Lagerfeuer ... na ja, da sah ich euch dann. Ohne den Hund wäre ich wahrscheinlich an euch vorbeigeritten.«

»Du hast mein Kind gerettet«, sagte Karen dankbar. »Das werde ich dir nie vergessen, Buckelchen.«

»Wir sollten versuchen noch ein paar Stunden zu schlafen«, schlug Blaubacke vor. »Morgen reiten wir nach Wijk bei Duurstede, um dem Bischof Bericht zu erstatten und ihm wieder unsere Dienste anzubieten.«

»Ich nicht«, sagte Karen.

»O doch, Karen, du gehst mit«, wandte Süßgrün ein. »Du hast keine andere Wahl, Mädchen.«

»Glaubst du wirklich, ich wollte bei Kerlen bleiben, die einfach zusahen, als ihr Hauptmann sich für sie opferte?«, fragte sie bitter. »Ich geh zurück nach Kampen.«

»Was sollen wir ohne dich machen?«, jammerte Quasselmaul. »Du warst so lange bei uns… du gehörst einfach dazu.«

»Du kannst als Frau nicht allein über die Veluwe«, sagte Buckelchen besorgt. »Da wimmelt es von Strauchräubern.«

»Karen ist traurig und weiß nicht, was sie sagt«, schmeichelte Süßgrün. »Wir müssen ihr Zeit gönnen, sich mit dem Verlust abzufinden. Dann wird sie einen von uns wählen, sie in Zukunft zu beschützen. Nicht wahr? Du bist viel zu jung und zu schön für einsame Nächte und schwarze Armut, du brauchst einen Mann.« Er lächelte ihr freundlich zu.

»Was ich brauche«, antwortete Karen wütend, »bestimme ich selbst. Ich bin nicht euer Spielzeug!«

»Gut gesprochen, Karen«, sagte Buckelchen herzlich. »Und wer einen Finger nach dir auszustrecken wagt, der wird mein Schwert kennen lernen. Jan van Schaffelaar war ein guter Anführer, ich bin es seinem Andenken schuldig, seiner Witwe zu helfen.«

Er verzog das Gesicht zu einem hässlichen Grinsen und blickte die Söldner herausfordernd an.

Sie schwiegen. Buckelchen war als Einziger von ihnen bewaffnet, das war ihnen nur allzu deutlich.

Blaubacke brummte.

»Beruhige dich«, sagte er. »Wir sind alt und klug genug, uns untereinander nicht um eine Frau zu streiten.«

Als es Tag wurde, fiel das Fähnlein von Jan van Schaffelaar auseinander. Johann, Mützchen und die Zwillinge machten sich nach Osten auf, zurück ins Rheinland. Blaubacke, Frommer Gisbert, Süßgrün, Quasselmaul, Hans und Julius warfen sich mit bösen Blicken in den Sattel, um nach Wijk bei Duurstede zu reiten und dort neue Befehle entgegenzunehmen. Buckelchen erklärte, er wolle Karen nach Kampen begleiten. Die Grafschafter existierten nicht mehr. Aus ihnen waren Grüppchen von Abenteurern ohne Führung geworden.

Karen und Buckelchen schlugen die nördliche Richtung ein. Für Karen war es eine fürchterliche Reise, denn innerlich war sie völlig zerrissen. Im einen Moment war sie betrübt, fehlte ihr Jan van Schaffelaar so schrecklich, dass sie es fast nicht aushalten konnte, im nächsten Moment war sie nur wütend auf die ganze Welt, auf die Grafschafter, die ihren Hauptmann im Stich gelassen hatten, auf alle dummen Fürsten und eigensinnigen Bürger, die Bürgerkrieg machten, um danach in dumpfen Trübsinn zu verfallen, wo es ihr dann vollkommen gleichgültig war, wie es nun mit ihr weitergehen sollte. Buckelchen gab sich alle Mühe. Er sorgte für Essen und warme Milch, und als Karen einfiel, dass sie die Uniform, die sie immer noch trug und in der sie wie ein Soldat aussah, eigentlich hasste, besorgte er ihr neue Kleider… Sie fragte nicht, woher er die hätte. Gestohlen, gekauft… das war ihr egal. Sie warf die Soldatenkleidung ab, hüllte sich in die Röcke, die er ihr reichte, und wurde wieder zur Frau. Sie behandelte das hässliche Männlein wie ihren Knecht, obwohl sie ihm aus ganzem Herzen dankbar war. Es war nicht seine Schuld, dass Jan van Schaffelaar in den Tod gesprungen war. Außerdem hatte er Lieschen für sie gerettet. Aber der alte Menschenhass, in den sie ihre Kindheits- und Jugenderlebnisse hineingetrieben hatten, hatte wieder Besitz von ihr ergriffen. Eigentlich traute sie Buckelchen genauso wenig wie allen anderen Menschen. Sie unterdrückte das Verlangen, ihm von dem Goldschatz zu erzählen, den Jan van Schaffelaar beim Apfelbaum auf dem Hof in Achterveld vergraben hatte. Schließlich blieb ja auch Buckelchen, was er immer gewesen war: ein unehrlicher Schurke, ein Söldner und Plünderer; und aus Erfahrung wusste Karen, dass die zu allem fähig waren, wenn irgendwo Beute winkte. Später, viel später würde sich eine Gelegenheit finden, das Geld auszugraben, im Moment stand ihr der Kopf nicht danach. Eigentlich hatte sie nur den einen Wunsch ins Riedland zu gehen, sich dort mit ihrem Kind zu verbergen, um allein zu sein mit ihrem Kummer.

Buckelchen ertrug geduldig ihre Launen. Er hatte Tieske vor sich auf den Sattel genommen und so bildeten sie ein wahrhaft sonderbares Paar: Karen mit ihren Röcken in einem Männersattel, vor sich einen Säugling, Buckelchen mit einem Hund auf dem Schoß, über dessen Kopf er in die Ferne schaute...

Als sie südlich der Stadt Hattem die IJssel erreichten, hatte das etwas Tröstliches für Karen. Dieses Wiedersehen tat ihr gut. Die breiten Ufer, das trocken liegende Vordeichland, der schmale Deich, der zugleich Fahrweg war, das alles war ihr so vertraut! Auf den Bauernhöfen hinter dem Deich fanden sie Unterkunft, Essen, Hilfe. Allerdings wunderten sich die Pächter über den Soldaten, der in Gesellschaft einer so ärmlich gekleideten Frau unterwegs war.

Und dann, nicht weit von Hattem, stellte sich heraus, dass mit Lieschen etwas nicht in Ordnung war. Das Kind weinte nicht mehr wie sonst, es wimmerte leise vor sich hin, als hätte es irgendwo Schmerzen. Die Milch vom Mittag spuckte es wieder aus und quengelte und hatte einen roten Kopf.

»Lieschen ist krank«, sagte Karen verängstigt, »wir können nicht weiter.«

Sie stieg ab und schaute sich um.

Nicht weit entfernt stand an der verwilderten Hecke ein alter Schuppen, der niemandem zu gehören schien. Die Tür hing schief in den Angeln, das Dach war kaputt, auf dem Lehmfußboden lag nur etwas verfaultes Stroh und es stank nach Tierkot. Karen untersuchte den Schuppen und schüttelte den Kopf.

»Das ist nichts. Vielleicht sollten wir doch nach Hattem reiten und einen Barbier suchen, der Lieschen untersuchen kann.«

»Nein«, antwortete Buckelchen verschämt, »ich habe keinen Deut mehr. Das letzte Geld habe ich gestern und heute Morgen ausgegeben. Ich glaube auch nicht, dass das Kind ernstlich krank ist, es ist nur erschöpft. Lass mich nur machen. Ich habe versprochen, für dich und Lieschen zu sorgen, und das werde ich auch tun. Auf meine Art.«

Mit seinem Schwert schlug er ein paar Zweige mit Blättern ab und begann den Fußboden zu fegen. Danach schleppte er Arme voll trockenen Grases herein und baute daraus für Karen und das Kind ein Bett. Karen selbst rührte keinen Finger. Sie ließ Buckelchen arbeiten und sorgen; er wollte das so und ihr konnte es nur recht sein.

Aber schlafen konnte sie nicht in jener Nacht. Sie saß neben Lieschen, sah, wie das Kind sich wälzte und immer wieder leise wimmerte. Die Angst fraß an ihr. Würde sie nach ihrem Mann nun auch ihr Töchterchen verlieren? Erst gegen Morgen schlief das Kind ein.

Buckelchen ließ sie mit dem wachsamen Tieske allein und kam eine Stunde später mit frischem Brot und einer Feldflasche voll Milch zurück. Das musste er irgendwo gestohlen haben oder abgepresst. Karen fragte nicht danach.

»Du musst auch etwas essen, Karen«, sagte er besorgt, »sonst hältst du nicht durch.«

»Ich kann nichts essen.«

»Du musst! Denk an dein Kind, das braucht eine starke und gesunde Mutter.« Er meinte es so gut. Karen seufzte, zwang sich selbst, einen Happen Brot zu kauen. Als Lieschen aufwachte, flößte sie ihr etwas Milch ein und schaute ängstlich zu. Behielt das Kind die Milch? Ja, gottlob! Trotzdem war nicht daran zu denken, in den nächsten Tagen weiterzuziehen. Lieschen musste erst wieder ganz gesund sein.

Buckelchen sorgte für Essen, für Holz, er reparierte das Dach des Schuppens einigermaßen, sodass sie auch bei Regenwetter im Trockenen saßen. Und in all den Tagen sahen sie keine Menschenseele. Der verfallene Schuppen stand am Rande eines brachliegenden Ackers, der niemandem zu gehören schien.

Karen überließ alles Buckelchen. Auch er hatte seine Söldnerkleidung abgelegt und sich wie ein Landarbeiter angezogen. Wie er an die Kleidung gekommen war, danach fragte sie nicht. Sie berührte nichts, mit Ausnahme der Gesundheit ihrer Tochter. In Gedanken war sie immer noch auf dem Kirchturm von Barneveld, hörte immer noch Jan van Schaffelaars Stimme, sah ihn auf der Brustwehr stehen und plötzlich verschwinden – auf immer! Dann weinte sie oder sie ballte wütend die Fäuste und schwor Rache, aber ihre Lebensgeister schienen erloschen zu sein, und ihre alte Streitlust hatte sie verloren.

Und dann, drei Tage nachdem sie in den verwahrlosten Schuppen gezogen waren, zog Buckelchen am Morgen zu Pferde los und kam nicht wieder. Karen wartete den ganzen Tag, den ganzen Abend. Als es dunkel wurde, machte sie auf dem brachliegenden Acker ein Feuer, damit Buckelchen sich zurechtfinden konnte. Aber er kam nicht. Das Feuer brannte ganz herab, Karen ging schlafen.

Mitten in der Nacht schrak sie aus dem Schlaf und lauschte in die Stille. Buckelchen war immer noch nicht zurück. Neben ihr lag Lieschen und atmete ruhig, Tieske schien sich vollkommen wohl zu fühlen. Es drohte keine Gefahr, dennoch wuchs ihre Angst. Was war geschehen? Hatte sich Buckelchen im Wald verirrt oder auf der Heide, zwischen den Äckern und Weiden? Das war nicht sehr wahrscheinlich. War er zum Fluss gegangen, ins Wasser gefallen und ertrunken?

Beim Versuch, etwas zu essen zu holen, musste ihm etwas zugestoßen sein. Tagelang hatte er treu und besorgt über Karen und ihr Kind gewacht, hatte all ihre Launen ertragen, ihren Kummer respektiert, sich verantwortlich gefühlt. Er konnte doch nicht einfach verschwunden sein...

Sie wartete noch einen Tag, noch eine Nacht. Aber Buckelchen tauchte nicht wieder auf. Da sattelte sie am frühen Morgen ihre Stute, band sich Lieschen in einem Tuch vor die Brust, rief Tieske und ritt nach Hattem. Vielleicht konnte ihr in der Stadt jemand etwas über einen hässlichen, krummen Mann sagen, der verunglückt war...

Sie war nicht die Einzige, die unterwegs zur Stadt war. Ganze Bauernfamilien zogen über den Deich, mit Karren, auf Eseln oder zu Fuß. Sie waren festlich gekleidet und hatten Körbe mit Proviant bei sich. Lieschen, die sich wieder ganz erholt hatte und der die Bewegungen des Pferdes großartig gefielen, saß vor ihrer Brust im Tuch und krähte vor Vergnügen. Für Karen war das Reiten in Frauenkleidern auf einem Männersattel ziemlich unbequem. Sie musste die Röcke hochraffen und das brachte ihr manchen spöttischen Blick von den Bäuerinnen auf den Wagen ein. Ob wohl Jahrmarkt war in Hattem, dass so viele Leute unterwegs waren?, dachte sie.

Je näher sie der Stadt kam, desto belebter waren der Deich und die schmalen Wege daneben. Der rege Verkehr gefiel ihr gar nicht, aber dann dachte sie daran, dass sie auf einer Kirmes oder einem Jahrmarkt eher Leute vom Land treffen könnte, die etwas von einem krumm gewachsenen, hässlichen Kerl auf einem großen Pferd wüssten.

Aber als sie beim Stadttor angekommen war, stellte Karen verwundert fest, dass die Leute nicht hineinströmten, sondern dem Weg unterhalb der Mauer mit den darauf stehenden Mühlen folgten. Scheinbar war da ein großes Fest im freien Feld nördlich von Hattem. Neugierig folgte Karen der langen Reihe von Wagen, Eseln und Pferden. Bei der letzten Mühle führte ein breiter Weg vom Deich weg nach unten auf ein großes Feld. Mitten auf dem Feld standen ein Galgen, ein Rad und noch ein Galgen. Die Galgen waren leer, ebenso das Folterrad. Die herbeigeströmten Menschen stiegen von den Wagen, versammelten sich um den Platz … und jetzt begriff Karen, was hier geschehen würde. Es sollte jemand aufgehängt werden.

Öffentliche Hinrichtungen waren nicht ihre Sache. Sie wendete gerade ihr Pferd, als ein neuer Zug ankam, der von städtischen Reitern und einem Herold angeführt wurde. Dahinter ritt der Schöffe in vollem Ornat auf einem großen, schwarzen Hengst. Er führte einen braunen Wallach am Zügel. Karen erkannte das Pferd. Das hatte Buckelchen gehört! Und da kam auch schon der Wagen mit dem Henker, einem Priester und zwei Gefangenen in grauen Armesünderhemden. Atemlos vor Schreck sah Karen, dass einer der beiden Delinquenten Buckelchen war.

Schnell lenkte sie ihre Stute aus dem Gedränge, stieg ab und band das Tier an einen kleinen Pfahl. Sie befahl Tieske, beim Pferd zu bleiben, und mit Lieschen im Arm bahnte sie sich einen Weg nach vorn, wobei sie heftige Beschimpfungen von all denen riskierte, die sie zur Seite drängte. Mit vor Entsetzen geweiteten Augen sah sie zu, wie der Schöffe auf eine Empore unter dem Galgen stieg und ein Papier entrollte, um die Beschuldigung und das Urteil zu verlesen. Der ihr unbekannte Verbrecher hatte sich des Einbruchs und der Körperverletzung schuldig gemacht, als die Bewohner des Hauses ihn auf frischer Tat ertappten.

Der zweite Gauner – Buckelchen – war beim Stehlen eines Schafes aus der Herde des Bauern Jochum Schieler erwischt worden. Karen drückte Lieschen so fest an sich, dass das Kind zu weinen begann. Karen bemerkte es kaum. Gnädiger Himmel, sie würden Buckelchen aufhängen, weil er versucht hatte ein Schaf zu stehlen. Für sie! Aber sie hatten ihn erwischt, überwältigt und dem Gericht ausgeliefert. Und jetzt würde ihn das das Leben kosten! Mit gesenkten Köpfen standen die beiden Verurteilten neben dem Henker, während der Priester ihnen ein Kruzifix vorhielt und von Buße und Reue sprach. Hinter Karen läuteten die Kirchenglocken. Noch eine Stunde Aufschub wurde den armen Sündern gegönnt, eine Stunde, in der sie Reue zeigen und um Vergebung bitten konnten. Dann ...

Ihr war zu Mute, als stünde sie wieder auf dem Kornmarkt in Kampen, wo der Henker sich darauf vorbereitete, Jan van Schaffelaar zu enthaupten. Auch damals war ein schreckliches Gedränge gewesen, hatte ein Priester mit lauter Stimme gebetet, hatte ein Schöffe mit ernstem Gesicht das Urteil verlesen. Und damit hatte alles angefangen: ihre Ehe, die glorreichen Jahre an der Seite des Mannes, der die ganze Welt für sie bedeutete und den sie so tragisch verloren hatte. Hier herrschte dieselbe gespannte, abwartende Stimmung wie damals in Kampen. Die Leute um sie herum murmelten leise oder schwiegen. Neugierig musterten sie die beiden Verurteilten. Einer, ein Bürger ihrer Stadt, hatte ohnehin einen schlechten Ruf, der würde nun endlich seine gerechte Strafe bekommen. Der andere war ein Fremder, aber auch ihm war *anzusehen*, dass er nichts taugte. Mein Gott, war der hässlich! Ein ausgesprochenes Gaunergesicht!

Ich kann ihn retten, wie ich einst Jan van Schaffelaar gerettet habe, durchzuckte es Karen. Ich kann vortreten, ihn erbitten, ich kann ...

Sie konnte es nicht. Obwohl ihr die Tränen über das Gesicht

liefen und das Herz sich vor Mitleid zusammenkrampfte, wusste sie, als sie die krummen Beine, das Affengesicht und die flachsigen Bartstoppeln von Buckelchen sah, dass sie es nicht konnte. Sie wusste, wie ergeben und treu er unter seiner Schurkenmaske war, aber seine Frau konnte sie nicht werden. Und doch, musste Buckelchen sterben, weil er hässlich war? Das war nicht seine Schuld, so war er geboren. Musste er gehängt werden, weil Karen sich nicht freimachen konnte von Jan van Schaffelaar mit seinen blonden Haaren, lachenden blauen Augen und seiner kräftigen Stimme?

Aufgewühlt von ihrem Zwiespalt stand sie da, eine Frau mit Kind, schaute hinauf zum Schafott, wo zwei unglückliche Männer standen und auf ihren Henker warteten. Sie sah nur einen, der andere bedeutete ihr nichts. Sie sah Buckelchen, den Kameraden vieler Jahre… »O Gott, gib mir die Kraft, ihn zu erbitten.« Aber die Kraft blieb aus. Sie konnte die Worte »Ich erbitte ihn« nicht über die Lippen bringen. Sie wollte es nicht wirklich. Lieschen war still geworden und guckte sich interessiert die vielen Menschen um sie herum an. Zum Glück begriff der kleine Wurm nichts von dem Drama, konnte nicht wissen, wie seine Mutter litt, gegen unüberwindliche Ablehnung kämpfte. Ich muss, ich muss, dachte Karen. Er verdient es nicht zu sterben, er ist so gut zu uns gewesen. Ich muss rufen, flehen, bitten…

Und sie konnte es immer noch nicht.

Plötzlich überfiel sie die Angst, Buckelchen könnte sie von seinem erhöhten Platz aus sehen. Oh, er durfte nicht wissen, dass sie hier war, dass sie die Macht hatte, ihn dem Henker zu entreißen – und es nicht tat! Sie drängelte sich zurück, verbarg ihr Gesicht an Lieschens Schulter, sie schämte sich, weil sie die Kraft nicht aufbringen konnte einen guten Menschen zu retten.

»He, du da, steh doch still«, trompetete ihr jemand ins Ohr.

»Oh, bitte, lasst mich durch.«

»Was machst du denn hier, wenn du so was nicht sehen kannst«, brummte der Kerl noch, wich aber doch einen Schritt zur Seite, sodass sie sich weiter nach hinten drängeln konnte. Von den Zuschauern stieg ein Ruf der Entrüstung auf. Als Karen sich umdrehte, sah sie, dass der Einbrecher auf den Knien lag und um Gnade flehte. Murrend schauten die Leute zu. Das war doch eine Schande! Sich erst in ein Haus schleichen, um es auszuräubern, dann die Bewohner angreifen, die ihr Eigentum verteidigen wollen, und schließlich um Gnade betteln, wenn ihn seine gerechte Strafe erwartete. Was für ein unwürdiger Feigling! Nein, da war der Hässliche neben ihm aber aus anderem Holz geschnitzt. Der schaute geradeaus, presste die Lippen aufeinander und dachte gar nicht daran, Angst oder Seelennot zu zeigen. Ein Schafdieb. Nun ja, das musste natürlich bestraft werden, aber ein schreckliches Verbrechen konnte man es nicht nennen. Trotzdem, der Kerl mit dem Affengesicht und den krummen Beinen zuckte mit keiner Wimper.

»Huh, was für eine Fratze!«, rief eine Frau laut. »Wenn mein Mann so aussähe, den würde ich dem Nachbarn als Vogelscheuche verkaufen.«

Ihre Bemerkung wurde mit viel Heiterkeit aufgenommen. Verzweifelt schloss Karen die Augen. Schau nicht hin, befahl sie sich selbst, aber erbitte ihn …

Sie konnte es immer noch nicht.

Lieschen wollte ein wenig spielen, ergriff eine Haarsträhne, die unter Karens Mütze hervorlugte und zog so kräftig daran, dass es wehtat. Karen ließ sie gewähren. Diesen Schmerz hatte sie verdient.

Immer weiter zog sie sich zurück. Ein großer Kerl hinter ihr machte von dem Gedränge Gebrauch und fasste sie an. Zornbebend drehte Karen sich um und spuckte ihm ins Gesicht.

»Halt die Hände bei dir, Mistkerl!«

»Verflucht, Weib, was ist denn mit dir los«, schrie der Mann beleidigt.

Es wäre zum Krach gekommen, wenn in dem Augenblick nicht dumpfer Trommelwirbel die Aufmerksamkeit erregt hätte. In Hattem läuteten die Glocken, die Stunde war um. Der Trommelwirbel wurde noch lauter, zwei Luken klappten weg, die Galgen über der Plattform hatten plötzlich zwei Gestalten zu tragen. Das Johlen der Menge wurde ohrenbetäubend.

Allmählich verstreuten sich die Menschen. Karen, die den Kopf gesenkt hatte und schluchzte, ging zurück zu ihrer Stute und streichelte Tieske über den Kopf.

»Es ist vorbei, Freund«, sagte sie traurig. Am Zügel führte sie Diana zurück zum Deich. Um die Hände frei zu haben, band sie sich Lieschen wieder vor die Brust, setzte Tieske dann vorne in den Sattel und stieg selbst auf.

»He, Weibsbild, war das womöglich dein Liebster, den sie aufgehängt haben, dass du so heulen musst?«, rief ihr ein junger Bauer zu.

Wütend gab sie Diana die Sporen und galoppierte davon. Sie ritt zurück zum Schuppen am brachliegenden Acker, teilte mit Lieschen das letzte Essen, legte das Kind schlafen und nahm sich dann endlich Zeit zum Nachdenken.

Sie war wieder ganz allein auf der Welt und auf sich selbst angewiesen. Ohne Mann, ohne Freund, hatte sie nun noch für ein Kind zu sorgen. Im Norden lag das Riedland, die fetten Polder, das Zuhause ihrer Jugend. Dort würde sie leben können, von niemandem abhängig. Aber konnte Lieschen das auch?

Im Süden lag der von den Amersfoortern geplünderte und verwüstete Bauernhof und da lag unter dem alten Apfelbaum der Schatz von Jan van Schaffelaar. Goldgulden und Schmuck. Genug, um einige Jahre davon leben und Lieschen eine gute Erziehung geben zu können. Was wog schwerer? Das Heimweh nach dem freien Leben in den Riedsümpfen oder ihre Pflicht dem Kind gegenüber?

Sie zog den Hund an sich und starrte mit trockenen Augen über seinen Kopf hinweg in die Zukunft.

»Morgen, Tieske«, flüsterte sie, »werden wir nach einem Schatz graben. Und gebe es der Himmel, dass uns noch niemand zuvorgekommen ist.«

~ 12 ~
Jan van Schaffelaars Schatz

Auf dem Rücken ihrer Stute Diana, vor sich einen Hund und ein Kind, stürmte Karen über Sandverwehungen, Heidefelder und durch die lichten Wälder der Veluwe. Ohne die übliche Angst der Reisenden vor dem Gesindel, das sich in dieser Einöde herumtrieb, nahm sie den kürzesten Weg. Diese Gegend war schon seit Jahrhunderten als unsicher berüchtigt, aber Karen war in Eile. Im Stiefelschaft hatte sie einen kleinen, aber scharfen Dolch, nur ihr Rücken kam ihr ohne Bogen und Köcher seltsam leer vor. Vor ihr, festgehalten mit beiden Händen, saß Tieske. Er hatte sich langsam daran gewöhnt, auf dem Pferderücken zu sitzen, und er genoss all die Gerüche, die ihm an der Nase vorbeistrichen.

Lieschen, die schon genauso gerne ritt wie ihre Mutter, saß in einem vor die Brust gebundenen Tuch und verhielt sich mucksmäuschenstill. Nur wenn Karen anhielt und abstieg, um die Stute ruhen oder grasen oder aus einem Bach trinken zu lassen, begann das Kind zu weinen. Karen hatte die Feldflasche, die eigentlich Buckelchen gehört und die er an jenem fatalen Morgen zurückgelassen hatte, mit frischer Kuhmilch gefüllt. Selbstverständlich gestohlene Milch. Lieschen bekam so viel sie wollte, Karen selbst trank nichts…

Während sie die Stute grasen und Tieske aus dem Bach trinken ließ, hörte sie hinter sich in den Bäumen die Wildtauben gurren. Der Hunger rief ihre alte Jagdleidenschaft wieder wach. Aus einem sich gabelnden Zweig, der sich biegsam anfühlte, und geflochtenen, starken Grashalmen machte sie ein Katapult. Steinchen lagen genug herum. Sie suchte sich ein paar mit scharfen Kanten aus und näherte sich schleichend den Tauben. Es gelang ihr kurz nacheinander zwei zu treffen. Dann machte sie ein Feuer. Tieske bekam die Eingeweide und die Knochen. Zwei halbe Täubchen konnten kaum den Hunger eines Naturkindes wie Karen stillen, aber sie wollte nicht noch mehr Zeit verlieren und meinte, Diana hätte sich nun genug ausgeruht. Mit Kind und Hund stieg sie wieder in den Sattel und ritt weiter.

Spät am Abend erreichte sie den Wald, der sich nördlich des Barnevelder Baches erstreckte. Am anderen Ufer lag Achterveld mit seinen verstreuten Höfen, den fruchtbaren Feldern und Äckern, den Mauern und Weißdornhecken, die die Parzellen trennten. Im Wald war es sehr dunkel und totenstill. Karen stieg ab und zögerte. Was nun? Ihr war klar, dass sie den Bach zu Fuß überqueren müsste, um ungesehen ins Dorf Achterveld kommen zu können. Und Lieschen?

Sie war so sehr damit beschäftigt, eine Lösung des Problems zu finden, dass sie vergaß, traurig zu sein, Müdigkeit zu fühlen oder Angst zu haben. Während sie sich daranmachte Jan van Schaffelaars Gold auszugraben, durfte Lieschen nicht in Gefahr gebracht werden. Auf der Veluwe gab es noch immer Wölfe, die im Sommer für Menschen zwar nicht gefährlich waren, aber es war dennoch nicht ratsam, einen Säugling von einem halben Jahr mitten in der Nacht im Wald allein zu lassen. Sie flößte dem Kind die letzte Milch ein und wartete, bis es müde und zufrieden eingeschlafen war. Dann band sie es sich so hoch wie möglich auf den Rücken. Die Stute band sie an Sträuchern fest, sodass sie nicht in Versuchung kommen konnte, zu weit wegzulaufen, aber auch nicht so fest, dass sie sich nicht doch bei Gefahr sofort hätte losreißen können. Und Tieske gab sie den Auftrag, auf die Stute aufzupassen.

»Du bleibst hier, verstanden. Bis ich wiederkomme. Du läufst nicht hinter mir her, denn bei dem, was ich zu tun habe, kann ich dich nicht gebrauchen. Hast du das verstanden? Hier bleiben und warten!«

Tieske wedelte mit dem Schwanz, legte sich dann demonstrativ auf den Bauch und streckte die Vorderpfoten aus.

»Braver Hund.«

Sie klopfte ihm leicht auf den Kopf, rückte das Paket auf dem Rücken zurecht und hob einen dicken, herumliegenden Zweig auf. Dann schlich sie sich zu Fuß durch den Wald zum Bach. Tieske blieb gehorsam zurück.

Karen hatte Glück, der fast volle Mond ging auf, groß genug, um ausreichend Licht zu geben.

Das Wasser im Bach war nicht tief und Karen kannte jede durchwatbare Stelle. Es gelang ihr das andere Ufer zu erreichen, ohne dass Lieschen nass wurde; das Kind schlief zu ihrer Erleichterung einfach weiter. Der lange Ritt des Tages schien es erschöpft zu haben. Sie schlich sich vorbei an den Zäunen und Mauern von Achterveld und eine halbe Stunde später stand sie vor der verkohlten Ruine des Hauses, das einst ihr Zuhause gewesen war. Verkohlte Balken lagen kreuz und quer durcheinander, sogar die Scheune war abgebrannt. Der Apfelbaum ragte finster in den erhellten Himmel und schien auch stark unter dem Feuer gelitten zu haben.

Karen konnte das nicht ganz verstehen. Dass die rachsüchtigen Amersfoorter das Hauptquartier des Fähnleins von Jan van Schaffelaar geplündert hatten, war zu begreifen. Sie mussten angenommen haben, dass das ganze Inventar, die Kisten mit Wollstoffen und Zinntellern, die Speckseiten und Schinken an den Balken, die Decken und Kochtöpfe aus Raubzügen stammten. Zum großen Teil stimmte das auch. Aber warum hatten sie danach das Bauernhaus in Brand gesteckt? Der Hof war doch nie Eigentum der Grafschafter gewesen. Die Söldner hatten den Pächter und seine Familie einfach vor die Tür gesetzt und es war zu erwarten, dass die Leute nach dem Abzug der Grafschafter zurückkehren würden. Warum dann die Verwüstung? Aber vielleicht war der Brand durch Zufall ausgebrochen, vielleicht hatte Elsa, bevor man sie aus dem Haus zerrte, noch die Gelegenheit gehabt, ein brennendes Stück Holz aus dem Herd zu nehmen und in die Bettnische zu werfen. Soweit Karen Elsa kannte, war ihr das zuzutrauen!

Wie denn auch, die verkohlten Reste dessen, was einst ein schöner Hof gewesen war, boten einen tristen Anblick. Das Mondlicht warf scharfe Schatten. Nur eine Seitenmauer des Wohnhauses stand noch.

Alles und jeder in Achterveld schien zu schlafen. Weit weg schlug ein Hofhund an, aber das Bellen verstummte sofort wieder. Vielleicht hatte der Hund einen Fuchs gehört oder von wilden Kaninchen geträumt. Am anderen Dorfende muhte eine Kuh, aber auch das Geräusch erstarb sehr bald. Sonst war nur leises Rascheln in der Ruine zu hören, wahrscheinlich Mäuse.

Um sicher zu sein, dass ihr Kommen unbemerkt geblieben war, wartete Karen noch einen Moment. Zum nächsten Hof war es mindestens eine halbe Meile, und selbst wenn dort zufällig jemand nach draußen schauen sollte, war es unwahrscheinlich, dass sie hier beim Herumstochern gesehen würde. Schon bald fand sie etwas, womit sie graben konnte: ein verkohltes Stück Holz, das spitz zulief. Eigentlich suchte sie einen Spaten, aber der war nirgends zu finden. Die Amersfoorter hatten wohl sehr gründlich geplündert.

Die Erde des Hofes war festgestampft. Sie ging zum Apfelbaum, lockerte mit ihrem Dolch die obere Schicht, wollte dann mit dem spitzen Holzstück die Erde wegschaufeln, als ein seltsames Geräusch ihre Aufmerksamkeit erregte. Nein, das Geräusch war nicht seltsam, es war nur für diese nächtliche Stunde ungewöhnlich: Hufgetrappel.

Schnell stampfte sie die aufgewühlte Erde wieder fest und versteckte sich hinter der halb eingestürzten Mauer.

Lieschen schlief weiter.

Über den Mauerrand spähend, sah Karen gleich darauf zwei Männer auf den Hof reiten und sich umschauen.

»Auwei, auwei, was sieht das hier ungemütlich aus«, erklang eine bekannte Stimme. Er sprach leise, aber in der Stille der Nacht war die Stimme ziemlich weit zu hören. Für einige Sekunden vergaß Karen zu atmen.

»Komm, komm, abgebrannte Bauernhöfe hast du doch schon genug gesehen«, kicherte der andere. »Vergiss das Haus, wir müssen uns beeilen.«

Sie stiegen ab und banden ihre Pferde an den Zaun.

»Wo sollen wir suchen?«, flüsterte Quasselmaul ratlos. »Wir können doch nicht den ganzen Hof umgraben, das kostet zu viel Zeit.«

»Still. Elsa sagte, sie hätte van Schaffelaar beim Apfelbaum graben sehen. Und genau da vergraben die meisten Leute ihr Geld, wenn sie es mit der Angst zu tun bekommen oder vor den Nachbarn verheimlichen wollen, wie reich sie sind. Oder etwa nicht? So 'n Baum ist ein guter Orientierungspunkt. Du musst noch lernen nachzudenken, Quasselmaul. Du redest zu viel und denkst zu wenig.«

»Du kannst mir glauben, wenn ich van Schaffelaar gewesen wäre, ich hätte nicht so eine Stelle gewählt, auf die jeder gleich kommt. Ich hätte ein Plätzchen gewählt, das leicht wieder zu finden ist, das aber keinem anderen einfallen könnte. Zum Beispiel neben dem Zauntor.«

»So schlau war er bestimmt nicht. Ich denke ... nordöstlich vom Apfelbaum. Er kam aus dem Nordosten, aus Norg, verstehst du?«

»Wie du meinst, ich wollte, Elsa wäre deutlicher gewesen.«

Sie schienen Spaten bei sich zu haben. Karen sah, wie sie

nordöstlich des Baumes zu graben begannen. Ihr brach der Schweiß aus.

Elsa! Wie konnte Elsa etwas von dem Schatz wissen, den Jan van Schaffelaar vergraben hatte? Und... lebte sie denn noch? War es ihr gelungen den Amersfoortern zu entkommen, oder hatten die sie laufen lassen? Sie musste also wieder mit den Söldnern in Verbindung stehen. Aber warum kamen dann Quasselmaul und Süßgrün, um den Schatz zu suchen, und nicht Langer Peter, ihr Mann? Karen schloss daraus, dass Langer Peter tot oder gefangen war, Elsa entwischen konnte oder weiß der Himmel welche dramatische Geschichte erzählt hatte, sodass die Amersfoorter sie hatten laufen lassen.

Auf alle Fälle musste sie etwas gewusst oder gesehen haben. Aber was? Vielleicht hat sie auch nur *vermutet*, dass Jan van Schaffelaar heimlich einen Teil der Beute vergraben hatte, aber nicht gewusst, wo. Die beiden werden ganz um den Baum rum suchen, dachte Karen verzweifelt, und dann die Kiste finden. Die Kiste mit Gold und Schmuck, die für mich und Lieschen bestimmt ist. Wie kriege ich die beiden Schurken hier weg?

Sie merkte, dass Lieschen sich bewegte. Ein leises Wimmern, als wäre ein Tier in Todesangst, stieg hinter ihrem Rücken auf. Karen erstarrte.

»Was... was war das?«, flüsterte Süßgrün.

Auch Quasselmaul hörte auf zu graben und schaute sich um.

»Ein Tier... ein Fuchs, der ein Kaninchen erwischt hat, nehme ich an.«

Wieder der Ton. Lieschen war wach geworden und stellte fest, dass ihr ein Fuß eingeschlafen war oder sie sich irgendwo unangenehm klemmte, und nun meldete sie sich mit glucksenden, irgendwie verschlafen wirkenden Klagelauten, wie Babys es öfter tun. Sie war noch nicht wach genug, um richtig laut zu schreien, aber das konnte nicht mehr lange dauern.

»Das... das kommt aus der Ruine! Oje...«

»Sag mal, du glaubst doch nicht etwa, dass es hier spukt?«, sagte Süßgrün spöttisch.

Das hätte er nicht sagen sollen. Weit weg schlug der Hofhund wieder an, bellte erst wild, heulte dann lang anhaltend. Heulte er den Mond an? Gleichgültig, es klang Furcht erregend.

»Weitergraben«, befahl Süßgrün. Quasselmaul zitterte.

»Ich finde es hier gruselig.«

»Das sind Ruinen in der Nacht immer.«

Lieschen war wieder still, sie war wohl wieder eingeschlafen. Weit weg heulte der Hund, hörte dann aber auch auf. Jetzt erklang aus anderer Richtung Hundegebell.

»Himmel, sind die Hunde unruhig«, brummte Quasselmaul. Aber genau wie Süßgrün grub er nun wieder fleißig.

Karen fühlte Wut in sich aufsteigen. Verdammt, die beiden Schurken! Erst ihren Hauptmann in den Tod schicken, dann seiner Witwe das Erbe stehlen! Und mit den Kerlen hatte sie vier Jahre lang gemeinsame Sache gemacht, oft genug um ihr Leben gezittert, dieses Gesindel hatte sie als Kameraden, Kampfgefährten angesehen? Gewöhnliche Diebe und Mörder waren es, einer wie der andere verdienten sie es, aufgehängt zu werden! Hätte sie nicht Lieschen auf dem Rücken gehabt, keinen Moment hätte sie gezögert aufzuspringen und den beiden Schatzgräbern mit dem Dolch zu Leibe zu gehen. Doch jetzt hielt sie die Last auf dem Rücken vor so einer unbesonnenen Tat zurück.

Dennoch wollte Karen die beiden Söldner nicht ungestört ihren Schatz ausgraben lassen. Sie mussten abgelenkt werden. Aber wie? Sie bückte sich und hob einen Stein auf, der vor ihren Füßen lag. Von ihrem Versteck aus konnte sie gerade den Nacken eines Pferdes sehen, das ans Zauntor gebunden war. Sie holte aus und warf den Stein. Nicht weit genug. Der Stein fiel ein paar Fuß hinter dem Hengst zu Boden, aber das Tier erschrak doch und wieherte.

»Was war das nun wieder?«

Wieder hörten die beiden auf zu graben und schauten sich um. Sie konnten niemanden sehen.

»Alle Wetter, hier gefällt es mir aber gar nicht!«

Weil Karen sich bewegt hatte, schien Lieschen wieder aufgewacht zu sein. Aus der verkohlten Ruine stieg ein leiser Schrei auf, dann noch einer, noch einer. Jetzt werden sie nachschauen, was das ist, und dann werden sie mich finden, dachte Karen. Nein, ich muss ihnen zuvorkommen.

Sie nahm links und rechts den Rocksaum in die Hände, breitete die Arme aus und stand auf. Nun sah sie aus wie eine dunkle Flattergestalt, fast wie eine riesige Fledermaus. Sie verstellte ihre Stimme so tief wie möglich und brummte:

»Also darum musste ich sterben, elende Feiglinge, damit ihr mein Gold ausgraben könnt! Huu… huu… ha… hee… Ich werde mich rächen… Die Hölle werdet ihr mit mir teilen, Schurken, Geschmeiß…«

»Das ist van Schaffelaar!«, kreischte Quasselmaul. Er warf den Spaten weg und rannte davon. Süßgrün stand wie versteinert. Karen stieß ein hohes, schreckliches Lachen aus, so schrill und Grauen erregend, dass es auch Süßgrün zu viel wurde. Wie vor ihm Quasselmaul ließ auch er den Spaten fallen. Der Hofhund in der Ferne bellte wie verrückt.

Quasselmaul hatte die Pferde schon abgebunden und sich in den Sattel geschwungen. Süßgrün folgte seinem Beispiel, während die beängstigende Gestalt in der Ruine mit den Flügeln flatterte, dunkle Drohungen ausstieß, alle Teufel der Hölle beschwor.

Das war wirklich zu viel für zwei Männer, die trotz allem ein schlechtes Gewissen hatten. Tief über die Nacken ihrer Pferde gebeugt, galoppierten sie davon, sprangen über Zäune und Gräben.

Den Dolch in der Hand und das weinende Lieschen auf dem

Rücken, wartete Karen noch eine Weile, denn sie fürchtete, die beiden Söldner könnten wieder zur Vernunft kommen und begreifen, dass sie zum Narren gehalten worden waren.

Ob die Bewohner des Nachbarhofes etwas gehört hatten, wusste sie nicht. Vielleicht lagen sie bibbernd im Bett, während überall die Hofhunde anschlugen und heulten. Ruinen kommen schnell in Verruf. Und dass es hier in Achterveld seit dem Überfall der Amersfoorter spukte, würden die Bauern bereitwillig glauben. Niemand würde es wagen zu kommen, um zu sehen, was der Lärm zu bedeuten hätte – hoffte Karen.

Sie ging zum Apfelbaum, nahm einen der Spaten und lächelte. Die schwerste Arbeit, die harte Oberschicht abzutragen, war schon getan. Mit kräftigen Tritten trieb sie den Spaten in die Erde und schon bald hatte sie ein ziemlich tiefes Loch ausgehoben. Der Mond verschwand hinter den Wolken, es wurde sehr dunkel. Karen konnte den kommenden Tag schon riechen. Sie kniete sich hin, tastete den Boden der stockdunklen Grube ab und konnte schon bald die Umrisse einer Kiste fühlen. Sie hob die Kiste, die recht schwer war, heraus.

»Ich danke dir, Jan, ich danke dir«, flüsterte sie ergriffen. Sie machte sich nicht die Mühe aufzuräumen oder das Loch wieder zuzuschaufeln. Im Osten leuchtete das Morgenrot, es würde keine Stunde mehr dauern, dann brach der Tag an.

Schnell zog sie den Überrock aus, wickelte die Kiste darin ein und begann zu laufen. Das Bellen der Hofhunde klang nun anders. Die Bauern von Achterveld standen wohl gerade auf. Weit weg krähte ein Hahn, dann noch einer. Bevor es im Dorf lebendig wurde, erreichte sie gerade noch den Bach, watete hindurch und verschwand im Wald.

~ 13 ~
Die Wahrsagerin

Karen Simonstochter, Witwe des Jan van Schaffelaar, hatte sich entschieden. Am liebsten hätte sie frei in der Wildnis gelebt, irgendwo auf der ungastlichen Veluwe oder weiter nördlich im Riedland und in den Sümpfen des Kamperlandes. Sie wusste, wie sie sich vom Jagen und Wildern zu ernähren hatte, sie konnte ihr eigenes Unterdach bauen, ihre eigenen Waffen anfertigen. Sie hatte keine Angst.

Aber vor seinem Sprung in den Tod hatte Jan van Schaffelaar ihr das Versprechen abgenommen, für Lieschen zu sorgen. Lieschen war alles, was ihr von Jan van Schaffelaar geblieben war. Für sein Kind hatte er den Schatz vergraben, für sein Kind musste Karen leben bleiben. Nicht das Gold oder das bisschen Schmuck, das er ihnen hinterlassen hatte, waren Jans Erbe, seine wirkliche Hinterlassenschaft war seine Tochter. Karen hatte die Pflicht, dem Kind Sicherheit und eine gute Erziehung zu geben. In Lieschens blauen Augen erkannte sie den Blick ihres toten Mannes. In Lieschens Adern floss das halb adlige Blut ihres Vaters. Und ein Leben in der Wildnis, weit weg von den Menschen, weit weg von den Bequemlichkeiten und in mitleidloser Natur, das konnte Karen dem Kind nicht zumuten. Dafür war es noch zu klein, zu schwach, zu hilflos. Zu Lieschens Nutzen musste sie in die Stadt ziehen, ein Haus mit starkem Dach finden, Ruhe und Geborgenheit kaufen. Der ausgegrabene Schatz war groß genug, ein Häuschen, Möbel und Kleidung zu kaufen und ein paar Jahre davon zu leben. Aber nicht groß genug, zwanzig Jahre lang damit auszukommen. Karen würde also auch etwas verdienen müssen. Aber wie? Sie konnte nicht viel. Jagen und Körbe flechten, damit konnte eine Bürgersfrau kaum eine Existenz sichern. Aber sie erinnerte sich, dass sie vor vielen Jahren, als sie selbst noch ein Kind war, im Kampener Land eine Zigeunerin getroffen hatte, die den Bauern und Riedschneidern die Zukunft vorhersagte und jedem goldene Berge versprach. Menschen sind ja so gutgläubig! Die Zigeunerin war alt und schmutzig gewesen, hatte einen lauernden Blick und machte den Leuten Angst. Trotzdem lauschten sie hingerissen der dunklen Stimme, die ihnen von Liebe und Kindersegen, von Krankheit und Tod erzählte. Und dann bezahlten sie diese geheimnisvolle Frau mit Silbermünzen.

In einer Stadt wie Kampen, von der im Frühjahr die Schiffe auf Handelsreisen nach Schweden, Livland und sogar Russland fuhren oder in die andere Richtung, nach Brügge, zur Normandie, nach Portugal, da lebten hunderte den ganzen Sommer über in Unsicherheit. Nicht alle Schiffe kehrten am Ende der schönen Saison wohlbehalten zurück. Nicht allen Fischern gelang es, bei plötzlich aufkommendem Sturm auf der Zuidersee den Windschatten von Schottland zu erreichen oder den Seeräubern von Kuinre und Urk zu entkommen. Kampen, die reichste Hansestadt der Provinz Utrecht, war auch eine Stadt mit vielen Witwen und vielen Frauen, die um das Schicksal ihrer Männer zitterten. Einer Wahrsagerin, die es verstand, sich einen Schleier des Geheimnisvollen und der Würde zuzulegen, boten sich in Kampen gute Möglichkeiten.

Es gab noch einen Grund, aus dem heraus Karen sich entschlossen hatte, in die Stadt zu gehen. Der fanatische Eifer des Vaters Egidius hatte sie mehr erschreckt, als sie zugeben wollte. Er verfolgte sie! Er jagte die Frau, von der er behauptete, sie sei eine Hexe, und er würde nicht eher ruhen, bis er sie gefunden und auf den Scheiterhaufen gebracht hatte. Weil sie ihn einmal verspottet und ausgelacht hatte? Nein, es musste mehr dahinterstecken. Karen wusste nicht, was, aber sie nahm sich vor auf der Hut zu sein und dafür zu sorgen, für den Dominikaner unauffindbar zu sein. Karen Simonstochter musste vom Erdboden verschwinden, ein anderer Mensch werden, einen anderen Namen annehmen und sich unkenntlich machen. Sie *musste* es tun, für Lieschen.

So geschah es, dass Anfang August eine verschleierte Frau auf einem schönen Pferd in die Stadt Kampen ritt, vor sich im Sattel ein Kind, und neben ihr sprang fröhlich bellend ein großer brauner Hund. Fürs Erste zog sie in eine Herberge in der Grünstraße und ging dann in die Stadt, das Kind auf dem Arm, den Hund an ihrer Seite, um ein Haus zu suchen.

Der Lärm, das Gedränge und die Betriebsamkeit des Stadtlebens umfing sie. Die neuen Mauern und Tore waren immer noch nicht fertig. Am Vortag waren acht Schiffe eingelaufen, die nun gelöscht wurden. Hoch mit Getreidesäcken beladene Karren ratterten an ihr vorbei. Männer mit Schubkarren stießen sie zur Seite. Der Henker Meister Decker ging mit seiner Beckentrommel durch die Straßen und ermahnte die Leute, die Treppen, Gassen und Straßen zu fegen, denn es war Freitag, Reinmachetag. Auf den Werften wurde fleißig gehämmert. Kampen hatte nie genug Schiffe. Die Brauereien an der Burgel verbreiteten den sauren Gestank halb vergorener Maische. Lieschen schaute sich alles mit neugierigen Blicken an und schlug ihrer Mutter vor Vergnügen krähend mit der Hand auf die Schulter. Mitten auf dem Gemüsemarkt, wo das Geschrei der Händler und Hausfrauen ohrenbetäubend war, blieb Karen stehen und schaute sich ratlos um. Hier sollte sie den Rest ihres Lebens verbringen?

Die Stadt Kampen mit ihren schönen Steinhäusern, den mächtigen Kirchen und den gut gekleideten Bürgern war ihr lieb. Eine wunderschöne Stadt – für einen Besuch. Aber darin leben, Jahr für Jahr ...

Karen wusste, dass sie das nicht konnte und dass es auch nicht gut für Lieschen war.

Sie drehte sich um und ging durch die schmale Haghengasse, die zum gewaltigen Haghentor führte, ans andere Ende der Stadt. Rechts von ihr war der Hafen, wo die Schiffe gerade gelöscht wurden, wo Fischer ihren Fang an Land brachten, wo die Luft wieder frisch und salzig wurde. Am Ende des Hafens fing die neue Stadtgracht an, die vor dem Tor eine breite Zugbrücke überspannte, die die eigentliche Stadt Kampen mit der Vorstadt Haghen verband.

In Haghen wohnten keine reichen Leute. Die kleine Vorstadt war von einer nicht sehr hohen Mauer umgeben, die Häuser standen weit auseinander, mitten in Gärtchen, Bleichwiesen, kleinen Baumgärten. Hier wohnten die Waschfrauen, kleine Handwerker, außerdem viele Fischer. Hier war es noch ländlich.

Und hier fand Karen das Haus, das sie suchte.

Das Häuschen stand schon geraume Zeit leer und sah verwahrlost aus. Von den Türen und Fensterrahmen war die Farbe abgeblättert. Aber das Dach war in Ordnung, das Wohnzimmer hatte einen Fußboden aus roten Fliesen. Die waren zwar schmutzig, aber nicht zerbrochen. Der Rauchabzug über dem Herd war gekachelt. Im Vorgarten wuchs nichts als Unkraut, der Hinterhof war voller Gerümpel und Schmutz, aber da stand ein Apfelbaum, der sie an den Baum erinnerte, unter dem Jan van Schaffelaar seinen Schatz vergraben hatte. Karen ging um das Haus herum, besah es sich von allen Seiten, spähte durch die blinden Scheiben, klopfte dann bei den Nachbarn und erkundigte sich, wer der Eigentümer sei und ob das Häuschen zum Kauf angeboten wäre. Ja. Darin hatte eine alte Frau gewohnt, die im letzten Winter gestorben war, deren Erben das

Haus aber nicht benötigten. Sie würden es sicher gern verkaufen oder vermieten.

Eine Woche später war das Häuschen ihr Eigentum. Sie machte es sauber, richtete sich ein und sagte den Nachbarn links und rechts die Zukunft vorher, ohne dafür einen Stüver zu nehmen. Was sie sagte, war wenig genau und ließ so viele Deutungen zu. Und darum wurde das, was sie vorhergesagt hatte, auch Wirklichkeit. Die beiden Nachbarinnen erzählten es begeistert weiter und so erwarb Karen, die sich nun Diana nannte, schon bald einen guten Ruf. Ihre Stute verkaufte sie für zwölf Goldgulden einem Händler. Das ging ihr ans Herz, aber was will eine Städterin mit einem Pferd?

Die Glockengießerei in Kampen florierte gut. Gerhard van Wou wurde mit Aufträgen überhäuft und war schon bald gezwungen noch einige Knechte einzustellen. Neben den beiden großen Kirchen in Kampen, die komplette neue Geläute bekamen, und ein Geläut hatte mindestens fünf bis neun Glocken, wurden auch viele Feldschlangen, Donnerbüchsen und Mörser in der Gießerei angefertigt. Es dauerte kein Jahr, da konnte Gerhard van Wou seine Schulden schon zurückzahlen und nun, endlich ein freier Mann, Münzmeister Yegher um die Hand seiner Tochter Klara bitten. Der Goldschmied hatte keine Einwände. Klara strahlte wie der helle Frühlingstag und reichte dem verlegenen Gerhard van Wou beide Hände zugleich, wobei sie bis zum Hals errötete. Die Trauung fand in der Bovenkirche statt und Gerd van Wou, der seinem Onkel alles Gute wünschte, hatte bei der feierlichen Zeremonie Tränen in den Augen. Er war brennend eifersüchtig, denn er begriff, dass er so eine Hochzeit nicht zu erwarten hatte. Wie sehr er sich auch bemüht hatte, er konnte das zigeunerhafte Mädchen in Soldatenkleidung immer noch nicht vergessen. Oft träumte er von ihr. Wenn er dann morgens aufstand, war er traurig, unruhig, unzufrieden.

Solange die Arbeit ihn in Beschlag nahm, ging es einigermaßen. Dann konnte er sich intensiv mit dem »Braten der Gans« beschäftigen, konnte auf nichts anderes als auf die Temperatur im Schachtofen achten. Aber sobald er abends ins Bett kroch und die Augen schloss, überfiel ihn wieder die marternde Erinnerung. Dann sah er sie, als stünde sie lebendigen Leibes vor ihm: Karen van Schaffelaar, schlank und lachend neben ihrer Stute, der sie den edlen Kopf streichelte. Karen im gestreckten Galopp über die Heide fliegend, den tanzenden Pfeilköcher auf dem Rücken. Karen, die die Hühner fütterte oder am brennenden Herd saß, einen Hund zu Füßen und eine Katze auf dem Schoß. Karen mit den großen schwarzen Augen, in denen man ertrinken konnte. Manchmal bildete er sich sogar ein, ihre Stimme zu hören, die ihm Achtung einflößte: »Jan van Schaffelaar, für mich ist er die Sonne, der Mond und das ganze Himmelszelt.«

Und nun war Jan van Schaffelaar tot.

Die Geschichte von seinem Todessprung vom Kirchturm in Barneveld war auch bis Kampen gedrungen. Natürlich war es der Wirt der Goldenen Galionsfigur, der Gerd in allen Farben die Geschichte von der Belagerung des Turms in Barneveld und dem Todessprung des Hauptmanns van Schaffelaar erzählte. Still und zerrissen von widersprüchlichen Gefühlen hatte Gerd zugehört. Jan van Schaffelaar, den er hasste, war also tot. Aber was war aus Karen geworden, nachdem ihre Sonne untergegangen, ihr Mond erloschen und ihr Himmelszelt eingestürzt war? Hatte sie einen anderen Beschützer gefunden, war sie tiefer und tiefer versunken im Sumpf der Sünde und Vernichtung? Oh, Karen … wo bist du?

Gerd, der wusste, dass Karen aus dem Kampener Land stammte, fragte sich, ob sie in ihre Heimat zurückgekehrt sei.

An freien Tagen spazierte er durch die Polder, tauchte in IJsselmuiden und Grafhorst auf. Konnte man sich hier an Karen erinnern? Wusste jemand, wo sie geblieben war? Meistens wurden seine Fragen nur mit leeren Blicken beantwortet, mit Schulterzucken und Kopfschütteln.

»Karen ... wer? Ich kenne mindestens vier Mädchen, die Karen heißen. Welche meint Ihr, junger Mann?«

»Karen? Hier muss mal ein Mädchen mit dem Namen gelebt haben, die aber nichts taugte. Aber das ist schon sehr lange her. Niemand weiß, was aus der geworden ist. Sie wird wohl tot sein.«

»Karen? Meint ihr womöglich die wilde Tochter des Riedschneiders Simon? Gott sei seiner Seele gnädig! Nein, das Mädchen ist eines Tages verschwunden, vor vielen Jahren, und danach hat nie wieder jemand etwas von ihr gehört. Seltsam, junger Mann, dass Ihr nach ihr fragt. Ihr seid schon der Zweite.«

»Der Zweite?«, fragte Gerd verwundert.

»Ja. Vor ein paar Wochen war hier in IJsselmuiden ein Dominikaner, der suchte sie auch. Was wollt Ihr denn von dem verschwundenen Kind? Hat sie etwas auf dem Gewissen?«

Gerd schüttelte stumm den Kopf und suchte weiter. Aber niemand konnte ihm sagen, was er wissen wollte.

Sie wird wohl tot sein.

Das konnte er nicht glauben. Karen war ungefähr so alt wie er, knapp über zwanzig. In dem Alter kann man schon was vertragen, da stirbt man nicht so einfach an Kummer oder vor Erschöpfung, da hat man Widerstandskraft, Lebenslust, was einen auch überkommen mag.

Der Herbst verging, der Winter kam früh. Am letzten Abend des Jahres 1483 ging Gerd van Wou einen Becher Wein im Goldenen Bugspriet trinken. Durch das Fenster sah er die feiernden jungen Leute, die mit Fackeln in den Händen und Masken vor den Gesichtern auf dem Kornmarkt herumhopsten. Es war sehr kalt, aber die Kampener, an warme Sommer und eisige

Winter gewöhnt, feierten trotzdem. Hinter Gerd unterhielten sich an einem langen Tisch einige Kaufleute. Sie hatten zu viel Wein getrunken, waren laut geworden und machten sich darüber lustig, was einer von ihnen erlebt hatte. Einer erzählte schon zum vierten Mal die gleiche Geschichte:

»Na, dachte ich, die beiden Stüver kannst du entbehren. Vielleicht gibt mir die Wahrsagerin einen Rat, der mir gut und gern hundert Goldgulden Gewinn einbringt. Und jawohl… so kam es! Sie sah sich meine Hand an, verbrannte in einem kleinen Kupferherd ein paar Kräuter, schaute in den Rauch und murmelte hinter ihrem Schleier. ›Hab keine Angst‹, sagte sie, ›die Welt ist voller Waghälse und Fortuna ist auf ihrer Seite. Lass das Schiff ausrüsten und unternimm die Reise, denn am Ende erwartet dich süßer Gewinn und ein erfreuliches Abenteuer.‹ Na, das hört sich doch gut an, nicht wahr?«

Der Mann sprach mit nordholländischem Tonfall, aber Gerd konnte ihn gut verstehen.

»Ach was«, rief einer seiner Freunde, »die Zigeunerinnen sagen einem immer die schönsten Dinge voraus. Ich hab noch nie gehört, dass sie Katastrophen und Elend vorhersagen. Das hören die Kunden nicht gern.«

»Ich glaube nicht, dass sie eine Zigeunerin ist, obwohl niemand weiß, woher sie kommt, und sie immer einen Schleier trägt. Aber das wird sie wohl tun, um ihr Wahrsagen geheimnisvoll zu machen.«

»… oder sie versteckt lieber ihr Gesicht. Vielleicht ist sie entstellt.«

»Bestimmt nicht. Sie hatte eine gute Figur und schien noch jung zu sein. Sie hatte auch schöne Hände mit langen, schlanken Fingern. Und eine Stimme wie silberne Glöckchen.«

»Verflixt, sie hat Eindruck auf dich gemacht!«

»Na und? Fortuna ist auf der Seite der Waghälse«, sagte sie. »Ich habe große Lust ihrem Rat zu folgen. Wir Holländer sind zu vorsichtig bei unseren Unternehmungen. Sobald ich zurück in Amsterdam bin, lasse ich das neue Schiff bauen und dann werdet ihr ja sehen. Ich werde damit ein Vermögen machen, das garantiere ich euch.«

»Darauf müssen wir anstoßen«, meinte der Freund. »Herr Wirt, noch einen Krug Wein.«

Gerd starrte in seinen Becher und dachte nach. Er wusste, welche Wahrsagerin der Amsterdamer meinte. Vor anderthalb Jahren war sie plötzlich aufgetaucht und hatte sich in der Vorstadt Haghen niedergelassen. Niemand hatte jemals ihr Gesicht zu sehen bekommen, das immer hinter einem dünnen, dunklen Schleier verborgen blieb. Sie führte ein zurückgezogenes Leben und erregte keinen Anstoß. Einmal hatte Gerd sie aus der Nähe gesehen, als sie leise wie ein Schatten mit einem Korb am Arm auf dem IJsselkai an ihm vorüberhuschte. Sie war ihm sogar ausgewichen und hatte sich abgewendet. Jemand hatte gemurmelt: »Das ist die Wahrsagerin«, aber interessiert hatte er sich nicht besonders für sie. In Kampen sah man öfter verschleierte Frauen auf der Straße. Das waren Frauen, deren Männer fern von Zuhause ums Leben gekommen waren. Dann versteckten die Frauen ihre rot verweinten Augen und kummervollen Gesichter hinter einem dünnen Schleier und kein Straßenjunge würde es wagen, sie zu belästigen. Im reichen und fröhlichen Kampen wurde Kummer respektiert. Sollte eine Zigeunerin Gerd sagen können, was aus Karen geworden war? Ach nein, natürlich nicht …

Trotzdem geisterte der Gedanke tagelang durch seinen Kopf. Weil so strenger Frost herrschte, konnte nicht gearbeitet werden. Zu Hause im warmen Wohnzimmer, wo Klara seinen Onkel Gerhard verwöhnte, konnte Gerd es nicht aushalten. Trotz der Kälte lief er stundenlang draußen herum, sah zu, wie die Brauer Löcher ins Eis der Burgel hackten, um an Wasser zu kommen. Er ging auf die IJsselbrücke und starrte auf die Eis-schollen im Fluss, die ins Meer trieben. Ein mageres Kind, nur in Lumpen gekleidet, tippte an seinen Arm.

»Einen Deut, bitte, edler Herr. Ich hab solchen Hunger.«

Er gab dem Bettelkind einen Stüver. Viel zu viel, aber mein Gott, es fror, dass das Eis nur so krachte, und das Kind war so leicht bekleidet! Sein Herz war voller Mitleid und er fühlte einen Stich in der Brust, als er daran dachte, dass Karen womöglich auch in dieser schrecklichen Kälte umherlief, ohne Zuhause, ohne Freunde…

Der Nordostwind schnitt ihm ins Gesicht. Er zitterte, drehte um und ging zurück in die Stadt. Um ein Weilchen nicht in der beißenden Kälte zu sein, ging er in die Buitenkirche, deren Stundenglocke, übrigens Gerhard van Wous Schöpfung, ge-rade zehn schlug. Es war still in der Kirche, vor dem Hauptal-tar lag ein Geistlicher auf den Knien und betete. Er trug eine weiße Kutte, darüber ein schwarzes Cape. Es war ein Domini-kaner. Wer hatte etwas von einem Dominikaner gesagt? Der Geistliche stand auf, bekreuzigte sich und ging zum Ausgang, wobei er an Gerd vorbeimusste. Für einen ganz kurzen Mo-ment begegneten sich ihre Blicke. Der Dominikaner hatte ein scharfes, mageres Gesicht, stechende Augen und einen schma-len, bitteren Mund. Er schien durch Gerd hindurchzublicken.

Seit wann sind Dominikaner in der Stadt?, dachte Gerd zer-streut. Natürlich gab es in Kampen viele Klöster. Die Franzis-kaner, die Laienbrüder, die Schwarzen Schwestern, das Sankt-Agnes-Kloster. Aber Dominikaner sah man hier nicht oft. Ihre Anwesenheit bedeutete in der Regel Schwierigkeiten, Ablass-handel oder Verfolgung. Es gab keine fanatischeren Ketzer-jäger als die Dominikaner. Gerd, der gläubiger Katholik war, hatte nichts zu fürchten. Trotzdem beunruhigte ihn die kurze Begegnung. Ließ Bischof David die Praktiken der Laienbrüder untersuchen, die das Heiligen-Geist-Spital betrieben und über die manchmal Gerüchte die Runde machten, sie würden verprassen, was mildtätige Bürger ihnen schenkten, statt es den Alten und Kranken zugute kommen zu lassen? Ach, über Mönche und Klöster wurde so viel geklagt … Kein Papst oder Bischof störte sich noch daran. Wieder auf der Straße, zog sich Gerd die Mütze tief über die Ohren, schlug den Mantel eng um sich und bog in die Haghengasse ein. Beim Tor hielt er kurz inne, aber eigentlich war ihm schon lange klar, dass er nur ein Ziel hatte und im Grunde nur herumschlenderte, um die Entscheidung hinauszuzögern. Er wollte zur Wahrsagerin. Seine bürgerliche Nüchternheit lehnte sich gegen die Vorstellung auf, aber er hatte nun schon so lange gesucht, so viele Menschen gefragt, und niemand hatte ihm etwas über Karen sagen können. Vielleicht verfügte die geheimnisvolle Frau tatsächlich über die außergewöhnlichen Gaben, die man ihr in der Stadt nachsagte.

Schnell ging er weiter über die Zugbrücke. Auf der Stadtgracht vergnügte sich die Jugend auf dem Eis. Der Geruch von Torffeuern stieg ihm in die Nase. Glücklich die Bürger, die noch etwas zum Heizen hatten. Wie viele irrten nicht durch den Winter, Flüchtlinge, Ausgestoßene, Aussätzige und Landstreicher … Die Welt war voller armer Schlucker. Und Karen? Wanderte sie auch irgendwo an einem Fluss entlang, die verfrorenen Füße mit Lappen umwickelt, mühselig, gejagt und verelendet?

Über den Hafen hinweg schaute er auf die IJssel, auf der dicke Schollen zum Meer trieben; sein Blick wanderte weiter zum anderen Ufer, zum Kampener Land, das nun eine weiße Wüste war, in der der Nordostwind freies Spiel hatte. Dann ging er schnell weiter und stand schon bald vor dem Häuschen der Wahrsagerin.

Er klopfte, klopfte noch einmal.

Karen erwartete an diesem Tag keine Kunden Wer nichts Dringendes zu erledigen hatte, wagte sich nicht nach draußen.

Darum erschrak sie erst. Schnell zog sie den Schleier vors Gesicht, sah zum Hund, der dösend vor dem Herdfeuer lag und nicht anschlug, und öffnete dann die obere Türhälfte. Trotz der bis über die Ohren gezogenen Mütze und des dicken Wollmantels erkannte sie Gerd sofort. Neugierig schaute er sie an.

»Ich brauche Rat«, sagte er stockend. Der starke Frost hatte seinen Unterkiefer steif werden lassen.

Karen nickte, fühlte sich aber nicht ganz wohl in ihrer Haut, öffnete auch die untere Türhälfte und ließ ihn herein. Gerd trat über die Schwelle und stand dann sofort in der warmen Stube. Viele Möbel sah er nicht. Einen kleinen runden Tisch mit zwei geraden Stühlen. An der Wand eine Wäschetruhe und darüber ein Kruzifix. In der gegenüberliegenden Wand sah er die Ritzen der Bettnischentüren. Auf den Fußbodenfliesen lagen Riedmatten und beim Herd, in dem ein munteres Torffeuer brannte, saß ein ungefähr zweijähriges Kind und spielte mit einem Holzpferd. Neben dem Kind lag ein struppiger, brauner Hund, der kurz den Kopf hob, ihm zublinzelte und dann weiterdöste. Auf der Wäschetruhe schlief eine graue Katze.

»Setzt Euch«, sagte die Wahrsagerin leise. Gerd legte den Mantel ab, zog die Fausthandschuhe aus und rieb sich die Hände. Die Mütze behielt er auf. Die Frau wartete geduldig, bis er es sich bequem gemacht hatte, und setzte sich dann ihm gegenüber an den Tisch.

Karen fühlte ihr Herz pochen und musste ein paar Mal tief durchatmen, um wieder ruhiger zu werden. Seit sie in Haghen wohnte, hatte sie Gerd van Wou hin und wieder in Kampen gesehen. Einmal wäre sie auf dem IJsselkai beinahe mit ihm zusammengestoßen, und da sie befürchtete, er könnte sie trotz des Schleiers erkennen, hatte sie schnell den Kopf abgewandt und war mit pochendem Herzen vorbeigehuscht. Sie hatte nichts gegen ihn, aber wenn er in der Stadt von ihrer Vergangenheit erzählte, konnte er den guten Ruf, den sie erworben hatte, zunichte machen. Sie hatte noch nicht vergessen, wie er ihr auf dem Hof in der Veluwe voller rechtschaffener Entrüstung gegenübergestanden und die Meinung gesagt hatte. Das Milchgesicht. Nun war er ein erwachsener Mann geworden, sah gut aus, breit und kräftig von der schweren Arbeit. Aber er wird wohl zweifellos noch der gleiche Prediger sein wie vor drei Jahren, dachte Karen.

»Gebt mir Eure Hand«, flüsterte sie. Obwohl sie sehr leise sprach, ließ ihre Stimme Gerd einen Schauder über den Rücken laufen, und als sie seine Hand nahm, überfiel ihn eine merkwürdige Rührung.

»Ihr möchtet einen Rat hören? Ah, ich sehe schon. Ihr seid Glockengießer von Beruf. Eure Arbeit wird von allen geschätzt.«

»Könnt Ihr das in meiner Hand lesen?«, fragte Gerd.

Karen nickte kurz; mit ihrem Zeigefinger folgte sie langsam den Linien seiner Hand. Es kitzelte.

»Ihr kommt wegen eines Mädchens«, sagte sie.

Gerd nickte wieder und dachte, dass das nicht so schwer zu erraten wäre. Wahrscheinlich kannte sie ihn vom Ansehen und sie wohnte lange genug hier, um zu wissen, dass es der Glockengießerei sehr gut ging. Wenn ein Meisterknecht dann doch zu einer Wahrsagerin ging, konnte das nur wegen einer Liebesgeschichte sein. Gerd beschloss sich nicht zu schnell beeindrucken zu lassen.

»Ihr wollt wissen, ob das Mädchen Euch liebt?«

»Ich möchte wissen, wo sie ist«, fragte Gerd hastig. Er sah sie scharf an, aber es gelang ihm nicht, unter dem Schleier ihr Gesicht zu erkennen.

»Das ist schon schwieriger«, murmelte die Wahrsagerin. »Ich werde es versuchen.«

Sie stand auf, nahm vom Brett über dem Herd einen kleinen

Kupferkocher und ein paar getrocknete Kräuter. Die Kräuter zerbröselte sie über dem Schälchen, dann steckte sie sie an. Eine dünne Rauchfahne stieg auf und in der Stube verbreitete sich ein angenehmer Geruch. Mit den Händen machte sie Bewegungen, als wollte sie den Rauch in eine bestimmte Form kneten. Gerd schaute dem Ritual gespannt zu.

Was will er nur?, dachte Karen. Meistens konnte sie erraten, was ihre Besucherinnen, es waren schließlich meistens Frauen, von ihr wollten, von welchen Ängsten sie gequält wurden. Aber dieser Gerd van Wou mit seinem guten Beruf und Namen konnte doch bestimmt jede Frau kriegen, die er haben wollte.

»Ich sehe ein Gesicht«, sagte sie leise und geheimnisvoll, »aber sehr deutlich wird es nicht. Ihr werdet mir erst etwas mehr erzählen müssen. Wo wurde das Mädchen, das Ihr sucht, zuletzt gesehen?«

»In ... in Barneveld. Aber das war vor anderthalb Jahren.«

Karen erstarrte. Mein Gott, er meint mich, schoss es ihr durch den Kopf. Sie presste die Hände zusammen und plötzlich waren es Fäuste mit weißen Fingerknöcheln. Der alte, nie überwundene Kummer schnürte ihr die Kehle zu. Es wurde totenstill im Raum, bis ein leises »hopp, hopp« erklang. Das war das Kind, das mit dem Pferd spielte.

Karen schluckte, schluckte noch einmal, und dann gelang es ihr, die Selbstbeherrschung wiederzufinden.

»Barneveld ...«, murmelte sie. »Juli 1482 ... Ich höre eine Stimme, die ruft: Grafschafter.«

»Ja, ja, das stimmt«, sagte Gerd aufgeregt. »Was seht, was hört Ihr sonst noch?«

»Lärm, Rauch, Schreie ... Kampf?«

»Ja, ja ... seht Ihr auch eine Frau?« Er saß nun auf der Vorderkante des Stuhles und versuchte in dem aufsteigenden Rauch auch etwas zu sehen, zu hören. Aber für ihn blieb es Rauch, sonst nichts.

»Einen Namen höre ich, jemand ruft: Karen …«

»Das ist sie, das muss sie sein! Bitte, bitte, könnt Ihr sie auch sehen? Was macht sie, wohin geht sie? Könnt Ihr sehen, was aus ihr geworden ist?«

Gerd, der sehr aufgeregt war, hatte seine Vorbehalte und seinen Unglauben verloren. Was die Frau da sagte, konnte sie nicht geraten haben, das musste sie gesehen haben.

»Weg, ich sehe nichts mehr«, murmelte die Wahrsagerin erstickt. Was will er nur von mir?, dachte sie verzweifelt. Sie sah, dass die Enttäuschung ihn wie ein kalter Regenguss traf.

»Könnt Ihr wirklich nicht sehen, was aus ihr geworden ist?«, fragte der Besucher drängend. »Geht es ihr gut? Lebt sie noch?«

Karen schwieg und senkte den Kopf. Ich muss ihn wegschicken, dachte sie, oder ihm etwas Dummes erzählen. Aber es war so schwierig, in das ehrliche Gesicht zu lügen. Gerd ergriff ihre Hände.

»Versucht es noch einmal«, bettelte er. »Vielleicht ist sie jetzt nicht mehr so weit weg wie … Ich meine, ich habe gehört, dass ihr Mann tot ist. Seitdem habe ich gesucht und überall nachgefragt, das ganze Kampenland habe ich nach ihr abgesucht, auf jeder Reise starre ich mir die Augen nach ihr aus …«

»Wenn sie in Barneveld war, als sie zuletzt gesehen wurde, warum sucht Ihr dann im Kamperland?«

»Dort wurde sie geboren. Ich hoffte, sie wäre nach dem Tod ihres Mannes zurückgekommen.«

Immer noch kringelte sich die dünne Rauchspirale.

»Nein«, sagte Karen bestimmt. »Die Frau, die Ihr sucht, ist *nicht* im Kamperland.«

»Ich will wissen, wo sie ist«, warf Gerd ein. »Ich gebe Euch einen halben Goldgulden, wenn Ihr mir noch mehr erzählen könnt.«

Karen zögerte. Es sah nach einem langen, kalten Winter aus, der viel Brennmaterial verschlingen würde.

»Ich kann Euch nur versichern, dass diese Karen lebt und dass es ihr gut geht.«

Gerd seufzte tief auf.

»Aber wo ist sie?«

Die Wahrsagerin schüttelte wieder den Kopf.

»Ich verstehe das nicht. In Eurer Hand habe ich lesen können, dass Ihr diese Karen nur einmal im Leben getroffen habt. Und das ist Jahre her. Was wollt Ihr jetzt von ihr?«

»Helfen, beschützen … sie hat ihren Mann verloren«, stammelte Gerd.

Das verwunderte Karen noch mehr. Sie war froh, einen Schleier vor dem Gesicht zu haben, so konnte er nicht sehen, wie gerührt sie war.

»Ich möchte alles für sie tun, alles, was in meinen Kräften steht«, flüsterte Gerd mit zitternder Stimme.

Der Rauch verflog, in dem kleinen Kocher blieb nur ein wenig duftende Asche übrig. Karen sah plötzlich eine Möglichkeit, ihn von sich fern zu halten.

»Ihr wollt einen Rat. Nun, dies ist der beste Rat, den ich Euch geben kann«, sagte sie mit leicht drohender Stimme. »Gebt das Suchen auf. Es ist besser, wenn Ihr diese Karen nicht findet. Ihr könntet sie sonst in Gefahr bringen.«

»In Gefahr? Meint Ihr… meint Ihr den Dominikaner?«, fragte Gerd plötzlich beunruhigt.

Jetzt war Karen völlig überrascht. Durch den Schleier starrte sie ihren Besucher entsetzt an.

»Was sagt Ihr da?«

»Ich weiß, dass vor einigen Wochen im Kamperland ein Dominikaner war, der genau wie ich überall nach ihr gefragt hat. Aber niemand in IJsselmuiden oder Grafhorst konnte ihm helfen.«

Wortlos öffnete die Wahrsagerin den Mund. Sie schnappte nach Luft.

»Und heute Morgen«, fuhr Gerd fast gegen seinen Willen fort, »sah ich so einen Geistlichen in der Buitenkirche. Aber ich weiß nicht, ob das derselbe war.«

»Wisst Ihr seinen Namen?«, fragte Karen bebend.

»Nein. In Kampen sehen wir nur selten Dominikaner, es sei denn, die Klöster werden nach Unregelmäßigkeiten untersucht. Ich dachte, er wäre hier, um die Laienbrüder zu kontrollieren.«

»Aber Ihr habt ihn gesehen! Wie... wie sieht er aus?«

»Das weiß ich nicht genau, ich habe ihn nur ganz kurz gesehen, als er an mir vorbeiging. Groß und mager, denke ich. Ein scharfes, hartes Gesicht.«

»Er ist es«, flüsterte Karen erschrocken vor sich hin. Und als sie Gerds verblüfftes Gesicht sah, fügte sie schnell hinzu: »Das ist der Mann, der für Karen... für Eure Karen eine große Gefahr ist.«

»Oh.«

»Darum darf ich Euch nicht mehr sagen. Niemand darf wissen, wo sie ist, versteht Ihr?«

»Nein, das verstehe ich nicht.« Gerd wurde langsam ärgerlich. »Ihr redet nur so daher, glaube ich... Meine Karen hat von Dominikanern nichts zu befürchten. Wenn jemand eine Gefahr für sie darstellt, dann kann das nur ein Gerichtsdiener sein, aber kein Geistlicher.«

»O doch. Jemand will Karen auf den Scheiterhaufen bringen, denn er ist davon überzeugt, sie sei eine Hexe.«

Gerds Hände umklammerten die Tischkante.

»Das haben Sie im Rauch gesehen?«

Karen nickte stumm.

»Aber versteht doch endlich!« Er schrie beinahe. »Wenn Karen in Gefahr ist, muss ich sie erst recht finden! Ich will ihr helfen.«

Seine Worte drangen kaum zu Karen. Konnte es wahr sein,

dass Egidius in Kampen aufgetaucht war, immer noch die Frau suchend, die er in den Untergang treiben wollte? Er hatte ihre Spur gefunden, war ihr gefolgt, suchte sie immer noch. Sie fröstelte bei dem Gedanken. Unwillkürlich suchte ihr Blick das unschuldig spielende Kind auf dem Fußboden und den faul dösenden Hund. Tieske konnte sie gegen Einbrecher und freche Kunden beschützen, aber nicht gegen den mächtigen Arm der Kirche. Bekümmert hob sie den Kopf. Warum konnten die Menschen sie nicht in Ruhe lassen? Sollte sie mit Lieschen wieder fliehen müssen? In die Wildnis der Veluwe oder auf die Heide im Osten? Sie wollte nicht. *Hier* war ihr Zuhause, hier am Fluss, der ihr so am Herzen lag, hier beim Ried und beim Gras und bei den Möwen …

Endlich nahm sie Gerds Stimme wahr.

»… ich gebe Euch einen ganzen Goldgulden, wenn Ihr mir sagt, wo Karen van Schaffellar sich aufhält. Versteht mich doch, Frau! Ich will sie beschützen.«

Er schrie. Der Hund hob sofort den Kopf und knurrte. Das Kind ließ das Spielzeug fallen, lief zum Hund und legte ihm die Ärmchen um den Nacken. »Ies, Ies«, gurrte es.

»Karen eine Hexe, das ist doch Unsinn«, schrie Gerd weiter, ohne auf den Hund zu achten. »Sie ist die liebste, netteste Frau, die ich jemals gesehen habe. Nicht halb so schlecht, wie manche Leute glauben.«

Er muss hier weg, dachte Karen verwirrt.

»Ja«, sagte sie kalt. »Diese Karen redete ihrem Mann ein, er könnte fliegen, und da stürzte er sich in seinen Tod.«

Dröhnend schlug Gerd mit der Faust auf den Tisch. »Das ist eine Lüge!« Er sprang auf und im gleichen Moment stürzte sich der Hund auf ihn und schlug ihm die Zähne in den Ärmel.

»Ab, Tieske, ab!«, rief Karen erschrocken. Das kleine Mädchen begann zu weinen.

Tieske? Gerd stand bewegungslos, während die Wahrsagerin den Hund am Halsband von ihm wegzerrte. Eine Erinnerung stieg in ihm auf. Karen auf dem Bauernhof, ein struppiger brauner Hund, der ihr vor Freude winselnd in die Arme sprang... Tieske! Betäubt starrte er die Frau an, die den Hund beruhigte und sich dann über das weinende Kind beugte. War das möglich? Obwohl sie sich augenscheinlich hingebungsvoll um Kind und Hund kümmerte, war Karen der Gesichtsausdruck ihres Besuchers nicht entgangen. Einen Moment lang hoffte sie, er sei dumm genug, sich verwirren zu lassen, aber als er stocksteif stehen blieb und sie starr anschaute, begriff sie, dass er sie erkannt hatte.

»Ruhig«, sagte sie zu Tieske. »Der Mann tut mir ja nichts. Nicht weinen, Lieschen, du kriegst einen Honigkuchen und dann werden wir wieder schön spielen.«

Sie nahm das Kind auf den Arm und fuhr ihm übers Haar.

»Still, sei nur still, es ist ja alles gut.«

Nun war das geschehen, wovor Karen in der letzten Stunde gezittert hatte: Gerd van Wou hatte sie erkannt. Eines Tages, womöglich schon bald, würde auch Vater Egidius auf der Schwelle stehen und sie durchschauen. Und dann? Karen gab noch nicht auf.

»Ihr seht«, sagte sie und versuchte das Zittern ihrer Stimme zu unterdrücken, »ich werde gut beschützt.«

»Karen...« Vorsichtig trat Gerd einen Schritt vor. »Darf ich... dein Gesicht sehen?« Das klang so bittend. Und was machte es jetzt noch aus? Karen seufzte, setzte das Kind auf den Fußboden und schlug den Schleier zurück. Überglücklich sah er in das bekannte, nie vergessene Gesicht. Sie hatte sich nicht viel verändert. Älter war sie geworden, ernster, einen Zug hingenommenen Kummers hatte sie um den Mund. Aber die Augen waren noch genauso groß, tief und schwarz und sie funkelten noch genauso stolz.

»Karen, endlich…«, seufzte er. »Du weißt nicht, wie verzweifelt ich dich gesucht habe.«

Sie schüttelte abwehrend den Kopf.

»Du hast kein Recht mich zu verfolgen, Gerd van Wou. Ich habe dir nie etwas Böses getan. Warum kannst du die Vergangenheit nicht ruhen lassen? Was willst du von mir? Du wirst mich verraten, jedem erzählen, wer die Wahrsagerin in Haghen ist. Dann kann ich nicht länger hier bleiben und ich war glücklich, so dicht am Fluss unter Kampens Himmel.«

Ihre Klage hörte er nur halb. Er sah sie unverwandt an. Ein Traum? Nein, sie war es wirklich. Springlebendig, gesund, dicht vor ihm. Das Suchen war zu Ende. Dann erst begriff er, was sie gesagt hatte.

»Verraten? Oh, Karen, wie könnte ich etwas tun, was dir schadet! Ich habe… ich bin… ich bin so glücklich. Du lebst, du bist nicht krank, nicht arm…« Er streckte ihr die Hände entgegen. »Karen, du kannst dir nicht vorstellen, wie froh ich bin.«

»Du ja«, schnauzte sie plötzlich und wich zurück, »und ich…«

»Von mir hast du doch nichts zu befürchten! Selbstverständlich werde ich dich nicht verraten. Dachtest du wirklich, ich würde dich diesem fanatischen Dominikaner in die Hände spielen? Kennst du mich denn so schlecht, Karen?«

Er schaute auf den Fußboden, wo das Kind mit dem Hund spielte.

»Ist das… ist das deine Tochter?«

»Ja. Unsere Tochter, von mir und Jan van Schaffelaar.« Das klang so stolz, dass Gerd zusammenzuckte.

»Lieschen hat seine Augen«, fuhr Karen fort.

Ja, Gerd erinnerte sich an die blauen Augen des Plünderers. Und er begriff noch etwas. Jan van Schaffelaar war nicht tot. Er lebte fort in diesem schönen Kind und im Herzen von Ka-

342

ren, seiner Witwe. Dies schmerzte ihn unsagbar. Er ging in die Knie und zog das Mädchen an sich. Lachend riss Lieschen ihm die Wollmütze vom Kopf.

»Sie ähnelt tatsächlich ihrem Vater«, sagte er langsam und streichelte ihre roten Wangen. Der Hund stand wachsam daneben, bereit, sofort einzugreifen, wenn der fremde Mann Lieschen wieder zum Weinen bringen sollte. Aber Gerd stand wieder auf, wandte sich an Karen und sagte ernst:

»Wie willst du sie allein großbringen, Karen?«

Sie warf den Kopf in den Nacken.

»Jan van Schaffelaar hat mich nicht unversorgt zurückgelassen. Er war so gut! Ein Edelmann bis in die Fingerspitzen, stolz und stark. Er konnte lesen und schreiben, er war ein berühmter Krieger, aber nie hat er auf mich herabgeschaut. Er wusste, dass ich aus dem Riedland kam, nichts gelernt hatte, dass ich ein Kind dummer armer Leute war, aber er behandelte mich wie eine adlige Dame. Nie kam ein Vorwurf oder ein Tadel über seine Lippen. Was ich auch tat oder sagte, er hat es hingenommen. Er hat nicht versucht einen anderen Menschen aus mir zu machen. Im Gegenteil, ich musste ihm versprechen, immer ich selbst zu bleiben. Darum habe ich ihn auch so sehr geliebt. Als er starb, starb auch ein Teil von mir. Und er starb, um das Leben einer Bande wertloser Söldner zu retten ...« Ihre Unterlippe begann zu zittern. »Aber bevor er sprang, nahm er mir das Versprechen ab, für Lieschen, für sein Kind zu leben. Und das Versprechen werde ich halten, was es auch kosten mag.«

»Ja.« Gerd sah ihr an, dass es ihr ernst war. Und da er fürchtete, jetzt, da er sie nach all den Jahren endlich wieder sah, seine Selbstbeherrschung zu verlieren, setzte er sich schnell wieder hin. Karen wartete einen Moment, nahm auch wieder Platz und zog das Kind zu sich auf den Schoß. Der Hund, der nun keine Gefahr mehr vermutete, legte sich vor dem Herd auf die Seite.

»Hast du…«, begann Gerd zögernd, »hast du jemals daran gedacht, wieder zu heiraten, Karen?«

Energisch schüttelte sie den Kopf.

»Warum sollte ich? Ich brauche keinen Mann. Und ich bin nicht unglücklich. Jan sagte einmal zu mir: ›Karen, du gehörst zu den Menschen, die nie lange unglücklich sind.‹ Damals fand ich das eine seltsame Bemerkung, aber er hatte Recht. Nach seinem Tod dachte ich, ich würde verrückt werden vor Kummer. Aber dann geschah so viel. Ich hatte Lieschen, um die ich mich kümmern musste, ich musste den verborgenen Schatz ausgraben, hinter dem auch andere her waren, und… und als ich dann endlich wohlbehalten hier in Haghen saß und Zeit zum Trauern hatte, waren Verzweiflung und Wut verschwunden, war nur ein wenig Kummer übrig geblieben. Aber Jan hatte Recht, ich kann nie absolut unglücklich sein. Das ist nicht meine Art.«

»Auch nicht, wenn du weißt, dass dich ein fanatischer Dominikaner verfolgt, der dich auf den Scheiterhaufen bringen will?«

Karens Gesicht verdüsterte sich, bekam einen trotzigen Ausdruck.

»Mich kriegt er nicht!«

Das Kind auf Karens Schoß war mit einem Daumen im Mund eingeschlafen. Weit entfernt läuteten die Glocken der Buitenkirche die Mittagsstunde. Es war warm und gemütlich in der kleinen Stube. Zwei alte Bekannte saßen zusammen und unterhielten sich. Das schien unvorstellbar. Gerd betrachtete die Frau und das Kind und spürte tief in sich einen unbekannten Frieden.

»Karen, ich mache dir einen Vorschlag. Diesen Sommer darf ich meine Meisterglocke gießen. Wenn die gelingt, bin ich nicht länger Knecht, sondern selbst Glockengießermeister und werde mehr verdienen. Reichlich genug, um eine Familie zu gründen. Willst du mich heiraten? Ich werde deiner Tochter ein guter Vater sein und nie wird ein schlechtes Wort über van Schaffelaar über meine Lippen kommen. Als meine Frau wirst du vor dem Dominikaner sicher sein. Er wird es nicht wagen, seine Klauen nach einer angesehenen Bürgersfrau auszustrecken. Die Schöffen von Kampen werden das nicht dulden. Du weißt, wie mächtig die sind!«

»Es geht nicht, Gerd«, antwortete sie ruhig. »Die Leute werden mit Fingern auf dich zeigen und dich verspotten, wenn du eine Wahrsagerin heiratest.«

»Das werden sie nicht. Ich kann dir Sicherheit bieten, Karen, und ein gutes Leben. Heirate mich.«

»Nein.«

»Wenn du willst, kaufe ich dir ein Sommerhäuschen im Kamperland. Dann kannst du in den schönen Monaten mit Lieschen die Landschaft genießen, die dir so lieb ist. Du kannst nach Herzenslust durch das Riedland wandern, auf Jagd gehen ...«

»Nein.«

»Warum nicht, Karen?«

»Ich habe ein gutes Dach über dem Kopf, ich habe alle Freiheit, um im Sommer weite Wanderungen zu machen und zu tun, wozu ich Lust habe. Warum sollte ich meine Freiheit aufgeben, warum eine brave Bürgersfrau in einer engen Stadt werden? Hast du vergessen, wer ich bin, Gerd van Wou, und wie ich mit dem Söldnerfähnlein auf der Lauer lag und unschuldige Kaufleute überfallen oder die Tauben aus den Bäumen geschossen habe?«

»Das ist vorbei, Karen.«

Ja, dachte sie betrübt, das ist vorbei. Die Zeit kommt nie wieder. Jetzt habe ich ein Kind, das ich solchen Gefahren nicht aussetzen darf. Seltsam. Als ich mit dem Fähnlein über die Heide donnerte, hatte ich Heimweh nach dem Riedland, und jetzt, da ich wieder am Fluss wohne, habe ich manchmal Heimweh nach den undurchdringlichen Wäldern, den Sandverwehungen, den Abenteuern … Aber das ist vorbei. Für immer.

»Nochmals, Karen: Möchtest du mich heiraten?«

»Du gibst nicht so schnell auf, nicht wahr?« Sie schüttelte den Kopf. »Ach, Gerd, als ich heute Morgen die Tür öffnete, erschrak ich, denn ich erkannte dich sofort. Damals, auf der Veluwe, hatten wir dauernd Streit, denn du wolltest mich bekehren. Trotzdem fand ich dich recht nett. Ich hätte es nicht geduldet, wenn die Grafschafter dir oder deinem Onkel oder dem anderen Knecht etwas hätten antun wollen. Aber … Nein.«

»Damals war ich noch ein dummer Junge«, beeilte Gerd sich zu verteidigen. »Ich war dumm und eigensinnig, ich wollte den Helden spielen und hätte mir vor Angst doch bald in die Hose gemacht. Ich war ein Grünschnabel, das gebe ich zu. Aber ich bin auch älter geworden, Liebste, und ein bisschen vernünftiger. Ich bin bereit dich so zu nehmen, wie du bist.«

»Oh, ich weiß, dass du es gut meinst«, murmelte sie. Es klang wie eine Abwehr. Gerd zuckte innerlich zusammen.

Plötzlich schaute sie ihm direkt in die Augen.

»Glaubst du, dass jemand, der sein Leben gab, um andere zu retten, in die Hölle kommt?«

Fühlt sie sich schuldig an Jans Tod?, dachte Gerd verwirrt. Heftig schüttelte er den Kopf.

»Natürlich nicht, Karen. Jan van Schaffelaar war ein Held.« … und ein Strauchräuber, ein Schurke, ein verfluchter Söldner, fuhr er in Gedanken fort, aber er sagte es nicht laut. Wieder streckte er ihr über den Tisch hinweg die Hände entgegen. »Jan van Schaffelaar ist tot, Karen. Ich verlange nicht, dass du ihn vergisst, aber bedenke, dass er nicht länger in der Lage ist dich und Lieschen zum Beispiel vor dem Dominikaner zu beschützen, der auf dem Kamperland nach dir sucht. Ich kann euch beschützen.«

Karen schwieg. Um sich selbst hatte sie keine Angst, auch nicht vor dem Kampf mit dem fanatischen Dominikaner, und wenn es ein hoffnungsloser Kampf werden sollte. Aber Lieschen! Lieschen durfte nichts geschehen, sie hatte ein Recht auf Sicherheit.

»Ich bitte dich, Karen, gib mir ein bisschen Hoffnung. Sag nicht zu schnell Nein. Sag, dass ich dich von Zeit zu Zeit besuchen darf, bis du dich an mich gewöhnt hast. Weis mich nicht sofort ab, ohne dich ist das Leben für mich nur die Hälfte wert.«

»Ich weiß nicht.«

Vor ihren Augen stieg die drohende Gestalt des schwarz-weißen Dominikaners auf. Der Fanatiker mit seinen hassenden Augen und seiner unversöhnlichen Seele. Einmal war sie ihm entkommen, ein zweites Mal?

»Karen …«

»Gut, ich werde über deinen Antrag nachdenken. Gönn mir Zeit. Aber ich verspreche nichts.«

Gerd van Wou stand auf, beugte sich über sie, schaute in die schwarzen Augen und fühlte, wie er erneut darin ertrank.

Fußnote:
Fast fünf Jahrhunderte später fand ein Historiker in den Kampener Archiven eine Randbemerkung über »Karen, meyster Ghert clockgieters husfrou«.

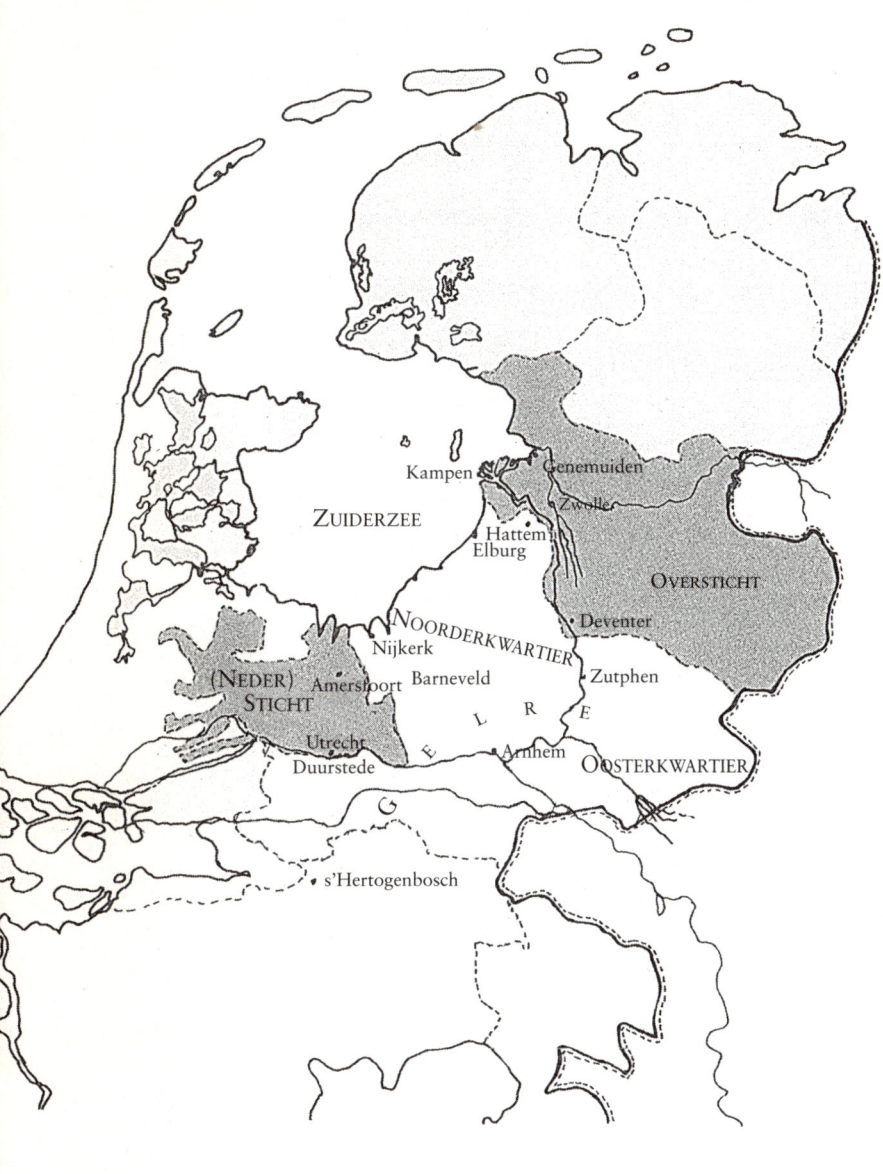

Kampen

Genemuiden

Zwolle

ZUIDERZEE

Hattem
Elburg

OVERSTICHT

Deventer

NOORDERKWARTIER

Nijkerk

(NEDER)
STICHT

Amersfoort

Barneveld

Zutphen

G   E   L   R   E

Utrecht

Duurstede

Arnhem

OOSTERKWARTIER

s'Hertogenbosch

Jugendbücher von
THEA BECKMAN

Kreuzzug in Jeans
Ein ergreifender Roman über den Kinderkreuzzug 1212 –
spannend und authentisch erzählt.

Der goldene Dolch
Auf dem Kreuzzug ins Heilige Land kann Jiri erleben, wie
wahre Menschlichkeit die Gegensätze zwischen christlicher
und islamischer Kultur überwindet.

Das Geheimnis des Alchemisten
Kaspar, das Findelkind, wird in die geheimnisvollen
alchemistischen Tätigkeiten des Wundarztes Melchior van
Capelle im mittelalterlichen Rotterdam eingeweiht, der ein
Elixier brauen will, das Macht über die Menschen verleiht
und Unsterblichkeit bewirkt.

Kinder der Mutter Erde
Die Folgen unserer Ausbeutung der Erde, dargestellt am
Kampf zweier Kulturen im Jahre 2800 –
Ein leidenschaftliches Plädoyer für eine neue Ehrfurcht vor
der Schöpfung.

Gib mir die Zügel
Matthis der Herold
Unter glücklichem Stern
Trilogie aus dem Hundertjährigen Krieg zwischen
England und Frankreich. Ein farbenprächtiges,
spannend geschildertes Bild des Mittelalters, der
Welt der Minnesänger, Volkshelden, Pest-
Epedemien und politischen Wirren.

Verlag Urachhaus • Postfach 13 10 53 • 70068 Stuttgart

Urachhaus

Jugendbücher ab 12

Die Falken-Saga
von Rainer M. Schröder

Europa um 1830. Es ist die Zeit der
Restauration und der Geheimbünde,
von aufregenden Erfindungen und
abenteuerlichen Entdeckungsreisen.
Tobias Heller, Sohn eines Ägypten-
Forschers, besitzt einen Ebenholzstock
mit einen Silberknauf, der ein
Geheimnis birgt. Dieser Knauf ist der
Auslöser turbulenter Ereignisse, die
mit einer nächtlichen Flucht im Ballon
von Gut Falkenhof ihren Anfang
nehmen. Die Jagd nach dem Schatz
der Pharaonen beginnt - sie führt
Tobias, den arabischen Diener Sadik
und die Landfahrerin Jana durch ganz
Europa und schließlich in das
geheimnisumwitterte Tal des Falken
inmitten der Wüste Nubiens.

Band 1
Im Zeichen des Falken

Band 2
Auf der Spur des Falken

Band 3
Im Banne des Falken

Band 4
Im Tal des Falken

Erschienen bei C. Bertelsmann

Als Taschenbuch bei OMNIBUS

Der Taschenbuchverlag für Kinder und Jugendliche
von C. Bertelsmann

Jugendbücher ab 12

Abby Lynn

von Rainer M. Schröder

ABBY LYNN - die fesselnde Geschichte eines jungen Mädchens, das trotz widrigster Umstände sich selbst und ihren Idealen treu bleibt.

Abby Lynn

Verbannt ans Ende der Welt

Abby Lynn ist gerade vierzehn Jahre alt, als sie an einem kalten Februarmorgen des Jahres 1804 in den Straßen Londons einem Taschendieb begegnet. Angeblich der Komplizenschaft überführt, verschwindet sie hinter den Mauern des berüchtigten Gefängnisses von Newgate. »Verbannung« lautet nach qualvollen Wochen des Wartens das Urteil. Verbannung zu sieben Jahren Sträflingsarbeit in der neuen Kolonie Australien.

Abby Lynn

Verschollen in der Wildnis

Abby ist glücklich auf Yulara, der Farm der Chandlers. Seit kurzer Zeit ist das ehemalige Sträflingsmädchen Andrew Chandlers Frau. Eines Tages macht sie sich mit einem Nachbarn auf zu dessen Farm. Doch dort kommt der Planwagen nie an. Obwohl die tagelange Suche einer vielköpfigen Patrouille ohne Ergebnis bleibt, will Andrew nicht an den Tod seiner jungen Frau glauben. Gemeinsam mit dem Fährtenleser Baralong versucht er sich Gewißheit über Abbys Schicksal zu verschaffen. Andrew lernt, auch unsichtbare Zeichen zu verstehen und wird mit den geheimnisvollen Traumpfaden und Mythen der Aborigines vertraut. Und er begreift, welchen Schaden die Arroganz der Siedler in dieser Welt anrichten wird.

Erschienen bei C. Bertelsmann

Als Taschenbuch bei OMNIBUS

Der Taschenbuchverlag für Kinder und Jugendliche
von C. Bertelsmann